Friedrich-Karl von Plehwe

REITER, STREITER UND REBELL

FRIEDRICH-KARL VON PLEHWE

REITER STREITER und REBELL

Das ungewöhnliche Leben des General E.-G. Baade

SCHÄUBLE VERLAG

ISBN 3-87718-604-1

Umschlagbild: Albrecht Graf v. Hochberg

INHALTSVERZEICHNIS

VORWORT

„Über den müßte mal einer ein Buch schreiben; uns wird ja sonst niemand glauben, was wir mit ihm erlebt und über ihn zu erzählen haben, wenn wir nach Hause kommen. Einen solchen Mann gibt es bestimmt nicht zweimal." So stand es zu lesen in dem Feldpostbrief eines deutschen Soldaten der 90. Panzergrenadier-Division, datiert zur Zeit der Kämpfe bei Cassino in Italien im Februar 1944. Gemünzt waren diese Sätze auf den Divisionskommandeur, Ernst-Günther Baade, dessen Verhalten immer ebenso außergewöhnlich wie anregend war und der die Fesseln aller Konventionen so oft sprengte. Gerade weil wir ein sehr gehorsames Volk sind und darin unsere Stärke, wahrscheinlich aber auch unsere Schwäche liegt, wurde es von verschiedenen Seiten als reizvoll angepriesen, diesem Mann ein kleines Denkmal zu setzen, der trotz der angeblichen Einengung in den Soldatenrock stets darauf bedacht war, in hohem Maße Selbständigkeit zu wahren und zu beweisen.

Der weithin bekannte Historiker Percy-Ernst Schramm, der Baade in Friedens- und Kriegszeiten gekannt hat, sah in ihm eine Erscheinung, in der sowohl typische als auch ungewohnte Vorstellungen vom Soldatentum, Neigung zu Tradition und Drang zu Erneuerung, Gehorsam und Auflehnung, Lebensfreude und bitterste Pflichterfüllung in ganz seltener Weise ineinander verwoben waren. Aus der Perspektive dieses temperamentvollen Individualisten die militärischen und auch die – notgedrungen damit verbundenen – politischen Probleme seiner Zeit zu beleuchten, hielt Professor Schramm, der immer auf anschauliche und lebensnahe Darstellung geschichtlicher Vorgänge großen Wert legte, für ein lohnendes Unterfangen. Er meinte, daß die Maßstäbe, die Baade unvoreingenommen und so außerordentlich freimütig anlegte, zum Nachdenken über positive und negative Aspekte in den Bereichen des Soldatentums und der Staatsgesinnung anregen könnten. Er sprach von der originellen Sicht, die sich hier biete und die Urteilsbildung über Personen und Ereignisse, über vollzogenes Recht und geschehenes Unrecht, über die zeitgebundenen Anschauungen und Gesellschaftsformen ergänzen könnte. Darum legte er dem Autor, der seit 1934 zum engen Freundeskreis von Baade gehörte, nach dem Kriege nahe, sich dieser Aufgabe anzunehmen. Berufliche Anforderungen und Beschäftigung mit anderen Themen ließen es nicht zu, dieser Anregung früher nachzukommen.

Es sind aber während vieler Jahre Nachforschungen nach allen Einzelheiten des Lebenslaufes und der Erlebnisse von Ernst-Günther Baade angestellt worden. Die vielen munteren Anekdoten, die innerhalb und außerhalb des deutschen Heeres über sein oft sonderbares Verhalten kursierten und viel zu seiner weiten Ausstrahlung beitrugen, sind auf ihren Wahrheitsgehalt überprüft worden, soweit der Autor nicht selbst als Zeuge auftreten kann.

Da in zahlreichen Fällen amtliche Unterlagen und Akten wegen Verlustes oder nachgewiesener Zerstörung nicht mehr zur Verfügung stehen und die Aussagen befragter Zeugen heutzutage oft unsicher geworden sind, kann eine Gewähr für die uneingeschränkte Genauigkeit der Angaben über Orte une Daten der Geschehnisse nicht übernommen werden. Es ist jedoch mit Sicherheit davon auszugehen, daß Irrtümer nur in Ausnahmefällen und auch dann nur in einem unbedeutenden, den wesentlichen Gehalt gewiß nicht beeinflussenden Ausmaß unterlaufen sein können.

Bereitwillige und dankenswerte Unterstützung ist dem Autor durch das Bundesarchiv in Freiburg/Breisgau zuteil geworden. Besonders hervorzuheben ist die Mitarbeit von Ernst-Otto Baade aus Eschwege an der Werra. In dem Bestreben, dem Vermächtnis des Onkels zu dienen, den er selbst nicht mehr gekannt hat, ist er bei der Beschaffung von Material unermüdlich gewesen.

JUGEND

Ernst-Günther Baade gehört nicht zu den Menschen, deren Persönlichkeit und Lebensschicksal überwiegend aus Herkommen und Erziehung verstanden werden können. Gewiß gab es auch bei ihm viele Äußerungen, Gesten und Taten, die erkennen ließen, wo seine Wiege gestanden hatte, nämlich in einer dem Landbesitz mittlerer Größe verbundenen Familie von norddeutscher Prägung. Beruf und Lebensweg stellten ihn jedoch hinein in eine von Spannungen und Wirren bewegte Zeit.

Im jüngsten Mannesalter zog er für vier Jahre in den ersten Weltkrieg, seine fünf letzten Lebensjahre verbrachte er im Strudel des zweiten. Dazwischen lag eine Zeitspanne von zwanzig Jahren, die in Deutschland entweder im Zeichen der unruhigen Nachwirkungen des ersten Weltbrandes oder im Vorzeichen des zweiten dahingingen und auch in dem mittleren Abschnitt nur wenig Ähnlichkeit mit normalen, bürgerlich-friedlichen Verhältnissen aufwiesen.

Die Richtlinien und Schranken, die dem Beruf des Offiziers eigen sind, faßte Ernst-Günther Baade weniger starr auf, als dies gewöhnlich der Fall war. Darin lag die wesentliche Besonderheit, die ihn immer abhob von seiner Umgebung und es niemals zuließ, seine Persönlichkeit in ein Schema einzufangen oder ihm gar in soziologischer und beruflicher Hinsicht die Merkmale eines bestimmten Menschentyps zuzusprechen. Wäre die Bezeichnung als Sonderling nicht in der landläufigen Deutung mit einem gerüttelten Maß an absprechender Wirkung verbunden, so würde sie vorzüglich auf ihn zugeschnitten sein. Seine kritische, eigenwillige und immer auf Unabhängigkeit des Urteils bedachte Art stempelte ihn zu einem Individualisten von ungewöhnlichem Ausmaß. Der junge Baade war von Hause aus unvoreingenommen und freier von Bindungen gesellschaftlicher Art und beruflichen Vorstellungen als der Durchschnitt seiner Altersgenossen aus vergleichbarem Milieu. Die daraus resultierende Aufgeschlossenheit für alle Chancen, die das Leben bot, war vielleicht das am ehesten erkennbare Zeichen, welches ihm die Jugendzeit mitgegeben hatte. Damit ging aber auch die Neigung zu einer gewissen Unrast und zum immerwährenden Suchen einher.

Am 20. August 1898 wurde Ernst-Günther Baade auf dem Gut Falkenhagen bei Pritzwalk in der Mark Brandenburg geboren. Die Familie war hier seit mehreren Generationen ansässig. Der Besitz bestand aus 150 Hektar Ackerland und 40 Hektar Wald, Wiesen, Hofraum und Garten. Ernst-Günther war das zweitälteste Kind im Hause von fünf Geschwistern: drei Brüdern und zwei jüngeren Schwestern. Die Eltern waren gläubige Protestanten, konservativ und kaisertreu.

Die erste Kinderzeit zeigte alle typischen Züge des Landlebens. Der wetterfeste, etwas rauhe Vater verlangte von den Söhnen frühzeitige Fertigkeiten beim Reiten und auf der Jagd. Bei Ernst-Günther stellte sich sehr bald eine leidenschaftliche Liebe zu den Ponies und den Hunden heraus. Auch im Umgang mit den Gewehren und in der Hege des Wildes zog er sich den Stolz und die Zufriedenheit des Vaters zu.

Nach dem Besuch der Volksschule in Pritzwalk wurde er auf das humanistische Gymnasium in Wittstock geschickt, auf dem sich bereits der ältere Bruder Albrecht befand. Die beiden Brüder vertrugen und ergänzten sich vorzüglich. Albrecht war recht begabt und ausreichend fleißig, aber weniger sportlich veranlagt. Bei Ernst-Günther zeigte sich bereits, daß der vertiefte Umgang mit Lehrbüchern, insbesondere das Einpauken von Lernstoff, ihm sehr schwer fiel. Zum Teil lag dies daran, daß seine Gedanken immer zu den Tieren wanderten. Das Kind sehnte sich nach den Feldern, Weiden und Ställen von Falkenhagen.

Es gab bald Ärger mit den Lehrern. Der Vater, obwohl in Büchern nicht sehr bewandert, setzte eine planmäßige Absolvierung des Schulpensums jedoch als selbstverständlich voraus und reagierte auf Beschwerden der Lehrer meistens mit einer Prügelstrafe. Die Mutter war weit nachsichtiger.

In einer erhalten gebliebenen, kurzen eigenhändigen Niederschrift über die Schülerzeit erwähnte Ernst-Günther zwei besondere Begebenheiten. Nachdem er von seinem Rektor, wie er schrieb „einem ekligen Patron", wegen einer Überzahl von Fehlern in ehrverletzender Weise geschlagen worden war, beschloß er, sich zu vergiften. In der Naturkunde war ihm gelehrt worden, daß Nachtschattenbeeren hierbei schnell zum Ziele führen würden. In einem Gebüsch, nahe der Pritzwalker Chaussee, aß er drei Beeren dieser Art und „wartete auf den Tod". Ihm wurde aber lediglich übel und daraus ergab sich ein unbezähmbarer Drang, das zur Schule regelmäßig mitgeführte Frühstücksbrot zu essen. Damit erwachte wieder der Lebensmut. Sterben erschien ihm plötzlich „langweilig". Er beichtete den Vorfall der Mutter, die ihn nicht tadelte, sondern behutsam versuchte, ihn vor weiteren Anwandlungen dieser Art zu bewahren.

Einige Jahre später nahm er sich ausnahmsweise einmal vor, eine Prüfungsarbeit mit besonderem Fleiß vorzubereiten. Dazu saß er abends bei Kerzenlicht in seiner Stube. Die in der Pension Aufsicht führende Frau L. entführte ihm aber das Licht, weil es Zeit zum Schlafengehen sei. Daraufhin stahl sich Ernst-Günther aus dem Hause und versuchte, draußen beim Mondschein weiterhin Vokabeln zu lernen. Es gelang ihm nicht. Der Mond schien zu schwach. Im Knabengemüt blieb der Nachklang, daß die Erziehungsberechtigten selbst an schwachen Schulleistungen schuld seien, wenn sie guten Willen so mangelhaft honorierten, wie Frau L. es tat.

Im Alter von 10 Jahren stellte sich bei Ernst-Günther eine körperliche Labilität heraus. Bald darauf erkrankte er an einer recht schweren Lungenentzündung. Dem Rat der Ärzte, ihn nach Davos zu schicken, widersprach die Mutter. Sie fürchtete sich vor einer langen Trennung. Sie fühlte zudem, daß bei Ernst-Günther das Heimweh nach Falkenhagen den Erfolg einer solchen Kur stark in Frage stellen würde. So pflegte sie ihn länger als ein halbes Jahr sorgsam zu Hause, spannte ihm die Hängematte auf die Wiesen im Schatten zwischen den Pferden und Kühen und setzte alles daran, um ihm „Besserung durch Fröhlichkeit" zu bescheren. Auch der Vater, milder gestimmt, erfreute den Sohn mit dem Geschenk eines besonders guten Ponys, als endlich das Reiten wieder erlaubt werden konnte. Diese langdauernde Erkrankung in der Kinderzeit war das erste deutliche Anzeichen dafür, daß Ernst-Günther Baade von der Natur keine eiserne Gesundheit mitgegeben war. Eine nicht zu unterschätzende Anfälligkeit begleitete ihn durch sein Leben. Sie hat ihn nicht niedergerungen, aber er mußte immer auf sie Rücksicht nehmen.

Im Jahre 1909 kamen die Brüder auf das Wilhelms-Gymnasium in Eberswalde. Die Leistungen von Ernst-Günther blieben auch auf dieser Schule nur beim Mittelmaß und lagen in manchen Fällen noch einige Grade darunter. Der Freiheitsdrang stand guten Zensuren weiterhin im Wege. Zwei Vorkommnisse legten Zeugnis von seiner Neigung zum Aufbegehren ab, zur Lust am Ausscheren aus alltäglichen, eingefahrenen Geleisen.

Er weigerte sich, die Schülermütze des Gymnasiums zu tragen. Was Klassenkameraden mit Stolz taten, erregte bei ihm Widerspruch gegen Gleichmacherei. Diesem Zug seines Wesens ist er auch später als Offizier, so merkwürdig dies zunächst klingen mag, treu geblieben. Die Lehrer tadelten ihn, bestraften ihn, aber die Schülermütze blieb immer wieder zuhause hinter dem Schrank.

Ferner schloß sich Ernst-Günther der Wandervogel-Bewegung an. Die Parole „Fort mit dem Vatermörder* und zurück zur freien Natur" sagte ihm zu. Es machte ihm Spaß, beim Aufbruch zu den Wanderungen an freien Tagen schon morgens um 5 Uhr mit seinem Waldhorn die Nachbarn aus dem Schlaf zu schrecken. Mädchen waren zu diesen Wanderungen des sich auserwählt dünkenden Kreises nicht zugelassen. Sonnenwendfeiern waren die Höhepunkte in der Betätigung der Wandervögel.

Die Ferien wurden selbstverständlich nur in Falkenhagen verbracht. Gab es dringende Arbeit in der Landwirtschaft, dann mußten die Brüder oft helfen, zum Beispiel beim Einbringen der Ernte. Aber an anderen Tagen konnten sie Reiten und Jagd vom Morgen bis zum Abend genießen.

* Bekannte Sportbezeichnung für die damals getragenen hohen und steifen Hemdkragen der Männer.

Materiell ging es in Falkenhagen bescheiden zu. Ernst-Günther sagte im Rückblick auf das Elternhaus, daß das Essen spartanisch einförmig gewesen sei, meist nur aus Mehlsuppe, Kartoffeln und dem selbsterlegten Wild bestanden habe, daß aber Vater und Mutter streng darauf bedacht gewesen seien, die Kinder zur Ehrlichkeit und Hilfsbereitschaft gegenüber jedermann zu erziehen. Diese Aussage ist ein Beispiel für die merkwürdige und durchaus nicht stilgerechte Gewohnheit von Ernst-Günther, in einem Satz zwei nur lose miteinander zusammenhängende oder sogar ganz getrennte Gedanken auszusprechen. Auch darin zeigte sich entweder sein Hang zur Originalität oder die halb bewußte, halb unbewußte Absicht, eine möglicherweise schwach wirkende Aussage durch eine gleichzeitig vorgebrachte andere Äußerung auszugleichen.

Ein einschneidendes Erlebnis in der sorglosen und im Vergleich zu heutigen Verhältnissen ruhig verlaufenen Jugendzeit war eine Einladung nach Berlin. Ein Onkel nahm Ernst-Günther nach Karlshorst mit. Auf Deutschlands bekanntester Hindernis-Rennbahn sah er dort die Elite der Rennreiter vor 1914. Den Jüngling ergriff eine verständliche schwärmerische Bewunderung für das kämpferische und einsatzfreudige Mannestum der damaligen großen Meister im Rennsattel. Leutnant Braune und Leutnant Graf Erik Holck, der im ersten Weltkrieg als Jagdflieger in der Richthofen-Staffel über Verdun den Tod fand, wurden für Ernst-Günther zu Halbgöttern. Er übersäte die Wände seines Zimmers mit ihren Bildern. Er lernte die Namen der erfolgreichsten Pferde und deren Abstammung auswendig. Alles, was er in Karlshorst gesehen und erlebt hatte, gab der Passion für reiterlichen Wettkampf starken Auftrieb. Ernst-Günther begann, sich die bange Frage zu stellen, ob sein Wuchs und Knochenbau das Mindestgewicht überschreiten würden, das zum Rennreiten einzuhalten war.

In Karlshorst hatte ihn auch die damals überwältigende Anteilnahme der Berliner Bevölkerung an rennsportlichen Ereignissen stark beeindruckt. Noch in späteren Gesprächen kam er darauf zurück, daß ihn hier das Problem von der „Gunst der Massen" zum ersten Male zum Nachdenken angeregt habe.

Die weitere unmittelbare Reaktion auf den Besuch in Karlshorst bestand in einer noch stärkeren Hinwendung zum Pferd und im eifrigsten Bemühen, theoretisch und praktisch die Voraussetzungen für die erträumte eigene Beteiligung an reiterlichen Wettkämpfen zu verbessern. Es sollte dann aber sehr viel mehr Zeit bis zur Erfüllung dieses seines Wunsches vergehen, als er voraussehen konnte. Der Ausbruch des Krieges begrub zunächst alle Hoffnungen für Kampf und Sieg auf grünem Rasen.

Im Sommer 1914 hatte Ernst-Günther gerade die Untersekunda hinter sich gebracht. Sitzenbleiben in der Quarta und die erwähnte längere

Krankheit hatten diese Verzögerung verursacht. Unmittelbar nach Kriegsbeginn bemühte er sich darum, als Kriegsfreiwilliger eingestellt zu werden. Am 18. August, zwei Tage, bevor er in das 17. Lebensjahr eintrat, wurde er in das Ulanenregiment 9 aufgenommen und der Ersatzschwadron dieses Regiments in Demmin zugeteilt.

Der erste Weltkrieg

Für den so frühen kriegsbedingten Beginn seiner Soldatenzeit brachte der junge Baade zwar manche Fähigkeiten im Reiten und im Schießen mit, aber für die körperlichen Anstrengungen waren die Knochen, Muskeln und Sehnen kaum genügend gefestigt. Eine der täglichen Aufgaben der Kavalleristen, nämlich den voll bepackten Sattel auf sein Pferd zu heben, bereitete ihm anfangs rechte Schwierigkeiten. Der Vater, der sich Sorgen machte, ob Ernst-Günther den Dienst durchhalten würde, begab sich mehrmals in die Kaserne. Er steckte dem Nebenmann des Sohnes kleine Geschenke zu, damit dieser ihm beistand und insbesondere beim Sattelheben und beim Ausfahren der schweren Dungkarren aus den Ställen half.

Die Ausbildung in Demmin wurde durch Einsatz zur Brückenwacht an der Peene unterbrochen. Es schien den jungen Rekruten schwer verständlich, welcher Bedrohung im Jahre 1914 dieser harmlose Flußlauf hätte ausgesetzt werden können. Baade wurde hier zum erstenmal mit der Beschäftigungstheorie im militärischen Bereich konfrontiert. Der „Brückenwacht an der Peene" hat er sich später in seinem militärischen Leben oft als eines abschreckenden Beispiels entsonnen; als verantwortlicher Führer war er immer bestrebt, Zeitvergeudungen zu vermeiden.

Trotz der guten Lehre, die Baade aus diesem Ereignis gezogen hat, muß doch gesagt werden, daß den damaligen Ulanen-Rekruten die gewisse Sorge vor Unruhen entgangen ist, die in Pommern und Mecklenburg in jenen Monaten herrschte. Zur gerade beginnenden Erntezeit waren, wie üblich, viele fremdländische Schnitter, meist aus Polen, auf die Güter gekommen. In den Garnisonen trafen bei Kriegsausbruch Nachrichten vom Lande ein, daß diese Schnitter nun Unruhe zeigten und sich auch teilweise zusammenrotteten. Mehrfach waren damit Gesuche um militärischen Schutz auf den entlegenen Gütern verbunden. Doch ging die Annahme, daß diese Fremdarbeiter auch zu Sabotageakten schreiten würden, gewißlich zu weit und war nur Ausdruck einer allgemeinen Unsicherheit und übertriebener Vorsicht.

Wie sehr der junge Baade von der allgemeinen Stimmung jener Kriegsfreiwilligen von 1914 eingefangen war, zeigt sein späteres Bekenntnis, daß er dem für die Einteilung der Ersatztransporte zuständigen Wachtmeister 50 Mark spendiert habe, um einem möglichst frühzeitigen Transport an die Front eingegliedert zu werden. Am 18. November erfolgte die Überstellung zu dem im Osten eingesetzten aktiven Ulanen-Regiment 9. Der besorgten Mutter gelang es, noch einige Stunden mit dem Transport mitzufahren. Der Weg führte über den Südteil von Ostpreußen in die Gegend von Lodz. Unmittelbar nach dem Ausladen erlebte Baade die ersten Gefechte, in denen das Regiment zeitweise einen schweren Stand hatte und beträchtliche Verluste erlitt.

Im Februar 1915 nahm das Ulanen-Regiment an der Schlacht an den Masurischen Seen in Ostpreußen teil. Für den jungen Reiter Baade gab es ständig Patrouillenritte und Wachen auf vorgeschobenen Posten.

Nach Niederlage und Rückzug der russischen Streitkräfte aus Ostpreußen wurde das Regiment in Stellungskämpfen bei Grodno eingesetzt. Dort erlitt Baade am 19. März schwere Erfrierungen an den Füßen; er wurde in ein Lazarett in Culm (Westpreußen) überführt und war für die Dauer von mehreren Monaten nicht einsatzfähig.

In diesem Zeitabschnitt, am 7. Mai 1915, ereilte den älteren Bruder Albrecht der Soldatentod. In der Gegend von Libau war die Patrouille, der er angehörte, in einen Hinterhalt geraten. Ihm wurde die Pistole aus der Hand geschossen und in diesem wehrlosen Zustand traf ihn der tödliche Säbelhieb eines Kosaken.

Ernst-Günther wurde nach seiner Ausheilung im Juni 1915 zum Unteroffizier befördert und zum Dragoner-Regiment 9 versetzt. Im Juli und August 1915 nahm er an einem Fahnenjunker-Lehrgang in Döberitz bei Berlin teil. Anschließend erhielt er Gelegenheit, in Berlin eine der damals bestehenden Militärvorbereitungs-Anstalten zu besuchen. Am 16. Januar 1916 legte er vor der „Obermilitärprüfungskommission" die Fähnrichsprüfung ab, durch die man ihn beim ersten Anlauf „wegen Mogelns" hatte durchfallen lassen.

Danach erfolgte ein monatelanger und verhältnismäßig ruhiger Einsatz an der Westfront, nahe der belgisch-französischen Grenze. Am 22. August 1916 wurde Baade zum Leutnant befördert.

Die zweite Hälfte des Jahres 1916 und das Jahr 1917 erlebte Baade dann in oft wechselnden Dienststellungen in Frankreich, teils bei einem Kavallerie-Schützenregiment, teils bei einem Fernsprech-Bataillon, teils als Ordonnanz-Offizier im Stabe der 231. Infanterie-Brigade. Erkundungen und Verbindunghalten wurden dabei oft zu seiner speziellen Aufgabe, die ihn immer wieder vor schnelle Entschlüsse stellte und tatkräftiges Zugreifen in gefährdeten Lagen erforderte. Sein Jägerinstinkt und seine Furchtlosigkeit bewährten sich und trugen ihm viele Anerkennungen ein.

Im März 1918 unternahm die deutsche Oberste Heeresleitung die große Frühjahrs-Offensive in Frankreich, die den letzten Versuch darstellte, das Schicksal des Krieges doch noch zugunsten Deutschlands zu wenden. Sie brachte auch für Baade das bedeutendste Erlebnis während dieses Krieges.

Mit der 231. Infanterie-Brigade gehörte er zu den Truppenteilen, die den vordersten Keil beim Vorstoß an die Marne bildeten. Baade führte verstärkte Patrouillen vor der Infanterie in diesem entscheidenden Kampfabschnitt. Einige Aufzeichnungen, die Baade über diesen großen Ritt zur Marne gefertigt hatte, sind erhalten geblieben. Darin heißt es unter anderem:

Der nächste Sprung sollte uns bis zur Marne bringen, an der wir bestimmt mit feindlichem Widerstand rechneten. Als wir wieder anritten, sah ich vor einer Waldblöße einen weißen Hund laufen. Ich galoppierte zur Spitze, da ich von dem Hund auf Menschen schloß. Wir hielten vor der Blöße an, und ich beobachtete durch das Glas, daß auf der Cense-Adien-Ferme ein französischer Soldat einem Mädchen beim Wäscheaufhängen half. Ich rief Sergeant Dücker heran und wir beschlossen, die Ferme zu attackieren, obwohl wir keine Lanzen hatten. Wir nahmen die Karabiner quer und nach einer kurzen Instruktion galoppierten wir mit Hurragebrüll auf die etwa 500 Meter vom Wege abgelegene Ferme. Als wir durch den engen Eingang in den geschlossenen Hof hineinkamen, sahen wir aus sämtlichen Türen französische Soldaten herausstürmen. Ein leichter Schrecken fuhr uns in die Glieder. Wir hatten unsere Pferde noch nicht zum Stehen gebracht, als auch schon alle Franzosen die Hände hochhoben und keine Miene machten, irgendwelchen Widerstand zu leisten. Sie benahmen sich sehr theatralisch. Einer faßte mein Pferd um den Hals und sagte wiederholt: „La guerre est finie." Ich fragte nach ihrem Offizier und bekam zur Antwort, er sei zum Bataillon gegangen. Wir setzten unsere 17 Gefangenen, die alle Alpenjäger waren, auf ihre Räder und schickten sie unter dem Kommando von Sergeant Dücker und mit drei weiteren deutschen Reitern als Bewachung zur Brigade.

Mit der nun etwas zusammengeschmolzenen Patrouille ritt ich weiter nach Süden zur Marne. Da in Abständen schwere Granateinschläge in der Nähe der Chaussee von Epieds nach Mont St. Père zu beobachten waren, drehte ich von der Straße ab. Nach Durchreiten eines Waldes erstiegen wir zu Fuß eine kleine Anhöhe, die das ganze Gelände bis zur Marne beherrschte. Uns war feierlich zumute, als wir somit unser Ziel erreicht hatten. Wir sahen, wie jenseits der Marne eine französische Lastwagenkolonne heranfuhr und ein Eisenbahnzug langsam bewegt wurde. Ich schickte eine Meldung zurück und ritt mit meinen Männern nach Mont St. Père herunter. Das Städtchen war vom Feinde frei. Wir gelangten bis zur Marne-Brücke, an der nicht einmal ein französischer Posten stand. Eigentlich hatte ich meinen Auftrag, mit meiner Patrouille Einblick in das Gelände beiderseits der Marne zu nehmen, schon überschritten. Denn dazu brauchte ich nicht bis an die Marne heranzureiten.

Auf dem Rückweg zur Brigade begegneten wir einer anderen Patrouille, der das Glück widerfahren war, einen französischen General und dessen Generalstabsoffizier gefangen nehmen zu können. Der General war seiner Truppe vorausgefahren, um sich das Gelände zum Aufmarsch seiner im Anrollen befindlichen Division anzusehen.

Am 1. Juni 1918 erfolgte die Einnahme von Château-Thierry. Aber bald danach erlahmte die deutsche Offensive. Über den Tag von Château-Thierry hat Baade berichtet:

Bei meiner Gruppe war ein Hornist, und das alte Sturmsignal ‚Kartoffelsupp, Kartoffelsupp', das wir seit 1914/15 in Rußland nicht mehr gehört hatten, kam wieder zu Ehren. Wir arbeiteten uns langsam in einem nach Süden führenden Straßenzug von Château Thierry vor und kamen in eine schöne Villengegend. Die Straße war von dicken Bäumen umsäumt, die uns beim Vorspringen immer wieder Deckung boten. Das leichte Maschinengewehr war der Hauptträger des Kampfes. Allmählich brach die Dunkelheit herein. Wir kamen an eine Barrikade, die von Schwarzen besetzt war. Es gelang uns, mit Handgranaten diese Barrikade zu stürmen. Im weiteren Verlauf der Straße kamen wir an das Marne-Ufer heran. Schwierig war das Deckungsuchen, als die Bäume aufhörten; die Haustüren waren alle verschlossen.
Zu unserer linken Hand lag nun die Marne-Brücke. Trupps französischer Neger liefen mehrmals über die Brücke nach dem Südufer. Wir nahmen sie unter Maschinengewehr-Feuer. Es hatten sich allmählich immer mehr Soldaten an meinen Stoßtrupp herangefunden und daher konnte ich jetzt den Entschluß fassen, über die Brücke in den Südteil von Château Thierry vorzugehen. Ich nahm mir ein Gewehr von einem Verwundeten und lief mit der ersten Gruppe zur Brücke. Als ich gerade bei ihr angelangt war, bekam ich einen Schuß durch den Hals und die Schulter, der mich umwarf. Zwei Soldaten schleppten mich zurück hinter eine Zeitungs- oder Seltersbude und verbanden mich.
Über die Brücke ist niemand gekommen. Nur wenige Minuten nach meiner Verwundung wurde die Brücke gesprengt. Das donnernde Getöse und der Steinhagel in unmittelbarer Nähe verschlugen uns die Sinne. Als die Detonation vorbei war, herrschte minutenlang lautlose Stille bei Freund und Feind. Erst am nächsten Morgen wurde Château Thierry ganz von deutschen Truppen genommen, nachdem sich ein Bataillon schwarzer Soldaten nach tapferer Gegenwehr ergeben hatte. Ich selbst wurde zur Blanchard-Ferme gefahren, von wo mich der Brigadestab abholen ließ.

Baade hatte bereits vor längerer Zeit die Eisernen Kreuze der zweiten und der ersten Klasse erhalten. Jetzt ließ ihm der Kommandeur der 231. Infanterie-Brigade, Oberst von Fischer, für seinen Einsatz an der Marne eine Auszeichnung zukommen, die aus dem erhalten gebliebenen, nachstehenden Schriftstück ersichtlich ist. Es trägt das Datum vom 2. Juni 1918.

Leutnant Ernst-Günther Baade, Drag.Rgt.9, Ordonnanzoffizier der 231. Inf.Brigade, hat am 29.v.Mts. mit hervorragender Tapferkeit und Umsicht einen Patrouillenritt von Fère en Tardenois bis an die Marne bei Mont St. Père ausgeführt. Neben zahlreichen Gefangenen, Pferden und Material hat er hierbei sehr wesentliche Nachrichten über den Feind eingebracht und dadurch, sowie durch sachgemäße Geländeerkundung, der Brigade wertvolle Unterlagen für die Weiterführung des Angriffs auf Château Thierry verschafft.
In Anerkennung dieser ausgezeichneten Leistung verleihe ich dem Leutnant Baade hierdurch zum eigenen Besitz einen von ihm bei dieser Gelegenheit erbeuteten französischen Kürassiersäbel und die Berechtigung, ihn nach den dafür geltenden Bestimmungen in und außer Dienst zu tragen. gez. von Fischer, Oberst und Kommandeur der 231. Inf.Brigade.

Dieser Vorgang dürfte ein heute etwas überraschendes Zeugnis dafür ablegen, welche individuellen Möglichkeiten sogar ein mittlerer Truppenführer damals gelegentlich hatte, um seine Untergebenen anzuspornen und auszuzeichnen, auch außerhalb der sonst allein üblichen Eingabe zur Verleihung von Orden. Baade selbst, jeder nützlich erscheinenden Abwechslung gegenüber höchst aufgeschlossen, hat als Kommandeur später im zweiten Weltkrieg einen ungewöhnlich ausgedehnten Gebrauch von solchen Maßnahmen gemacht und sich dabei auch recht unbekümmert über Regeln und Vorschriften hinweggesetzt. Es ist zu vermuten, daß die Erinnerung an die Verleihung des französischen Kavallerie-Säbels ihm immer als ein schätzenswertes Beispiel für derartiges Verhalten vorgeschwebt hat.

Nach einem Lazarett-Aufenthalt von fast zwei Monaten kehrte Baade Ende Juli 1918 zum Stabe der 231. Infanterie-Brigade zurück. Sie stand jetzt in harten Abwehrkämpfen an der Somme. Am 30. August erlitt Baade eine schwere Gasvergiftung. Die Ausheilung nahm drei Monate in Anspruch und erstreckte sich somit über das Kriegsende hinaus. Als Ordonnanz-Offizier zu seinem alten Dragoner-Regiment 9 versetzt, erreichte er diese Truppe im November nur noch, um an dem Rückmarsch in die Heimat, und zwar nach Wandsbek, teilzunehmen.

Mit knapp zwanzig Lebensjahren stand Ernst-Günther Baade somit am Abschluß des großen Erlebnisses des Krieges, in den er vor vier Jahren hinausgezogen war, den damals allgemeinen Glauben der Älteren teilend, daß es nur ein Ringen von kurzer Dauer sein würde. Rückschauend gestand er sich ein, daß der Verlauf des Krieges ihm ungefähr das durchschnittliche Erleben von Strapazen und Gefahren eingebracht hatte, wenn er es an dem Ergehen seiner nach Alter und Dienstgrad vergleichbaren Kameraden maß. Er hatte nicht über Monate hinaus so viel Schweres durchstehen müssen wie zum Beispiel Ernst Jüngers Infanteristen im Trommelfeuer des nicht endenwollenden Stellungskrieges oder die Stoßtrupps im Grabenkampf an allen Abschnitten der

Westfront und im Blutopfer um Verdun. Andererseits hatte es für ihn, zumal im Aufklärungsdienst, oft genug heikle Lagen gegeben, in denen er mit knapper Not davongekommen war. Mit einer erheblichen Verwundung, einer peinvollen Erfrierung und der Gasvergiftung hatte auch er seinen Tribut gezahlt. Aber längere Kommandierungen zu Lehrgängen und Ausbildungskursen hatten ihm im Laufe der vier Jahre manche Unterbrechung und Abwechslung vom angespannten Frontdienst geboten.

Weggenossen von Baade aus dem ersten Weltkrieg bezeugen übereinstimmend, daß er sich in gefährlichen Situationen vorzüglich bewährte. Die Hingabe an die Erfüllung des ihm gestellten Auftrages ließ ihn die Gefühle der Angst unverhältnismäßig leicht überwinden und vergessen. Immer kam dann ein guter Tropfen Abenteuerlust und ein leichter Abglanz von Landsknechtstum zum Durchbruch, die ihn vorwärts drängten und die Rücksicht auf die eigene Person stark überspielten. Es sind noch Briefe von seinen Vorgesetzten, zum Beispiel dem bereits erwähnten Brigade-Kommandeur von Fischer, aus den Jahren 1917 und 1918 erhalten geblieben, in denen Baade ernstlich ermahnt wurde, sich bei den Kämpfen nicht so oft über Gebühr zu exponieren. Auch der General von Reitzenstein schrieb im gleichen Sinne damals an ihn. Er glaubte, so hieß es in einem Brief vom 6. August 1918, Anlaß zu der Warnung zu haben, daß der junge Leutnant Baade sein Schicksal nicht so oft herausfordern sollte.

Erhalten geblieben ist ebenfalls ein großer Teil der Feldpostbriefe und Feldpostkarten, die zwischen Baade und seinen Eltern gewechselt wurden. Die Nachrichten, die Ernst-Günther aus dem Osten und aus dem Westen nach Falkenhagen sandte, zeichnen sich zwar durch Regelmäßigkeit und Häufigkeit aus, sind aber immer sehr kurz. In der Mehrzahl sind es Karten mit zwei oder drei Sätzen. Es heißt stereotyp, daß es ihm gut gehe. Der zweite Satz bezieht sich meistens auf das Wetter und im dritten bittet er um irgendetwas, zum Beispiel Tabak, Geld oder Kleidungsstücke. Seine buchstabenweise weit auseinander gezogene und deswegen auch gut leserliche Handschrift trug dazu bei, daß der Raum auf den Feldpostkarten mit diesen wenigen Mitteilungen leidlich ausgefüllt anmutete.

Diese Art der Korrespondenz entsprach ganz seiner Natur. Er hat sich immer davor gescheut, Briefen eingehende Schilderungen oder gar Gefühle anzuvertrauen. Er zog es vor, Aufzeichnungen über Erlebnisse, Erfahrungen und Erkenntnisse zu machen. Diese Schriftstücke behielt er bei sich und zeigte sie allenfalls in späteren Jahren guten Freunden.

Die Eltern hatten Verständnis für den knappen Inhalt seiner Grüße aus dem Felde und machten ihm deshalb niemals Vorhaltungen. Sie waren ebenso wie Ernst-Günther davon überzeugt, daß es weit wichtiger war, häufigere, wenn auch nur kurze Nachrichten zu erhalten.

Der Vater, eingespannt in die Arbeit und oft niedergedrückt durch auftretende Störungen seiner Gesundheit, schrieb Briefe nur in großen Abständen oder bei außergewöhnlichen Anlässen. Dann allerdings füllte er viele Seiten mit genauer Schilderung der wirtschaftlichen Verhältnisse, über den Zustand der Felder und des Viehs, immer dabei die Fohlen und die letzten Würfe der Hunde besonders hervorhebend.

Die fortlaufende Verbindung zum Sohn blieb deshalb in allen Kriegsjahren die Domäne der Mutter. Der Nachlaß ihrer Briefe zeigt, daß sie ein jedes Mal nach Absendung eines Briefes gleich wieder von dem Gedanken und der Besorgnis beherrscht war, sie müsse noch dieses oder jenes hinzufügen, die Nachrichten von daheim vervollständigen, Ernst-Günther erneut Bewahrung vor Gefahren und glückliche Heimkehr wünschen, ihn stärken durch ein nicht abreißendes Band des stündlichen Gedenkens. Nach dem Verlust des älteren Sohnes Albrecht war sie in allen Jahren des Krieges von banger Sorge um das Leben von Ernst-Günther erfüllt. Alle ihre Briefe spiegeln beispielhaft die Gefühle der immer wahrhaft mütterlich gebliebenen Frauen wider. Gegen alle auf sie einwirkenden Aussagen und Vertröstungen, in denen von Pflicht und Verteidigung des Vaterlandes oder von naturgewolltem Krieg die Rede war, bäumte sich bei ihr der ohnmächtige Hader mit der Zerstörung des friedlichen Lebens der Familien und mit dem Opfer der eigenen Kinder auf. Liebe, Schlichtheit und Frömmigkeit waren der Inhalt ihrer Briefe, wie aus nachstehenden Auszügen ersichtlich.

Ganz besonders danken wir dem lieben Vater im Himmel, der Dich auch diesmal wieder gnädig behütet hat, und wir wollen weiter dem lieben Gott vertrauensvoll Dein Schicksal in die Hände legen. Gott wird doch gnädig sein und mir meinen lieben Sohn heimkehren lassen. Während ich Dir diesen Brief schreibe, läuten die Glocken zur Kirche, die Orgel spielt und mit meinem Herzen bin ich bei Gott; wie könnte ich heute, da Du wieder schriebst, anders als Gott preisen und ferner um Gnade bitten.

Ein anderes Mal:

Als ich zu Anfang des Krieges im Heimweh nach Albrecht und Dir fast verging, da ging ich immer wieder in schlaflosen Nächten abwechselnd von Deinem in Albrechts Zimmer und dachte, in welcher Gefahr mögen sie jetzt sein, in welcher Kälte vielleicht Wache halten? Dann ließ ich mich auf dem Balkon durchfrieren und konnte stundenlang in den klaren Winterhimmel sehen und für Euch beten; wie gern hätten wir Albrechts behalten; und doch müssen wir uns bescheiden; Du bliebst uns erhalten bisher. Gott helfe nur ja weiter, damit wir einst beim Siegeseinzug Dich wiederbekommen.

Und ein drittes Beispiel:

Gott erbarme sich nur jetzt über unsere Flandernschlacht und gebe dort bald Stillstand und helfe uns. Wenn so schwere Schlachten sind, kann ich mich garnicht rühren. Eine Mutter fühlt zu sehr das Leid der Truppen mit; und wenn man dann Gott still und allein aus tiefem Herzen bittet, dann schützt er gewiß manches teure Leben und hilft uns.

In fast jedem Brief kehrt das Gedenken an den gefallenen Sohn Albrecht wieder und wird dem Gram der Eltern über diesen Verlust Ausdruck gegeben. Seit dem Tode von Albrecht trug die Mutter Trauerkleidung bis an ihr eigenes Lebensende im Jahre 1927. In jedem Mai, dem Todesmonat von Albrecht, wurde ihre Gesundheit anfällig, weil die Erinnerung sie psychisch erschütterte.

Der Eindruck, den Ernst-Günther in den Urlaubstagen zuhause bot, gab den Eltern Anlaß zu der Befürchtung, daß seine Widerstandskraft ernsthaften Schaden nehmen könnte. Schon in den ersten Kriegsjahren zeigte er sich von der Unruhe erfüllt, die der Krieg in das Gemüt der jungen, noch nicht ausgereiften Freiwilligen gepflanzt hatte. Es kam niemals zu einer ausreichenden Erholung. Alle gut gemeinte Verwöhnung, das Zusammensitzen an einem schön gedeckten Eßtisch, die Familiengespräche konnten seine Unrast nicht dämpfen. Fast immer fuhr er ein paar Tage vor Urlaubsende wieder ins Feld, weil er meinte, er würde gebraucht.

In späteren Jahren hat sich dann herausgestellt, daß seine Verwundung von Château-Thierry im Jahre 1918 keineswegs ausgeheilt war. Die Folgen davon haben ihm sein Leben lang arge Beschwerden bereitet.

Schließlich spiegeln die ins Feld gesandten Briefe der Eltern an Ernst-Günther auch noch die historisch bemerkenswerte Auffassung ihrer Generation in Deutschland wider, daß England allein die Schuld am Kriege trage. Nur selten fand sich in jenen Briefen ein böses Wort an die Adresse der Franzosen oder der Russen. Sie wurden unter dem Sammelwort „Feinde“ erwähnt, über die Gott den deutschen Waffen den Sieg verleihen möge. Gegenüber den Franzosen wurde ohne übertriebene Überraschung davon Kenntnis genommen, daß sie den Gedanken an Vergeltung für 1870/71 nicht aufgegeben hätten. Sie hätten oft und lange genug die anhaltende Virulenz dieses Gedankens erkennen lassen.

Aber gegen England brachen in den Briefen so oft der Haß und der Vorwurf hervor, diesen Krieg angezettelt zu haben. Auch die Eltern von Baade stimmten ein in den Chor der vielen, die da vom perfiden Albion sprachen und wünschten, daß die „Insel im Meer versinken möge für immer“. Der sonst mit seinen Gefühlen eher zurückhaltende Vater schrieb seinem Sohn in einem Brief vom 21. Januar 1915: „Wenn Gott doch die Engländer furchtbar strafen wollte; denn die Bande hat es wahrlich verdient."

Das tragische Geschick der Völker Europas in der ersten Hälfte des 20. Jahrhunderts hat es gewollt, daß Ernst-Günther den Engländern noch ein zweites Mal, sehr lange und sehr hartnäckig, im Kampf gegenüber stehen sollte. Er hat dabei, wie wir sehen werden, das Urteil der Eltern aus der Zeit des ersten Weltkrieges nicht übernehmen können.

Ungewisse Zukunft

Die amtlichen Personalpapiere von Ernst-Günther Baade weisen aus, daß er am 31. Januar 1919 vom Dragoner-Regiment 9 zum Infanterie-Regiment 5 versetzt wurde. Damit war aber nur eine Umschreibung seines Übertritts zum Stabe des Grafen Stillfried gegeben, der dem Freikorps des Generalmajor Bernhard von Hülsen unterstand. Diese Truppe befand sich im Lager Döberitz bei Berlin. Baade traf dort Anfang Februar 1919 ein.

Die Motive für diesen freiwilligen Schritt lassen sich leicht ermessen. Die Ordnung im Innern des Reiches und an den östlichen Grenzen war schwer bedroht. Zudem war es nicht möglich, sich in dieser Zeit zwischen Waffenstillstand und Friedensvertrag ausreichende Vorstellungen über eine weitere Ausübung des Soldatenberufes zu machen. Der Gedanke, als späterer Erbe von Falkenhagen sich jetzt schon der Landwirtschaft zuzuwenden, trat für Baade noch zurück, weil sein Vater in den mittleren Lebensjahren stand und voraussichtlich noch für längere Zeit das Steuer in der Hand behalten würde.

Die Einstellung mancher Offiziere, daß der Zusammenbruch der Monarchie ihnen die Voraussetzungen für das weitere Tragen des deutschen Soldatenrocks entzogen hätte und daß sie unter Friedrich Ebert nicht dienen könnten, lag Baade fern. Dazu war er in seinem jugendlichen Alter viel zu unvoreingenommen. Ihn zogen weit mehr die Stimmen an, die dazu aufriefen, sich zum Schutz der Heimat, zum Niederhalten der Aufstände zur Verfügung zu stellen. So folgte er dem Rat des ihm wohlwollenden General a. D. von Reitzenstein, sich beim Freikorps Hülsen zu melden. Es kam ganz gewiß hinzu, daß Baade sich gern wieder General von Hülsen unterstellte, der während des Krieges das Dragoner-Regiment 9 geführt hatte und damit Baades ehemaliger Vorgesetzter war.

Die Briefe der Mutter von Ernst-Günther aus jener Zeitspanne bezeugen, daß sogar sie ihm zugeredet hat, den Weg zum Freikorps zu gehen. Diese Haltung überrascht, nachdem sie sich während des Krieges in allen Briefen den Sohn so schnell wie möglich für immer nach Falkenhagen zurückgewünscht hatte. Jetzt aber schrieb sie mehrfach, daß „die Rettung des Vaterlandes doch ausschließlich von den braven, tapferen Angehörigen der Freikorps" abhänge.

Baade hat in seinen Aufzeichnungen, in späteren Gesprächen und Rückblicken niemals viel Aufhebens von seiner Zeit beim Freikorps gemacht. Wenn die Rede zufällig darauf kam, bemerkte er meistens nur mit zusammengezogenen Augenbrauen, daß es nichts Abscheulicheres gebe, als auf eigene Landsleute schießen zu müssen. Dann schweifte er immer sogleich und absichtlich auf Erinnerungen an Erlebnisse im „ehrlichen Krieg", in Rußland oder in Frankreich, ab.

Als Baade zu dem sogenannten „Detachement Stillfried" kam, war die erste Runde der Berliner Spartakisten-Kämpfe bereits beendet. Am 30. Dezember 1918 hatte der Kongreß des „Spartakus-Bundes" stattgefunden, auf dem die kommunistische Partei gegründet und zu deren Führern Karl Liebknecht und Rosa Luxemburg gewählt wurden. Am 5. und 6. Januar eröffneten die Spartakisten die Straßenkämpfe in Berlin und beherrschten für kurze Zeit die Reichshauptstadt. Der Volksbeauftragte Gustav Noske bemühte sich, für die provisorische Reichsregierung Freiwilligen-Verbände zu erhalten. Es fanden sich sofort genügend alte Soldaten bereit, diesem Ruf zu folgen. Schon am 12. Januar wurde den Spartakisten die Gewalt über Berlin durch die Freiwilligen-Verbände unter Führung des Oberst Reinhardt wieder entrissen. Liebknecht und Rosa Luxemburg kamen ums Leben.

Es mußte jedoch damit gerechnet werden, daß sich die Aufstände sowohl in Berlin als auch an anderen bedrohten Stellen im Reich wiederholen würden. Alle radikalen politischen Gruppen und Zusammenrottungen, die links von der Sozialdemokratie standen, insbesondere der Spartakusbund, blieben unzufrieden mit dem Ergebnis der Revolution vom November 1918. Sie warfen Ebert und anderen sozialdemokratischen Führern vor, eine viel zu zahme Revolution hingenommen zu haben. Sie gaben die Hoffnung und den Versuch nicht auf, die Revolution nun nachträglich noch mit Waffengewalt zur Errichtung des Kommunismus in Deutschland zu erweitern.

Ebert und seine Mitarbeiter hingegen waren entschlossen, Deutschland vor dem Schicksal Rußlands zu bewahren. Ihnen stand klar vor Augen, daß das feingliedrige deutsche Land, die Mentalität seiner Bewohner und die empfindsame deutsche Verwaltung eine kommunistische Welle nicht überstehen würden, sondern daß dies das staatliche Ende der Nation bedeuten müßte, vor allem in dem Zustand nach dem verlorenen Kriege.

Sie mußten jedoch bezweifeln, ob die Macht des alten Heeres ausreichen würde, die Aufständischen niederzuhalten. Der Kampfwert der einzelnen Truppenteile war nach dem meist noch durchaus geordneten Rückmarsch in die Heimat uneinheitlich geworden. Jetzt, wieder in den Garnisonen, nahe den Familien, wurde bei einem erheblichen Prozentsatz der abgekämpften und vom Kriegsausgang so sehr enttäuschten Soldaten der Wunsch nach dem endgültigen Beiseitelegen des Gewehrs übermächtig.

In Erkenntnis dieser Verhältnisse schlug der letzte Generalquartiermeister des Heeres, General Wilhelm Groener, der provisorischen Regierung Ebert vor, aus dem alten Heere Trupps von Freiwilligen bilden zu lassen, um auf diese Weise zuverlässige und einsatzfähige Verbände zur Verfügung zu haben. In einigen Fällen konnten kampfbereit gebliebene kleinere Formationen des Heeres umbenannt und geschlossen unter die Freiwilligen-Verbände eingereiht werden.

Auf diese Weise lieh sich die sozialdemokratische Führung das unentbehrliche Machtmittel zur Erhaltung und Neuordnung des Reiches von dem alten Heere. Formell unterstanden die Freikorps bis zur Unterzeichnung des Versailler Vertrages (28. Juni 1919) der Obersten Heeresleitung, danach der neugebildeten Reichswehr-Führung. Der Kontrolle des Volksbeauftragten Gustav Noske sind die Freikorps dabei nicht entglitten. Dies war ein gutes Beispiel für die Zusammenarbeit der politischen und der militärischen Spitzen in einer schweren Zeit trotz weitreichender Gegensätze, die sich aus der Erziehung und aus der Einstellung zu parteipolitischen Programmen ergaben.

Für die Nachwelt sind die Freikorps-Kämpfer in eine zwielichtige Beurteilung geraten. Die Nachprüfung der Gründe für die Entstehung der Freikorps ergibt jedoch keinen Anlaß zu Beanstandungen nach allgemein anzuerkennenden politischen Maßstäben. Es handelte sich zunächst um ausschließlich reguläre Truppen, von der politischen Führung des Reiches berufen und geleitet. An den Zentralstellen des Reiches bewahrten sie Deutschland vor dem Chaos. Ihre Existenz sicherte die Einsetzung der von Ebert gewünschten Nationalversammlung, die am 11. Februar 1919 in Weimar zusammentrat, Ebert zum Reichspräsidenten wählte und bis zum Sommer desselben Jahres die Reichsverfassung ausarbeitete.

Zwei Tatsachen und Entwicklungen haben dann später die Freikorps in Mißkredit gebracht. Erstens fanden zahlreiche Angehörige dieser Verbände bei deren Auflösung, die nach der Stabilisierung der neuen deutschen Republik erfolgte, nicht recht in das bürgerliche Leben zurück. Davon waren vor allem diejenigen Freiwilligen jüngeren Alters betroffen, die noch niemals einen zivilen Beruf erlernt, keine Familien oder auch kein Elternhaus hatten, das sie aufnehmen konnte. Bedauerlicherweise fielen viele von ihnen dann Verbänden und Zusammenschlüssen in die Hände, die sich unter Ausrufung vaterländischer Parolen den aktiven oder passiven Widerstand gegen die Alliierten zum Ziele setzten. Das bedeutete den großen Schritt vom unentbehrlichen Helfer der eigenen Regierung zu den Freischärlern, die Unruhe stifteten und der Regierung ständige Sorgen bereiteten. Mögen sie zu einem Teil in gutem Glauben gehandelt haben, sich für die deutsche Sache und insbesondere für das nationale Ansehen einzusetzen, so handelten sie doch völlig unrealistisch und ohne jede Aussicht auf Erfolg. Sie führten nur die Zustände herbei, die unter anderem durch die verabscheuungswürdigen Fememorde gekennzeichnet wurden. Hiervon sind jedoch mit besonderer Betonung jene Freikorps auszunehmen, die im Osten des Reiches im Auftrag der Regierung und mit Billigung der Alliierten noch längere Zeit als militärische Verbände, vor allem im Baltikum, das Übergreifen des Bolschewismus auf deutschen Boden mit großartigen militärischen Leistungen verhinderten.

Die zweite, unglückselige, aber 1919 noch keineswegs absehbar gewesene Nachwirkung der Freikorps hängt mit den Anfängen der nationalsozialistischen Bewegung Adolf Hitlers zusammen. Es lag nur allzu nahe, daß entwurzelte ehemalige Freikorps-Kämpfer und die Propagandisten einer vehementen nationalistischen Idee schnell zueinander fanden. So ist im Rückblick der Unterschied zwischen den disziplinierten, regierungstreuen Mitgliedern der Freikorps und denjenigen, die zu Abenteurern wurden, in der öffentlichen Meinung sehr oft verwischt worden.

Ernst-Günther Baade ist davor bewahrt worden, in dieses Dilemma hineingezogen und hier vor irgendeine grundsätzliche Entscheidung gestellt zu werden. Seine Tätigkeit als Ordonnanz-Offizier im Detachement Stillfried des Freikorps Hülsen währte nur kurze Zeit. Allerdings fiel in diese Zeit der zweite stürmische Abschnitt der Kämpfe in Berlin.

Im Februar und März 1919 hatten die Spartakus-Anhänger und sonstige radikale „Wehren" laufend Störungen und Unruhen durch überfallartige Besetzung von Zentralpunkten, zum Beispiel von Zeitungsgebäuden, den städtischen Werken und dem Reichspatentamt, verursacht. Die öffentliche Ordnung wurde von ihnen auch an vielen Stellen durch Absperren von Straßen gefährdet. Am 6. März wurde das Freikorps von dem ihm vorgesetzten Generalkommando Lüttwitz aus Döberitz zu Säuberungsaktionen nach Spandau in Marsch gesetzt. Baade nahm an diesem Einsatz teil.

Ende März und Anfang April kam es zu heftigen und blutigen Straßenkämpfen in Berlin, die zehn Tage anhielten. Dabei war Baade unter anderem an der Erstürmung des von den Aufständischen zähe verteidigten Bahnhofs Lichtenberg beteiligt. Er soll, laut erhalten gebliebenen Berichten von Augenzeugen, hier seine im Kriege oft gezeigte Unerschrockenheit erneut unter Beweis gestellt haben.

In diesem Monat April ergab sich für Baade eine bedeutsame Veränderung. Seine Verwendung bei dem Freikorps wurde mit Ablauf dieses Monats beendet. Er hatte einige Wochen zuvor erfahren, daß in

Paderborn ein Reitschul-Kursus für Offiziere stattfinden würde. Der alte Militär-Reitlehrer, General Seyffert, hatte es bei Noske erreicht, daß ungeachtet der Ungewißheit hinsichtlich des Schicksals der zukünftigen Armee der neuen Republik der Versuch unternommen werden sollte, das bewährte System der Militärreitschulen in die kommende Zeit hinüberzuretten. Noskes Zustimmung und Unterstützung zeugte von Weitblick. Es wurde auf diese Weise ermöglicht, auch in der Periode der unklaren Verhältnisse etwas Nützliches für den späteren Wiederaufbau der berittenen und bespannten Teile des Heeres zu tun. Auch konnten die hieran interessierten Kreise erhoffen, daß die baldige Wiederaufnahme dieser Aus- und Weiterbildung in mancher Hinsicht der Pferdezucht des Landes und dem Reitsport zugute kommen würde. Trotz dieser Gesichtspunkte bleibt eine gewisse Verwunderung bestehen, daß inmitten der Wirren und Besorgnisse dieser ersten Nachkriegsmonate eine so friedensmäßige und zu normalen Zeiten gehörige, aber nicht unentbehrliche Betätigung den jüngeren Offizieren der Kavallerie und der Artillerie hier von staatswegen geboten wurde.

Nachdem Baade zusätzlich noch erfahren hatte, daß zum Leiter dieses Kursus in Paderborn ein älterer Offizier seines Dragoner-Regiments 9, der Major von Moers, ausersehen war, unternahm er sofort alle Schritte, um als Reitschüler nach Paderborn kommandiert zu werden. Die Liste der Aspiranten war umfangreich. Baade hatte insofern Glück, als sein Freikorps-Führer, der Generalmajor von Hülsen, nicht nur widerspruchslos seinen Austritt aus dem Freikorps genehmigte, sondern sich auch noch beim General Seyffert befürwortend für die Teilnahme von Baade an dem Reitschulkursus einsetzte.

Zusammen mit 43 anderen Reitschülern traf Baade am 1. Mai 1919 in Paderborn ein. Von Anfang an betrachteten alle diese Oberleutnante und Leutnante die Entsendung zu der Reitschule als ein Geschenk des Himmels. Zum ersten Mal nach längerer Zeit fühlten sie sich hier nicht nur wieder einmal unter völlig gleichgesinnten Kameraden, sondern auch beruflich am rechten Fleck. Zudem hofften sie, daß sich aus dieser Eingliederung günstige Voraussetzungen für die weitere Ordnung ihres Lebensweges, sei es in militärischer, sei es in reitsportlicher oder züchterischer Hinsicht, ergeben würden. Ein ungetrübtes, herzliches Einvernehmen umschloß von der ersten Stunde an diese Soldaten, die alle bisher ihren Beruf nur unter den Bedingungen des rauhen Krieges kennen gelernt hatten.

Von den Teilnehmern an diesem ersten Reitschulkursus nach dem Kriege – alle weiteren Kurse danach fanden in ununterbrochener Reihenfolge bis zum zweiten Weltkrieg in Hannover statt – sind nur zwei in späteren Jahren zu reitsportlichem Ruhm gelangt: Harald Momm und Ernst-Günther Baade. Momm ist sogar in den Jahren zwischen 1930 und 1939 der bekannteste Springreiter Deutschlands, wahrscheinlich zeitweise sogar der Welt, geworden. Als Mitstreiter und Sieger in zahllosen internationalen Turnieren an den Brennpunkten des damals in hoher Blüte stehenden Reitsports, von Warschau über Berlin, Rom, Paris und London bis zu vielfachen Entsendungen nach Nord- und Südamerika ist er zum Symbol des glückhaften und immer fairen Sportmannes geworden. Mit seiner gewinnenden Umgangsart, seinen Meisterleistungen im Sattel und seiner erfolgreichen Tätigkeit als Chef der deutschen Reiter-Equipe hat er bei Millionen in- und ausländischer Zuschauer, von den Staatsoberhäuptern bis zu den Abonnenten der billigen Plätze, das deutsche Ansehen zu hohen Ehren gebracht. Nach jahrelanger Gefangenschaft in Rußland hat er auch nach dem zweiten Weltkrieg erneut seine Erfahrungen erfolgreich in den Dienst des deutschen Reitsports gestellt. Seine bescheiden gebliebene und von Illusionen freie Einstellung manifestiert sich in seinem Ausspruch, niemand solle sich im Ernst darüber täuschen, daß auch der sportliche Ruhm zu den sehr leicht vergänglichen Dingen des Lebens gehöre. Momm und Baade haben sich in Paderborn gut verstanden und blieben Freunde.

Die Paderborner Reitschüler wurden einem sehr genau geregelten, vielseitigen Dienst unterzogen. Der Reitunterricht, praktisch und theoretisch betrieben, bildete selbstverständlich das Kernstück der täglichen Arbeit. Daneben standen aber auch alle jene Aufgaben und Themen auf dem Programm, welche der Laie nicht ohne weiteres mit der Tätigkeit auf einer Reitschule in Zusammenhang bringt. Bewußt wurde großer Wert auf die Fahr-Ausbildung gelegt. Die Vorstellung, daß eine sehr weitreichende Motorisierung bei den künftigen Armeen stattfinden würde, war damals noch recht schwach entwickelt. Einer sorgfältigen und rationellen Bespannung weiter Teile des Heeres mußte daher von vornherein die gebührende Aufmerksamkeit entgegengebracht werden. Mit deutscher Gründlichkeit wurde auch dafür Sorge getragen, daß eine eingehende Ausbildung der Offiziere in der Veterinär-Medizin erfolgte. Viele Stunden wurden in der Schmiede verbracht. Über die segensreichen Folgen des guten und über die Nachteile des unzureichenden Hufbeschlages sollten die Teilnehmer an dem Kursus genau unterrichtet werden, um später in verantwortlichen Stellungen sich für eine möglichst lange Verwendbarkeit des staatlichen Pferdematerials durch entsprechende fachmännische Anweisungen und Überprüfungen des Hufbeschlages in ihren Schwadronen einsetzen zu können. Themen über Pferdehaltung, zumal der täglichen Pflege und der zweckmäßigen Fütterung, standen oft auf dem Stundenplan und wurden bis in medizinische und chemische Details hinein vertieft.

Aus der noch vorhandenen Bierzeitung, die anläßlich der Abschlußfeier verfaßt worden war, geht unter anderem hervor, daß auch dort die Mangelerscheinungen jener Zeit sehr fühlbar waren. Die Verpflegung war mager. Sie bestand aus Graupen, Erbsen, Haferflocken. Oft gab es Pflaumen und Feigen. Fleisch war, laut Vermerk in der Bierzeitung, meistens Fehlanzeige. Sogar das seit Jahrzehnten und immer noch viel gelobte und beliebte Restaurant von Rudolf Koch in Paderborn konnte den Reitschülern damals nur wenig Abwechslung und Zusatz in der Beköstigung bieten.

Andererseits war offensichtlich der Mangel an Alkohol nicht sehr spürbar. Daraus ergaben sich Anregungen zu übermütigen Unternehmungen. Der seit jeher auf Truppenübungsplätzen und bei Lehrgängen übliche nächtliche Budenzauber gehörte dazu.

Ernst-Günther Baade, zu Späßen immer aufgelegt, hat sich in vorgeschrittener Stimmung an einem Vorgang beteiligt, der die Stadtväter von Paderborn in Unmut versetzte. Auf dem Heimweg vom Casino, sehr früh am Morgen, sahen er und zwei seiner Kollegen im Posthof drei Pferde halb angeschirrt, aber unbewacht neben den Postwagen stehen. Sie führten sie unter gutem Zureden und Halsklopfen auf die Straße, schwangen sich darauf und machten einen gemütlichen Morgenritt durchs Städtchen. Wegen der dadurch um Stunden verspäteten Postausfuhr mit den eventuell dazu gehörigen geschäftlichen Schädigungen einiger Postkunden gab es hinterher eine Auseinandersetzung mit der Stadtverwaltung. Sie erhob dabei natürlich auch noch den Vorwurf artfremder Benutzung städtischen Eigentums, nämlich der Pferde. Der Disput wurde aber recht bald, und zwar dank der militärfreundlichen Einstellung der Behörden in dieser alten Garnisonstadt des früheren Regiments der 18. Husaren, nachsichtig beendet.

Eine andere Episode ist über Baades Kontakt mit Paderborner Schwänen überliefert. Seine Tierliebe drängte ihn dazu, diese großen weißen Vögel regelmäßig zu füttern. In einer Nacht sah eine Gruppe von Reitschülern nach längerem Umtrunk im Casino ein paar Schwäne dicht am Ufer entlang segeln. Baade prophezeite, daß diese Schwäne aus seiner Hand Brot picken würden. Zwei Kollegen hielten eine nennenswerte Wette dagegen, weil Schwäne sich normalerweise auf eine so enge Berührung mit fremden Menschen nicht einlassen. Baade steuerte auf die Schwäne zu. Sie zeigten sich reserviert. Sie reagierten nicht auf seine ausgestreckte Hand und auch nicht auf seine Stimme, die ihnen nach Baades Ansicht doch bekannt sein mußte. Erstaunt, doch weiterhin zuversichtlich, wagte Baade die ersten Schritte ins seichte Wasser, um zum Ziele zu gelangen. Es nützte nichts; die Schwäne wichen aus. Baade ließ nicht ab. Er watete weiter hinein ins Wasser, das sich nun schon in seine Stiefel ergoß. Vom Alkoholgenuß beflügelt und von seinem Einfluß auf die befreundeten Tiere überzeugt, setzte er seinen Weg fort. Bis zu den Hüften, schließlich bis zur Brust im Wasser gab er mit ausgestreckten Händen die Wette immer noch nicht verloren. Er versuchte dann sogar auch noch in voller Uniform mit Schwimmstößen, das Rendez-vous zustande zu bringen. Vergeblich, denn die

Schwäne waren wahrscheinlich durch das ungewöhnliche Auftreten ihres Wohltäters im Wasser oder durch das fröhliche Stimmengewirr der Zuschauer am Ufer irritiert. Sie ließen Baade daher mit seiner Wette im Stich.

Viele Jahre später hat sich Baade dieser Eskapade in ein westfälisches Wasser erinnert. Als sein Regiment 1935 für mehrere Wochen auf dem Truppenübungsplatz in Sennelager war, fragte er zu mitternächtlicher Stunde einen vergnügten und unternehmungslustigen Oberleutnant, ob er bereit und fähig sei, einen gestreckten Kopfsprung in voller Uniform, mit Mütze und umgeschnalltem Säbel, vom Dreimeter-Brett in das Schwimmbecken des Casino-Gartens zu machen. Der Angeredete akzeptierte und vollführte den Kopfsprung wie vorgeschrieben unter dem Applaus von Baade und vielen anderen Offizieren. Danach erzählte Baade schmunzelnd sein Erlebnis mit den Schwänen und feierte den Springer als seinen Taufgenossen.

Die Bierzeitung von Paderborn kreidete im übrigen Baade an, daß er damals offensichtlich dem Alkohol sehr zugesprochen habe. Es heißt, er habe „jede Bowle leer getrunken". Dies erscheint deswegen bemerkenswert, weil er in späteren Lebensjahren geradezu fanatisch den Mißbrauch von Alkohol verurteilte. Er trank gern ein Glas Cognac oder ein Glas Rum zur Erwärmung oder etwas Sekt bei besonderen Anlässen. Aber er ging stark ins Gericht mit Untergebenen, die Neigung zum Übermaß zeigten. Als Schwadronschef in Göttingen ließ er unter den üblichen Bemalungen, mit denen kahle Wände in Kasernen und Ställen geziert wurden, den Spruch aufnehmen: „Der Alkohol führt uns ins Unglück". Drei Ausrufungszeichen prangten dahinter.

Am 30. September 1919 war der Lehrgang in Paderborn programmgemäß beendet. Das weitere Schicksal der meisten Teilnehmer wurde nun stark beeinflußt von dem in der Zwischenzeit, nämlich Ende Juni 1919, unterzeichneten Friedensvertrag von Versailles. Darin wurde dem Deutschen Reich ein Heer von einhunderttausend Soldaten belassen und eine Marine in Stärke von fünfzehntausend Mann. Die Bewaffnung und Bevorratung dieser Streitkräfte wurde auf jedem Sektor so beschränkt, daß sie nur als bedingt einsatzfähig für leichte Abwehrkämpfe im Grenzschutz angesehen werden konnten. Darüber hinaus stellten sie allerdings das ausreichende Mittel für die Regierung dar, im Bedarfsfalle innerer Unruhen Herr zu werden. Schwere Artillerie, Flugzeuge und Kampfwagen waren verboten. Die Anfertigung von Waffen und Munition wurde der Aufsicht der Entente unterworfen.

Im übrigen hatten die Siegermächte eine weitere, sehr bezeichnende Bestimmung zur Minderung der Schlagkraft des Heeres getroffen. In der Erkenntnis, daß die durch den Weltkrieg so sprunghaft entwickelten technischen Kampfmittel die Möglichkeiten für die Verwendung der Kavallerie im modernen Kampf fast zum Erliegen gebracht hatten, beließen sie dem neuen deutschen Reichsheer eine unverhältnismäßig hohe Anzahl von Kavallerie-Regimentern. Nur 21 Infanterie- und 7 Artillerie-Regimentern, gegliedert in 7 Divisionen, wurden 18 Kavallerie-Regimenter, gegliedert in 3 selbständige Divisionen, an die Seite gestellt.

Bei dieser Struktur des Heeres konnten, im Vergleich zu den anderen Waffengattungen, noch relativ viele Offiziere der alten Kavallerie in die neue Truppe übernommen werden. Trotzdem fielen auch schon mehrere Teilnehmer des Reitschul-Lehrgangs in Paderborn, die zum weiteren Verbleiben im Soldatenberuf bereit waren, der nun einsetzenden „Heeresverminderung", das heißt der Herabsetzung auf hunderttausend Mann, zum Opfer. Andere Teilnehmer allerdings wandten sich aus eigenem Entschluß zivilen Berufen zu.

Ernst-Günther Baade stand etwas unschlüssig in der Mitte zwischen beiden Möglichkeiten. Er erfuhr, daß das immer noch existente Freikorps Hülsen bereit sei, ihn wieder aufzunehmen. Damit wäre ihm sehr wahrscheinlich der anschließende Übergang in das verkleinerte Reichsheer gesichert gewesen. Er hielt sich daher diesen Weg noch offen und bat beim Freikorps Hülsen um Urlaub und Bedenkzeit.

Im ganzen gesehen begann für Baade mit dem Verlassen der Reitschule von Paderborn eine sehr lange Periode der beruflichen Ruhelosigkeit. Sie sollte viereinhalb Jahre lang währen. Sie wurde eingeleitet mit der Anfrage eines Freundes, ob Ernst-Günther mit ihm nach Brasilien auswandern wollte, um dort, sei es als Farmer oder als Kaufmann, ein neues Leben aufzubauen und damit der derzeitigen Hoffnungslosigkeit in den deutschen Landen zu entgehen. Baade griff den Gedanken nur recht flüchtig auf. Seine Heimatliebe und sein Anrecht auf Falkenhagen gaben ihn nicht frei für einen so weitreichenden Entschluß.

Sodann tauchte für kurze Zeit die Möglichkeit auf, zum Ulanen-Regiment 11 überzutreten, das zu dieser Zeit in Saarburg lag und später in ein Reiter-Regiment der Reichswehr umgewandelt werden sollte. Diese Verhandlungen zerschlugen sich aber und somit blieb Baade zunächst wieder Angehöriger des Freikorps Hülsen. Jetzt war er hier aber nur noch mit halbem Herzen bei der Sache. Zu nennenswerten Einsätzen dieses Korps zum Zweck der Aufrechterhaltung der Ruhe und Ordnung kam es zudem im Verlauf des Winters 1919/1920 nicht mehr.

Baade fuhr, von Unruhe getrieben, oft nach Falkenhagen und besuchte außerdem in dieser Zeit viele Freunde, um Zukunftspläne zu besprechen. In den Vordergrund trat allmählich die Absicht, sich der Landwirtschaft zuzuwenden. Doch bei der Vertiefung dieses Gedankens legte er sich wahrheitsgetreu darüber Rechenschaft ab, daß die von jeher in ihm schlummernde und soeben in Paderborn so stark geförderte Passion für Reiterei und Pferdezucht ihn daran hindern könnte, dem Beruf des Landwirts den ihm gebührenden ernsthaften Vorrang zu geben.

Der Vater durchschaute diesen etwas schwachen Punkt. In unzähligen Unterhaltungen wurde hin und her erwogen, welche Folgerungen zu ziehen seien. Schließlich rieten die Eltern mehr und mehr dazu, sich vom Freikorps Hülsen zu trennen und es doch mit der landwirtschaftlichen Lehre zu versuchen. Sofern Ernst-Günther darin Befriedigung finden würde, wollten sie sich sogar bemühen, dem jüngeren Bruder Joachim später ein anderes Gut zu kaufen, um beiden Söhnen eine landwirtschaftliche Existenz zu vermachen.

Insbesondere drängte nun die Mutter sehr dazu, Ernst-Günther sollte sich endlich einer Betätigung widmen, bei der er sich mehr schonen könnte als beim Waffendienst. Seine Gesundheit hatte sich merklich verschlechtert. Jetzt traten die Folgen der Verwundung von Château-Thierry voll in Erscheinung. Was bisher für Rheumatismus in Genick und Oberarm gehalten wurde, rührte in Wahrheit von verletzten Nerven her. Die fast täglichen Schmerzen nahmen an Heftigkeit zu. Die Beweglichkeit der Muskeln in einer Gesichtshälfte erwies sich zunehmend als behindert. Am Arm traten zeitweise Lähmungserscheinungen auf. Schmerzstillende Mittel wurden fast unentbehrlich, ebenso wie ständige Massagen. Zudem wusch er die kranken Stellen täglich mehrmals mit Eiswasser, weil sich daraus wenigstens vorübergehend eine Linderung ergab.

Obwohl Baade mit seiner angeborenen Energie gegen die Beschwerden anging, zeigte seine nervliche Verfassung doch recht oft die Spuren dieser Anstrengung. In rührender Fürsorge, aber gleichzeitig mit etwas weiblicher Naivität, bot sich die Mutter an, mit den Stabsärzten beim Freikorps Hülsen persönlich ein offenes Wort zu reden und die Notwendigkeit darzulegen, daß er den Dienst quittiere. „Eine Dame kann solche Dinge wohl besser und überzeugender vorbringen", hieß es in einem Brief von ihr vom 16. Januar 1920. Ernst-Günther gab schrittweise nach. Als dann angekündigt wurde, daß das Freikorps Hülsen zum 15. Mai 1920 aufgelöst werden sollte, sah er davon ab, sich um anschließende Übernahme in die Reichswehr zu bemühen.

Baade ging nach Falkenhagen und half dem Vater bei der Führung des Betriebes. Jede zu erübrigende Stunde widmete er aber der Ausbildung junger Pferde. Er suchte auch sehr bald nach Gelegenheiten, sich an ländlichen Turnieren zu beteiligen.

Meinungsverschiedenheiten mit dem Vater blieben nicht aus. Zwar respektierte Vater Baade die Begabung und den Sinn seines Sohnes für das Säen und Ernten, für das Werden und Gedeihen auf den Feldern, für die Erfordernisse einer guten Aufzucht in den Kuh-, Schaf- und Schweineställen, aber er befürchtete, daß letzten Endes der ständige Seitenblick zum Sattel eine erfolgreiche Konzentration auf die den ganzen Mann erfordernde Bewirtschaftung des Gutes vereiteln würde. Darüber hinaus sah er mit etwas Mißtrauen, daß Ernst-Günther sich allen Fragen zum Zeitgeschehen und Büchern aller Art mit innerer Unruhe und mit einer Intensität hingab, die über eine normale Abwechslung am stillen Herd des Landwirts weit hinausging.

Nach einem Jahr kam es dann zwischen den Eltern und Ernst-Günther zu dem Entschluß, er solle seine Kenntnisse in der Landwirtschaft außerhalb von Falkenhagen erweitern. Dieser Entschluß wurde ganz einmütig gefaßt. Ihm haftete keineswegs eine Trübung des guten familiären Einverständnisses an.

Ernst-Günther nahm im August 1921 die Stellung als Inspektor auf dem Rittergut Pensin bei Demmin in Vorpommern an. Er blieb dort aber nur ein halbes Jahr. Er fand dort keine Ruhe und Stetigkeit. Er ergriff jede Gelegenheit, um zu verreisen, zumindest an allen Wochenenden.

Besonderen Anlaß zu seiner häufigen Abwesenheit von Pensin gab seine damalige Zuneigung zu einer Opernsängerin am Deutschen Nationaltheater in Weimar. Mit ihr traf er sich in Berlin oder an der Ostseeküste. Bis dahin hatte es als Beweise für Bande dieser Art nur seinen sehr regen Briefwechsel mit Fräulein Ursula von Bassewitz aus Jasnitz gegeben. Er hatte sie im letzten Kriegsjahr in Frankreich kennen gelernt, wo sie als Krankenschwester in Lazaretten tätig war. Der in beiden Fällen erhalten gebliebene Briefwechsel zeigt, wie sehr Ernst-Günther sich vorgenommen hatte, es nicht zu einer Heirat in zu jungen Jahren kommen zu lassen. Er verwies in seinen Briefen beteuernd darauf, daß ihm der Gedanke an eine Eheschließung fern liegen müsse, solange sein Berufsleben nicht in einigermaßen gesicherte Bahnen gelenkt sei. Die Partnerinnen hingegen ließen gelegentlich leichte Vorwürfe anklingen, daß Ernst-Günther, wohl eben aus diesen Gründen, hin und wieder getroffenen Verabredungen kurzfristig auswich. Mit Fräulein von Bassewitz blieb trotzdem die freundschaftliche Verbindung viele Jahre hindurch bestehen und fand in erster Linie in einem sehr regelmäßigen Briefwechsel Ausdruck.

Alle sonstigen Begegnungen in jenen Jahren blieben flüchtige Episoden, aus denen ein jedes Mal die Scheu von Ernst-Günther hervorging, sich zu binden oder zu verpflichten. Er wollte zwar nicht abseits stehen, war aber offensichtlich immer, im Gegensatz zu seinem Draufgängertum im Krieg, von vornherein auf rechtzeitigen Rückzug bedacht. Er ist auch in späteren Jahren weit entfernt geblieben vom Typ des „Eroberers“. Hier neigte er zu einer Selbstkritik, die ihn sehr oft über das normale Maß der Vorsicht und der Bescheidenheit hinaus als empfindsam erscheinen und auch unsicher werden ließ.

Im Frühjahr 1922 kehrte Ernst-Günther von Pensin für mehrere Monate nach Falkenhagen zurück. Im Spätsommer unternahm er einen erneuten Versuch, sich fremder Lehre zu unterziehen. Dazu bot sich die Freundschaft der Familie Baade mit Herrn Nöbel an, der das Rittergut Ponickel im Kreise Rummelsburg in Hinterpommern verwaltete. Er galt als ein besonders erfahrener Landwirt. In dem dort verbrachten Jahr hat Ernst-Günther viel gelernt und auch durchaus Befriedigung in der Landwirtschaft gefunden.

Dann folgte wieder ein längeres Verweilen in Falkenhagen. Der Vater, der sich älter geworden und oftmals leidend fühlte, ließ sich nun von Ernst-Günther manche Arbeit abnehmen. Er gab seine Einwilligung dazu, daß Ernst-Günther die Buchführung modernisierte und auch die Viehzucht auf eine neue, einbringlichere Basis stellte. Dabei verwertete Ernst-Günther die Erfahrungen aus Ponickel mit der ihm eigenen Emsigkeit bei der Ausführung neuer Pläne und seiner immerwährenden Freude an organisatorischen Maßnahmen.

Seine körperliche Verfassung hatte sich nur unwesentlich gebessert. Die Schmerzen, die vom Genick ausgingen, verfolgten ihn weiterhin. Mehrere Ärzte in der Umgebung wurden konsultiert. Wie auf dem Lande oftmals anzutreffen, wurde auch der Tierarzt, mit dem man zufolge seiner häufigen Besuche in einem freundschaftlichen Verhältnis stand, zu Rate gezogen. Doch ist vielleicht versäumt worden, bald nach dem Kriege einen erfahrenen Spezialisten oder ein geeignetes Krankenhaus aufzusuchen.

So weit es ging, bemühte Ernst-Günther sich darum, seine körperliche Behinderung zu ignorieren und sie auch mit viel Bewegung und Betätigung zu überspielen. Täglich ritt er mehrere junge Pferde und lernte weitere an der Longe an. Vater und Sohn hatten sich geeinigt, daß der Bestand an jungen, zum Weiterverkauf bestimmten Reitpferden vermehrt werden sollte. Dabei hatte der Vater nicht vorausgesehen, mit welcher Zähigkeit der Sohn nebenbei das Ziel verfolgen würde, mit diesen Pferden an Turnieren teilzunehmen. Er wünschte sich einen relativ schnellen Umsatz, um eine zusätzliche Einnahmequelle zu haben. Ernst-Günther hielt entgegen, daß man für Pferde, die erst einmal ein paar Erfolge auf Turnieren aufzuweisen hätten, bei etwas späterem Verkauf weit höhere Preise erzielen könnte.

Sehr frühzeitig wurde Ernst-Günther mit einem speziellen Problem für Besitzer, Ausbilder und Reiter von Turnierpferden konfrontiert. Es ging darum, immer nach dem rechten Weg zu suchen zwischen einer möglichst schnellen Ausbildung der Pferde bis zur Turnierreife einerseits und der erforderlichen Schonung der jungen Tiere im Interesse einer langen Erhaltung ihrer Leistungsfähigkeit andererseits. So hatte er oft abzuwägen, ob er sich an die ihm wohlbekannten, hergebrachten Anschauungen in der deutschen Armee über die Anforderungen an junge Pferde halten sollte oder wagen dürfte, diese Anforderungen heraufzusetzen.

Im deutschen Heer herrschte das System, daß die für den Dienst bei berittenen Truppenteilen voraussichtlich geeigneten Pferde im Alter von drei Jahren vom Staat durch die sogenannten Remontierungs-Kommissionen angekauft wurden. Ihr viertes Lebensjahr verbrachten diese Pferde dann bei bester Pflege und in noch fast völliger Freiheit in den Remonte-Depots des Heeres. Danach, also mit Beginn ihres fünften Lebensjahres, wurden sie den Reiter-Regimentern und den Truppenteilen der reitenden Artillerie als Nachwuchspferde überwiesen. Diese Schwadronen und Batterien verfügten über das gute Stammpersonal, das erforderlich war, um die Ausbildung der Reitpferde von Grund auf zu übernehmen. Der Nachwuchs für alle anderen Einheiten des Heeres, bei denen Pferde Verwendung fanden, wurde in den Remonte-Depots zugeritten und eingefahren.

Über die Heranbildung der Remonten bis zu ihrer Eingliederung in den normalen Dienst bei der Truppe schwebte der Geist der alten preußischen Oberrechnungskammer. Das Augenmerk war peinlich gerichtet auf eine möglichst lange Haltbarkeit dieses Pferdematerials im Dienst des Staates. Und dazu, so glaubte man sicher nicht zu Unrecht, müßte in erster Linie jeder, auch der geringsten Überforderung im Wachstums- und Entwicklungsalter der Pferde vorgebeugt werden. Daraus ergab sich die Vorkehrung, daß für eine schonende Ausbildung bei der Truppe nach der Überweisung aus den Remonte-Depots zwei volle Jahre reserviert wurden. So hatte jede Schwadron in jedem Jahre eine Abteilung von 15, gelegentlich ein paar mehr, sogenannten jungen Remonten und eine gleich starke Abteilung von alten Remonten auszubilden, von denen die ersteren sich in ihrem fünften, die letzteren in ihrem sechsten Lebensjahr befanden. Auf diese Ausbildung wurde im allgemeinen täglich je eine Stunde in der Reitbahn und mit zunehmenden Fortschritten längeres Ausreiten ins Gelände verwandt.

Erst mit Beginn ihres siebenten Lebensjahres wurden die alten Remonten dann in den Stamm der Schwadronspferde für den allseitigen Dienst übernommen. Ihre physische Kondition hatte dann eine Grundlage erhalten, welche sie befähigte, diesen Dienst normalerweise bis zum Alter von 16 bis 18 Jahren, sehr oft noch beträchtlich darüber hinaus, zu versehen. Gegen diese fiskalische Rechnung mit der vorsichtigen Heranführung an die verlangten Leistungen war daher wenig einzuwenden.

Unter anderen Gesichtspunkten stand und steht fast jeder private Pferdebesitzer der Frage nach dem Zeitpunkt gegenüber, zu dem er seinen Pferden die ersten größeren Leistungen abverlangen kann. Mit dem Wunsch, die Zeit und den Kostenaufwand bestmöglich zu nutzen, muß immer die Vorsicht vor Überanstrengung oder gar, wie es in der Reitersprache heißt, vor Niederbrüchen in Einklang gebracht werden.

Baade sammelte hierfür viele Erfahrungen in Falkenhagen. Er lernte es, seine Passion und Ungeduld zu zügeln, wenn Rückschläge in der Ausbildung der jungen Pferde eintraten. Es vertieften sich bei der täglichen Arbeit und der Handhabung des Ausbildungsverfahrens, bei der er auf sich allein gestellt war, die Kenntnisse über die Zusammenhänge und die Rückwirkungen zwischen dem Temperament der jungen Pferde und ihren angeborenen Kräften, Mängeln und Besonderheiten. Sein Einfühlungsvermögen in den Instinkt, in die Furcht oder den Übermut, in die Gründe für die Fortschritte oder das Versagen der Pferde erfuhr durch das tägliche Überwachen und Zusammensein im Stall, beim Reiten, an der Longe oder auf der Wiese jene Erweiterung, deren jeder erfolgreiche Ausbilder und Reitersmann bedarf. Für seine Zuneigung zur Kreatur, voran zu Pferden und Hunden, war es ein besonders beglückender und befriedigender Zeitabschnitt.

Bald stellten sich auch die ersten Erfolge auf ländlichen Turnieren ein. „Schwalbe", „Mohrenblume" und „Olly" waren junge Pferde, mit denen er begann, sich einen zunächst bescheidenen Namen in der Reiterwelt von Brandenburg und Mecklenburg zu machen.

Der Vater ließ ihn nach wie vor nur mit einem gewissen Widerstreben dieser Passion nachgehen. Einmal kam es sogar zu einer heftigen Auseinandersetzung, als Ernst-Günther verkündete, er werde mit „Olly" an dem großen deutschen Turnier anläßlich der Grünen Woche im Sportpalast in Berlin teilnehmen. Allerdings hatte er die junge Stute, ihrem Alter und Ausbildungsstand entsprechend, nur zu zwei Eignungsprüfungen angemeldet, bei denen es fast ausschließlich nur auf eine gute allgemeine Veranlagung und eine erste, bereits erkennbare Rittigkeit ankommt. Doch der Vater nannte dieses Vorhaben Unvernunft und Geldverschwendung. Bei der Konkurrenz gegen Pferde aus den besten Ställen Deutschlands seien die Aussichten, plaziert zu werden, viel zu gering. Ernst-Günther zeigte seinen Trotzkopf und blieb bei seinem Entschluß. Er pflegte und trainierte „Olly" mit größter Sorgfalt. Zudem traf er umfassende Vorbereitungen für die Expedition nach Berlin, um die Unkosten zur Beruhigung des Vaters so niedrig wie möglich zu halten. Bei einem ihm bekannten jungen Offizier der Schutzpolizei in Berlin erbat er einen freien Stallplatz für sein Pferd. Den Hafer schickte er per Fracht voraus. Viele Tage vor Turnierbeginn brach er mit „Olly" im Fußmarsch von Falkenhagen auf, um die Transportkosten der Eisenbahn zu sparen. Nur kurze Strecken ritt er „Olly", meist ging er nebenher, um das Pferd zu schonen. Für die Unterkünfte unterwegs hatte er vorausschauend Quartier besorgt, einmal bei einem Vetter, einmal bei einem bekannten Oberförster. In Berlin hatte er für sich selbst Aufnahme bei General a. D. von Reitzenstein erbeten, um Hotelkosten zu vermeiden.

Und wie mutigen und unternehmungsfreudigen jungen Menschen oft das Glück zufällt, so hatte er die Freude, daß seine „Olly", die er mit langem Herumführen vor den Prüfungen an die ungewohnte Atmosphäre im Sportpalast gewöhnte, einen zweiten und einen dritten Preis erhielt. Neben den Geldpreisen, die weit mehr deckten als die nur so kurz gehaltenen Unkosten dieser Reise, bekam der Reiter einen kleinen silbernen Pokal. Bei der Rückkehr nach Falkenhagen schlug die Stimmung des Vaters schnell in Versöhnung und Stolz um.

Die weitere Folge war, daß „Olly" nun nicht mehr als Verkaufspferd galt, sondern im Falkenhagener Stall blieb und weiterhin auf ländlichen Turnieren gestartet wurde. Ernst-Günther nahm sie später, als er in die Reichswehr eintrat, in seine Garnison mit. Dort verhalf sie ihm zu einer stattlichen Anzahl von Erfolgen auf öffentlichen Turnieren.

Zeitgefährten von Baade haben sich gelegentlich gefragt, ob seine Liebe zu Hunden wohl noch stärker als seine Passion für die Reiterei und für den Umgang mit Pferden gewesen sei. Tatsache war, daß man ihn eigentlich niemals ohne Hunde antraf. Schon in der Kinderzeit in Falkenhagen tummelten sich immer viele Hunde aller Altersklassen um ihn herum. Ein Hund mindestens schlief immer neben seinem Bett. Selbst im Kriege war er, sofern er es nur irgendwie einrichten konnte, immer von einem Hund begleitet. Er pflegte die Hunde immer selbst zu füttern. Daraus ergab sich nicht nur die grenzenlose Anhänglichkeit der Hunde, sondern auch ihr immer vorzüglicher Gesundheitszustand.

Im Frühjahr 1924 hub ein neuer Lebensabschnitt für Ernst-Günther Baade. Er wurde wieder Soldat.

Die beiden jüngeren Schwestern haben in späteren Jahren in Erinnerung an die gemeinsam in Falkenhagen verbrachte Zeit oft von zwei ihrer Ansicht nach kennzeichnenden Zügen in dem Wesen ihres Bruders gesprochen. Er sei, unbeschadet seiner ausfüllenden Betätigung in der Landwirtschaft und mit den Pferden, ein geradezu besessener Leser gewesen. An jedem Abend habe er sich lange Zeit, immer noch in Reitstiefeln, in einem alten, bequemen Sessel unter einer Stehlampe halb hingestreckt, mindestens einen kleinen Hund auf dem Schoß, über Bücher und Zeitschriften gebeugt. Er bevorzugte klassische Literatur. Nach der unvollständigen Schulzeit und den an der Front verbrachten Jahren drängte sich ihm hier der Nachholbedarf auf. Allerdings blieben seine Geduld und Ausdauer in der Beschäftigung mit den einzelnen Themen, auf die er stieß, meistens etwas beschränkt. Er verspürte keine professionelle Verpflichtung, Wissen anzusammeln. Er suchte nach Stoff, der ihn fesseln und sein Urteil über Menschen und Vorgänge um ihn herum bereichern konnte. Er verweilte nur bei Problemen und Feststellungen, die ihn ansprachen und ihm Bestätigungen oder Gegenmeinungen für sein bisher gewonnenes Weltbild eröffneten.

Daraus ergaben sich aber immerhin manche Einblicke in die antike Philosophie, die auf ihn wie Schnappschüsse wirkten, wie isolierte Funken, die aufleuchteten und Widerschein erweckten. Viele davon hat er nicht vergessen. Sie sind ihm, zeitweise überdeckt und zurückgestellt, im Bewußtsein geblieben, um später, in Zeiten der Not, der menschlichen und politischen Bedrängnis, wieder Maßstab und Anhalt zu sein. Damit hatte er sich vor der Gefahr bewahrt, der seine Altersklasse durch die Zeitumstände unterworfen war, nämlich zu sehr der Oberflächlichkeit im Denken und Handeln zu verfallen. Er hatte, wenn auch in relativ bescheidenem Umfang, aber doch im Rahmen seiner Möglichkeiten die Anker ausgeworfen, die ihn befähigen sollten, ständig auf das Ablegen von Rechenschaft bedacht zu sein, sowohl gegenüber sich selbst als auch gegenüber seinen Mitmenschen und allen Symptomen des Daseins, nicht zuletzt gegenüber religiösen Fragen. Niemand hatte ihn zu diesem Lesen und hier und da tastenden Forschen angehalten. Es blieb gewiß auch lückenhaft und immer etwas verzettelt, schon allein weil ihm die Voraussetzungen für streng systematischen Gedankenaufbau nicht zuteil geworden waren. Aber es hob ihn heraus aus dem großen Kreis der Gleichgültigen; es förderte seine Aufgeschlossenheit nach allen Richtungen. Die stillen Abende in Falkenhagen hat er hierfür zu nutzen gewußt.

Die weitere Erinnerung der Schwestern bezeugt, daß er ein fürsorglicher Bruder gewesen sei. Es habe ihn ein jedes Mal mit erkennbarer Freude erfüllt, wenn er den Schwestern mit einem Rat oder irgendeiner Handreichung habe helfen können. Er habe sie zudem mit kleinen Geschenken sehr verwöhnt. Diese Gutmütigkeit für junge Menschen sei aber nicht nur für sie spürbar gewesen. Die Kinder der Arbeiter in Falkenhagen seien in gleichem Maße von ihm angesprochen worden. Er habe immer einen so fröhlichen Eindruck gemacht, wenn er mit ihnen spielte, ihnen Bonbons zusteckte oder die größeren von ihnen schon zum Füttern der Pferde und der Hunde oder gar schon auf die Jagd mitnehmen konnte. Nichts habe ihn so belustigt und so beglückt wie der Wirbel von Kindern, Pferden und Hunden um ihn herum. Es schien ihm so sehr gegeben, sich in das Gemüt von Kindern und Tieren hineinzuversetzen und selbst dabei noch zu lernen, was die Natur zu lehren hat.

WIEDER SOLDAT

Am 1. April 1924 wurde Ernst-Günther Baade mit einem Rangdienstalter als Leutnant vom 1. 12. 1918 in der Reichswehr, und zwar im Reiter-Regiment 14, „wieder angestellt". Die Schwadronen dieses Regiments waren auf die Garnisonen Ludwigslust, Parchim und Schleswig verteilt. Der Regiments-Stab befand sich in Ludwigslust. Diese weite Auseinanderziehung der Regimenter der Reichswehr entsprach der Absicht, trotz der geringen Stärke des Heeres die Truppen möglichst gleichmäßig über das Reichsgebiet zu verteilen. Baade erhielt eine Offiziers-Planstelle bei der 4. Schwadron in Schleswig.

Was hatte ihn bewogen, zu diesem Zeitpunkt der Landwirtschaft den Rücken zu kehren und unter die Berufsoffiziere zu treten, die sich damals gemäß den Bestimmungen des Versailler Vertrages auf eine Dienstzeit von 25 Jahren verpflichten mußten? Die Antwort auf diese Frage darf ganz gewiß nicht mit weittragenden politischen, militärischen, weltanschaulichen oder sonstigen Überlegungen des 27 Jahre alten Baade in einen übertrieben engen Zusammenhang gesetzt werden. Die Motive zu diesem Schritt entsprangen in erster Linie auch wieder der Passion für die Reiterei. Von Falkenhagen aus gewahrte er, der so sehr mit den Pferden nun verwachsen war und unablässig von weiterer Betätigung im Reitsport träumte, um sich herum eine starke Zunahme des Turnier- und des Rennsports in Deutschland. Und er erkannte gleichzeitig, welche bevorzugten Voraussetzungen für Erfolge dabei den Reiter-Offizieren zwangsläufig zufielen im Vergleich zu den Ausgangspositionen der zivilen Reiter. In den Kavallerie-Regimentern der Reichswehr, die sich ebenso wie die anderen Truppenteile nur als ein amputiertes, beschränktes Machtmittel des Staates betrachten konnten, machte sich verständlicherweise in steigendem Maße der Drang zu sportlicher Aktivität als Ausgleich für die eingeengte Rolle im Bereich der allgemeinen militärischen und waffentechnischen Entwicklung bemerkbar.

In Erinnerung an die weit gespannte reitsportliche Betätigung in der alten kaiserlichen Armee begann man nun auch in der Reichswehr, die Vorteile wahrzunehmen, die für charakterliche Erziehung, Wagemut und Disziplin aus sportlichem Einsatz gezogen werden können. Für Ernst-Günther Baade ergab sich aus dieser Situation die Erkenntnis, daß er in sein ersehntes Reiter-Paradies am ehesten mit der Uniform gelangen konnte. Weder an militärische Erfolge und an eine „große Karriere" noch an mögliche Abenteuer hat er bei seinem Gesuch um Wiedereinstellung gedacht. Es war 1924 nicht die Zeit und gab keinen Anlaß dazu, sich an den Spruch zu erinnern, daß ein jeder Leutnant den

Marschallstab in seinem Tornister trage. Dazu konnte die Reichswehr damals ganz gewiß noch nicht als Sprungbrett erscheinen. Vielmehr ist mit Nachdruck daran zu erinnern, daß der Generation von Ernst-Günther Baade damals der Gedanke, es könnte je wieder einen Krieg in Mitteleuropa geben, vollkommen fern gelegen hat. Daß Deutschland mit Mitteln der Gewalt jemals Revanche für Versailles nehmen könnte, geisterte 1924 oder 1925 nicht einmal in den Hirnen politischer Wirrköpfe.

Die Offiziere der Reichswehr taten ihren Dienst gewissenhaft nach der Parole „Bereitsein ist alles", – aber diese Parole konnten sie sich nur für einen örtlich begrenzten Verteidigungsfall oder allenfalls als Weitergabe an die nachfolgende Generation für eine in weiter Ferne liegende, im einzelnen überhaupt nicht auszumalende Konstellation vorstellen.

Im Jahre 1924, als Baade wieder den grauen Rock anlegte, war die Reichswehr bereits seit langer Zeit klar geprägt von der überragenden Persönlichkeit des Chefs der Heeresleitung, des Generals Hans von Seeckt. Er hatte hartnäckig das Ziel verfolgt, die kleine Streitmacht der Weimarer Republik streng aus parteipolitischen Interessen und Umtrieben herauszuhalten. Er erachtete staatspolitischen Unterricht und politische Aufklärung in den Kasernen für erforderlich und gab dafür die unerläßlichen Richtlinien heraus. Aber er setzte sich energisch dagegen zur Wehr, daß Einfluß der Parteien in die Truppe drang. Er ließ sich bis zu seinem Abschied im Jahre 1926 niemals von der Überzeugung abbringen, daß es oberstes Gebot sein müsse, spaltende Elemente von dem Machtmittel dieses ohnehin schwachen Staates fernzuhalten. Er war durchdrungen von der Ansicht, daß unter den damaligen Verhältnissen für das neue deutsche Staatsgebilde und damit für das deutsche Volk eine einheitliche und gut geführte, moralisch hochstehende, allen Parteikämpfen entzogene und jederzeit verfassungstreue Truppe unentbehrlich sei.

Es ist nicht verwunderlich, daß die Reichswehr, als Generaloberst von Seeckt sie führte, dabei ständigen Kritiken von allen Seiten ausgesetzt war. Die linksgerichteten Kreise wünschten sich eine Truppe, in die ihr Gedankengut Eingang fand. Sie erstrebten, sofern sie nicht überhaupt eine anti-soldatische Haltung vertraten, einen Bruch mit der Vergangenheit in der Haltung der Waffenträger ihres neuen Staates. Die konservativen Kreise hingegen klammerten ihre Hoffnungen auf die Erhaltung oder Wiedererweckung ihrer nationalen Ideale an die Institution, die von jeher und naturgemäß an ein hohes Maß von behüteten und bewährten Überlieferungen gebunden war, das heißt: an alle Aspekte der militärischen Tradition. Das Ringen, welches Seeckt zu führen hatte, der selbst in konservativer Anschauung verankert war, lag daher zweifellos in der Frontstellung gegen alle Bemühungen und Anfeindungen aus beiden Richtungen.

Die Reichswehr von 1919 bis zu ihrem Übergang in die Wehrmacht der Hitler-Zeit war damit einer Fülle von Schwierigkeiten und Widersprüchlichkeiten unterworfen. Ihre Führung war durch die Schwäche des staatlichen Gefüges in eine Lage manövriert, wie sie sich nur selten in der Geschichte für die Träger der letzten Gewalt ergeben hat. Seeckt bleibt das Verdienst, durch seine Maxime von der parteipolitischen Neutralität der Truppe die Weimarer Republik vor dem Schaden bewahrt zu haben, der ihr so leicht von dieser Seite hätte erwachsen können.

Weithin bekannt ist die als Vorwurf verstandene Formulierung, die Reichswehr sei ein Fremdkörper, ein „Staat im Staate“ gewesen. Diese Behauptung ist, objektiv gesehen, nicht als unrichtig abzutun. Diese Abseits-Stellung haben aber die hierfür verantwortlichen Politiker, einschließlich des Reichspräsidenten Ebert und der jeweiligen Reichswehrminister, und der Chef der Heeresleitung aus höherwertigen Gesichtspunkten absichtlich herbeigeführt. Niemals lagen die Motive dafür in dem Bestreben, die Reichswehr gegen den Staat oder auch nur staatsverneinend zu gestalten. Die Verhältnisse in der Weimarer Republik, gekennzeichnet durch mangelhafte Erfahrung im uneingeschränkt demokratischen Vollzug der öffentlichen Angelegenheiten, durch die noch ungehobelten Schritte im Wettstreit der Parteien und durch die schweren Kriegsfolgelasten, verlangten gebieterisch nach einer festen, überparteilichen Stütze des Staates. Diese mußte in der Hand des Reichspräsidenten gemäß Artikel 48 der Reichsverfassung ein Mittel zur Abschreckung nach allen Seiten vor Umsturzversuchen und vor verfassungswidriger Gewaltanwendung sein und bleiben. Kommunistische Unruhen und Revolten in Sachsen und Thüringen bezeugten, daß damit der Reichswehr der richtige Standort zugewiesen war.

Die aus Kreisen der Sozialdemokratischen Partei oftmals verlangte stärkere Assimilierung der Reichswehr mit dem Volksganzen entsprach gewiß einem Wunsch, der in normalen Zeiten, vor allem aber selbstverständlich für ein Volksheer, für Miliz und allgemeine Wehrpflicht eine gute Berechtigung hat. Für eine bewaffnete Macht von nur einhunderttausend langdienenden Soldaten war die Vorbeugung gegen eine gewisse Abseits-Stellung nicht unbedingt erforderlich. Sie konnte der Demokratie nicht wesentlichen Schaden zufügen, war für den ungefestigten Staat aber von entscheidendem Nutzen.

Gefährlich wäre diese Entwicklung nur geworden, wenn Reichsführung und Heeresleitung die Abschirmung ihrer kleinen Streitmacht nicht gleichmäßig gegen alle Einflüsse von links und rechts durchgehalten hätten. Seeckt war außerdem überzeugt, daß sich die Reichswehr durch strenges Heraushalten aus der Politik das Vertrauen weiter Kreise der Bevölkerung gewinnen könne und auch erworben habe.

Die Handhabe gegen die parteipolitische Infizierung der Reichswehr war in dem Paragraphen 36 des Wehrgesetzes vom 23. März 1921 verankert. Er lautete: „Die Soldaten dürfen sich politisch nicht betätigen. Den Soldaten ist die Zugehörigkeit zu politischen Vereinen und die Teilnahme an politischen Versammlungen verboten. Für die Soldaten ruht das Recht zum Wählen oder zur Teilnahme an Abstimmungen im Reiche, in den Ländern oder in den Gemeinden."

Die Sozialdemokratische Partei hatte zunächst bei den vorangegangenen Beratungen über diese Bestimmungen Einwände erhoben. Da sie aber Vorwürfe gegen die politische Haltung mancher Offiziere vorbrachte, verstrickte sie sich in Widersprüche und konnte schließlich überzeugt werden, daß dieser Gesetzestext auch ihren Wünschen Rechnung trug. Sie sah ein, daß es unmöglich war, aus der zu jener Zeit vorhandenen personellen Substanz mit genügender militärischer Vorbildung der neuen Reichswehr eine nennenswerte Zahl von Offizieren mit überzeugter sozialistischer Gesinnung zuzuführen, um etwa ideologischem Wettstreit innerhalb der Reichswehr freien Lauf zu lassen.

Das weitere Schicksal Deutschlands nach 1933 hat zu der Betrachtung geführt, daß die betont unpolitische Erziehung und Haltung der Reichswehr, hierbei zwangsläufig in erster Linie ihr Offizierskorps verstanden, sich als Faktoren ausgewirkt hätten, welche die spätere Wehrmacht so schnell zu einem viel zu gefügigen Instrument Hitlers hätten werden lassen. Es gibt und gab wohl nur sehr wenige Offiziere, die in der Reichswehr und in der Wehrmacht gedient haben und denen dann später diese heikle und herausfordernde Frage angesichts des großen deutschen Unglücks nicht siedend heiß auf der Seele gelegen hätte, allerdings unterschiedlich nach jeweiligem Dienstrang und damit verbundener persönlicher Verantwortung. Der weitere Lebensgang von Ernst-Günther Baade soll Zeugnis dafür ablegen.

An dieser Stelle ist nur festzuhalten, daß Seeckt und seine engsten Mitarbeiter unter dem Zwang der Umstände handelten und dabei gewiß eine zweckmäßige Lösung im Interesse des staatlichen Gebildes fanden, dem zu dienen sie aufgerufen waren. Dies sollte vor leichtfertiger Kritik an der Reichswehr und ihrem Offizierskorps warnen. Es sollte eine Anerkennung für ihre Disziplin und Staatstreue sein, mit der so viele Animositäten und abweichende persönliche Wünsche, nicht selten zähneknirschend, aber schließlich immer pflichtbewußt unterdrückt wurden. Allerdings wurde dem Offizierskorps der Reichswehr die Einnahme dieses Standpunktes „Ich dien", diese strikte Verpflichtung gegenüber der politischen Obrigkeit erheblich erleichtert durch die vom Heer in der Kaiserzeit überkommenen Normen der soldatischen Haltung. Alle Fehlurteile über Geschichte gewordene Vorgänge gehen schließlich immer wieder darauf zurück, daß bei ihnen nicht in ausreichendem Umfang die Maßstäbe, Gewohnheiten, Umstände, Besonderheiten und vor allem die Einsichtsmöglichkeiten zugrunde gelegt werden, die zur fraglichen Zeit gegeben waren.

In militärischer Hinsicht hatte die Heeresleitung unter Seeckt sich bemüht, den Blick genügend weit in die Zukunft zu lenken. Es sollte mit den gegebenen Mitteln die bestmögliche Grundlage geschaffen werden für Aufgaben und Erfordernisse, die unter veränderten Umständen auf Deutschland zukommen könnten und aller Voraussicht nach auch zukommen würden. So war Seeckt persönlich durchdrungen von der Auffassung, daß die Reichswehr eine doppelte Daseinsberechtigung hatte. Sie war das den Weimarer Staat garantierende Instrument und gleichzeitig das schwache, aber unentbehrliche militärische Gliedstück zwischen dem niedergebrochenen Kaiserreich und der unausweichlich wiederkehrenden, wenn auch im einzelnen völlig ungewissen erneuten Mitsprache Deutschlands in der Welt. Dieses Vorausdenken hatte nichts mit Revanche-Gelüsten gemein. Es war ausschließlich darauf abgestellt, daß dieses Land in der Mitte Europas auf jeden Fall in das Hin und Hergewoge des Kräftespiels wieder hineinbezogen werden würde und daß für die Bereitschaft dafür im Rahmen des Möglichen, selbst unter der unerläßlichen Einhaltung der Bestimmungen des Versailler Vertrages, vorgesorgt werden müßte.

Die einheitliche Ausrichtung der Reichswehr auf die ihr gestellten Aufgaben wurde oftmals durch die politischen Schwierigkeiten erschwert, mit denen die Reichsführung zu ringen hatte. Als die partikularistischen Bestrebungen in Bayern die Spaltung des Reiches herbeizuführen drohten, wurde die Reichswehr in diesen Konflikt hineingezogen. Von München aus wurde beharrlich versucht, der dortigen 7. Division des Reichsheeres Unabhängigkeit von der Reichswehr-Führung zu verschaffen. Seeckt hat bekundet, daß die Mitverantwortung für die Einheit des Reiches und die Abwehr des bayerischen Partikularismus ihm noch mehr schlaflose Nächte abverlangt hätten als die Festlegung der politischen Haltung und die Ausrichtung der Streitkräfte auf einen Brückenschlag in eine nicht überschaubare Zukunft.

Fernab von allen Problemen, die sich für die politische und die militärische Spitze der Reichswehr in Berlin stellten, verlief das Leben der Truppenteile in den kleinen Garnisonen nach „des Dienstes ewig gleichgestellter Uhr“. Auch in der 4. Schwadron des Reiter-Regiments 14 in Schleswig, die von Rittmeister von Geldern geführt wurde und der Ernst-Günther Baade zwei Jahre lang als Leutnant und ab 1. 12. 1925 als Oberleutnant angehörte, erklang um fünf Uhr morgens das Hornsignal des Trompeters vom Dienst zum Wecken. Wer es in den Mannschaftsstuben nicht gehört haben sollte, den trieb der Baß oder Bariton der selbstbewußten Unteroffiziere mit dem Infinitiv-Kommandowort „Aufstehen“ sprunghaft aus den einheitlich blaukarierten Bezügen der staatlichen Wolldecken. Wenige Minuten später folgten die ebenso vertrauten Geräusche der eiligen Kaffee-Holer. Die benagelten Sohlen ihrer Reitstiefel klapperten einsilbig auf das grob holperige Kopfsteinpflaster der Kasernen jener Jahrzehnte. Während die Infanteristen ihre vom Vortag müden Füße noch bis sechs Uhr ausruhen konnten, standen um diese Uhrzeit die Angehörigen der berittenen und bespannten Truppenteile schon eifrig Pferde putzend im Stall. Kurz vorher hatte die nächtliche Stallwache als letzten Teil ihrer Tätigkeit alle Pferde abgetränkt und durchgefüttert. Offizieren und denjenigen Wachtmeistern, die als Reitlehrer eingesetzt waren, war eine Stunde längeren Schlafes gegönnt. Abweichungen ergaben sich aber für die Tage, an denen Frühsport auf dem Dienstplan stand, dessen Überwachung der diensthabende Leutnant um fünf Uhr dreißig im Trainingsanzug zu übernehmen hatte.

Für die Kavalleristen war der Unterschied zwischen dem Dienst im Sommer und im Winter weit größer als bei allen anderen Waffengattungen. Die Winterzeit wurde vornehmlich der Reitausbildung gewidmet. Die jüngeren Mannschaftsdienstgrade wurden in mehreren Abteilungen, gewöhnlich zu rund 20 Teilnehmern, von Oktober bis März im Reiten systematisch gefördert. Die Unteroffiziere wurden in einer besonderen Abteilung geschult. Die besten Reiter der Schwadronen, im allgemeinen Wachtmeister und Unteroffiziere, gelegentlich auch Gefreite, hatten die spezielle Aufgabe, die jungen Pferde der Schwadronen, also die Remonten, zuzureiten. Diese vielfältige Beschäftigung mit den Pferden, einschließlich ihrer sorgsamen Wartung nach den Reitstunden, endete durchschnittlich um 11 Uhr. Der Rest des Tages war dann mit Ausbildung im Schießen und mit Unterricht in Gefechts- und Waffenlehre sowie in der Pferdekunde ausgefüllt. Hinzu kamen Exerzier- und Wachdienst, tägliche Pflege der Waffen und der Ausrüstung, gelegentlich „staatspolitischer Unterricht“, eine Sportstunde oder Schwimmunterricht sowie der allabendliche Stalldienst zur Versorgung der Pferde und Reinigung der Ställe.

Die Schwadronen waren mit Gewehren, die bei der Kavallerie Karabiner hießen, weil sie kürzer waren als Infanterie-Gewehre, mit leichten Maschinengewehren, mit Säbeln und Pistolen ausgerüstet. Eine Schwadron hatte schwere Maschinengewehre.

Außerdem waren die Reiter-Regimenter merkwürdigerweise bis zur Hälfte der zwanziger Jahre noch mit Lanzen ausgestattet. Die längst fällige Abschaffung dieses Überbleibsels aus der Ritterzeit hatte sich hingezogen, weil bis dahin immer noch Bedenken, wenn auch nur schwach begründet, dagegen geltend gemacht wurden. So muß man sich den Leutnant Baade noch im Jahre 1925 als Führer zu Pferde vor seinem Zuge von 36 Reitern vorstellen, die alle mit Säbel, Karabiner und Lanze bepackt waren, abgesehen von den 9 Reitern, deren Pferde die drei leichten Maschinengewehre des Zuges mit dazugehöriger Munition zu tragen hatten. Die fast ausschließlich aus ostpreußischen Zuchten stammenden Pferde dieser Reiter-Regimenter haben dabei ihre ungewöhnliche Kraft und Zähigkeit bewiesen.

Im Sommer stand der Dienst ganz im Zeichen der Gefechtsausbildung im Gelände. Im Verbande der Gruppe, dann des Zuges und schließlich der gesamten Schwadron wurden nach genau festgelegtem Plan die Aufgaben durchgeübt, die der Reitertruppe im Gefecht gestellt werden konnten. Im Spätsommer wurde jedes Regiment für mehrere Wochen auf einen Truppenübungsplatz verlegt, um dort in unbebautem Gelände, also ohne auf Flurschäden Rücksicht nehmen zu müssen, die Aufgaben zu steigern und die Ausbildung im großen Verband bis zur „Manöverreife" abzuschließen. Der Herbst brachte dann jeweils den Höhepunkt des Ausbildungsjahres mit der Teilnahme an den Manövern. Sie wurden in wechselnder Zusammensetzung der großen Verbände, das heißt der Divisionen und der Armeekorps, und in jeweils verschiedenen Gegenden des Reiches abgehalten. Sie hatten dem Zusammenwirken aller Waffengattungen zu dienen.

Laut Versailler Vertrag durfte die Reichswehr einen Bestand von nur 4 000 Offizieren haben. Ein erheblichen Offiziersmangel bei den einzelnen Truppenteilen war die Folge. Während normalerweise jede Kompanie oder Schwadron vier Offiziere haben sollte, nämlich den Einheitsführer und drei Zugführer im Offiziersrang, war es in der Reichswehr ein immerwährender Zustand, daß nur je ein Leutnant oder Oberleutnant dem Kompanie- oder Schwadronschef zur Seite stand. Der Grund für diese knappe Besetzung in der Truppe lag zum Teil aber auch darin, daß die Reichswehrführung verständlicherweise stets eine große Zahl von Offizieren zu eifrig organisierten Schulungs- und Fortbildungskursen beorderte. Dies geschah in der Absicht, wenigstens theoretisch mit den modernen Entwicklungen auf allen militärisch relevanten Gebieten dort Schritt zu halten, wo praktische Betätigung der Reichswehr untersagt war.

Es ist das Verdienst der vorzüglichen Feldwebel und Wachtmeister gewesen, daß dieser Offiziersmangel bei den Truppenteilen der Reichswehr nicht allzu fühlbar wurde. Sie erwiesen sich als erstklassige Zugführer und Ausbilder. Die meisten von ihnen brachten allerdings den großen Vorteil mit, daß sie noch Fronterfahrung aus den letzten Jahren des Weltkrieges hatten. Ihre Loyalität, auch gegenüber Offizieren, die jünger waren als sie, wurde zu einem Symbol bester soldatischer Gesinnung.

Wahrscheinlich ist die Aussage berechtigt, daß die Reichswehr in besonders auffälliger Weise den Wert dokumentiert hat, den das Unteroffizierskorps, seine moralische Haltung und sein fachliches Können, für die Schlagkraft eines jeden Heeres haben. Das Unteroffizierskorps war hier stärker als unter sonstigen Verhältnissen aufgerufen, die Offiziere in der Erfüllung der anstehenden Aufgaben zu unterstützen und sie vielfach zu ersetzen. Wenn die Heeresleitung unter Seeckts Direktiven ihr strenges Augenmerk darauf richtete, daß ein jeder Angehörige der kleinen Reichswehr zur Entwicklung von Führer-Qualitäten herangezogen werden müsse, die über seinen Dienstgrad hinausgingen, dann betrafen diese Forderung und ihre Erfüllung in gleichem Maße die Unteroffiziere wie die Offiziere.

Die Ausbildung der Offiziere wurde innerhalb der Garnisonen und der Regimenter durch sogenannte Planspiele und durch taktische Besprechungen im Gelände gefördert, die der Standortälteste oder der Regimentskommandeur leitete.

Alter Sitte folgend wurden dann im Herbst über Wiesen und abgeerntete Felder die Jagden geritten. Die Teilnahme war eine dienstliche Obliegenheit. Von Anfang Oktober bis zum 3. November, dem Tag des Schutzheiligen „Hubertus", wurde durchschnittlich zweimal in der Woche in der Nähe der Garnison der „Parcours" für eine Jagd von 4 bis 7 Kilometer Länge angelegt. Er bestand teils aus natürlichen Hindernissen wie Wasserläufen, Hecken, Steinmauern und Gräben, teils aus künstlich gefertigten Koppelricks, Holzstößen und Lattenzäunen. Die Überwindung der Strecke in munterem Galopp sollte gleichermaßen Übung sein für Reiter und Pferde. Sie erforderte von den Reitern schnelle und reiterlich zweckmäßige Entschlüsse in unvorhergesehenen und rasch wechselnden Situationen.

Vom Vorbild des Jagdreitens in England, Irland und schließlich auch in Frankreich unterschieden sich diese Jagden doch erheblich. Es wurde kaum noch hinter lebendem Wild zu Pferde gejagt. Ab 1934 war dies sogar grundsätzlich verboten. Auch gab es in Deutschland an sehr viel weniger Plätzen noch Hundemeuten. Als Ersatz ritten die sogenannten Piköre, zum Beispiel ein Leutnant und ein älterer Unteroffizier, dem Feld voraus. In Sichtweite folgte der „Master", oft in der Person des Regimentskommandeurs. An ihm vorbeizureiten galt als ein schwerer Verstoß, auch wenn das eigene Pferd noch so sehr nach vorne drängte und damit dem Reiter „die Hand nahm", das heißt ihm die Beherrschung zu entziehen drohte.

Oftmals endeten die Jagden mit dem „Fuchsschwanz-Greifen". Einer der vorwegreitenden Piköre trug auf dem Rücken einen Fuchsschwanz, der in der letzten Phase, wenn die Jagd durch Hornsignal freigegeben war, vom schnellsten Reiter ergriffen werden konnte. Es war ein Anklang an das „Ausheben" des von Hunden am Ende der Jagd gestellten Wildes beim Jagdreiten hinter Hirsch oder Fuchs, wie es heute noch in England und Frankreich geschieht.

Die Jagden in den deutschen Garnisonen boten Gelegenheiten zu kameradschaftlichem Umgang der Teilnehmer untereinander. Da auch Gäste aus der Zivilbevölkerung zugelassen waren, weibliche sowohl wie männliche, wurde die Kontaktpflege auch in dieser Richtung gefördert. Nach den Jagden fand oft ein geselliges, durchaus nicht überflüssig aufwendiges Zusammensein statt.

In dieser Welt lebte Ernst-Günther Baade vom Frühjahr 1924 bis zum Herbst 1927, und zwar nach den beiden Jahren in Schleswig noch ab Mai 1926 bei der 1. Schwadron des Reiter-Regiments 14 in Ludwigslust. Der tägliche Umgang mit den Reitersoldaten aus meist bäuerlicher Herkunft bereitete ihm Freude. Er versah redlich, aber ohne himmelstürmenden Ehrgeiz seinen Dienst als Schwadronsoffizier. Er lebte als frontbewährter Soldat in gutem Einverständnis mit seinen Untergebenen. Er zeichnete sich innerhalb des Regiments nicht nur als ein besonders guter aktiver Reiter, sondern auch als Sachverständiger für alle mit der Reiterei zusammenhängenden Fragen aus. Sein Interesse am Pferd umfaßte auch alle Probleme der Pflege und der Wartung sowie der Verbesserung der Sattelung und aller sonstigen Hilfsmittel der Reiterei.

Eine gewisse Enttäuschung erbrachten diese Jahre jedoch insofern, als die Hoffnungen auf Siegeslorbeeren auf Turnier- und Rennplätzen noch keineswegs in Erfüllung gingen. Es blieb trotz eifriger Bemühungen bei bescheidenen Erfolgen auf Veranstaltungen in Provinzstädten. Ein Pferd von überdurchschnittlichem oder sogar sensationellem Können, das den Ruf seines Reiters blitzartig neben den der großen Meister stellen kann, blieb ihm hier noch versagt. Er litt darunter, gab aber die Zuversicht nicht auf, daß sich das Glück ihm irgendwann doch zuwenden würde.

Dieser Umstand mag dazu beigetragen haben, daß er, wie aus seiner damaligen Umgebung bezeugt wird, zu einer gewissen Abkapselung und Zurückhaltung im Kreise der Offiziere neigte. Schon von Natur war es ihm allerdings nicht gegeben, sich schnell an andere anzuschließen. Nimmt man hinzu, daß er mit Empfindlichkeit den zumindest etwas ausgeglicheneren und solideren Bildungsgang seiner Gefährten im Kasino registrierte, so erklärt sich daraus das Urteil, er habe in mancher Hinsicht den Eindruck eines Eigenbrötlers hinterlassen.

Als äußerliches Merkmal hierfür wurde auch gewertet, daß Baade sich nun selten der Gepflogenheit anpaßte, nach der sich ungefähr gleichaltrige Leutnants und Oberleutnants innerhalb desselben Regiments fast immer mit „Du" anredeten. Dies war insbesondere in den zahlenmäßig kleinen, aber sehr homogen zusammengesetzten Offizierskorps der Reiterregimenter der Fall. Viele Jahre später hat Baade auf eine Wand in seinem eigenen Schwadrons-Bezirk den selbsterfundenen Spruch malen lassen:

Trau keinem Feinde, keinem Weibe.
Trau Dir selbst und Deinem Schwert,
Deinem Hund und Deinem Pferd,
Deinem Freunde, so er neunmal sich bewährt.

Eine starke Skepsis gegenüber Treue und Vertrauenswürdigkeit der Mitmenschen durchzog Baades ganzes Leben. Seine verhältnismäßig geringe Verwurzelung damals im Kameradenkreis in Schleswig und Ludwigslust ging nun allerdings zu einem weiteren Teil auch darauf zurück, daß er aus Rücksicht auf seine Gesundheit mehr und mehr den Alkohol meiden mußte.

In den Kasinos der Reiter-Regimenter kam es nun nicht etwa regelmäßig, sondern nur bei besonderen Anlässen zu einer vergnügten Zecherei. Die oft zitierten „Liebesmahle" in Offiziers-Kasinos gehörten weit mehr in die Zeiten vor dem Weltkrieg. Das Gehalt der Reichswehr-Leutnants, die im allgemeinen ohne jeden oder nur mit einem sehr geringen Zuschuß aus dem Elternhaus auskommen mußten, erlaubte nicht mehr als ein oder zwei Glas Bier zum Abendessen an gewöhnlichen Tagen. Bei besonderen Anlässen aber wie Geburtstagsfeiern, offiziellen Kasino-Abenden, bei der Anwesenheit von höheren Vorgesetzten nach Besichtigungen, bei Teilnahme von Gästen oder Veranstaltungen auf den Truppenübungsplätzen kam es doch zu ausgiebigerem Umtrunk. In eine mißliche Lage geriet dann leicht jemand wie Ernst-Günther Baade, der den Aufstieg der Stimmung in die höheren Lagen der Fröhlichkeit wegen erzwungener Abstinenz nicht recht begleiten konnte.

BEGINN DER GLÜCKLICHEN REITERJAHRE

In die letzte Zeit seiner Zugehörigkeit zum Reiter-Regiment 14 fiel für Ernst-Günther Baade seine Verehelichung mit Frau Alexandra Behncke, geborene Jehnisch. Die Trauung fand am 18. Dezember 1926 in der Kaiser-Wilhelm Gedächtniskirche in Berlin statt.

Wie bei vielen Begebenheiten im Leben von Baade hatte nun auch für diese Verbindung das Pferd Pate gestanden. Die erste Begegnung ging auf ein Turnier in Kiel im Jahre 1924 zurück. Die zierliche Alix, Tochter eines Eigentümers von mehreren Gütern in Holstein, in der Gegend von Segeberg und Oldesloe, war sozusagen auf dem Pferderücken herangewachsen. Ihre ganze Passion galt dem Reitsport. Ihre natürliche Begabung, furchtlos die Pferde bei Springprüfungen und Geländeritten mit nachgebend weicher Hand und gleichzeitig energisch vorwärts weisenden Einwirkungen zu dirigieren, hat sie in die Spitzenklasse der deutschen Turnierreiterinnen geführt. Die Anfangserfolge auf diesem Wege waren ihr bereits bei der Teilnahme an ländlichen Turnieren seit 1923 beschieden. Zur Höhe ihres sportlichen Ruhmes gelangte sie durch die Reiter-Ehe mit Ernst-Günther Baade.

Für Baade bedeutete diese Heirat in mancher Hinsicht ein Heraustreten aus seinem bisherigen Lebenskreis. Seine ungefähr gleichaltrige Frau, die ihre erste Ehe mit einem Offizier aufgab, entstammte einem Milieu, das den Verhältnissen der Familie Baade in Falkenhagen nicht durchweg gleichzusetzen war. Für Ernst-Günther veränderte sich der gesellschaftliche Standort, letztlich auch aus materiellen Gründen, weil seine Frau Erbin des wertvollen Gutes Neverstaven vor den Toren von Oldesloe war.

Als die Verbindung sich anbahnte, meldete sich die Mutter von Ernst-Günther noch einmal zu Wort. Ihr Instinkt, so schrieb sie noch kurz vor der Entscheidung an den Sohn, lasse sie vermuten, daß vielleicht zu ihm eine Frau besser passen würde, die an etwas anspruchslosere Verhältnisse gewöhnt wäre und der weniger an Verbindung zu Kreisen läge, die man die elegante Welt nenne. Sie empfahl, Ernst-Günther möge noch einmal prüfen, ob nicht Ursula von Bassewitz den Vorzug verdiene, mit der er doch immer noch freundschaftliche Verbindung gehalten hätte. Auch zwei weitere Briefe, in denen die alte Dame aus Falkenhagen ihre eigenen Sympathien für Fräulein von Bassewitz stark herausstellte, konnten die Zuneigung und die Bewunderung, die Ernst-Günther seiner Verlobten entgegenbrachte, nicht beeinflussen.

Die nunmehrige Frau Alexandra Baade hatte aus erster Ehe eine Tochter. Rosemarie Behncke war 1920 geboren. Ernst-Günther, dessen Ehe kinderlos blieb, hat sich zeit seines Lebens in der freundlichsten Weise dieses Mädchens angenommen. Er hat ihr alle nur erdenkliche Fürsorge und Unterstützung angedeihen lassen.

Nach Teilnahme an einem Waffenschul-Lehrgang in Dresden im Winter 1926/27 bereitete sich Ernst-Günther ab März 1927 in Ludwigslust auf vermehrte Betätigung auf Turnieren vor. Das Ehepaar kaufte sich ein paar jüngere Pferde und trainierte sie täglich gemeinsam. Auch die beiden Dienstpferde, die jedem Offizier der reitenden Truppe zur Verfügung standen, waren nach der voraussichtlichen Eignung für Teilnahme an Turnieren ausgesucht. Es kam hinzu, daß den reiterlich besonders interessierten und rührigen Offizieren noch dieses oder jenes gute Pferd aus dem Bestand der Schwadronen überlassen wurde, um die Aussichten für Erfolge bei reiterlichen Wettkämpfen zur Förderung der betroffenen Offiziere und auch zur Ehre des Regiments zu erhöhen.

Mit einem derart aus gemischten Besitzverhältnissen zusammengesetzten kleinen Stall gingen in jener Zeit und schließlich bis 1939 viele Offiziere der berittenen Waffengattungen an den Start bei den überall in Deutschland an Zahl beträchtlich zunehmenden Turnieren. Sie bestritten dabei in erster Linie Springprüfungen, daneben Dressurprüfungen und die sogenannten Geländeritte. Der besondere Reiz für die Haltung und Führung dieser kleinen, manchmal auch größeren Turnierställe lag in der Mannigfaltigkeit der Aufgaben, die damit verbunden waren. Natürlich standen im Mittelpunkt die reiterliche Befähigung, die stete Verbesserung des eigenen Könnens und damit die Bewährung vor dem Publikum und unter den Augen der Richter auf dem Turnierplatz. Wichtige Voraussetzung für Erfolg blieb aber immer das geschickte und fachmännische Auffinden und Aussuchen von Pferden, deren Körperbau und Temperament das intensive Training als lohnend erscheinen ließen.

Glück oder Mißerfolg eines solchen Turnierstalles hing aber von der Güte der gewählten Ausbildungsmethoden ab. Tiefes Eindringen in alle Züge der Jahrhunderte alten Reitlehre, eifriges Studium der Praktiken erfolgreicher Vorbilder und vielfaches Ratsuchen bei erfahrenen älteren Offizieren wiesen hierfür den Weg. Zu diesem Rüstzeug mußten der von der Passion angetriebene Fleiß treten und die Ausdauer, unter Verzicht auf viele andere Annehmlichkeiten und die sonstige Freizeitgestaltung tagaus, tagein, im Winter wie im Sommer, zusätzlich zu den Stunden des Schwadronsdienstes sich diesen Vorbereitungen für die Turniere zu widmen. Denn es galt der eiserne Grundsatz, daß alle reitsportliche Betätigung, so sehr sie auch im allgemeinen Interesse des Heeres erwünscht war, doch nur „am Rande des Dienstes" bleiben durfte.

Zu dem Training gehörte ferner die immerwährende Achtung auf die

Gesundheit und das Wohlbefinden der Pferde. Dabei spielte eine zweckmäßige, unter Umständen sehr individuelle Fütterung eine oft wichtige Rolle.

Letztlich war das Geschick dieser privaten Turnierställe von einem guten Management abhängig. Es war für die Offiziere, die sich dieser Passion widmeten, hoher Anreiz und Aufgabe zugleich, selbständig entscheiden zu können, wo und wie sie zu diesen Wettkämpfen mit ihren Pferden antraten. Dazu mußte man nach den veröffentlichten Ausschreibungen für die Turniere genau abwägen, wo die gestellten Anforderungen dem jeweiligen Ausbildungsstand der Pferde und daneben auch der eigenen reiterlichen Vervollkommnung entsprachen. Beide, Reiter und Pferde, mußten durch eine geschickte Auswahl der Turnierfolge der ihnen jeweils gemäßen Konkurrenz gegenübertreten.

Auch die finanziellen Gesichtspunkte mußten beachtet werden. Die Ausgaben für Nenngelder, Transportkosten und für Reise und Aufenthalt von Reiter und Pferdepflegern mußten möglichst von den errungenen Geldpreisen gedeckt werden, die in unterschiedlicher Höhe, je nach Größe und Bedeutung der Turniere und nach Anforderungen in den einzelnen Prüfungen, von den veranstaltenden Vereinen ausgeworfen wurden. Von den fiskalisch zugewiesenen Turnierkassen der Regimenter konnten nur unbedeutende Zuschüsse erwartet werden. Die Expeditionen zu Turnierplätzen in großer Entfernung vom Standort mußten daher recht aufmerksam mit den dort gebotenen Chancen abgewogen werden. Sofern die sonstigen Bedingungen hinreichende Aussichten versprachen, wurden meistens die Veranstalter vorgezogen, welche Zuschüsse für Transportkosten der Pferde zahlten.

Es mußte auch danach gestrebt werden, dem Reiter und den Pferden durch Erfolge, ausgedrückt durch „Plazierungen" in den einzelnen Prüfungen, einen ansteigend guten Namen in der Turnierwelt zu verschaffen. Daraus ergaben sich dann die Berufungen zu höheren Aufgaben, zum Beispiel Zulassungen zu hochbewerteten Prüfungen, die nur Reitern und Pferden mit bestimmten, bereits nachgewiesenen Erfolgen vorbehalten waren.

Diese Aufgaben bescherten den freiwilligen Inhabern dieser Turnierställe innerhalb der Reiter-Regimenter ein eigenes kleines Reich, in dem sie selbständig und oft mit nicht geringem Risiko für sich und ihre Pferde alle Entscheidungen zu treffen hatten. Enttäuschungen über Mißerfolge, über Versagen oder gar Niederbrechen der Pferde mußten ertragen und zweckmäßig dazu verwertet werden, Versäumnisse auszugleichen oder Fehler abzustellen. Darüber stand vor allem die erzieherisch so wertvolle Regel, daß die Fehler nur mit äußerster Vorsicht, nur in klaren Ausnahmefällen in den Umständen oder bei anderen Personen und nicht immer gleich bei den Pferden, sondern zunächst stets bei sich selbst zu suchen seien.

Bei verheirateten Offizieren, die sich dem Turnier- oder Rennsport verschrieben hatten, spielte natürlich die Anteilnahme der Ehefrau eine nicht unbedeutende Rolle. Das Ehepaar Baade hat diejenigen, die seine reiterliche Laufbahn miterlebten und verfolgten, manchmal vor die Frage gestellt, bei wem von ihnen beiden wohl die Passion, der Kennerblick für die Qualität der Pferde, die Bewandtnis in züchterischen Problemen und sogar die Leistungen im Springsattel höher zu bewerten seien.

Das erste Ehejahr erbrachte sportlich einen vielversprechenden Start. Der sogenannte „Kalender" des Hauptverbandes für Zucht und Prüfung deutschen Warmbluts als amtliches Organ für die Veröffentlichung von Turnier-Ergebnissen weist nach, daß Baade im Sommer 1927 einen Sieg und sechs Plazierungen unter den jeweils zweiten bis vierten Preisträgern in öffentlichen Springprüfungen errungen hat. Bedeutsamer war, daß er in derselben Zeit zwei öffentliche Geländeritte gewann und in zwei weiteren den zweiten Platz belegte. Da Geländeritte damals in Deutschland noch verhältnismäßig selten abgehalten wurden, erschien Baade mit solchen Erfolgen sogar in der Spitzengruppe der Teilnehmer. Außerdem erwarben er und seine Frau in diesem Sommer viele Ehrenpreise in nichtöffentlichen Prüfungen auf kleinen Turnierplätzen, die nicht mit Geldpreisen ausgestattet waren und auch im veröffentlichten „Jahreskalender" keine Erwähnung fanden.

Nicht zuletzt seinem Hervortreten im Turniersport war es zuzuschreiben, daß Baade schon zum 1. Oktober 1927 eine Kommandierung zur Kavallerie-Schule in Hannover erhielt, die zunächst auf ein Jahr befristet war. Die Kavallerie-Schule in Hannover war die Hochburg der deutschen Reiterei. Die italienischen Reitschulen in Tor di Quinto vor den Toren von Rom und in Pinerolo bei Turin sowie die weltbekannte französische Reitschule in Saumur an der Loire waren ihre europäischen Schwestern.

Das Aufgabengebiet der Schule in Hannover war zweiteilig. Zunächst wurden hier regelmäßig die sogenannten „Bereiter-Kurse" abgehalten, Dazu wurden reiterlich gut veranlagte, jüngere Offiziere aus allen Regimentern der Kavallerie und der reitenden Artillerie zu einjährigen Lehrgängen hier zusammengezogen. Von Stabsoffizieren, die als hervorragende Reitlehrer galten, wurde ihnen ein hohes Maß an Können und Wissen vermittelt, das sie dann nachher in ihren Regimentern verwerten sollten. Dadurch sollten vor allem einheitliche Auffassungen und einheitliche Methoden für die reiterliche Aus- und Fortbildung in die Truppenteile hineingetragen werden.

Die zweite Aufgabe der Kavallerieschule in Hannover lag in der intensiven Förderung der Spezialisten. Dafür gab es selbständige Ausbildungsstätten für Springreiter, Dressurreiter und für die Teilnehmer an Vielseitigkeitsprüfungen, das heißt für die sogenannte „Military". Ferner gehörten zu den Spezialabteilungen noch ein Rennstall und ein Jagdstall.

Das Training der Offiziere in diesen Spezialabteilungen galt insbesondere der Vorbereitung für die Teilnahme an internationalen Wettkämpfen und dabei nicht zuletzt mit Ausrichtung auf die Teilnahme an den Olympischen Spielen.

Das überragende, sensationelle Ergebnis der Ausbildung der Spezialisten in Hannover stellte sich ein, als deutsche Offiziere in Berlin 1936 in allen drei reiterlichen Disziplinen der Olympiade, sowohl in der Einzelwertung als auch in der Mannschaftswertung, die Goldmedaillen erringen konnten. Ihre Namen: Hasse, von Barnekow, Brandt, Pollay, Gerhard, von Oppeln-Bornikowski, Stubbendorf, Lippert, von Wangenheim. In der Einzelwertung der Dressur erhielt außerdem Major Gerhard die Silbermedaille.

Für Baade, der im Herbst 1927 zur Teilnahme an einem Bereiter-Kursus nach Hannover übersiedelte, ergab sich eine gewisse Wiederholung dessen, was er im Sommer 1919 an der provisorischen Reitschule in Paderborn erlebt hatte. Der Stundenplan, aufgeteilt in Praxis und Theorie, war in den wesentlichen Zügen der gleiche. Der Rahmen war aber in Hannover weiter gesteckt. Vor allem bestand für ihn hier die Möglichkeit, seine gut angelaufene reitsportliche Betätigung am Rande oder außerhalb des Dienstes fortzusetzen.

Ein seit Kindheit gehegter Wunsch ging jetzt in Erfüllung: Er konnte endlich auch in den Rennsattel steigen. Ein Weihnachtsgeschenk seiner Frau, nämlich der glückhafte Ankauf des Halbbluthengstes „Caper", verhalf ihm schon im Sommer 1928 zu sehr beachtlichen Erfolgen. Er gewann mit ihm auf Rennbahnen in Westfalen und Hannover vier Rennen, darunter den „Großen Preis von Hamm". Mit einem weiteren Sieg auf „Eremit" und fünf zweiten Plätzen in diesem Jahre kam er in den vollen Genuß der Freude, Befriedigung und Selbstbestätigung, welche diese härteste Erprobung des reiterlichen Wagemuts zu bieten hat. Ohne die Anerkennung schmälern zu wollen, die dem Dressurreiter, dem Teilnehmer an Springprüfungen und sonstigen reiterlichen Konkurrenzen zugestanden sein soll, muß man doch anerkennen, daß für den jungen Reiter der Wettkampf im Rennen, die Partner im Ringen um den Sieg immer neben sich, Kopf an Kopf in windender Fahrt, das eindrucksvollste Erlebnis bleibt. Hier wird eine blitzartige Reaktionsfähigkeit vom Start bis ins Ziel verlangt, denn jeder Meter verschenkten Bodens, jede Sekunde des Zauderns kann den Sieg kosten. Das ermüdende Pferd unbekümmert um mögliches Versehen und möglichen Sturz energisch und geschickt zugleich über die letzten Hindernisse zu treiben und im Finish seinen Siegeswillen noch auf das Pferd zu übertragen, sind Aufgaben, die mannhaften Einsatz verlangen.

Dankbar hat Baade es begrüßt, daß im Herbst 1928 seine Kommandierung zur Kavallerie-Schule um ein weiteres Jahr verlängert wurde. Im Sommer des Jahres 1929 konnte er das Rennreiten fortsetzen und dabei sechsmal, wie es im Wortgebrauch der Rennreiter heißt, „siegreich zur Waage zurückkehren" und viermal einen zweiten oder dritten Platz belegen. Dann aber ging im Herbst 1929 die Zeit als „Bereiter" in Hannover zu Ende. Baade wurde zum 1. Oktober 1929 in die 5. Schwadron des Reiter-Regiments 10 in Züllichau versetzt.

In dieser kleinen Kreisstadt, die damals wenig mehr als 10 000 Einwohner zählte, in der südöstlichen Ecke der preußischen Provinz Mark Brandenburg lagen der Regiments-Stab und drei Schwadronen dieses Regiments. Die beiden restlichen Schwadronen befanden sich weit davon entfernt in Torgau an der Elbe.

Für Baade begann erneut ein dreijähriger Dienst bei der Truppe in einer ländlichen Kavallerie-Garnison. Überwiegend bedeutete dies eine Wiederholung der Stellung und der Aufgaben, die ihm schon als Schwadronsoffizier in Schleswig und Ludwigslust auferlegt waren. Für die Laufbahn der Offiziere in den Zeiten der Reichswehr waren wiederholte Verwendungen in gleichartigen Stellungen kennzeichnend. Das Aufrücken in erweiterte Aufgabengebiete und höhere Stellungen erfolgte notgedrungen recht langsam.

In diesen Jahren war Ernst-Günther Baade oft die Abneigung gegen die einförmigen Seiten des Schwadronsdienstes anzumerken, die der in jedem Jahresabschnitt wiederkehrende Dienstplan zwangsläufig vorschreiben mußte. Diese Abneigung wurde dadurch genährt, daß sein militärischer Ehrgeiz, seine Erwartungen von der beruflichen Zukunft erkennbar gedämpfter waren als bei der Mehrzahl der Offiziere seines und der altersmäßig benachbarten Jahrgänge, die sich daher den Obliegenheiten des Dienstes und der eigenen beruflichen Weiterbildung mit mehr Eifer und Gründlichkeit widmeten. Baade versah seinen Dienst mit ausreichender Gewissenhaftigkeit, aber wechselnder innerer Anteilnahme. Es war ihm anzumerken, daß er in der selbstgewählten Reihenfolge der Pflichten die Fürsorge für seine Untergebenen klar an die erste Stelle gesetzt hatte. Er setzte sich auch gern hin und wieder, sogar mit Nachdruck, für Verbesserungen in den Ausbildungsmethoden ein, die er selbst ersonnen hatte, war aber nicht bereit, in der Routine des Dienstes die Erfüllung seines Daseins zu sehen. Was er als Langeweile und Wiederkehr des schon Gehabten empfand, reizte ihn zu Abweichungen, obwohl er zugab, daß Einpauken und Systematik in der Ausbildung der Soldaten unerläßlich waren und bleiben würden. Die Unlust, sich jeder, auch der unvermeidbaren Eintönigkeit zu beugen, blieb ein hervorstechender Zug seines Wesens selbst dann, als er als Truppenführer im zweiten Weltkrieg in hohe Stellungen aufrückte.

In Züllichau erregte er schon oft Aufsehen mit Einfällen und Maßnahmen, mit denen er aus der Gleichförmigkeit des Kasernendienstes auszubrechen suchte. Einige Jahre später machte er als Schwadronschef in Stendal und Göttingen davon so viel Gebrauch, daß er zu einer viel zitierten und umstrittenen Persönlichkeit in weiten Kreisen wurde. Sein Regimentskommandeur in Göttingen, der Oberst und spätere General von Senger und Etterlin, erkannte allerdings, daß die Wirkung von Baade auf seine Truppe zum Teil auf dieser Originalität beruhte und daß die zahlreichen Anregungen und Abwechslungen, die von ihm ausgingen, viel zu seiner Beliebtheit bei den Soldaten beitrugen.

Ein besonderer Einfall von Baade in Züllichau war es zum Beispiel, daß er entgegen aller Gewohnheit die Pferde seines Zuges im Stall mit dem Kopf nicht zur Wand, sondern zur Stallgasse stehen ließ. In seiner Tierliebe stellte er sich vor, wie langweilig es für die Pferde sein müßte, außer den wenigen Stunden dienstlicher Beanspruchung immer nur gegen eine Wand zu sehen. Er wollte ihnen die Abwechslung gönnen, die der Blick zur Stallgasse und zu ihren Artgenossen auf der gegenüberliegenden Stallseite gewähren könnte. Ob Pferde auf diese Weise ansprechbar sind und von dieser Maßnahme profitieren, dürfte eine schwer zu entscheidende Frage an die Tierpsychologie sein. Ausschlaggebend dafür, daß Baade allmählich von dieser Maßnahme wieder abging, war der Einspruch des Futtermeisters der Schwadron. Dieser wußte vorzubringen, daß die Pferde den Hafer besser verwerteten, man ihren Futterzustand also leichter erhalten und anheben konnte, wenn man sie in Ruhe mit dem Kopf zur Wand stehen ließ und dadurch vor überflüssiger Ablenkung bewahrte.

Ein Regimentskamerad von Baade aus der Züllichauer Zeit hat berichtet, daß Baade den Unterricht seines Zuges über gleichbleibende Themen verabscheute. Ihm habe ohnehin die praktische Unterweisung in der Reitbahn oder auf dem Übungsplatz mehr gelegen als die Lehrtätigkeit im geschlossenen Raum. Deshalb sei er für einige Zeit dazu übergegangen, den Unterricht durch musikalische Vorträge abzukürzen. Reiter, Gefreite oder Unteroffiziere, die Geige, Zieh- oder Mundharmonika spielen konnten, wurden dazu aufgefordert. Als der „Spieß" der 5. Schwadron, der Oberwachtmeister Hintze, hiervon Kenntnis erhielt, entsetzte sich sein preußisches Pflichtgefühl; er erstattete dem Schwadronschef, Rittmeister von Jena, Meldung. Baade wurde freundlich angewiesen, mehr für die Bewanderung seiner Soldaten in Schießlehre, Abfassung von Meldungen, Pferdekunde und Regimentsgeschichte zu tun als für ihre musikalische Förderung und Belustigung.

Im ausgeprägten Gegensatz zu der Abneigung von Baade gegen den Kasernendienst stand die Freude, mit der er an allen größeren Übungen außerhalb der Garnison und insbesondere an den Manövern im Herbst eines jeden Jahres teilnahm. Dort konnte er seinen Unternehmungsgeist entfalten und sich mit Begeisterung der Lösung immer neuer Aufgaben in den täglich wechselnden Lagen unterziehen. Dabei genoß er den Reiz des Reiterlebens in Tages- und Nachtmärschen, bei allen Übungsarten des Aufklärungs- und des Gefechtsdienstes. Hier nahm er freudig jede Anstrengung auf sich; Schlaf und Essen wurden in diesen Tagen und Wochen für ihn unwesentlich. Ihn beglückte die Freiheit zu selbständigen Entschlüssen und selbständigem Handeln. Die bewußte, oft auch unbewußte Auswertung seiner Kriegserfahrungen, die Anwendung seines Jägerinstinktes, die richtige Abschätzung der Eigenarten der Landschaft zur Erfüllung des gestellten Auftrages, der drängende Wunsch, den „Gegner“ zu überlisten und mit einem Minimum an Aufwand ein Höchstmaß an Erfolg zu erreichen, alle diese Momente schlugen ihn bei großen Übungen und Manövern in den Bann und versetzten ihn in einen Zustand ständig höchster Anspannung.

Das Verlangen von Baade nach persönlicher Freiheit und Eigenständigkeit fügte auch einen besonderen Zug in sein Verhältnis zu den jeweiligen Vorgesetzten. Hierin lag gewiß das Element, welches ihn unter Offizieren zu einer ungewöhnlichen Erscheinung werden ließ.

Wer die charakterliche Haltung des preußisch-deutschen Offizierskorps kritisch, aber unbefangen betrachtet, wird ganz gewiß im Gesamturteil feststellen, daß es den eigenen Standpunkt gegenüber Vorgesetzten mannhaft zu vertreten wußte, jedenfalls bis zu dem Beginn der Epoche von Adolf Hitler. Baade aber hat sich in dieser Hinsicht zeit seines Lebens sehr oft ein extremes Gebaren erlaubt, nicht selten bis an oder sogar über den Rand dessen, was nach dem Maßstab des üblichen soldatischen Gehorsams und der notwendigen Unterordnung zugebilligt werden konnte. Damit hat er allerdings nachgewiesen, bis zu welcher Spannweite, vielen gegenteiligen Behauptungen zum Trotz, Abweichungen von Schema und unwidersprochener Gefolgschaft toleriert wurden. In jeder höheren Stellung, in die er aufstieg, entwickelte er dabei eigene Initiativen. Gegen den Versuch, mit dem Schlagwort vom Kadavergehorsam deutsches Soldatentum zu diskriminieren, spricht diese Haltung von Ernst-Günther Baade. Ein eindeutigeres Beispiel ist wohl nicht denkbar.

Baades Einstellung zu Vorgesetzten war im übrigen nicht selten vom ersten Eindruck stark beeinflußt. Er gehörte ohne Zweifel zu den vielen Menschen, die geneigt sind, sich bei neuen Bekanntschaften schnell und instinktiv ein Bild von den jeweiligen Menschen zurechtzulegen. Sympathie oder Antipathie wurde bei ihm schon durch die äußere Erscheinung, die ersten Worte und Gebärden seines neuen Gegenüber erweckt. Vorgesetzte belastete er, seiner skeptischen Grundhaltung entsprechend, meistens mit der Hypothek, sie seien Besserwisser und hätten die Absicht, nach Lücken in seinem eigenen Wissen und Können zu suchen.

Dies galt allerdings im wesentlichen nur für seine Verwendung als Ausbilder in Friedenszeiten; später, als kriegserprobter Kommandeur, war er sich seiner Fähigkeiten soweit bewußt, daß er jedem Auftreten von Vorgesetzten unbesorgt entgegensah. Aber in Züllichau gestand er sich ein, daß es um seine Eignung zum täglichen Schwadronsdienst etwas schwach bestellt war. Es entging ihm nicht, daß es auch hier, wie zuvor in Schleswig und Ludwigslust, seinen Kameraden leichter fiel, die dafür erforderliche Genauigkeit und Gründlichkeit aufzubringen. Nebenher konnte er sich allerdings nicht von dem Eindruck lösen, daß vieles, was die Ausbildungs-Richtlinien forderten, nicht mit seinen eigenen Kriegserfahrungen übereinstimmte.

In Züllichau wurde eines Tages die Reitabteilung, deren Reitlehrer der Oberleutnant Baade war, von einem General besichtigt, den Baade noch nicht kannte und dem auch offensichtlich seine Sympathie nicht zuflog. Dabei geschah es, daß die Reiter sowohl im Trabe als auch beim Galopp mehrmals zu dicht aufeinander aufritten und dadurch die vorderen Hufeisen ihrer Pferde gegen die hinteren Hufeisen der Pferde der Vordermänner klapperten. Dieses Geräusch war bei jeder Besichtigung streng verpönt, weil es drastisch eine mangelnde Disziplin im Abstandhalten offenbarte. Es entsteht dann immer die Gefahr, daß die Pferde der Vordermänner verletzt werden.

Der General befragte Baade mit strengem Blick, welche Maßnahmen zur Vermeidung dieses Eisenklapperns angezeigt seien. Er erwartete seine auf die Reitvorschrift bezogene Antwort, wonach die Reiter zum Beispiel durch vermehrte Einwirkung mit annehmenden Zügelhilfen bei gleichzeitiger vermehrter Einwirkung mit Gewicht und Schenkeln für größeren Abstand sorgen sollten. Oder die Reiter sollten die Ecken der Reitbahn tiefer ausreiten, um dadurch ein jedes Mal mehr Abstand vom Vordermann zu erreichen. Baade, unsicher und zur Auflehnung gereizt, gab die originelle, aber ganz unsachliche und sogar ungehörig wirkende Antwort, das Geräusch ließe sich am besten abstellen, indem man den Pferden die Hintereisen abnehmen ließe. Dabei wußte er genau, daß für Truppenpferde der volle Beschlag auf allen vier Beinen zur Schonung der Hufe unerläßlich war. Dies ist ein kleines Beispiel dafür, wie er sich oft mit irrealen oder auf Witzeffekt zielenden Bemerkungen aus für ihn ärgerlichen Situationen herauswinden wollte. Das Ergebnis, ob Tadel oder nachsichtiges Lächeln, hing davon ab, wieweit die Vorgesetzten ein Gesamtbild von Baades Persönlichkeit hatten.

Im Kreise der Offiziere des Reiter-Regiments 10 in Züllichau erwarb sich Baade eine weit höhere Beliebtheit als vorher in den Jahren beim Reiter-Regiment 14. Seit er geheiratet und die Kavallerie-Schule in Hannover absolviert und seit sich sein Ruf als erfolgreicher Rennreiter gefestigt hatte, war er viel gelockerter in Auftreten und Umgang. Er genoß vermehrt den kameradschaftlichen Ton im Regiment, im Kasino und bei sonstigen Gelegenheiten. Sein Humor kam zu voller Entfaltung. Seine Gesundheit hatte sich gebessert, weil er dazu übergegangen war, regelmäßig Pausen zur Behandlung der Nachwirkungen seiner Verwundung einzulegen. Er suchte seit dieser Zeit ziemlich regelmäßig das weithin bekannte Sanatorium „Weißer Hirsch" in Dresden auf. Von den Beschwerden in Genick und Schulter konnte er allerdings nicht befreit werden. Die Labilität blieb, nur wurden die Zeiten, da er sichtbar darunter litt, etwas seltener.

Neben dem Dienst und der intensiven reitsportlichen Betätigung widmete er sich auch seiner Passion für die Jagd. Er pachtete in der Nähe von Züllichau die Gemeindejagd von Trebschen, wo er zahlreiche Rehböcke schoß und Treibjagden auf Hasen und Fasanen veranstaltete. zu denen er seine Kameraden einlud. Daneben jagte er zu Hause in Neverstaven, wenn er dort in Urlaub oder für kurze Wochenenden weilte. Ein dort erlegter guter Damhirsch zählte zu seinen schönsten Jagderfolgen, zumal Damwild in Neverstaven nur als Wechselwild auftrat.

Im April 1930 reichte Baade bei seinen vorgesetzten Dienststellen einen Antrag auf Genehmigung eines dreiwöchigen Urlaubs nach Frankreich ein. In der Begründung hieß es: „zum Besuch des ehemaligen Kriegsschauplatzes und zur Fortbildung in der französischen Sprache." Der erstgenannte Grund, die Stätten seiner Feuertaufen unter friedlichen Bedingungen wiederzusehen, hatte für Baade gewiß einen weiten Vorrang vor den angegebenen fremdsprachlichen Ambitionen. Es war aber angebracht, beide Begründungen anzuführen, denn Auslandsurlaub wurde für jüngere Truppenoffiziere damals nicht freigiebig erteilt. Die Knappheit an Devisen legte Zurückhaltung auf.

Baade war von dem Wert der persönlichen Umschau im Ausland überzeugt. Er hat die sich hierfür bietenden Gelegenheiten immer gern wahrgenommen. In späteren Jahren hat er in Verbitterung gegen das nationalsozialistische Regime einmal geäußert, es sei wohl kein schlechterer Staat denkbar als der, welcher seinen Bürgern den Blick über die Grenzen nur bei Entsendung zum kriegerischen Einsatz gewähre.

In einer Entfernung von 17 Kilometern von Züllichau lag Wognowo, der Besitz der prinzlichen Familie Lippe-Biesterfeld. Hier wohnte die Prinzessin Armgard mit ihren beiden Söhnen Bernhard und Aschwin. Sie unterhielten engen Kontakt mit den Reiteroffizieren aus Züllichau. Ernst-Günther Baade war besonders oft Gast in diesem Hause und trat in freundschaftliche Beziehungen zu Prinz Bernhard, dem späteren Prinzgemahl der holländischen Kronprinzessin und Königin Juliana. Die beiderseitige Passion für den Reitsport war das äußere Bindeglied.

Vorgreifend sei hier schon vermerkt, daß diese Freundschaft von Bestand geblieben ist. Baade wurde, zusammen mit seinem Züllichauer Regimentskameraden H. J. von Baath, im Frühjahr 1937 zur Hochzeit des Prinzen nach Den Haag eingeladen. Er blieb der Familie Lippe-Biesterfeld auch in den dann folgenden schweren Zeiten verbunden. Als es während des Krieges für unangebracht und sogar für ausdrücklich verboten erklärt wurde, den privaten Umgang mit der Prinzessin Armgard und dem Prinzen Aschwin fortzusetzen, die zu jener Zeit in Bad Driburg lebten, hielt Baade sich nicht daran; er nahm jede Gelegenheit wahr, sich mit ihnen zu treffen und ihnen behilflich zu sein.

In diesen Zusammenhang gehört, ebenfalls weit vorgreifend, eine Episode aus der Zeit der sich anbahnenden Verlobung der ältesten Tochter des Prinzen Bernhard, der Thronfolgerin Prinzessin Beatrix, mit Claus von Amsberg im Jahre 1965. Unter den vielfältigen Erkundigungen, welche der holländische Hof über Amsberg einholte, befand sich die Angabe, daß Amsberg als junger Soldat in Italien der von Baade geführten Division angehört habe. Prinzessin Armgard hat in einem Privatbrief vom 10. 3. 1967 bekundet, daß Prinz Bernhard diese Nachricht mit Wohlgefallen aufgenommen und sie zugunsten des deutschen Freiers seiner Tochter verwertet habe.

Unverändert galt auch für die Jahre, die Baade in Züllichau verbrachte, der fest von Generaloberst von Seeckt verankerte Grundsatz, daß die Angehörigen der Reichswehr sich aus allen parteipolitischen Fragen herauszuhalten hätten. Das Offizierskorps hat ihn bereitwilligst befolgt.

Schon in den ersten Jahren der Nachkriegszeit hatten die Offiziere mit Genugtuung empfunden, daß sie sich dadurch unbeschwert ihrer Aufgabe widmen konnten, das neue kleine Heer und die kleine Marine zu ordnen und zu formen. Sodann aber begriffen sie die angeordnete Zurückhaltung im Laufe der Jahre mehr und mehr auch als ein willkommenes Mittel zu ihrem persönlichen Schutz. Sie sahen sich unter diesen Umständen jeglicher Verpflichtung enthoben, zu dem neuen Staatswesen Stellung zu nehmen. Sie konnten in einer Abkapselung leben, die es ihnen ersparte, in Zwiespalt zwischen opportunistischem Bekenntnis und gehegten Ansichten zu geraten. Einem jeden von ihnen war es überlassen, sein patriotisches Gefühl und seine ethische Verpflichtung als Soldat in selbstgewählte Richtungen zu lenken. Die Frage, ob sie sich allein dem derzeitigen deutschen Staatsgebilde verpflichtet fühlten, brauchten sie nicht zu beantworten. Die unausweichlichen Bindungen an überkommene soldatische Geisteshaltung und Ordnungsvorstellungen hätten es ihnen in den meisten Fällen auch recht schwerfallen lassen, ein überzeugtes Bekenntnis für diesen neuen Staat abzulegen, dem es offensichtlich nicht gelang, sich zu stabilisieren und Werte zu setzen, die zu bedingungsloser Unterstützung aufgerufen hätten.

Darum empfanden es die Offiziere der Reichswehr fast ausnahmslos als eine recht glückliche Gegebenheit, daß sie in sogar befohlener, nicht nur selbstgewählter Distanz zu politischen Vorgängen und ideologischen Auseinandersetzungen ein weitgehendes Eigenleben in dem klar umgrenzten Bereich der dienstlichen Aufgaben führen konnten.

Viele erkoren sich dabei als Auftrag und moralischen Wegweiser das „ewige Deutschland“, andere den Schutz der Grenzen der Heimat, andere wiederum die Hinüberrettung der deutschen Armee in eine bessere Zukunft, einige wenige schon die Vision von einem zusammengeschlossenen Europa zum Schutz gegen gemeinsame Gefahren. Der hiermit verbundene Verzicht auf eine der politischen Freiheiten des Individuums, nämlich auf die freie Meinungsäußerung, hier „nach außen" verstanden, fiel den Angehörigen der Reichswehr nicht schwer. Für aktive Soldaten hatte es sich ohnehin niemals um ein Problem von besonderer Bedeutung gehandelt. Schließlich waren und sind auch die Beamten, zumindest in jedem Rechtsstaat, in der politischen Meinungsäußerung eingeschränkt.

Trotzdem blieb es nicht aus, daß in der Reichswehr im Kameradenkreis, besonders beim täglichen abendlichen Zusammensein der unverheirateten Offiziere in den Kasinos, Politik und verwandte Themen in die Gespräche einbezogen wurden. Dieser Meinungsaustausch, gleichgültig, ob er sich auf aktuelle Fragen oder auf Grundanschauungen erstreckte, ging in jenen Jahren in allen Regimentern und Garnisonen mit einer Toleranz und Friedfertigkeit vonstatten, die rückschauend nur als vorbildlich und kaum glaubhaft bezeichnet werden kann. Gewiß gab dazu die „Insellage" in der Beziehung zur Politik den Ausschlag. Man wußte sich so sorgsam eingebettet in dem eigenen Kreis, in der befehlsgemäß unpolitischen Familie, daß auf erhitzte, leidenschaftliche Debatten von vornherein und sozusagen nach selbstverständlichem Reglement verzichtet wurde. Man diskutierte diese Dinge einfach immer nur mit ungefähr derselben Tonlage, die bei Unterhaltungen über Angelegenheiten des Dienstes oder des Sports üblich war.

Diese Feststellungen treffen nach aller Erfahrung, allen Erinnerungen und Unterlagen über die Entwicklung der „politischen Haltung" der Reichswehr zweifellos für die Zeitspanne bis zum Ende der 20er Jahre zu. Sie können insbesondere ausnahmslos für die kleinen Garnisonen gelten. Die Anforderungen des Dienstes und die karge Besoldung gaben den dortigen Offizieren nur selten Gelegenheit zu nachhaltigen persönlichen Kontakten mit dem politischen Geschehen in Berlin oder München.

Die Freizeit der Offiziere in den ländlichen Kavallerie-Garnisonen war mit sportlichen und provinziell-gesellschaftlichen Veranstaltungen ausgefüllt. Die reiterliche Betätigung außerhalb des Dienstes nahm viel Zeit und Kräfte in Anspruch. Die Verbundenheit mit der Landbevölkerung in der Umgebung der Garnison, die Gelegenheiten zur Ausübung der Jagd und die individuellen Neigungen zu weiteren Sportarten wie Tennis oder Schwimmen ergaben einen so in sich geschlossenen Wochen- und Jahresablauf, daß zum Blick nach außen nicht viel Zeit und Raum blieben. Man mag darin einen Nachteil sehen. Wer wollte es aber insbesondere den jüngeren Offizieren verübeln, daß sie sich unter diesen Lebensbedingungen wohlfühlten und diese unbeschwerten Zeiten nutzten? Je nach Wunsch und Veranlagung waren viele Offiziere auf ihre Weiterbildung bedacht, unter anderem auch auf sprachlichem Gebiet. Es gab Regimentskommandeure, wie später das Beispiel des Oberst von Senger und Etterlin zeigen wird, die ihr Offizierskorps systematisch zur zusätzlichen Förderung der Allgemeinbildung anhielten. Nur muß in genereller Hinsicht auch für die Jahre, in denen Baade dem Regiment in Züllichau angehörte, festgehalten werden, daß für diese Kavallerie-Offiziere die Inanspruchnahme durch den Dienst und die sonstigen dortigen Lebensgewohnheiten kennzeichnend war. Es kommt hinzu. daß nur sehr wenige Offiziere damals schon ein eigenes Auto hatten. Auch dadurch blieb der Blick auf die nähere Umgebung der Garnison beschränkt.

Ebenso ist aber festzuhalten, daß mit dem Ausgang der 20er Jahre die Anteilnahme der Offiziere der Reichswehr am politischen Geschehen sich allmählich, selbst in den entlegenen Standorten, etwas verstärkte. Dafür gab es mehrere Gründe. Erstens machte die nationalsozialistische Bewegung des Adolf Hitler mehr von sich reden; es blieb nicht aus, daß auch in den Kasinos Gespräche darüber aufkamen, was man davon zu halten habe. Zudem hatte der öffentlich sehr breit getretene Prozeß gegen die Ulmer Artillerie-Offiziere Ludin und Scheringer dieses Thema zeitweise recht akut werden lassen. Sie waren angeklagt, verbotswidrig Verbindung mit der NSDAP aufgenommen und innerhalb der Truppe für sie geworben zu haben.

Ferner fielen in diesen Zeitabschnitt die sich wiederholenden Wirtschaftskrisen der Weimarer Republik, von denen alle Bevölkerungskreise betroffen wurden. Kellog-Pakt und Young-Plan wurden zu Problemen, zu denen auch die Offiziere sich wenigstens um ein persönliches Urteil bemühten. Die dabei stellenweise aufkeimende Besorgnis wurde aber schon in jenen Jahren überdeckt von zwei grundlegenden Erwägungen.

Es war zuerst das Bewußtsein, selbst von der Einflußnahme auf weitere Entwicklungen ausgeschlossen zu sein, zumal die aktiven Soldaten, also alle Angehörigen der Reichswehr, nicht einmal das aktive Wahlrecht besaßen. Sodann war die Truppe überall, von Ostpreußen bis Bayern, von festem Vertrauen in ihre oberste Führung erfüllt. Mochten einzelne Persönlichkeiten an der Spitze der Reichswehr gelegentlich innerhalb des Offizierskorps etwas umstritten sein, doch blieb die Überzeugung unerschüttert, daß die Anliegen des eigenen Berufsstandes und die Stellungnahme zu allen politischen Entwicklungen in vertrauenswürdigen und befähigten Händen lägen. Dies hatte damals noch nichts mit übertriebenem oder erstarrtem Gehorsam zu tun. Diese Einstellung war erwachsen aus der Homogenität des Offizierskorps, die einen jeden immer wieder in der Ansicht bestärkte, daß man sich über alle Dienstgrade hinweg aufeinander verlassen konnte.

Wie nicht anders zu erwarten, brachten dann die Ereignisse der Jahre 1930 bis 1933 jedoch einen gewissen politischen Zündstoff auch in die Kasernen und Kasinos der kleinen Garnisonen. Er ergab sich, so merkwürdig dies klingen mag, am ehesten daraus, daß die Ehefrauen der Angehörigen der Reichswehr wahlberechtigt waren. Bei dem gewohnten freimütigen Umgangston wurden die nun vereinzelt auftretenden Neigungen bekannt, auf diesem Wege indirekt auch aus dem Offizierskorps der Nationalsozialistischen Deutschen Arbeiterpartei (NSDAP) eine Stimme zufließen zu lassen. Diese Fälle lösten Diskussionen aus. Alle damit zusammenhängenden Fragen gerieten nun in eine unmittelbare Nähe und gaben vermehrt Anlaß zum Nachdenken und Herantasten an einen Standpunkt. Und so kam es dazu, daß dann dabei plötzlich jüngere Offiziere auch schon einmal die These aufwarfen, es verlohne sich, darüber nachzudenken, ob aus dieser neuen, so stark anschwellenden Bewegung vielleicht ein Morgenrot für Deutschlands Zukunft aufleuchte.

Der Widerspruch, der ihnen insbesondere unter Hinweis auf die rabiaten Manieren der braunen Sturm-Abteilungen bei Straßenkämpfen und auf die gesamte marktschreierische Propaganda der Partei entgegenklang, wurde meistens, aber nicht mehr in jedem Falle akzeptiert. Er verleitete gelegentlich die betreffenden jüngeren Offiziere erst recht zu der Einbildung, zu den Avantgardisten zu gehören, welche die Zeichen einer neuen Zeit richtig erfühlt und erkannt hätten. Ihre Haltung in dieser Hinsicht gründete sich sehr viel mehr auf jugendliche Sensationslust und auf ein aus Schlagworten zusammengewürfeltes Urteil als auf das Resultat gehörigen Prüfens und Nachdenkens. Im übrigen blieben sie, wie sehr zu betonen ist, Einzelgänger. Sie störten die Kameradschaft nicht, weil alle Gespräche innerhalb der Wände des Regiments verblieben. Die überwältigende Mehrheit konservativer Anschauungen, die ihnen entgegengehalten wurden, empfanden sie doch als Warnungen, sich nicht unwiderruflich zu exponieren. Die Verbundenheit mit dem Regiment stand fast ausnahmslos auch für diese Einzelgänger höher als die Erwärmung für neue politische Ideale.

Viele ältere Offiziere verfolgten schon diese ersten Anzeichen mit Besorgnis. So hatte im Jahre 1932 der Kommandeur des Reiter-Regiments 3 in Rathenow, jenes Regiments, in das Baade später versetzt wurde, der Oberst Freiherr von Wilmowsky, mit Unwillen davon Kenntnis erhalten, daß zwei oder sogar drei verheiratete Offiziere seines Regiments Sympathien für den Nationalsozialismus durchblicken ließen. Zufällig war sein gesamtes Offizierskorps aus den beiden Standorten Rathenow und Stendal zwei Tage vor der Wahl zum Reichspräsidenten im Frühjahr 1932 in Rathenow zu einem Planspiel versammelt. Bei dem üblichen gemeinsamen Abendessen nach Beendigung der Besprechungen erweiterte der Regimentskommandeur seine Tischrede zur

Überraschung der Teilnehmer zu einem politischen Appell. Es wurde zu einem unvergeßlichen Eindruck für alle Anwesenden, wie er, ungeachtet der allgemein gebotenen politischen Zurückhaltung des Offizierskorps der Reichswehr, sich dazu aufschwang, seinen Offizieren hier eine Warnung vor Adolf Hitler zu erteilen. Es sei eine Ehrenpflicht aller aufrechten Deutschen, so führte er aus, zum Wohle des Vaterlandes die Wiederwahl des Reichspräsidenten von Hindenburg herbeizuwünschen. Er erwarte daher auch von seinen verheirateten Offizieren, daß sie mit ihren Ehefrauen darin übereinstimmten, jeden Gedanken an eine Stimmabgabe für Adolf Hitler auszuschließen.

Daß sich hieraus zunächst keine nachteiligen Folgen für den Oberst von Wilmowsky ergaben, erweist ebenfalls die damalige kameradschaftliche Geschlossenheit des Offizierskorps. Es traf nämlich zu, daß drei Offiziere hatten verlauten lassen, ihre Frauen würden wahrscheinlich für die NSDAP stimmen. Oberst von Wilmowsky ist seiner Überzeugung auch in allen nachfolgenden Jahren treu geblieben. Seine militärische Laufbahn endete dadurch, wie vorauszusehen war, in einer Weise, die seinen Befähigungen nicht annähernd gerecht wurde.

Auch Baade nahm verständlicherweise an den nun zunehmenden Unterhaltungen im Kameradenkreis in Züllichau über innen- und außenpolitische Tagesfragen mit Interesse teil; aber seine Stellungnahmen bewiesen, daß er sehr davon entfernt war, sich in diesem Stadium eine abgerundete Meinung anzumaßen und sich festzulegen. Außerdem war, wie seine damaligen Freunde berichten, seine Aufmerksamkeit mehr der wirtschaftlichen als etwa der parteipolitischen Entwicklung zugewandt.

Seine jetzt verstärkte Verbundenheit mit der Landwirtschaft in Gestalt der Mitverantwortung für Neverstaven und sein waches Interesse für Geld und Geldanlage bewirkten, daß bei ihm politische und wirtschaftliche Gesichtspunkte enger ineinander flossen, als dies sonst bei aktiven Offizieren üblich war und ist. So nahm er zum Beispiel auch lebhaften Anteil an allen Vorgängen auf dem Aktienmarkt, insbesondere weil seine Frau eine beträchtliche Teilhabe an der Brauerei Beck & Co. in Bremen besaß. Seit dem Tode seines Vaters im Sommer 1929 bezog er eine monatliche Rente aus Falkenhagen, nachdem Besitz und Bewirtschaftung des elterlichen Gutes in gegenseitigem Einvernehmen auf seinen jüngeren Bruder Joachim übergegangen waren.

Vor der großen Wende

Die Jahre in Züllichau fielen für Ernst-Günther Baade zeitlich mit einer einschneidenden Umstellung in reiterlicher Hinsicht zusammen.

Er mußte sich wohl oder übel eingestehen, daß ein Abschied vom Rennreiten geboten war. Wegen seiner Größe von 1,80 Meter und seines starken Knochenbaus hatte er schon erhebliche Mühe gehabt, nur das jeweils erlaubte und vorgeschriebene Gewicht in den Sattel zu bringen. Auch mit disziplinierter Vorsicht beim Essen und mit Schwitzkuren, die Rennreiter in Dampfbädern oder mit sommerlichem Dauerlauf in Pelzmänteln absolvieren, waren nicht die Voraussetzungen zu schaffen, um auf die Dauer ein Übergewicht zu vermeiden. Dadurch verflüchtigten sich die Chancen, seine Erfolge auf der Rennbahn beizubehalten oder gar zu steigern.

Es fiel ihm schwer, dem Rennreiten aus diesem Grunde entsagen zu müssen. Er hätte nur allzu gern danach gestrebt, es den beherzten Reiteroffizieren von Götz, von Both und W. Hasse gleichzutun, die damals und in den folgenden Jahren die Elite bildeten und dank der Kombination zwischen ihrem Können und ihrem günstigen Gewicht oft die jährlichen Championate der Amateur-Rennreiter erringen konnten. Baade verband aber mit dem Abschied von der Rennbahn den Vorsatz, um Unerreichbares nicht zu trauern. Er wandte sich vorwärtsschauend dem Springsport zu. Und das Glück belohnte ihm einen Entschluß, der halbe Maßnahmen vermied.

Zur Turniersaison 1930 trat das Ehepaar Baade mit der 1923 geborenen und in Holstein aufgezogenen braunen Stute „Wange" an. Der Vorbesitzer hatte 1929 einige kleinere Erfolge mit ihr in Springprüfungen erzielt, aber offenbar ihr wahres Springvermögen nicht entdeckt und sie deshalb verkauft. Baade gelang es, mit „Wange" bereits im ersten Jahre des Besitzes viele Jagdspringen der leichten und sogar schon der mittleren Klasse auf Turnierplätzen in Oels, Züllichau, Meseritz und Salzbrunn zu gewinnen. In Aachen kamen gute Plazierungen hinzu. Frau Baade errang mit „Wange" einen Sieg im Geländeritt in Koblenz. Da Baade mit „Clemens" ein weiteres gutes Springpferd zur Verfügung hatte, konnte er sich mit insgesamt 9 Siegen, einem zweiten Platz und 24 weiteren Plazierungen als zweiter in die Liste der erfolgreichen deutschen Springreiter für 1930 hinter dem zivilen Amateur Gustav Lange eintragen. Das war ein höchst beachtlicher Erfolg für einen Offizier, der mit einem kleinen Turnierstall aus einer kleinen Garnison in der östlichen Hälfte des Reiches die Konkurrenz mit den Ställen aus den Großstädten und mit den Angehörigen der Kavallerie-Schule aufzunehmen hatte. Frau Baade brachte außerdem im selben Jahre die beiden Neuerwerbungen „Mohrenblume" und „Anneliese" mit guten Noten auf allen Turnieren heraus, auf denen das Ehepaar gemeinsam auftrat.

Diese Erfolgsserie hielt auch im Jahre 1931 an. „Wange", „Clemens" und „Mohrenblume" wurden vor erhöhte Anforderungen gestellt. Es ging zum Turnier im Berliner Sportpalast anläßlich der Grünen Woche.

Leipzig, Aachen und Breslau standen auf dem Programm. Das Jahr schloß für „Wange" mit sieben Siegen ab. Besonders glückhaft verlief das Turnier Ende August in Berlin-Zehlendorf, wo Baade das schwere Springen mit „Wange" gewann und in dem dortigen Geländeritt das Ehepaar Baade mit Null-Fehler-Ritten sich den Sieg über alle anderen Reiter teilen konnte, sie auf „Mohrenblume", er auf „Wange". In Leipzig und Breslau gewann Frau Baade die Amazonen-Jagdspringen.

Baade stand am Jahresende diesmal an der 21. Stelle der insgesamt 100 aufgeführten deutschen Springreiter. Der Unterschied dieser Plazierung im Vergleich zu der Liste vom vorangegangenen Jahr war ein Beweis dafür, wie sprunghaft damals der Turniersport in Deutschland an Zahl der Veranstaltungen und an Zahl der aktiven Teilnehmer anwuchs.

Auch in der Turniersaison 1932 genoß das Ehepaar Baade das intensive Training der Pferde und das Herumziehen von Turnierplatz zu Turnierplatz. Höhepunkt war im August die Teilnahme an einem internationalen Turnier in Den Haag. Frau Baade konnte sich dort mit „Mohrenblume" gut plazieren, Baade selbst sich des Sieges in einem schweren Springen mit „Wange" erfreuen.

Mit Aufsehen und Anerkennung wurde auf allen Turnierplätzen die Art und Weise quittiert, in der die Pferde dieses Privatstalles herausgebracht wurden. Jedem Kenner fiel die „Sorgfalt im Detail" auf, die hier geübt wurde. Niemals schienen die Pferde abgehetzt oder überfordert, hingegen stets in guter Kondition. Auf sachgerechte Zäumung und Sattelung war der gleiche Wert gelegt wie auf die korrekte Kleidung der Reiter. Baade war von jeher von der Vorliebe der Engländer für weiches, elegantes Lederzeug und dessen Pflege mit sorgsam ausgesuchten Spezialmitteln beeindruckt. Unwillkürlich hat er dadurch in deutschen Reiterkreisen viel zur Übernahme englischer Gepflogenheiten auf diesem Gebiet beigetragen.

Zu den kleinen Freuden an Einzelheiten des Beiwerks zum Reitsport gehörte dann gelegentlich das Gegenargument einiger anderer Turnierreiter, daß die Erzeugnisse der polnischen Lederfabrikanten, insbesondere der Warschauer Sattel- und Stiefelmacher, den englischen Produkten qualitativ noch überlegen seien. Welch sorgloses Leben, bei dem Probleme dieser Art unterhaltsamen Gesprächsstoff liefern konnten!

In der Zeit in Züllichau hatte sich Baade nun auch der sogenannten Wehrkreisprüfung zu unterziehen. Diese Verpflichtung bestand für alle älteren Oberleutnante der Reichswehr. Die Prüfung galt der Auslese des Nachwuchses an sogenannten Führungsgehilfen. Ein Generalstab war der Reichswehr laut Versailler Vertrag untersagt. Man sprach daher nicht von Generalstäblern, sondern von Führungsgehilfen.

Die Prüfung erstreckte sich über ein halbes Jahr. Sie bestand aus vielen Hausaufgaben zu taktischen Lagen, Teilnahme an mehreren Kurzlehrgängen für taktische Besprechungen im Gelände und schließlich sechs Klausuren in Taktik, Waffenkunde, Geschichte und in einer selbstgewählten Fremdsprache.

Das Ergebnis der Prüfung entschied, welche Offiziere die Qualitäten für eine anschließende Ausbildung für die höchsten militärischen Aufgaben besaßen. Selbstverständlich war dabei auch Voraussetzung, daß die bisherigen Beurteilungen der betreffenden Offiziere nur gute Aussagen über ihre Führung und ihre Leistungen enthielten. Es war ein Erbteil der deutschen Armee in der Keiserzeit, daß auch in der Reichswehrzeit der Grundsatz noch volle Gültigkeit hatte: Charakter geht vor Leistungen – verstanden in dem Sinne, daß auch die besten Leistungen letzten Endes nichts nützen, wenn der Charakter fehlerhaft ist.

Baade trat in die Wehrkreisprüfung ohne innere Anteilnahme ein. Er hatte weder das Zutrauen noch den Wunsch, sie zu bestehen. Diese Episode ging daher problemlos für ihn vorüber.

Im Herbst 1932 wurde Baade erneut an die Kavallerie-Schule versetzt, und zwar diesmal als Spezialist an den Springstall der Schule. Dazu gab es einen äußeren und leicht erklärlichen, aber auch einen etwas versteckten Anlaß. Zunächst war diese Versetzung eine Folge der Tatsache, daß er bereits die zwei vorbereitenden Jahre als Bereiter an der Schule hinter sich hatte und daß er in der Zwischenzeit sich durch seine namhaften Turniererfolge für weitere Förderung seines Talents empfohlen hatte. Der zweite, nicht offen ausgesprochene Grund hieß „Wange". Der Springstall der deutschen Kavallerie-Schule stand am Anfang seines steilen Aufstieges im Wettkampf mit dem Ausland. Seine Leitung bemühte sich mit allen Mitteln, den Bestand an erstklassigen Pferden zu erhalten und zu vermehren. Hatte irgendwo ein Offizier das Glück, ein solches Pferd im Privatbesitz zu haben, so tauchte oftmals die Neigung auf, ihn dieserhalb an den Springstall zu holen. Es kam dann im weiteren Verlauf auch vor, daß dort mit sanftem Druck des Leiters des Springstalles die Pferde gewechselt wurden. Der hineinversetzte Offizier bekam ohnehin weitere gute Pferde des Stalles für die Teilnahme an Turnieren, sein eigenes wurde dann oftmals einem anderen Reiter anvertraut, wenn das Urteil des Leiters des Springstalles lautete, daß dieser noch besser zu dem betreffenden Pferd paßte. So ist es dann auch Baade zeitweise mit „Wange" ergangen.

Beginn und Eingewöhnung am Springstall erfolgten in dem politisch so unruhigen Winter 1932/1933. Die ursächlich und in ihren Auswirkungen miteinander verknüpften Erscheinungen der anhaltenden Wirtschaftskrisen, des schwindelnden Anstiegs der Arbeitslosigkeit und der an die Macht drängenden NSDAP stellten die deutsche Regierung vor Aufgaben, die sie nicht bewältigen konnte. Reichskanzler Brüning war bereits im Mai 1932 zurückgetreten. Sein Nachfolger, Franz von Papen, scheiterte im November. Am 2. Dezember wurde der General von Schleicher der dritte Reichskanzler in diesem Jahre. Er versuchte mit einem neuen Rezept, den Dammbruch noch zu verhindern, der für Hitler den Weg an die Spitze öffnen konnte.

Schleicher bemühte sich um das Zusammengehen seiner rechtsgerichteten Regierung mit den Gewerkschaften und um einen mäßigenden Einfluß auf die nationalsozialistischen Tendenzen. Seine Hoffnung, die Überspülung Deutschlands durch die radikale braune Flut noch verhindern zu können, gründete er vor allem auf die angestrebte Verständigung mit einem Flügel dieser Partei. Seine intensiven Verhandlungen mit dem Exponenten dieses Flügels, Gregor Strasser, sind bekannt. Für kurze Zeit hatte es den Anschein, als könnte dadurch eine Spaltung der NSDAP und damit ihr Fernhalten von der alleinigen Machtübernahme erreicht werden. Aber der letzte Erfolg auf diesem Weg blieb Schleicher verwehrt. Ihm wurde auch keine ausreichende Unterstützung im eigenen Lager zuteil. Zu viele Bestrebungen zum gleichen Ziel, nämlich zur Eindämmung der nationalsozialistischen Gefahr, gingen unkoordiniert und manchmal sicherlich auch zu selbstbezogen vonstatten. Der gestürzte Papen verfolgte sein eigenes Konzept, von dem er sich versprach, Hitler zufriedenzustellen und gleichzeitig „bändigen" zu können.

Auf den alten Reichspräsidenten von Hindenburg wurde mit oft wechselnden Vorschlägen und auch mit Verdächtigungen gegen Schleicher aus mehreren Richtungen eingewirkt. Einmal wurde Schleicher als zu nachgiebig gegenüber den Linksparteien, vor allem gegenüber den Gewerkschaften hingestellt, zum anderen Mal wurde ihm leichtfertiger Umgang mit dem Gedanken an einen Militärputsch und Riskieren eines Bürgerkrieges gegen die Nationalsozialisten angelastet. Selbst Oskar von Hindenburg, der Sohn und persönliche Adjutant des Reichspräsidenten, mit Schleicher, seinem Regimentskameraden aus den Zeiten beim alten 3. Garde-Regiment zu Fuß, befreundet, trug offensichtlich dazu bei, das Vertrauen in Schleicher bei seinem Vater zu untergraben.

Im übrigen weisen alle Vorgänge, die dazu geführt haben, daß Schleicher entlassen wurde und Hitler am 30. Januar 1933 die Macht übernahm, das Bild einer hochgradigen Verwirrung auf. Die Geschichtsforschung hat deshalb mit besonderem Eifer versucht, Licht in den Ablauf dieser überstürzten, auf wenige Wochen zusammengedrängten Geschehnisse zu bringen. Als Resultat kann gewertet werden, daß es bei der damals weit fortgeschrittenen und vor allem durch die Wirtschaftskrisen verursachten Zerrissenheit des gesamten staatlichen Gefüges höchst fraglich ist, ob der weitere Vormarsch Hitlers jemals hätte aufgehalten werden können. Zweifellos war alles Sträuben dagegen von bestem Wollen diktiert; aber es fehlte an einer Zusammenfassung der Kräfte. Es fehlte auch an einer Einbeziehung der Linksparteien in die wirkungsvolle Zusammenarbeit, wie sie Schleicher eine Zeitlang vorgeschwebt hatte und wie sie aus übergeordneten Gesichtspunkten wünschenswert gewesen wäre, aber von beiden Seiten, von rechts und von links, nicht genügend ernsthaft betrieben wurde.

Den deutschen Bürgern in ihrer Gesamtheit war es in diesen verworrenen Monaten nicht möglich, das Spiel hinter den Kulissen auch nur annähernd zu durchschauen. Ebenso fehlte es natürlich auch in den Offizierskasinos an ausreichenden Anhaltspunkten für die Bildung eines Urteils und einer fundierten Stellungnahme. Es blieb keine andere Wahl, als sich wiederum mit Vertrauen in die Führung der Reichswehr zu wappnen. Die älteren Offiziere blickten auf den greisen Reichspräsidenten und Feldmarschall von Hindenburg; den jüngeren war damit nicht in gleichem Umfang geholfen, weil bei ihnen der Abstand zu dem 86-jährigen Staatsoberhaupt größer war als bei den Teilnehmern am ersten Weltkrieg.

Als dann am 30. Januar 1933 Adolf Hitler Reichskanzler wurde, gab es für alle Offiziere der Reichswehr, unabhängig davon, welches Bild sich der einzelne zu diesem Zeitpunkt von den möglichen weiteren Auswirkungen der nationalsozialistischen „Machtergreifung" für das Schicksal Deutschlands hatte zurechtlegen können, zwei Gesichtspunkte, die jede persönliche Einstellung ausschlaggebend beeinflussen mußten.

Als erster Gesichtspunkt galt, daß Hitler an jenem Tage unumstritten auf legalem Wege, das heißt aufgrund der Bestimmungen der geltenden Verfassung, die Stellung des Regierungschefs erlangt hatte. Hierin lag eine fundamentale Bedeutung für das weitere Verhalten aller Deutschen, einschließlich der Angehörigen der Streitkräfte. Wenn in den Zeiten nach dem zweiten Weltkrieg die Söhne die berechtigte Frage an ihre Väter richteten: „Wie konntest Du unter Adolf Hitler, diesem Zerstörer Deutschlands und vieler anderer Völker, Offizier sein? ", dann kann und muß der Hinweis auf den legalen Vollzug der Regierungsübernahme das erste Element der Antwort und damit der Ausgangspunkt für die weiteren Erklärungen dessen sein, was danach kam.

Über die gegenteilige Ansicht, die leider gelegentlich auch in Kreisen der Historiker und Staatsrechtler auftaucht, daß Adolf Hitler unrechtmäßig zur Macht gelangt sei, kann mit einem Federstrich hinweggegangen werden. Es kann einfach keinem Zweifel unterliegen, daß der Reichspräsident, so sehr er den „böhmischen Gefreiten" auch verachtete, ihn als den Führer der stärksten Partei nach einwandfrei demokratisch-parlamentarischen Regeln am 30. Januar 1933 mit der Bildung einer Regierung beauftragt hat. Hitler selbst hatte in seiner gefährlichen Verschlagenheit bis dahin wohl darauf geachtet, die Legalität nicht zu verletzen.

Vorausgegangene Gelegenheiten oder Versuchungen, durch Gewalt und Staatsstreich die Macht an sich zu reißen, hatte er wohlweislich ausgeschlagen. Er war sich dessen bewußt, daß er zur Verwirklichung aller seiner parteipolitischen Ziele einen rechtmäßigen Regierungsantritt als Sprungbrett benötigte. Den hierfür gegebenen Zeitpunkt hat er hartnäckig abgewartet und deshalb auch Angebote für eine beschränkte Beteiligung an der Regierung, zum Beispiel seine Berufung als Vizekanzler, abgelehnt.

Alle diese Feststellungen haben nichts mit einem Für oder Wider gegenüber dem Nationalsozialismus zu tun. Sie sind hier lediglich vonnöten, um zu vermeiden, daß die Weichen zur Beurteilung der Haltung des Offizierskorps in den Jahren nach 1933 von Anfang an falsch gestellt werden.

Der zweite Gesichtspunkt, der im Zusammenhang mit Hitlers Ernennung zum Reichskanzler für die Reichswehr von Bedeutung war, ergab sich aus der Zusammensetzung der neuen Regierung. Papen als Vizekanzler, General von Blomberg als Reichswehrminister, Freiherr von Neurath als Reichsaußenminister und der Vorsitzende der Deutschnationalen Volkspartei, Geheimrat Hugenberg, als Reichswirtschaftsminister wurden als Garanten für eine ausgewogene Steuerung der Obliegenheiten des Staates im Sinne eines Gegengewichts gegen nicht auszuschließende leichtfertige Absichten von Hitler oder unüberlegte Maßnahmen seiner Partei verstanden. Darum traten Bedenken zurück, die sich den Offizieren in manchen Standorten angesichts des randalierenden Verhaltens der Prätorianergarde der Partei, der SA, aufdrängten.

Es gab also für Baade und seine Altersgenossen in den abgelegenen Garnisonen aus dem Blickfeld der damaligen Gegenwart und aus dem Umfang dessen, was sie von den Vorgängen und Hintergründen wissen konnten, keinen Anlaß zu nicht nur gefühlsbetonter, sondern belegbarer Besorgnis oder gar Aufruhr.

Zudem ist es verständlich, daß einige wesentliche Programmpunkte der nationalsozialistischen Führung als begrüßenswert empfunden wurden. Daß sie die Notwendigkeit betonte, dem Reich 15 Jahre nach Kriegsende die Gleichberechtigung wieder zu verschaffen, mußte ebenso Anklang finden wie ihre Ankündigung, die Wirtschaft würde stabilisiert und die verheerende und auch moralisch so drückende Arbeitslosigkeit beseitigt werden.

Die Angehörigen der Reichswehr, die sich unter den Bedingungen des Versailler Vertrages immer noch auf das Niveau einer Polizeitruppe herabgedrückt sahen, erhofften sich von der neuen „Ära“ natürlich auch bessere Bedingungen für die Erfüllung ihrer beruflichen Aufgabe, die Verteidigung des Landes sicherzustellen. Man kann es ihnen nicht verdenken, daß sie die Aussicht begrüßten, den krassen Unterschied zum Ausbildungs- und Rüstungsstand der Nachbarländer zu vermindern.

Die Grenze zu Gedanken an kriegerische Initiativen wurde damit ganz gewiß nicht überschritten. Es konnte sich in jenen Jahren kaum jemand vorstellen, daß die Staaten des Abendlandes nach den Erfahrungen des ersten Weltkrieges jemals wieder so verblendet sein könnten, ein solches Unheil erneut herbeizuführen. Man glaubte lediglich, daß ein Gleichstand der Verteidigungsbereitschaft ein allgemeiner und erstrebenswerter Schutz gegen Verlockungen zum Waffengebrauch und ein Unterpfand für das Stimmgewicht des eigenen Staates in internationalen Verhandlungen sei. Zudem wurden die ständigen Erklärungen von Hitler in den ersten Jahren seiner Reichskanzlerschaft über die friedlichen Absichten seiner Regierung und über die Friedenssehnsucht des deutschen Volkes so verstanden, daß ein Mißbrauch des militärischen Potentials außerhalb des Vorstellungsvermögens blieb.

Rückschauend stellt sich hier eine Frage ein, die beinahe ein Rätsel genannt werden kann. Adolf Hitler hatte in seiner Haftzeit in Landsberg am Lech das Programmbuch seiner Bewegung, „Mein Kampf", geschrieben. Er hatte darin nicht nur durchblicken lassen, sondern unmißverständlich ausgesprochen, daß er es als das Ziel der deutschen Politik betrachtete, „Lebensraum" im Osten zu gewinnen. Er kündigte in diesem Buch in der ihm eigenen kategorischen Art auch für die Innen- und Außenpolitk Absichten an, die er zum Schaden und Verderb des deutschen Reiches und Volkes im Verlauf seiner Regierungszeit schrittweise verwirklicht hat. Nach Übernahme der Regierung erweckte er allerdings zunächst den Eindruck, daß er sich von diesem Programm zu distanzieren gedächte. Trotzdem bleibt es erstaunlich, wie verhältnismäßig selten die Ansichten und Forderungen, die Hitler in „Mein Kampf" niedergelegt hatte, damals zu Warnungen und Opposition gegen den Nationalsozialismus Anlaß gaben.

Die Angehörigen der jüngeren Generation, auch im Offizierskorps, hatten offensichtlich dieses Buch nicht oder nur zu oberflächlich zur Kenntnis genommen. Umsichtigen älteren Menschen, die im Hinblick auf Hitlers Landsberger Voraussagen Bedenken anmeldeten, wurde entgegengehalten, daß jene Ausführungen sehr viele Jahre zurücklägen. Sie seien nicht als bare Münze, sondern als Streitschrift eines dreißigjährigen Hitzkopfes zu werten. Sie seien in der aufbrausenden Stimmung der Haft geschrieben worden. In diesen gärenden Wein sei sicher schon die genügende Menge Wasser geflossen. Die nationalsozialistische Bewegung werde sich, soweit unerläßlich, auch den Gegebenheiten anpassen und es sei außerdem vergeblich, sich gegen sie zu sträuben. Nur durch Mitarbeit, nicht durch starres Gegenhalten, könnten Auswüchse und Irrwege verhindert werden.

In der allgemeinen politischen und wirtschaftlichen Depression, die ab 1930 der Nährboden für den Aufschwung des Nationalsozialismus in Deutschland war, spielte auch die Idee von der deutschen „Volksgemeinschaft“ ihre wirkungsvolle Rolle. Keine Partei, eingeschlossen die Sozialdemokratie, hatte die Weimarer Republik dem sozialen Frieden näher bringen können. Niemals waren die Einflußmöglichkeiten ausreichend gewesen, um nennenswerte Reformen durchzusetzen. Darum verfehlte die Propaganda der neuen großen Partei, die sich national und gleichzeitig sozialistisch nannte und eine neue, allumfassende Gemeinschaft mit sozialer Gerechtigkeit verhieß, ihre Wirkung auf die Massen nicht.

Es ist bemerkenswert, daß dieser sozialpolitische Aspekt auch mit Aufmerksamkeit von den Offizieren der Reichswehr beachtet wurde. Einblick in die Lebensbedingungen aller Schichten des Volkes ist von jeher im Offizierskorps – obwohl oberflächliche Beobachter die entgegengesetzte Meinung oft vertreten haben – stärker verbreitet als in zahlreichen anderen Berufskreisen. Der tägliche Umgang mit den Wehrpflichtigen oder Freiwilligen, die Erziehung und Pflicht zur immer wachen Fürsorge für jeden seiner Untergebenen machen den Offizier in allen Einzelheiten mit den Sorgen und Wünschen, den Licht- und Schattenseiten jeder Herkunft und aller Lebensumstände vertraut.

Baade hat gelegentlich bekannt, daß ihm, damals im Jahre 1933, die Ankündigung der Nationalsozialisten, sie würden einen sozialen Ausgleich unter dem Begriff der Volksgemeinschaft herbeiführen, im Prinzip durchaus willkommen gewesen sei. Ältere Offiziere, die annahmen, daß die nationalsozialistische Bewegung mangels Intelligenz und Integrität ihrer Führung nicht in der Lage sein würde, ihr Programm auf diesem Gebiet zu verwirklichen, sahen sich gezwungen, mit diesem Urteil zurückzuhalten. Sie setzten sich inmitten des Überschwanges und des allseitigen Dranges zu angeblich neuen Erkenntnissen und Formen dem Vorwurf aus, zum alten Eisen zu gehören und aufgrund ihrer reaktionär-konservativen Haltung die Zeichen der Zeit nicht zu verstehen.

Leicht übersehen wird beim Rückblick auf den Beginn der nationalsozialistischen Epoche, daß das deutsche Volk damals glaubte, nun neben der Beseitigung der Arbeitslosigkeit und der Verbesserung der sozialen Verhältnisse auch die Überwindung des Parteienhaders erhoffen zu können. Lange genug währten schon die Enttäuschung und Verbitterung über das Versagen des Parlamentarismus in der Weimarer Republik. Das ungewöhnlich zersplitterte Parteiensystem hatte immer wieder das Zustandekommen tragfähiger Koalitionen verhindert. Als Folge ergaben sich viel zu häufige Regierungswechsel mit den daraus resultierenden Nachteilen auf allen Gebieten des öffentlichen Lebens. Das deutsche Volk war daher des Zustandes der unzureichenden oder zumindest immer gefährdeten Handlungsfähigkeit seiner Regierungen nach innen und nach außen überdrüssig geworden. Es begrüßte in gutem Glauben Anzeichen und Versprechungen für die Beseitigung dieser Mängel. Daß es damit vom Regen nicht nur in die Traufe, sondern in ein erstickendes Schlammbad geraten würde, dafür fehlte es dem Durchschnittsdeutschen und damit eben der Masse der Wähler an Möglichkeiten für Einblicke und Voraussicht, zugestandenermaßen aber auch sehr an politischer Schulung und politischem Einfühlungsvermögen.

Auf der Kavallerie-Schule in Hannover nahm man im übrigen die Wandlung der Verhältnisse sicherlich um einige Grade gelassener hin als in anderen Kreisen. Die Hingabe an die sportliche Betätigung verbannte jetzt noch Diskussionen über politische Tagesfragen an den Rand der Kasinogespräche. Die Aussichten und Erwartungen für das nächste nationale oder internationale Turnier hatten, dem jugendlichen Elan der ausgewählten und zu höchsten reiterlichen Ehren strebenden Teilnehmer entsprechend, weit größere Bedeutung als die Vorgänge in Berlin. Wie überall in den Garnisonen der Reichswehr ließ man sich auch hier von der Überlegung leiten, daß eine persönliche Stellungnahme oder gar Verantwortung eines Majors, Rittmeisters oder Oberleutnants weder gefragt noch gefordert war und auch nicht von Belang sein konnte. Sie oblag, soweit die Reichswehr betroffen war, nur deren Führung.

Für die damaligen Offiziere an der Kavallerie-Schule kam hinzu, daß sie einige Male Gelegenheit hatten für ein recht freimütiges Gespräch mit dem örtlichen „Hoheitsträger" der Partei, dem SA-Obergruppenführer von Hannover, Viktor Lutze. Er suchte den Kontakt mit den Offizieren und gab ihnen von der angestrebten Entwicklung eine Vorstellung, die annehmbar schien. An seinem Auftreten war nichts zu bemängeln, es wirkte sogar anziehend.

Auch alle weiteren politischen Ereignisse des Jahres 1933 erlebten die Offiziere in den über das Land verstreuten Garnisonen wie Zuschauer im dritten Rang. Es gab sicherlich einige Generäle oder Stabsoffiziere in den hohen Kommandostellen, die durch das Ermächtigungsgesetz vom 24. März 1933 und dessen mögliche Folgen recht nachdenklich gestimmt wurden. Baade und seinen Altersgenossen hingegen kann kaum verdacht werden, daß sie in der Feierstunde in der Garnisonkirche am „Tag von Potsdam", am 21. März 1933, den Brückenschlag zwischen den zu bewahrenden Werten der alten Zeit und den Erfordernissen einer neuen Epoche ihres Landes erblickten.

Woher sollte hier ein junger Berufsoffizier zug- und beweiskräftige Argumente zur Hand haben, die ihn zu Widerspruch und Aufbegehren hätten veranlassen und berechtigen können gegen den überwältigenden Sog, von dem, soweit er sah, die große Mehrheit des Volkes erfaßt war? Hier fand das statt, was bei ähnlichen Ereignissen in der Geschichte oftmals als „Aufbruch einer Nation" bezeichnet worden ist. Und in diesen Präzedenzfällen der Geschichte, so unterschiedlich sie auch in ihren Einzelheiten gelagert sein mögen, haben sich Einzelpersonen ohne politische Stellung und Einfluß, geschweige denn junge Offiziere, ebenfalls nicht dem Strom entgegenstemmen können. Ausschlaggebend blieb weiterhin das Vertrauen, das ohne jedes Zögern den Persönlichkeiten entgegengebracht wurde, welche die Führung des Heeres und der Marine in der Hand hatten, bewährte Hüter der Tradition waren und nun trotzdem, soweit bei der Truppe erkennbar, dem neuen Kurs zustimmten.

Die beiden Jahre der Zugehörigkeit zum Springstall der Kavallerie-Schule hatten Baade und seine Frau in einen Kreis hineingestellt, in dem sie sich sehr wohl fühlten. Baade nahm mit viel Interesse, wenn auch hier wiederum mit etwas weniger Ehrgeiz als seine Kollegen, an dem täglichen intensiven Training teil. Leiter des Springstalles und dieses Trainings war der Oberstleutnant Freiherr von Waldenfels. In der Runde, die er täglich um sich sah, befanden sich die auf internationalen Turnieren längst erfolgreichen Offiziere, deren Namen immer von neuem die Sportteile der Zeitungen füllten. Es waren die Rittmeister und Oberleutnante Momm, Sahla, Freiherr von Nagel, von Barnekow, die Brüder Ernst und Kurt Hasse, sowie Brinckmann und Brandt.

Die neuerdings an den Springstall herangezogenen Offiziere waren sich bewußt, zu der auserwählten Schar zu gehören, die nun ihrerseits den Fuß in den Steigbügel zu möglicherweise ähnlichem reiterlichen Ruhm setzen konnte. Die Einführung der sogenannten Nationenpreise hatte dem Springsport in jenen Jahren zu einer bis dahin nie gekannten Publikumswirkung verholfen. Um diese Preise, die jährlich in mehreren Ländern einmal vergeben wurden, stritten meistens Mannschaften von je drei Reitern und einem Ersatzreiter aus den teilnehmenden Ländern. Reiter und Pferd hatten zwei Umläufe über einen Parcours mit Höchstanforderungen zu absolvieren.

In Italien zum Beispiel wurde diese Konkurrenz jährlich unter der Bezeichnung „Coppa Mussolini" ausgetragen. Dort und in vielen anderen Ländern bis hinüber nach den Vereinigten Staaten, Kanada und Südamerika wohnten dann fast regelmäßig Staatsoberhäupter und Regierungschefs diesen Wettkämpfen zwischen den Mannschaften der Nationen bei und nahmen die Siegerehrungen vor. Dadurch wurden diese Mannschaften zu viel beachteten Sendboten ihrer Heimatländer. Das Auftreten und die Leistungen der Reiter-Equipen aus Hannover haben damals viel zur Hebung des deutschen Ansehens im Ausland beigetragen.

Schon in den Jahren 1933 und 1934 begannen außerdem in Hannover die Planungen und ersten Vorbereitungen für das große Ereignis der reiterlichen Wettkämpfe bei den Olympischen Spielen 1936 in Berlin.

Nach der Auffassung, die in der deutschen Reitlehre tief verwurzelt ist, soll ein Springpferd zur vollen Entfaltung seines Leistungsvermögens eine gute Grundlage in der Dressur haben, die ständig zu erhalten ist.

Seine vorausgesetzte besondere Veranlagung zum Springen und das darauf aufgebaute Training sollen zielbewußt ergänzt werden durch systematische Arbeit auf dem Dressurviereck. Dadurch soll der Gehorsam des Pferdes gegenüber der Einwirkung des Reiters laufend gefördert werden und sichergestellt bleiben, was in der Fachsprache als die Durchlässigkeit der Reiterhilfen bezeichnet wird. Die Vorteile erweisen sich dann im Spring-Parcours, wenn das Pferd, durch die Dressur in allen Gelenken geschmeidig gemacht und an alle Gewichts-, Schenkel- und Zügelhilfen des Reiters bestens gewöhnt, willig der Führung des Reiters bei allen Wendungen, beim Zulegen oder Vermindern des Tempos und auch beim Absprung vor den Hindernissen folgt. Die Harmonie zwischen Reiter und Pferd erfährt dadurch eine entscheidende Steigerung und bewirkt die Vermeidung von Springfehlern, die durch Störung der Verbindung zwischen Reiter und Pferd so leicht entstehen können. Auch die für den Umlauf im Springen benötigten Zeiten lassen sich, ungeachtet der individuellen Weite des Galoppsprunges eines jeden Pferdes, verkürzen, wenn der Reiter seinem in der Dressur gut durchgearbeiteten Pferd zwischen den Hindernissen engere Wendungen abverlangen kann. Bei Gleichstand an Springfehlern wird damit für Sieg oder Plazierung oft der Ausschlag gegeben. In den Nachbarländern Deutschlands, vor allem in England, aber auch in Frankreich und Italien, wird der Dressur des Springpferdes nicht der gleiche Wert beigelegt. Es herrschte dort immer schon überwiegend die Meinung, man müsse bei Springpferden die Dressur sehr bewußt in Grenzen halten. Bereits ein geringes Übermaß an Dressur könnte sich leicht dahin auswirken, das natürliche Springvermögen der Pferde herabzusetzen. Als Nebenerscheinung tritt allerdings auf, daß durchschnittlich in England oder Italien das Interesse der Reiter an der Dressur geringer ist als in Deutschland, Schweden, Dänemark, Holland oder der Schweiz. Dort sind Geländereiten, Jagden und Springen, kurzum das losgelassene und ganz natürliche Vorwärtsreiten, das unbeeinflußte Gehenlassen der Pferde das dominierende Merkmal der Reiterei.

Es ist auch nicht zu verkennen, daß die forcierte Dressur eine ganz bestimmte Verlagerung und Umstellung in der Muskulatur des Pferdes entwickelt. Dadurch können bei Überschreiten einer gewissen Grenze die vornehmlich für das Springen benötigten Muskelpartien beeinträchtigt werden. Es kommt also auf die Schwelle an, die man einerseits zur Verbesserung der Durchlässigkeit des Springpferdes durch die Dressur erreichen, aber andererseits auch nicht überschreiten sollte. Weiterhin wird gegen die Dressur des Springpferdes vorgebracht, daß die dabei geübten abgekürzten und versammelten Gänge dem erforderlichen Vorwärtsdrang und Galoppiervermögen dieser Pferde abträglich sein könnten. Dem ist entgegenzuhalten, daß eine richtig betriebene Dressur niemals diesen Schaden anrichten kann, denn ihr ganzes Ziel ist und bleibt die Erhaltung und Förderung der frischen Gänge, dokumentiert durch den betonten, ständigen Wechsel der Gangarten und des Tempos.

Somit handelt es sich hier lediglich um einen Unterschied in der Auffassung hinsichtlich des Ausmaßes, bis zu dem Springpferde in der Dressur trainiert werden sollen. Die Ergebnisse haben, so scheint es, der deutschen Einstellung recht gegeben. Seit der Ausweitung des internationalen Springsports in den zwanziger Jahren haben die deutschen Vertreter sich durch gut regulierte Ritte auf immer gehorsamen und wendigen Pferden ausgezeichnet. Sie haben dadurch das oftmals auch nur geringe „Mehr" herausgeritten, das genügte, um auch über Equipen zu siegen, denen Pferde mit einem von Natur beträchtlich besseren Springvermögen aus der englischen, irischen oder französischen Zucht zur Verfügung standen.

Dieses Thema vom Verhältnis der Dressur zum sonstigen Training der Springpferde berührte Ernst-Günther Baade in Hannover in besonderer Weise. Er verschloß sich nicht der Beweiskraft der deutschen Auffassung. Er leugnete nicht die Notwendigkeit, Springpferden eine gute Grundlage in der Dressur zu geben. Aber diese Arbeit sagte ihm wenig zu. Die Gründlichkeit im Detail, die dabei gefordert wurde, schätzte er gering im Vergleich zu der an Erlebnisgehalt stärkeren Schulung der Pferde im Galoppieren, Springen und an der Longe. Auch störte ihn die bei der Dressur vermehrt in Erscheinung tretende Aufsicht, die zwangsläufig immerzu Hinweise und Korrekturen erteilte. Dabei kamen ihm dann die Vorteile eines eigenen Stalles so recht zum Bewußtsein, bei dem selbständig über alle Arten des Trainings entschieden werden konnte.

Auch die höheren Ortes angeordnete Aufteilung der Pferde auf die Angehörigen des Springstalles war nicht immer nach seinem Geschmack. Er nahm diese Zustände in Kauf, verstand es auch, der Zeit in Hannover alle ihre guten Seiten abzugewinnen, war fröhlich und recht unbeschwert, nur sein reiterlicher Ehrgeiz blieb dann schließlich auch hier hinter den Anstrengungen und Zielsetzungen seiner Kameraden zurück. Er ließ in der Einstellung zu der dortigen Tätigkeit doch stärker als mancher Nebenmann durchblicken, daß er sich selbst in jeder Hinsicht als Amateur betrachtete. Wenn das Reiten hier auch der Dienst und zwar der ausschließliche Dienst war, so war seine Freude daran doch davon abhängig, daß er selbst es noch mit seinen Vorstellungen von Sport und Liebhaberei verbinden konnte. Daher war er von vornherein im Hintertreffen bei Machenschaften, die bei den Bemühungen zutage traten, ein gutes Pferd zu erhalten und sich einen Platz in der Auswahlmannschaft zu sichern.

Es lag ihm völlig fern, sich in den Vordergrund zu drängen oder nach Vorteilen zu haschen, die durch betonten Eifer zu erreichen gewesen wären. Selbst dann allerdings, wenn er es darauf abgesehen hätte, wäre ihm auf diesem Wege kein Erfolg beschieden gewesen. Ihm fehlte die Veranlagung dazu. Er konnte sich weder anbiedern noch verstellen. Er konnte auch nicht schmeicheln.

Seine Gelassenheit gegenüber seiner weiteren reiterlichen Laufbahn war eine segensreiche Auswirkung seines zähmbaren Ehrgeizes und seiner sportlichen Fairness. Wie vorher und später so oft in seinem Leben, lehnte er sich auch hierbei an die Mentalität der Engländer an, daß es beim Sport, getreu der Überlieferung der Griechen, auf das Mittun und die Freude daran ankäme, während Siege und Erfolge Begleiterscheinungen zu bleiben hätten.

Die Begleiterscheinungen dieser Art, die sich für Baade in den Jahren am Springstall ergaben, waren zunächst in der Sommersaison 1933 zwei schöne Siege auf „Wange" in schweren Springen in Hamburg und in Halle. Gute Plazierungen in ebenfalls schweren Springen erhielt er mit dem Schimmel „Dedo" aus dem Besitz des Springstalls der Kavallerie-Schule. Dieses Pferd hatte bereits 1930 wesentlich dazu beigetragen, daß eine damals noch recht gewagte Entsendung einer deutschen Offiziers-Reitmannschaft nach den USA und nach Kanada mit Aufsehen erregenden Erfolgen enden konnte. Als Äquivalent für die Überlassung von „Dedo" an Baade hatte die Leitung des Springstalls die zeitweise Abgabe von „Wange" an den Oberleutnant Grosskreutz erwirkt, der sie erfolgreich beim internationalen Turnier in Luzern ritt.

Am 1. August 1933 wurde Ernst-Günther Baade zum Rittmeister befördert. Im Jahre 1934 nahm er mit „Wange" mit wiederum guten Ergebnissen an Turnieren in Wiesbaden und Koblenz teil. Mitglied der deutschen Reiter-Equipe war er beim internationalen Turnier in Nizza, das Marschall Pétain zum Anlaß nahm, um die deutschen Reiter bei der Durchreise durch Paris freundlichst zu begrüßen und zu ehren. Zum Turnier in Rom reiste Baade als Ersatzreiter für den Nationenpreis mit.

Frau Baade ritt in diesem Jahre die eigenen Pferde unermüdlich auf vielen Plätzen. Dabei errang sie den nach ihrem eigenen Urteil schönsten Sieg ihres Lebens bei einem Jagdspringen in Hannover, wo sie mit ihrem Pferd „Wildtaube" als einzige Dame die Konkurrenz gegen 40 Offiziere und 8 Zivilreiter aufzunehmen hatte. Mit dem Abschied von Hannover im Herbst 1934 stellte sie ihre aktive Beteiligung an Turnieren ein. Ihre stolze Bilanz wies bis zu diesem Zeitpunkt Siege in 15 öffentlichen Springen und insgesamt mehr als 300 Preise auf. Zwischen 1934 und dem Kriegsbeginn 1939 ist sie dann öffentlich nur noch gelegentlich bei Geländeritten hervorgetreten, saß aber täglich im Sattel und ritt im Herbst jedes Jahres alle Jagden in den Standorten ihres Mannes mit.

Die zum 1. Oktober 1934 erfolgte Ernennung zum Chef der 1. Schwadron des Reiter-Regiments 3 in Stendal nahm Ernst-Günther Baade gern entgegen. Er freute sich, jetzt im 37. Lebensjahr stehend, eine Stellung zu erhalten, die ein gutes Maß an Selbständigkeit und Verantwortung mit sich brachte.

Seine reiterlichen Fähigkeiten hatten in Hannover mit dem Herannahen an die Spitzenklasse der deutschen Springreiter ihren Kulminationspunkt erreicht. Das war das Urteil seiner dortigen Vorgesetzten und das gestand er sich auch selbst ein. Sein Einfühlungsvermögen in die von ihm gerittenen Pferde wurde uneingeschränkt gelobt. Desgleichen fanden Anerkennung sein starker Wille und die Kraft, mit denen er erforderlichenfalls immer auf die Pferde einzuwirken vermochte. Zu einer sicheren Kandidatur für die Olympiade-Mannschaft fehlte es ihm jedoch um einige wenige Grade an der Gleichmäßigkeit der Leistungen; ähnliches galt für seinen Einsatz in den Zweigen des Trainings, die ihm etwas nebensächlich erschienen, von den anderen Kandidaten aber mit letzter Genauigkeit beachtet wurden.

Auch dieses Bild spiegelte zutreffend sein Naturell, nämlich Elan und viele Fähigkeiten, aber gepaart mit starkem Eigensinn wider. In seiner inneren Freiheit tröstete er sich bereitwillig über den Abschied vom Springsport hinweg mit dem Bewußtsein, sich selbst getreu geblieben zu sein. Er verließ Hannover ebenso lebensfroh, wie er es betreten hatte. Er betrachtete die dort verbrachten Jahre als Gewinn und sah stets gern auf sie zurück, An der Versetzung nach Stendal schätzte er auch den Vorteil, daß die Entfernung zu Neverstaven noch geringer wurde, wo Inspektionen vermehrt erforderlich wurden.

KÖNIG IN EINEM KLEINEN REICH

An einem der ersten Tage im Oktober 1934 hatte der wachhabende Unteroffizier am Kasernentor des Reiter-Regiments 3 in Stendal ein etwas ungewöhnliches Erlebnis. Mit höflichem Gruß zum Posten betrat ein Offizier, dessen äußere Aufmachung von Gewohnheit und Vorschrift erheblich abwich, das Gelände der Kaserne.

Zunächst fiel der Mantel auf, der über den Knien abschloß und somit ein in der militärischen Kleidervorschrift nicht vorgesehenes Mitteldi ng zwischen Jacke und Mantel darstellte. Zudem war er oben nicht geschlossen, sondern aufgeklappt, was nur den Generälen zustand. Die damals für jeden Aufenthalt außerhalb der Kaserne vorgeschriebene Waffe, sei es Säbel oder Pistole, war nicht zu entdecken; nicht einmal ein Koppel und Offiziers-Schulterriemen hatte der Herr angelegt. Zwischen Mütze und Mantelkragen wallte ein Haarwuchs von der Länge, die damals selbst bei extravaganten jungen Zivilisten nicht üblich war. Anstelle der feldgrauen, der Uniform angepaßten Handschuhe trug der Offizier hellgelbe, lässig umgekrempelte Lederhandschuhe. Die Sporen an den auffallend eleganten Reitstiefeln saßen so hoch, daß man sie eher der Wade als der Hacke zurechnen mußte.

Den Höhepunkt des Ungewöhnlichen bildete aber der Kopf eines langzotteligen, teckel-ähnlichen Hundes, der aus der rechten, vorschriftswidrig auch noch schräg geschnittenen Manteltasche neugierig und zungenleckend herausschaute. Ein zweiter, etwas größerer Hund von der gleichen Rasse wackelte auf eigenen Füßen prustend hinterher.

Der altmärkische Unteroffizier rieb sich die Augen und überlegte, was in solchem Falle gegenüber einer ihm unbekannten, aber in vieler Hinsicht schließlich doch als Offizier anzusprechenden Person zu tun sei. Dann trat er mit strammem Gruß auf den Unbekannten zu. Eingedenk der genau festgelegten Rechte und Pflichten eines jeden Wachhabenden, bat er um Vorzeigen eines Ausweises. Baade gab ihm freundlich die Hand, erklärte, daß er der neue Chef der 1. Schwadron sei, Ausweise aber nicht bei sich zu tragen pflege. Er bat darum, zur Schreibstube der Schwadron begleitet zu werden, womit er den Wachhabenden aller Zweifel enthob

Das 3. (Preußische) Reiter-Regiment, wie die offizielle Bezeichnung lautete, lag damals mit dem Regiments-Stab und zwei Schwadronen in Rathenow an der Havel und mit drei Schwadronen in dem altmärkischen Städtchen Stendal, nahe an der Elbe. Dank seiner tüchtigen Kommandeure, unter denen insbesondere der Oberst und spätere General Brandt aus der zweiten Hälfte der zwanziger Jahre zu nennen wäre, hatte es sich einen vorzüglichen Ruf ob seines hohen Ausbildungsstandes erworben.

Die Landschaft in der nahen und weiteren Umgebung beider Standorte, gekennzeichnet durch märkischen Sand- und Heideboden, viele Wälder, Seen und kleine Flüsse, eignete sich hervorragend für eine abwechslungsreiche Ausbildung der Reitertruppe. Die Mehrzahl der Mannschaften dieses Regiments entstammte dem prächtigen Menschenschlag der brandenburgischen und altmärkischen Landbevölkerung. Meist hatten ihre Väter schon vor dem ersten Weltkrieg bei den 3. Husaren, den „Zieten-Husaren" mit der roten Attila, in Rathenow, oder bei den 10. Husaren mit gelber Uniform in Stendal gedient. Diese Bauernsöhne brachten bereits Kenntnisse und Verbundenheit mit den Pferden mit, die günstige Voraussetzungen für ihre Verwendung in den Schwadronen schufen. Die gesamte Landbevölkerung im weiten Umkreis fühlte sich mit „ihren Reitern" in den beiden Garnisonen verbunden.

Zudem hatte die geographische Lage von Rathenow und Stendal den Vorteil der Nähe zur Hauptstadt des Reiches. Sie gab leichten Zugang zu allen Anregungen, die Berlin für jedermann in reicher Auswahl zu bieten hatte. Man konnte sogar noch nach dem Dienstschluß zu abendlichen Veranstaltungen oder Unternehmungen dorthin fahren.

Aus der Zeit vor dem ersten Weltkrieg stammt dazu die Geschichte von der Unzufriedenheit einiger Offiziere der Zieten-Husaren mit dem Umstand, daß die nächtlichen D-Züge von Berlin über Rathenow und Stendal nach Hannover und Köln meistens in Rathenow fahrplanmäßig nicht hielten. Daher kam es vor, daß übermütige Leutnants bei später Rückkehr von dem Ausflug nach Berlin in Rathenow die Notbremse zogen, ausstiegen, die dafür fällige Geldbuße zahlten und auf diese Weise wenigstens nach kurzem Schlaf zur rechten Zeit bei Dienstbeginn am frühen Morgen auf dem Reitplatz standen. Die ersten Experimente dieser Art zeigten, daß es gelernt und geübt sein mußte, die Notbremse in richtig abgeschätzter Entfernung vom Bahnhof Rathenow zu betätigen. Zunächst kam es vor, daß zu späte Benutzung der Bremse den Zug erst auf der Brücke über die Havel am jenseitigen Stadtrand zum Stehen brachte. Beim Aussteigen an dieser Stelle und anschließendem Eskaladieren in der Dunkelheit über das Gestänge dieser Eisenbahnbrücke waren die Heimkehrer in Gefahr, ins Wasser zu fallen.

Einige Wiederholungen ergaben, daß die Notbremse an einer bestimmten Kurve am Exerzierplatz von Rathenow gezogen werden mußte, der vor der Einfahrt in die Stadt lag. Dann hielt der Zug genau vor dem Bahnhofsgebäude; die verbotenerweise Aussteigenden konnten nun ohne Zwang zur Überwindung von Geländehindernissen den diensthabenden Stationsvorsteher grüßen und ihm die bereitgehaltene Geldbuße mit einem freundlichen „Gute Nacht"- oder „Guten Morgen"-Gruß übergeben.

Selbstverständlich zog sich, wie nicht anders zu erwarten, dieser ungewöhnliche und auch bedenkliche Spaß nur über eine beschränkte Zeitspanne hin. Auch muntere und einfallsreiche Leutnants können die Vorschriften einer ordnungsgemäßen Verwaltung allenfalls vorübergehend einmal verletzen. Der Regimentskommandeur erhielt die Aufforderung, das unzulässige Verhalten seiner Untergebenen zu unterbinden. Außerdem wurde eine recht abschreckende Erhöhung der Ordnungsstrafe angedroht, die mit dem mehrfachen Wiederholungsfall begründet wurde.

Rittmeister Baade lebte sich in Stendal schnell ein. Die Schwadron bekam es allerdings bald zu spüren, daß sie von jemandem geführt wurde, der sich in vieler Hinsicht von den Gepflogenheiten seiner Vorgänger abhob. Zunächst überließ er dem Schwadronsoffizier, den Wachtmeistern und Unteroffizieren weit mehr Freiheit in der Ausbildung ihrer Züge und Gruppen, als sie bisher gehabt hatten. Auch hier war es wieder seine Art, den Zeitaufwand und die Genauigkeit in den kleineren Einzelheiten des Dienstes an andere abzutreten.

Dabei überwachte er jedoch die Ausbildung recht genau daraufhin, daß sie von überflüssigen, weil der modernen Waffentechnik nicht mehr angepaßten Übungen freigehalten wurde. Die Lanzen waren für die Reiter als nunmehr nutzloser Ballast bereits seit etwa 10 Jahren abgeschafft. Geblieben waren noch die Säbel als Hiebwaffen. Aber auch den Übungen damit, die zu Pferde in allen Gangarten gegen aufgepflockte dicke Wollpuppen ausgeführt wurden, räumte Baade nur noch einen verminderten Zeitaufwand ein. Das Schießen mit dem Karabiner vom Pferde aus ließ er nur noch als gelegentliche, mehr sportliche Übung sowie zur Gewöhnung der Pferde an das nahe Schußgeräusch zu.

Als Baade in Stendal seine Tätigkeit aufnahm, herrschte dort eine gewisse Unsicherheit, in welchem Umfang die Schwadronen der grundsätzlichen Weisung nachkommen sollten, auch nächtliche Übungen abzuhalten. Ein ungutes Beispiel hatte Verwirrung gestiftet. Ein ungefähr gerade zu dieser Zeit von Stendal hinweg versetzter Schwadronschef hatte aus der Tatsache, daß diese Nachtübungen zwar angeordnet, aber fast niemals in die Besichtigungen durch Vorgesetzte einbezogen wurden, die Folgerung gezogen, sie zu unterlassen. Er stellte sich auf den zweifelhaften Standpunkt, die dadurch eingesparte Zeit auf die Zweige der Ausbildung zu verwenden, die regelmäßig zum Programm der Besichtigungen gehörten. Wenn er dann, wie er vermeinte, dank guter Resultate bei den Vorstellungen seiner Schwadron in höhere Stellungen aufgerückt sein würde, wollte er selbst durch angesetzte Besichtigungen bei Nacht seine unterstellten Truppenteile zu dieser Ausbildung zwingen.

Ernst-Günther Baade, dem ein derartiges Karriere-Denken ganz unverständlich war und der die Methoden der Ausbildung in Erinnerung an sein Kriegserleben nur unter das Gebot der zweckmäßigsten Einsatzbereitschaft der Truppe stellte, wies den Gedanken, die Nachtübungen einzustellen, weit zurück. Ihm kam es sogar darauf an, der Ausbildung seiner Schwadron bei Nacht besondere Sorgfalt zuzuwenden. Er war sich der Verantwortung gegenüber seinen Soldaten bewußt, sie für das richtige Verhalten in allen Lagen zu schulen, in die sie einmal gestellt werden könnten. Ob dadurch das Abschneiden seiner Schwadron auf anderen, für Besichtigungen mehr geeigneten Gebieten etwas leiden könnte, blieb ihm gleichgültig. Zur Ehre des damaligen Reichsheeres muß aber hinzugefügt werden, daß jener Offizier, der nach dem Motto verfuhr, was nicht besichtigt würde, brauche nicht geübt zu werden, eine ganz seltene Ausnahme war.

Eine Eigenart von Baade war es, daß er in ungewöhnlicher Weise von der Erteilung von Urlaub als Belohnung für besonders gute Leistungen Gebrauch machte. Zwar überschritt er damit oft die Grenzen der Vorschriften, aber diesen sprach er ohnehin in vielen Fällen nur den Wert eines Anhalts zu. Spöttisch und in selbst eingestandener Übertreibung hat er einige Male die Bemerkung fallen lassen, die Vorschriften seien für die Dummen gemacht; wer die Regeln für richtiges Verhalten beherrsche, könne sich über sie hinwegsetzen.

Hinsichtlich der Erteilung von Urlaub an die Soldaten hatte er ein starkes Gespür dafür, wie nützlich eine vertretbare Großzügigkeit als Ansporn und Verpflichtung wirken kann. Er hat sich auch später im Kriege immer an diese Erkenntnis gehalten.

Zur Förderung der Tierliebe in seiner Schwadron legte er einen kleinen „Zoo" an. Darin wurden Rehe, Füchse, Ziegen, Kaninchen, Fasanen und viel anderes Getier gehalten und sorgsam gepflegt.

Mit dem Auge des erprobten Turnierreiters überwachte er den Pferdebestand seiner Schwadron und suchte unter dem Nachwuchs die Pferde heraus, welche gute Leistungen versprachen. Er vertraute sie talentierten Unteroffizieren an und ließ sie an Turnieren teilnehmen. Bald ging er auch dazu über, seine besten Pferde einem jüngeren Offizier des Regiments für diese Zwecke zu überlassen, dessen reiterliche Fähigkeiten er hoch einschätzte.

In die Stimmung und in das Leben des kleinen Offizierskorps der drei Stendaler Schwadronen brachte Baade manche erfrischende und amüsante Abwechslung. Fröhlich verkündete er, daß eigentlich ein Rittmeister und Schwadronschef, wenn man die Fülle der ihm gegebenen Möglichkeiten betrachte, nahezu mit einem „halben Maharadscha" verglichen werden könnte. Als Beweis dafür organisierte er zum Beispiel mit den jüngeren Offizieren das Polo-Spiel auf dem Kasernengelände. Geeignete Pferde wurden ausgesucht, die wenigen erforderlichen Geräte von ihm selbst beschafft; dann wurde in den Abendstunden nach dem Dienstschluß eifrig und vergnüglich dieses Reiterspiel betrieben. Verwundertem Kopfschütteln älterer Offiziere hielt Baade schlagfertig entgegen, daß hierbei die reiterliche Geschicklichkeit der Teilnehmer wesentlich gefördert würde. Das Spiel sei also in dienstlicher Hinsicht wünschenswert und der Unterstützung würdig.

In jedem Jahre wurde das Offizierskorps aus beiden Garnisonen einige Male in Rathenow zu Planspielen, Vorträgen oder Belehrungen sonstiger Art mit anschließendem geselligen Beisammensein vereint. Die Offiziere aus Stendal erhielten dazu Dienstreisegenehmigungen für die Benutzung der Eisenbahn. Baade wählte gelegentlich einen originelleren Weg. Er ritt, und zwar fast ausschließlich im Galopp, nach Rathenow. Dazu ließ er sich von einigen Soldaten der Schwadron „Relais legen", das heißt er ließ Pferde vorausschicken, so daß er nach etwa jeweils acht Kilometern die Pferde wechseln konnte. Nach genauer Vorausberechnung des Zeitbedarfs war er dann, Kleiderwechsel in Rathenow ebenfalls einkalkuliert, zum Beginn der Veranstaltung zur Stelle. Zu seiner Begleitung auf diesem munteren Ritt lud er noch einen jüngeren Offizier ein, dem er Pferde aus seiner Schwadron zur Verfügung stellte. Auch in diesem Falle erklärte er den erstaunt dreinblickenden Vorgesetzten und Kollegen, daß diese Unternehmung der Erhaltung der gewünschten Frische und „Frontverwendungsfähigkeit" diene und daher gerechtfertigt sei.

In der Tat war das Galoppieren über 37 Kilometer, nur unterbrochen von einer Trabreprise beim Reiten durch das Städtchen Tangermünde und über die dortige asphaltierte Elbbrücke, eine nachhaltige Überprüfung der körperlichen Kondition, abgesehen davon, daß nach Baades belustigtem Ausspruch nur ein Maharadscha oder ein glücklicher Rittmeister sich ein solches Unternehmen leisten könnte und darum diese Gelegenheit wahrzunehmen sei.

Aufsehen erregte es nur, daß der neue Chef der 1. Schwadron bei Übungen im Gelände mit einer wasserdichten Schürze zu Pferde stieg, wenn unsicheres Wetter herrschte. Sein Kommentar hierzu lautete: „Wenn ich mir während 30 oder 40 Dienstjahren die Knie naßregnen lassen muß, dann habe ich wohl die Berechtigung, durch diese niemanden verletzende Maßnahme etwas mehr dem Rheumatismus vorzubeugen als die kurzdienenden jungen Soldaten."

Auch seine ungewöhnlich lange Haartracht begründete er frischfröhlich damit, daß die militärische Tonsur von den Soldaten auf Zeit aus erzieherischen Gründen gewißlich zu fordern sei. Deswegen fühle er sich aber nicht verpflichtet, sein individuelles Gehabe für die lange Dauer der Berufsausübung als aktiver Offizier demselben Schema zu unterwerfen. Schmunzelnd mußte er dann allerdings zur Kenntnis nehmen, daß sein Schwadronsoffizier, der Leutnant Teschemacher aus Pommern, daraufhin mit Vergnügen die Gelegenheit ergriff, seinem Friseur auch Sparsamkeit mit der Schere zu verordnen.

Zu der 1. Schwadron gehörte der Wachtmeister Carminke, der wegen seines unversiegbaren Humors im ganzen Regiment bekannt war. Er hatte die Tochter eines recht wohlhabenden Bauern geheiratet und konnte sich daher den damals für seinesgleichen noch ungewöhnlichen Luxus eines Autos leisten. Damit verursachte er eines Tages einen Unfall. Baade sah darin eine Schädigung des Ansehens der Reichswehr und erteilte Carminke Fahrverbot. Wahrscheinlich überschritt Baade damit seine Kompetenzen als Disziplinarvorgesetzter; aber Baade, selbst ein begeisterter Autofahrer, war stets neuralgisch gegenüber jedem Leichtsinn am Steuer.

Carminke wollte sich nicht damit abfinden, nun wieder zu Fuß oder mit dem Fahrrad den Weg zur Kaserne zurücklegen zu müssen. Zunächst bestellte er sich im Schwadronsbüro einen sogenannten Krümperwagen zur Abholung von seiner Wohnung. Jede Schwadron hatte durchschnittlich zwei solche Kutschwagen, die in Ausnahmefällen auch einmal von Schwadronsangehörigen für private Zwecke gegen geringes Entgelt angemietet werden konnten. Baade untersagte aber Carminke die unzulässige wiederholte Benutzung dieses Wagens für den normalen Weg vom und zum Dienst.

Am nächsten Tage sah man nach Dienstschluß den widerspenstigen Wachtmeister in voller Uniform in einem ganz niedrigen Pony-Wagen sitzen, vor den er die beiden Ziegenböcke des Schwadrons-Zoos gespannt hatte. Den Tieren hatte er sogar noch Kuhglocken um den Hals gebunden, damit alle Welt auf ihn und den Verlust seiner motorisierten Fahrgelegenheit aufmerksam wurde. Dieses Gefährt kutschierte er im flotten Ziegentrab und mit Schlittengeläut zur allgemeinen Erheiterung aller vorübergehenden Soldaten und Zivilisten aus dem Kasernentor und durch die Straßen von Stendal. Baade konnte sich des Lachens nicht erwehren und zog das Fahrverbot, auf das Carminke so hartnäckig und so einfallsreich reagiert hatte, wieder zurück.

Der Sommer 1934 zeitigte in Deutschland zwei Ereignisse, die das Offizierskorps stark berühren mußten. Am 30. Juni fand die Niederschlagung der angeblichen Röhm-Revolte statt und am 2. August starb der Reichspräsident von Hindenburg.

Daß Adolf Hitler mit Hilfe der SS den Stabsführer der SA, Ernst Röhm, und viele Mitglieder der SA-Führung überfiel und sofort hinrichten ließ, geschah für das gesamte deutsche Volk völlig überraschend. In den Führungsgremien des Reiches, einschließlich der obersten Führung der Reichswehr, war lediglich bereits seit längerer Zeit mit zunehmender Sorge beobachtet worden, daß sich in weiten Kreisen der SA eine unruhige und unzufriedene Stimmung entwickelte. Diesen braunen Kolonnen und Horden, die sich vor 1933 jahrelang nur mit Demonstrationen, Raufereien, Saalschlachten und Straßenkämpfen beschäftigt hatten, fehlte es nun nach den ausgestandenen Wahlkampagnen an der

Möglichkeit, diese liebgewordenen Beschäftigungen im bisherigen Umfang fortzusetzen.

Die Angehörigen dieser Organisation, die sich als „alte Kämpfer" bezeichneten, bildeten sich ein, für ihre Verdienste um die Errichtung der nationalsozialistischen Herrschaft eine Belohnung mit angenehmen und einflußreichen Posten erwarten zu können. Auf redliche und tägliche Arbeit war bei vielen von ihnen der Sinn nicht mehr gerichtet. Sie, jedenfalls eine hohe Anzahl von ihnen, wollten jetzt bevorzugte Bürger sein. Sie vermeinten, die Machtergreifung des Jahres 1933 wäre so lange auf dem halben Wege zu einer Revolution steckengeblieben, bis sie nicht mit befriedigenden Positionen, auch ohne Zusammenhang mit ihren erlernten Berufen, abgefunden würden. So entstand eine Gärung, die die Frage aufwarf, wie man diese gerufenen Geister wieder loswerden könnte.

Daneben war Hitler bekannt, daß Röhm, einer seiner wenigen Duzfreunde, davon träumte, die Reichswehr in ein nationalsozialistisches Volksheer umzuwandeln, die SA darin einzubauen und selbst die Führung dieses Gebildes zu übernehmen.

Auch Blomberg und seiner Umgebung blieben diese Wünsche des ehemaligen Hauptmann Röhm nicht verborgen. Göring und die SS, die ihrerseits um Einfluß auf die Führung der Reichswehr bestrebt waren, trieben Hitler dazu an, Röhm auszuschalten.

Hitler schritt dann zu dem brutalen Gemetzel vom 30. Juni 1934, bei dem er sich nicht nur der ihm verdächtigen SA-Führer, sondern auch gleich vieler sonstiger, ihm mißliebiger Personen durch blindwütiges Erschießen entledigte. Der Überfall gelang, weil entgegen allen Behauptungen von Hitler, Göring, Goebbels und Himmler die SA-Führung zu dieser Zeit keine Gewaltmaßnahmen beabsichtigte und daher auch keine Vorkehrungen zum Schutz der dazu gehörigen Vorbereitungen getroffen hatte.

Die besonders unheilvolle und weitreichende Bedeutung der Tat vom 30. Juni lag darin, daß Hitler alle diese Hinrichtungen ohne Gerichtsurteil vornehmen ließ. Damit setzte er sich rücksichtslos über die fundamentalen Grundsätze eines Rechtsstaates hinweg und machte sich zum unumschränkten Gewaltherrscher. Hier trat er endgültig in den Bereich der Maßlosigkeit ein, die Deutschlands Verderben werden sollte.

Am 30. Juni gelang es Adolf Hitler auch, die Reichswehr zu täuschen. Dort glaubte man oder ließ man sich einreden, der Schlag gegen Röhm habe ihre Stellung retten sollen. Heute ist bekannt, daß Hitler selbst damals schon fest entschlossen war, die Streitkräfte zu einem ihm willfährigen und von nationalsozialistischem Geist erfüllten Volksheer umzuformen. Nur glaubte er, auf diesem Wege recht behutsam vorgehen zu müssen, weil der Widerstand der Generäle hiergegen nur allmählich und nur verschleiert abgebaut werden könnte. Das vorzeitige Gerede von Röhm über diese Ziele hatte Hitlers Taktik in Gefahr gebracht und darum zu seinem Entschluß beigetragen, Röhm mundtot zu machen.

Dem deutschen Volk wurden nach der Liquidierung der SA-Führung flammende Erklärungen über Hitlers grandiose Tat vorgesetzt, mit der er die Autorität des Staates und die Stellung der Reichswehr vor dem geplanten Putsch der SA gerettet habe. Das Wohl der Gemeinschaft habe, wie es dann hieß, dieses schnelle und harte Zufassen unerbittlich gefordert. Und obendrein, zur Beruhigung des Volkes und zur Ablenkung von allen üblen Begleiterscheinungen dieses Blutbades, veranlaßte Hitler auch noch, daß dem schon todkranken Reichspräsidenten von Hindenburg ein Dankestelegramm an ihn für die Errettung des Staates aus schwerer Not abgenötigt wurde.

Ein fataler Zug der Vorkommnisse vom 30. Juni war für das Offizierskorps die im Zusammenhang damit und am selben Tage erfolgte Ermordung der Generäle außer Dienst von Schleicher und von Bredow, mitsamt der Frau von Schleicher. Man kann wohl sagen, daß es keinen Offizier gab, der sich hier nicht fragte, ob diese Handlung hinnehmbar sei. Die Augen waren sofort auf die oberste Spitze, den Reichswehrminister und die Generalität gerichtet, ob sie Maßnahmen zum Schutz der Ehre des Offizierstandes ergreifen würden. Nichts dergleichen geschah.

Die Verlautbarungen der politischen Führung, daß die beiden Generäle Verbindungen mit einer ausländischen Macht aufgenommen hätten, klangen matt. Sie erhöhten eher die Vermutungen, daß hier unrechtmäßig vorgegangen sei. Aber auch hier ergab sich schließlich die Lage, die sich dann in den kommenden Jahren so oft wiederholen sollte: Die militärische Führung griff nicht ein. Sie billigte stillschweigend oder sogar ausdrücklich die Geschehnisse. Und mit vollem Fug und Recht zog der unbekannte Major oder Rittmeister irgendwo in den Standorten des Reiches die Konsequenz, daß es nicht seine Aufgabe sei, auf Vorgänge zu reagieren, welche der Reichswehrminister, die Oberbefehlshaber des Heeres und der Marine, die Gruppenkommandeure und Wehrkreisbefehlshaber weit besser beurteilen könnten als er selbst. Dies hat nicht verhindert, daß bei vielen, sogar sehr vielen Offizieren auch der mittleren und niederen Dienstränge Zweifel und Mißtrauen sich regten. Ihre Zurückhaltung läßt sich zum geringeren Teil durch die anerzogene Disziplin, zum weit größeren Teil durch die schwer zu erschütternde Achtung vor den Oberbefehlshabern erklären.

Typisch für die Wirkung des Vorgehens gegen Röhm und Schleicher waren die Gespräche in der kleinen Kasinorunde in Stendal. Der im reiferen Lebensalter stehende Standortälteste, Major von Hillebrandt, verhehlte nicht seine argen Bedenken gegen die Methoden, die Hitler angewandt hatte. Erschießungen ohne gerichtliches Urteil, so meinte er, könnten leicht der Anfang eines Endes mit Schrecken sein. Daß der Mord an Schleicher und Bredow nicht zu einem Aufbegehren der Generalität, zumindest zum Verlangen einer strengen Untersuchung geführt habe, sei ihm unverständlich. Aber gewiß, so müsse er zugeben, das Reiter-Regiment 3 könne aus diesem Anlaß nicht mit scharfer Munition und gezogenen Säbeln gegen Berlin marschieren. Man könne nur hoffen, daß Blomberg und Fritsch recht genau wüßten, was sie täten und wie weit sie den Krug zu Wasser gehen lassen dürften. Er selbst sei gern bereit, heute schon in Pension zu gehen, aber damit sei der Sache nicht geholfen, denn er, als Major, könne mit seinem Weggang kein Signal setzen. Er könne nur seinen jüngeren Kameraden wünschen, daß sie nicht eines Tages unter diesem Regime eine üble Degradierung des Offiziersberufes oder gar eine allgemeine deutsche Katastrophe erleben müßten.

Die anderen, durchweg dienstjüngeren Offiziere, der Stabsarzt, der Stabsveterinär und der Stabszahlmeister hörten aufmerksam zu. Sie dachten nicht daran, dem älteren Herrn diese Ausführungen zu verübeln. Sie glaubten auch, ihm teilweise recht geben zu müssen, aber sie zögerten doch beträchtlich, sein Gesamturteil anzuerkennen. Sie wollten sich einfach nicht die Hoffnung nehmen lassen, daß sich alles einrenken werde. Sie vertrauten auf die anscheinend positiven Züge der neuen Ära. dabei verwiesen sie auf die Verminderung der Arbeitslosigkeit, die Bemühungen um soziales Einvernehmen, auf die lauthals verkündete Bewahrung der Stellung der Reichswehr, auf die doch als segensreich zu betrachtende Einführung des Arbeitsdienstes und vor allem auch auf Hitlers immer wiederholte Erklärungen, mit allen Nachbarn Deutschlands in Frieden leben zu wollen. Sie hielten sich an die weithin verbreiteten Hinweise, daß jede Umwälzung Schönheitsfehler mit sich bringe, deren Abstellung eine Frage der Zeit sei. Sie vermeinten, daß doch die höchsten Generäle Hitler wohl ständig berieten und sich offensichtlich im Einvernehmen mit ihm befänden. Einige brachten die Ansicht vor, daß mit den Ereignissen vom 30. Juni 1934 die nationalsozialistische Herrschaft sich zwar gefestigt, damit aber gleichzeitig auch ihre Grenzen gefunden habe. Der Major von Hillebrandt beendete diese Gespräche mit einem Seufzer und dem Wunsch, daß die Herren recht behalten möchten, was er sich aber nur schwer vorstellen könne.

Das zweite wichtige Ereignis dieses Sommers war das Ableben des Reichspräsidenten von Hindenburg. Es hatte zur Folge, daß Hitler das Amt des Staatsoberhauptes und des Regierungschefs auf sich vereinigte. Daraus entwickelte sich ein Vorgang, der auch heute noch dazu benutzt wird, an das Offizierskorps von damals Fragen mit dem Unterton des Vorwurfs zu richten. Für Heer und Marine wurde vom Reichswehrminister sofort nach dem Ableben des Reichspräsidenten angeordnet, einen persönlichen Eid auf das neue Staatsoberhaupt zu leisten. Der bis dahin übliche Eid auf die Verfassung wurde damit überholt.

Bei der Suche nach Fehlern und Schuld zur Zeit des „Dritten Reiches" ist nach der Katastrophe oft behauptet worden, daß das Offizierskorps sich diese Eidesleistung auf Adolf Hitler nicht hätte aufzwingen lassen dürfen. Oberflächliche Beurteiler glauben, daß sogar der einzelne Offizier diesen Eid hätte verweigern sollen und können. Deshalb mag, in Kenntnis alles dessen, was sich bis 1945 ereignet heute wiederum der Sohn den Vater fragen: „Wie konntest du je auf Adolf Hitler einen Eid schwören? "

Die Antwort setzt sich aus mehreren Argumenten zusammen. Der Hauptteil der Verantwortung für diese schnelle neue Vereidigung fiel dem Reichswehrminister von Blomberg persönlich zu. In Übereifer und mit opportunistischer Geschäftigkeit kam er Hitler in dieser Angelegenheit entgegen. Die Eile war gewiß überflüssig; sie hatte für alle Betroffenen zur Folge, daß über diese Maßnahme garnicht mehr nachgedacht, geschweige denn dazu Stellung bezogen werden konnte. Andererseits bliebt es für die Frage nach Rechts- oder Unrechtsgehalt dieser Anordnung auch hier als Ausgangspunkt von Bedeutung, daß Adolf Hitler, wie nachgewiesen, auf legalem Wege in seine Stellung als Regierungschef gelangt war. Wieweit dasselbe für das Einrücken in das Amt des Staatsoberhauptes zutraf, entzog sich in diesen Stunden und wenigen Tagen, da die Ereignisse vor und nach Hundenburgs Tod sich überstürzten, vollkommen der Erkenntnis und Nachprüfung des einzelnen Bürgers.

Immerhin war und ist der Eid des Soldaten auf eine Person nicht nur eine nicht ungewöhnliche, sondern eine seit jeher weit verbreitete Form, vor allem in Monarchien. Es ist bekannt, daß der damalige Oberbefehlshaber des Heeres, General Freiherr von Fritsch, der das höchste Ansehen und Vertrauen im gesamten Heere genoß, in seiner streng konservativen Anschauung eine Zeit lang geneigt war, in Hitler einen „Ersatz-Kaiser" zu sehen. Es bleibt unbestritten, daß er damit einer gröblichen Fehlinterpretation anheimgefallen war. Nur bleibt ebenfalls die Frage bestehen, welche Gründe etwa ein Hauptmann oder Leutnant in Allenstein oder in Passau hätte anführen können, den kurzfristig befohlenen Eid zurückzuweisen, wenn die Führung von Heer und Marine keinen Einwand dagegen erhob. Zudem wurde doch nicht auf irgendjemand, etwa auf einen Parteiführer oder Minister, sondern auf das Staatsoberhaupt geschworen. Dabei ist auch kein einziger Fall bekannt geworden, in dem ein Offizier sich veranlaßt gesehen hätte, diesen Eid abzulehnen. Dies gilt sogar für jene bestimmte Gruppe von Offizieren, die dank ihrer Dienststellung in Berlin schon damals einen bevorzugten Einblick in die Entwicklung nehmen konnten, daher schon damals von Abneigung gegen das neue Regime erfüllt waren und dann später die Schrittmacher für die versuchte offene Auflehnung wurden. Selbst ihnen – als Beispiele wären der Admiral Canaris und der spätere General Oster zu nennen – schienen 1934 weder Anlaß noch die Möglichkeit gegeben, sich offen gegen diesen Eid zu wehren.

Es haben fast alle Offiziere, die noch den ersten Weltkrieg erlebt hatten, so auch Hillebrandt und Baade, diesen Eid gewiß ohne Enthusiasmus, man kann sagen automatisch geleistet. Mancher stellte sarkastisch fest, er habe bereits auf den Kaiser geschworen, dann auf die Weimarer Verfassung und nun auf einen Mann namens Adolf Hitler; man könne sich beinahe fragen, was nun noch hinzukommen würde, nachdem man doch ursprünglich angenommen habe, der Soldateneid sei in jedem Leben eine einmalige und darum höchst feierliche und einschneidende Handlung.

Es ist nicht übertrieben, zu sagen, daß diese Offiziere in dieser Situation sich an die Überzeugung hielten, über alle Zeiterscheinungen hinweg unverwandt ihrem Land zu dienen und damit den vorgeschriebenen Weg der Pflichterfüllung zu gehen, unabhängig davon, wie die jeweilige Eidesformel nun lauten möge.

Viel Zeit zum Atemholen oder Gelegenheiten zu ausreichender Selbstbesinnung wurden dem deutschen Volke von nun an kaum noch beschert. In einer für das Endergebnis fatalen Weise fielen nun Adolf Hitler und seinem Regime Schlag auf Schlag sichtbare Erfolge zu, die das Inland und das Ausland an der Erkenntnis hinderten, daß in der Tat der Untergang damit eingeleitet wurde.

Am 13. Januar 1935 traten im Saargebiet 90,5 Prozent der Bevölkerung für die Rückgliederung an das Deutsche Reich ein. Vier Tage später blieb dem Völkerbund in Genf nichts anderes übrig, als die Rückgabe des Saargebietes an Deutschland zu beschließen. Zweifellos widerfuhr damit ethnologischen und politischen Gesichtspunkten die verdiente Gerechtigkeit. Nur war der neuen deutschen Regierung damit ein willkommener Anlaß gegeben, dic nationalen Gefühle zu überhitzen und den Wählern Zuversicht in dic weitere Entwicklung einzureden. Auf allen deutschen Straßen und auch in den Kasernen wurde in jenen Wochen das Lied „Deutsch ist die Saar, deutsch immerdar" mit seiner zündenden, aus der Bergmannswelt übernommenen Melodie Tag und Nacht jubelnd gesungen, gespielt und gegröhlt. Die jüngere Generation sah sich geradezu in einen Taumel versetzt. Sie glaubte bedenkenlos an ein gutes Omen.

Zwei Monate später, am 16. März 1935, folgte die Verkündung und Einführung der allgemeinen Wehrpflicht. Das deutsche Volk, abgesehen von den gefühlsmäßigen Skeptikern und der relativ geringen Personenzahl aus konservativen und sozialdemokratischen Kreisen, der es gegeben war, Hitler und seine Paladine schon näher zu kennen, begrüßte die Wiederherstellung der Wehrhoheit als einen weiteren Schritt aus der Lösung der Fesseln des Vertrages von Versailles.

Das Offizierskorps sah darin eine zwangsläufige und fast selbstverständliche Entwicklung. Es gab in fast allen Nachbarstaaten die allgemeine Wehrpflicht und die Weltmeinung verband damit keine kriegerischen Absichten. Ältere Offiziere haben sich lediglich hin und wieder die Frage vorgelegt, ob es angebracht und notwendig sei, auch in dieser Hinsicht ein so schnelles Tempo anzuschlagen, nachdem die Regierung erst zwei Jahre im Amte war und sich einer Fülle von Aufgaben anderer, durchweg dringlicherer Art, namentlich auf wirtschaftlichem Gebiet, gegenübergestellt sah. Andererseits war es eine ganz natürliche Folge, daß die Offiziere überwiegend in dem nunmehr sich abzeichnenden sprunghaften Ausbau der bisher kümmerlichen Streitkräfte günstige Aussichten für das eigene berufliche Fortkommen erblickten. Sie sahen darin einen Zufall, den der einzelne bei dem Entschluß, den Soldatenberuf unter den spartanischen Verhältnissen der Nachkriegszeit zu wählen, nicht einkalkuliert hatte.

Die Gesprächsthemen und der Umgangston der Offiziere in den Regimentern und Bataillonen erfuhr seit den Jahren 1934 und 1935 eine fühlbare Veränderung dadurch, daß jetzt Reserveoffiziere und Reserveoffiziersanwärter zur Ableistung von Übungen hinzutraten. Es war zweifellos und zwangsläufig eine vorteilhafte Veränderung. Der Rahmen der Gespräche in den Kasinos wurde erweitert. Die aktiven Offiziere erhielten aus erster Hand und in angenehmer kameradschaftlicher Form vertieften Einblick in die Probleme anderer Berufe. Es knüpften sich freundschaftliche Bande, die vielfachen Ausdruck fanden. Sie erstreckten sich nicht nur auf die Zeit der Anwesenheit der Reservisten bei der Truppe, sondern auch auf außerdienstliche Begegnungen und auf die Gestaltung der Urlaubszeit der aktiven Offiziere. Der oft ausgesprochene Wunsch, der Offizier solle nicht zu eng auf seinen eigenen Lebenskreis beschränkt bleiben, ging damit in einem gewissen Umfang in Erfüllung.

Auch in dem kleinen Kasino in Stendal wurde mit zunehmender Genugtuung empfunden, welche Belebung die Herren des Reservestandes hineintrugen. Die Leutnants wandten sich nun etwas seltener als bisher den Stammlokalen oder den wenigen Bars der Stadt zu. Verheiratete Offiziere fanden sich weit öfter im Kasino zu Unterhaltungen in dem vergrößerten Teilnehmerkreis ein.

Auch Baade war um guten Kontakt mit den Reserveoffizieren bemüht. Bei den nun lebhafter gewordenen Gesprächen über aktuelle Tagesfragen und insbesondere politische Themen zeigte er sich aber noch zurückhaltend. Immerhin war festzustellen, daß er dem neuen Regime eher wohlwollend als zu kritisch gegenüberstand. Er hinterließ den Eindruck, daß seiner eigenen unkonventionellen und zupackenden Art die Frische und der Elan imponierten, mit denen jetzt in Deutschland regiert wurde. Es kam hier wieder, wie in seinen ersten Mannesjahren, zum Durchbruch, daß er sich, abgesehen von der Verbundenheit zur väterlichen und zur eigenen Scholle, nicht so stark von gesellschaftlichen Überlieferungen abhängig und damit freier für neue Erkenntnisse fühlte als die Mehrzahl seiner Offiziers-Kameraden.

Ein von allen Offizieren der Garnison Stendal besonders geschätzter Reserveoffizier des Regiments war der Hamburger Rechtsanwalt Dr. Max Tiefenbacher. Sein überzeugendes Eintreten für hergebrachte Ehrbegriffe, für die Grundlagen des Christentums und die Werte einer profunden Bildung stempelten ihn zu einem Gesprächspartner, dessen Standpunkt in jeder Hinsicht immer unverkennbar blieb. Mit Baade geriet er in Zwistigkeiten, als dieser sich nicht bereit fand, die Ideen und Schriften von Ludendorff und dessen Frau Mathilde rundweg abzulehnen. Tiefenbacher hat in einer Aufzeichnung nach dem Kriege bekundet, er habe sich damals nicht vorstellen können, daß ihn mit Baade jemals eine aufrichtige Freundschaft würde verbinden können. In der Tat ist es aber dazu gekommen, und zwar einmal durch näheren Einblick in Baades Persönlichkeit und zweitens durch den großen Wandel, der sich bei Baade in seiner Einstellung zum Nationalsozialismus und zur Religion vollziehen sollte.

Es gehört zu den erstaunlichen und gleichzeitig doch typischen Erscheinungen in der Entwicklung dieses Mannes, der als ein Abbild seiner Generation und seines Lebenskreises angesehen werden kann, daß das spätere Entsetzen vor dem ganzen Gehalt des Nationalsozialismus ihn als bisherigen Zweifler am Christentum oder sogar zeitweisen Antichristen zum Glauben seiner Väter zurückführte. Niemals hatte er sich allerdings, auch nicht in den Zeiten der Abkehr, dazu verleiten lassen, Spott mit religiösen Fragen zu treiben. Die Ansichten und insbesondere den Glauben seiner Mitmenschen hatte er stets geachtet. Oft hielt er seinen Untergebenen vor, daß diese Haltung zu den Grundregeln menschlichen Anstandes gehöre.

In jedem Winter wiederholte sich bei den berittenen Truppenteilen die Offiziers-Reitstunde. Zur Teilnahme waren die Offiziere im Range des Oberleutnants und Leutnants verpflichtet und auch die jüngeren Sanitäts- und Veterinäroffiziere. Dadurch sollten die reiterlichen Fähigkeiten weiterhin gefestigt werden und die Schwadronsoffiziere weitere Erfahrungen für ihre eigene Tätigkeit als Reitlehrer sammeln. Der Major beim Stabe des Regiments oder der dienstälteste Schwadronschef fungierte als Leiter dieser Offiziers-Reitstunde.

In Stendal fiel diese Aufgabe dem Rittmeister Baade zu. Er nahm sie mit gemischten Gefühlen wahr. In seiner kameradschaftlichen Art bemühte er sich zwar, den Reitschülern diese Stunden angenehm zu gestalten, er war sich aber bewußt, kein vorbildlicher Lehrer für Offiziere mit bereits recht fortgeschrittenem reiterlichen Können zu sein. Abgesehen von der oft zu beobachtenden Tatsache, daß hervorragende Reiter nicht gleichzeitig gute Reitlehrer sind und daß nur mittelmäßige Reiter dank ihres Lehrtalents und bester theoretischer Kenntnisse sich oft als erfolgreiche Reitlehrer erweisen, fehlte es auch hier Baade wiederum an Geduld und Systematik, schließlich an pädagogischem Geschick. Er sorgte aber für manche Abwechslung und für vorzügliche Stimmung. Springen und Geschicklichkeitsübungen nahmen dabei im Verhältnis zur strengen Dressur einen allzu breiten Teil im Stundenplan ein.

Die Besichtigung durch den Regimentskommandeur zu Frühjahrsbeginn als Abschlußakt der Offiziers-Reitstunde fiel daher nicht sehr erfreulich aus. Sie trug dazu bei, das von Anfang an etwas gestörte Verhältnis zwischen den beiden sehr gegensätzlichen Naturen, dem streng auf die Einhaltung aller Vorschriften bedachten Oberstleutnant Feldt und dem immer recht großzügig agierenden Rittmeister Baade, weiterhin zu belasten. Nur die Trennung zwischen Rathenow und Stendal und das dadurch bedingte relativ seltene Zusammentreffen hielt in den Jahren bis 1937 die Spannung noch in erträglichen Grenzen.

Im März 1935 kursierten Nachrichten darüber, daß der Kavallerie im Zuge der Vermehrung und der Umgliederung des Heeres erhebliche Veränderungen bevorständen. Es hieß, daß möglicherweise auch das Reiter-Regiment 3 motorisiert oder allenfalls nach Ostpreußen verlegt würde, wo allein noch ein größerer Kavallerie-Verband bestehen bleiben sollte. Da die Passion für Pferde und Reiterei bei der Mehrzahl der Reiteroffiziere ein bestimmendes Motiv für ihre Berufswahl gewesen war, riefen diese Verlautbarungen ein etwas beklemmendes Gefühl hervor. Weitere Schritte in der gefürchteten Richtung blieben zwar aus, aber die zunehmende Versetzung einzelner Offiziere zu der nun entstehenden Panzerwaffe verursachte doch eine gewisse Unsicherheit.

Starkes Aufsehen bis hinein in die versteckten Garnisonen des Reiches erregte im Juni 1935 der Abschluß des deutsch-englischen Flottenabkommens. Darin wurde festgelegt, daß Deutschland zur See bis zu 35 % der Stärke der britischen Kriegsflotte aufrüsten dürfe. Dieses überraschende Einvernehmen mit Großbritannien wurde als eine Garantie für die Sicherung des Friedens und gleichzeitig von vielen sogar als ein Beweis des Maßhaltens seitens der Hitler-Regierung ausgelegt und begrüßt. Anderslautende Verdächtigungen wurden gedämpft, Kritiker zum Überdenken veranlaßt.

Nach einem dreiwöchigen Aufenthalt auf dem Truppenübungsplatz Sennelager und zweiwöchigen Manövern in Mecklenburg erhielt das Reiter-Regiment 3 einen Sonderauftrag. Es hatte eine kriegsstarke

Schwadron mit 200 Reitern und sein Trompeterkorps zum Reichsparteitag in Nürnberg als Vertretung der Kavallerie am „Tag der Wehrmacht“ zu entsenden.

Die Führung dieser Truppe wurde Baade übertragen. Mit Bedacht wurden hierfür die geeigneten Offiziere, Unteroffiziere, Mannschaften und Pferde aus dem Bestand des Regiments ausgewählt. Mit der sprichwörtlichen Sorgfalt und Genauigkeit des preußisch-deutschen Militärs wurde die paradegerechte Bekleidung und Ausrüstung bis zum letzten Ärmelaufschlag und Bügelriemen betrieben.

Am 8. September erfolgte auf dem Bahnhof in Stendal die Verladung zur Fahrt in Richtung Nürnberg. Am Tage danach wurde Einzug gehalten ins „Lager der Wehrmacht“ in Gebersdorf bei Fürth. Die Herrichtung der dortigen Unterkunft für insgesamt 16 000 Soldaten aus allen Wehrmachtsteilen war ein Meisterwerk. Bis in die kleinsten Einzelheiten war Vorsorge für jeden individuellen Bedarf getroffen. Es war ein Vorgeschmack für die gesamte Regie des sensationellen Aufzuges dieser Nürnberger Parteitage, unabhängig von der politischen Frage, welchem trügerischen Zweck diese grandiosen Schaustellungen letztlich dienten.

Die Zeltstallungen für die Pferde erschienen den altmärkischen Reitersmännern höchst komfortabel. Ihre Überraschung wurde gesteigert durch das Verhalten einer nachbarlich untergebrachten Marine-Brigade. Die „blauen Jungs“ drängten sich in die Ställe zu den Pferden. Sie boten sich nicht nur an, das Füttern und Putzen der Tiere zu übernehmen, sie baten fast flehentlich um Erlaubnis dazu. Es war eine Freude, diesen Ausdruck der Tierliebe bei den rauhen Seemännern wahrzunehmen. Sie saßen schon am frühen Morgen vor dem offiziellen Wecken ihrer Einheit, in der Mittagspause und auch abends nach den eigenen Dienstzeiten wie die Schwalben auf den Schlagbäumen zwischen den Pferden, streichelten sie und nahmen es mit Passion auf sich, unter Anleitung junger Gefreiter der Schwadron die Pferde zu striegeln, zu tränken und jeweils auch behutsam bei den Bewegungen aus den Ställen ins Freie zu führen. Baade freute sich von Herzen über diese Atmosphäre. Er hielt sich täglich zu diesen Zeiten in den Stallungen auf und vermehrte das Einverständnis durch gelöste Unterhaltungen mit den Gästen von der Marine.

Vom 10. bis zum 15. September rückte die Schwadron mit dem Trompeterkorps täglich für drei bis vier Stunden auf den nahe gelegenen Exerzierplatz Hainberg. Dort wurde der Vorbeimarsch geübt, der am 16. September, dem „Tag der Wehrmacht“, im Rahmen der anderen Truppenteile zu erfolgen hatte. Es kam darauf an, daß die drei hintereinander gestaffelten Züge in ihren Reihen von 24 Reitern nebeneinander in flottem Trabe auf der Asphaltstraße der Paradestrecke und bei Blickwendung nach rechts auf gleicher Linie gut ausgerichtet blieben.

Damit die Pferde dabei nicht ausglitten, waren ihnen Wergpolster in die Innenräume der Hufeisen geheftet. Auch wurde zu dem altbewährten Mittel gegriffen, die Fütterung der Pferde in diesen Tagen etwas niedriger als normal zu halten, damit nicht Überschuß an Kraft und Unternehmungslust sie zu unliebsamem Vorwärtsdrang oder gar Freudensprüngen ausgerechnet in den Minuten der Parade verleitete. Dies erforderte wiederum eine etwas strenge Aufsicht über die freiwilligen Helfer von der Marine, die nur allzu gern bereit waren, ihren „Lieblingen auf Zeit" immer noch eine Portion Hafer nachzuschütten.

Soweit die Zeit es zuließ, beobachteten Baade und seine drei als Zugführer zugeteilten Offiziere an diesen Tagen mit Interesse die täglichen Veranstaltungen auf der Zeppelinwiese. Sie sahen den Aufmarsch der Sturmabteilungen (SA), der Schutzstaffeln (SS), der politischen Leiter, des Reichsarbeitsdienstes, der Hitlerjugend und des Bundes der deutschen Mädel. Auch sie konnten sich, wie alle anderen Zeugen der Parteitage, einschließlich derjenigen aus dem Ausland, nicht dem imponierenden Eindruck dieser disziplinierten Darbietungen entziehen. Es war nicht möglich, den hingebenden Elan dieser insgesamt Hunderttausende von Teilnehmern und den frenetischen Jubel, der täglich Adolf Hitler umbrauste, ohne vertieftes Nachdenken über diese Zeitenwende in Deutschland hinzunehmen. Es konnte nur um eine Suche nach den richtigen Maßstäben gehen, mit denen dieser spontane Aufbruch einer bisher vom Schicksal so oft geprüften Nation zu werten sei, ein Aufbruch, der so schwer in Relation zu setzen war zu den Zuständen und Entwicklungen in den Nachbarländern.

Am späten Vormittag des 15. September ließ Baade nach der letzten internen Probe des Vorbeiritts die Schwadron zu Pferde im Kreis in Sprechnähe auf dem Exerzierplatz Hainberg um sich versammeln. In ihrer Mitte richtete er sich hoch im Sattel auf und rief seinen Soldaten die folgenden Worte zu: „Unsere Vorbereitungen sind mit Fleiß und Eifer betrieben worden. Wir haben allen Grund zu der Annahme, daß wir morgen einen guten Eindruck hinterlassen werden. So gebe ich Euch zusätzlich nur noch eine Parole. Sie lautet: Wenn Ihr morgen am Führer vorbeireitet, dann habt Ihr ihn mit weit geöffneten Augen anzusehen, als wolltet Ihr ihm damit sagen, für ihn ließet Ihr Euch in Stücke reißen." In Kenntnis der späteren Einstellung und Handlungsweise von Baade erscheint es geradezu grotesk, glauben zu sollen, daß jemals solche Worte über seine Lippen gekommen sind. Gerade deshalb sind sie festzuhalten als der Pendelschlag nach der einen Seite, weil der spätere Kontrast dazu an Erkenntniswert und Überzeugungskraft gewinnt.

Die Freude von Baade an ausgefallenen Unternehmungen bereicherte diesen Tag noch um eine weitere Episode. Beim nachmittäglichen Streifzug über die Zeppelinwiese näherte er sich hinter den Tribünen dem Kraftfahrer von Adolf Hitler, dem SS-Sturmführer Schreck. Nach kurzen freundlichen Einführungsworten machte Baade dem jovialen Bayern einen klar umrissenen Vorschlag. Er sei bereit, zusammen mit seinen drei Schwadronsoffizieren am folgenden Tage nach Abschluß der großen Wehrmachtsparade Adolf Hitler berittenes Geleit von der Zeppelinwiese zum Hotel in Nürnberg zu geben. Dies sei als eine spontane Ehrung gedacht, je zwei trabende Reiteroffiziere rechts und links vom Kraftwagen des Staatsoberhauptes gäben doch sicherlich dem Tag der Wehrmacht einen stimmungsvollen Ausklang.

Es war typisch für Baade, daß er diesen sonderlichen Gedanken nicht vorher mit seinen Offizieren besprochen hatte. In ähnlichen Fällen fürchtete er stets frühzeitigen Widerspruch oder Bedenken. Er schätzte daher keine Diskussionen über plötzlich in ihm aufsteigende Ideen.

Schreck nahm die Eröffnung von Baade lächelnd entgegen und schaute ihn und die drei danebenstehenden Offiziere belustigt an. Nach einigen, das Nachdenken dokumentierenden Bewegungen mit der rechten Hand über das Kinn gab er dann eine höflich ablehnende Antwort: Der Weg sei viele Kilometer lang. Ein verhältnismäßig flottes Tempo sei vom Tagesprogramm vorgeschrieben. Die Befürchtung, daß es für die Reiter auf dem teilweise schlechten Kopfsteinpflaster und bei den häufig kreuzenden Straßenbahnschienen zu Schwierigkeiten oder gar zu einem Unfall kommen könnte, sei nicht von der Hand zu weisen. Zudem könne er selbst ohne Genehmigung höheren Orts eine solche Verabredung nicht verbindlich eingehen. Und dann, nach einigem Zögern und Suchen nach dem richtigen Wort und Tonfall, fügte er hinzu, man dürfe wohl auch nicht außer acht lassen, daß Hitler für Pferde weder Neigung noch Interesse habe. Die Durchführung dieses Vorschlages würde ihn eher verstimmen als erfreuen.

Baade dankte Schreck für die offenherzige Antwort. Zum Abschied bat er ihn darum, Hitler auszurichten, daß dieses Angebot in guter Absicht von der an der Parade teilnehmenden Vertretung der deutschen Kavallerie vorgebracht worden sei.

Zum Abendessen fuhr Baade, wie in diesen Tagen schon mehrfach geschehen, mit seinen Offizieren in ein gemütliches Restaurant in Schwabach. Er ließ erkennen, daß ihn die mitgeteilte Ansicht von Hitler über Pferde verärgert hatte. Einer seiner Leutnants goß Öl in dieses Feuer, er wollte authentisch zu berichten wissen, daß Hitler einmal gesagt hätte, das Pferd sei ein verachtenswertes dummes Tier, weil es sich sogar dazu hergebe, den Menschen zu tragen. Damit war der Ausgangspunkt für ein allgemeines Gespräch über vermutliche Sympathien und Antipathien von Adolf Hitler gegeben. Der von der Propaganda so stark herausgestellten Liebe zu Hunden wurde der Beigeschmack zugelegt, daß in den ersten „Kampfjahren" des Demagogen die Schutzfunktion der Hunde im Vordergrund gestanden hätte. Mit gleich starken Zweifeln wurden die beliebten Posen von Hitler kommentiert, in denen er sich so anbiedernd mit Kindern photographieren ließ.

Baade blieb nicht unempfänglich für tastende Fragen nach Hitlers Charaktereigenschaften. Für seine Gesprächspartner erschien damit sein ungewöhnlich hingebungsvoller Appell am Vormittag auf dem Exerzierplatz in einem etwas milderen Licht und vor allem mehr auf die Institution des Staatsoberhauptes als auf die Person gerichtet. Baade stellte selbst die Frage, ob nicht Hitlers Herkunft, Jugend und Emporkommen Anlaß zu Zweifeln geben müßten, ob unter diesen wirren Zuständen und oft höchst bedenklichen Einflüssen sich eine genügend zuverlässige und makellose Persönlichkeit für die Übernahme höchster Verantwortungen habe herausbilden können. Man könne Deutschland nur wünschen, daß in dieser Lage dem Manne an der Spitze weise Berater mit Mut zum offenen Wort zur Seite stehen und die Besetzung einflußreicher Stellungen nicht törichterweise von niedrigen Parteibuchnummern abhängig gemacht würden. Seiner Abneigung gegen Mißmut und Verzagen entsprechend, zog er sich aus dieser immerhin recht grübelnden Unterhaltung über die eingetretenen politischen Veränderungen kurzweg mit dem des öfteren von ihm gebrauchten Ausdruck zurück, man dürfe niemals übersehen, daß überall „mit Wasser gekocht werde". Meistens fügte er dann auch noch hinzu, man dürfe sich nur nicht verblüffen lassen.

Am 16. September wurde der Parteitag 1935 mit dem „Tag der Wehrmacht" abgeschlossen. Am Vormittag marschierten bereits alle Wehrmachtsteile auf der Zeppelinwiese auf. Sie übten dann noch ein letztes Mal den Vorbeimarsch unter Leitung des Befehlshabers im Wehrkreis VII (München), General Ritter von Schobert, vor dem Reichskriegsminister von Blomberg und den Oberbefehlshabern der drei Wehrmachtsteile. Mittags wurden die 16 000 Mann an Ort und Stelle nach einem vorzüglich ausgearbeiteten Organisationsplan vom sogenannten „Hilfszug Bayern" verpflegt.

Am Nachmittag erschien Adolf Hitler und hielt eine Ansprache mit seiner immer an der Grenze zum Schreien gelagerten Stimme. Inhaltlich waren es Wiederholungen seiner schon mehrfach verkündeten Ansicht über die Stellung der Wehrmacht in Staat und Volk. In der geschickten Art des Agitators bedachte er die Wehrmacht dabei mit Komplimenten für bisherige Leistungen, unterstrich auch den Wert der soldatischen Tradition, sprach von den ehrenwerten Aufgaben der Streitkräfte im Dienst für Volk und Vaterland und pries sich selbst als den Typ des Frontsoldaten, der sich jedem Angehörigen der Wehrmacht eng verbunden fühlte. Selbstverständlich fehlte auch hier wiederum nicht eine Beteuerung seiner Friedensliebe.

Der Vorbeimarsch verlief, wie nach den umfassenden Vorbereitungen zu erwarten war, zu allseitiger Zufriedenheit und Begeisterung.

Die Zeiten der Kavallerie sind heute längst verklungen; man kann aber rückschauend vermerken, daß bei derartigen Gelegenheiten die berittene Truppe einen besonders schweren Stand hatte. Das Regulieren des Tempos und das Richtunghalten nach vorwärts und nach der Seite, noch dazu mit Blickwendung zum Abnehmer der Parade, stellte an die vor der Front trabenden oder galoppierenden Offiziere und ebenso an die in den breiten Zügen eingekeilten Mannschaften erhebliche Anforderungen, nicht zuletzt hinsichtlich der absoluten Beherrschung ihrer Pferde. Der Infanterist hat es dabei ausnahmsweise einmal leichter, weil es nur auf seine eigene Körperbeherrschung ankommt. Für die motorisierte Truppe entfallen manche Schwierigkeiten, weil die Kraftfahrer am Steuer den Blick nach vorne behalten dürfen.

Das erste bedeutsame politische Ereignis des folgenden Jahres, das wiederum die Wehrmacht stark berührte, war die Besetzung der nach dem Vertrag von Versailles entmilitarisierten Zone des Rheinlandes am 7. März 1936. Die Geschichtsforschung hat inzwischen nachgewiesen, daß dies ein sehr gewagter Schritt der Hitler-Regierung war. Wir wissen heute bis ins Detail, welche ernsten Befürchtungen und Bedenken Adolf Hitler von seinen Beratern, soweit er solche zu Wort kommen ließ, vorgetragen wurden. Es steht zudem außer Zweifel, daß die deutsche Regierung mit diesem Einmarsch erneut einen klaren Vertragsbruch beging.

Das Ausland nahm jedoch auch diesen Schritt von Hitler hin. Großbritannien und Frankreich beschränkten sich auf Proteste. Sie fühlten sich militärisch nicht stark genug für Gegenmaßnahmen. Zudem waren die Regierungen und die Menschen in diesen Ländern, die sich an den ersten Weltkrieg erinnerten, von der Vorstellung weit entfernt, daß es schon wieder zu kriegerischen Auseinandersetzungen in Europa kommen könnte. Sie nahmen an, daß in Deutschland eine ähnliche Mentalität herrschen müsse. Dies ließ sie hoffen, die Besetzung der bisher entmilitarisierten Rheinlandzone würde ein einmaliger Akt dieser Art sein.

Hitler erholte sich schnell von den bangen Stunden, in denen er beim Beginn des Unternehmens noch nicht wissen konnte, wie die anderen Mächte reagieren würden. Als Endergebnis sah er sich nur in seiner geheimen Tendenz bestärkt, weiterhin expansive Außenpolitik zu planen, und zwar nach der Methode des schrittweisen Vorgehens. Dabei sollten die ehemaligen Ententemächte jeweils in dem Glauben gelassen werden, daß weitere Aktionen nicht mehr bevorständen und darum der hohe Preis eines Krieges nicht gezahlt werden müßte.

Im deutschen Volke aber setzte sich, genährt durch die raffinierte Propaganda des Josef Goebbels, die Ansicht fest, daß die Rheinland-Besetzung moralisch berechtigt gewesen sei. Das Stillhalten der anderen Staaten betrachtete es als deren Fügung in eine ebenso rechtmäßige wie unvermeidliche Entwicklung.

Für die Wehrmacht gab es nur wenige Tage später schon wieder ein bemerkenswertes Ereignis. Am 16. März 1936 wurden den Truppenteilen Fahnen verliehen. Gleichzeitig erging ein Gesetz, mit dem den Soldaten Dienstauszeichnungen in verschiedenen Klassen zum Tragen nach einer bestimmten Anzahl von Dienstjahren zuerkannt wurden. So wurde mit Fahnen und Orden an militärische Gewohnheiten von jahrhundertalter Tradition angeknüpft und hiermit ein Zustand wiederhergestellt, der in den Armeen anderer Länder ununterbrochen gültig geblieben war.

Schon 13 Tage später lenkte wieder ein neues, diesmal sensationelles Geschehen die Aufmerksamkeit aller Deutschen und insbesondere auch des Auslands auf sich. Bei den Wahlen zum deutschen Reichstag wurde die Politik Adolf Hitlers mit 99 Prozent Ja-Stimmen gebilligt. Die Angehörigen der Wehrmacht, die nicht das aktive Wahlrecht besaßen, sahen sich als Waffenträger einer Nation, die bei einem Gang zur Wahlurne in bisher kaum gekannter Weise einen einheitlichen politischen Willen bekundete. Die Anziehungskraft des von der Wählerschaft so nachdrücklich bestätigten Regimes auf die jüngeren Offiziere nahm zwangsläufig zu.

Den älteren Skeptikern in den Kasinos blieb nichts anderes übrig, als sich noch einsilbiger denn bisher zu verhalten. Der unwahrscheinlich hoch anmutende Prozentsatz beim Wahlausgang verleitete einige von ihnen zu der im kleinen vertrauten Kreis gestellten Frage, ob bei der Wahl wohl alles mit rechten Dingen zugegangen sei. Dieses Thema wurde aber wohlweislich nicht vertieft; denn erstens fehlte jedes Mittel für die Beschaffung von Beweisen und zweitens hätte eine bekannt gewordene Verdachtsäußerung sehr schwerwiegende Folgen haben können.

Es ist von allgemeinem Interesse, daß der nationalsozialistischen Führung und Regierung nach 1945 zwar alle nur erdenklichen Machenschaften, Tricks, Betrügereien, Irrtümer, Vergehen und Verbrechen vorgehalten und nachgewiesen wurden, daß dabei aber bisher niemals von Wahlfälschungen die Rede war, die amtlich oder in nennenswertem Umfang begangen worden wären. Hätte sich ein Anhalt dafür ergeben, so hätten zumindest die Historiker sich mit Sorgfalt der weiteren Nachforschungen und Feststellungen angenommen.

Die Gesamtheit der für Hitler und seine Regierung so überaus günstigen Wahlergebnisse nach 1933 bildet naturgemäß ein wesentliches Moment bei der Beurteilung oder Verurteilung der Haltung des deutschen Volkes unter dem nationalsozialistischen Regime. Damit ist auch die Frage nach den Möglichkeiten des innerdeutschen Widerstandes gegen den Nationalsozialismus verbunden. Für die Führung der Wehrmacht und das gesamte Offizierskorps spielten hinsichtlich der Überlegungen, ob Widerspruch oder gar Auflehnung angezeigt seien, die Ergebnisse der Volksbefragungen eine nahezu entscheidende Rolle. Das durch die Wahlausgänge erzeugte Argument, das Volk stände eindeutig hinter Hitler, erschwerte den oppositionell eingestellten Kreisen und Personen den Widerspruch und den Entschluß zum Planen von Gegenmaßnahmen. Hätte man annehmen dürfen, daß die Wahlergebnisse die Volksmeinung unrichtig wiedergaben, so wäre den Gegenströmungen ein weit stärkerer Auftrieb zuteil geworden.

Für die Geschichte und die nachträgliche Meinungsbildung, vornehmlich auch des Auslandes, zu der Frage, wie es nur möglich war, daß das deutsche Volk die Herrschaft Hitlers so lange ertragen konnte, wäre der Nachweis von Wahlfälschungen von außergewöhnlicher Bedeutung. Der großen Zahl jener Mitläufer, denen bei objektiver Betrachtung guter Glaube und redlicher, wenn auch einfältiger Wille nicht abzusprechen sind, wäre dann wegen der an ihnen begangenen Irreführung vermehrte Entlastung zu erteilen. Man kann davon ausgehen, daß aus diesen Gründen allen Möglichkeiten zur Erforschung der Frage, ob es im Dritten Reich Wahlfälschungen gegeben habe, sehr sorgsam nachgegangen worden ist. Die Tatsache, daß sie zu keinem verwertbaren Ergebnis geführt haben und darum keine eindeutigen Feststellungen darüber veröffentlicht werden konnten, zwingt zur Verdrängung der Zweifel an den tatsächlich so hohen Stimmabgaben für Adolf Hitler. Sie erklärt und rechtfertigt in vieler Hinsicht das Zögern der Opposition. Sie unterstreicht auch in ganzer Breite die in diesem Falle unglückselige, aber von allen herkömmlichen Begriffen geprägte Bindung des Offizierskorps an die vom Willen des Volkes getragene politische Führung.

Im Jahre 1936 fiel schließlich der deutschen Regierung auch noch die glückhafte Gelegenheit in den Schoß, die Rolle des Gastlandes bei den Olympischen Spielen in Berlin zu einer Steigerung des deutschen Ansehens in der Welt zu gestalten. Deutscher Gründlichkeit und deutschem Organisationstalent, gepaart jetzt mit zielbewußter Propaganda und freizügigem finanziellen Einsatz, gelang eine Repräsentation, die in der Weltmeinung einen überaus günstigen Widerhall schuf. Selbst die mit Hackenkreuzfahnen derart überfluteten Haupt- und Nebenstraßen von Berlin, daß man die Ladenschilder nicht mehr lesen und die Schaufenster kaum noch einsehen konnte, hinderten die ausländischen Gäste nicht daran, einen versöhnlichen und in den meisten Fällen bewundernden Eindruck nach Hause zu tragen. Die Glückwunschtelegramme hoher ausländischer Besucher und die Artikel in der Weltpresse trieften vor Lobessprüchen und Prophezeiungen für eine ersprießliche Zusammenarbeit mit diesem rührigen Deutschland. Hätte man es vom deutschen Bürger, einschließlich der Angehörigen der Wehrmacht, erwarten müssen, daß sie die gegenteiligen Folgen zögen und die Stimmen des Auslands als irrtümlich verurteilten?

Die Nähe von Rathenow und Stendal zu Berlin brachte es mit sich, daß die Angehörigen des Reiter-Regiments 3 an der Olympiade durch häufigen Besuch lebhaften Anteil nehmen konnten. Baade verfolgte mit Spannung die Siege seiner Kollegen und Altersgenossen in Erinnerung an die Jahre, in denen er mit ihnen zusammen in Hannover an den ersten Vorbereitungen für das Pflücken dieser Lorbeeren teilgenommen hatte.

Im Herbst 1936 fanden überall im Reichsgebiet ausgedehnte Manöver statt. In den beiden Jahren zuvor hatte die stoßartige Vermehrung der deutschen Streitkräfte die Truppe mit so vielen neuartigen Aufgaben belastet, daß größere Übungen außerhalb der Garnisonen nur in verminderter Anzahl abgehalten werden konnten. Baade hatte das Glück, als rangältester Schwadronschef des Regiments in diesem Jahre für die Dauer der Manöver zum Führer einer selbständigen Aufklärungsabteilung bestimmt zu werden. Diese Manöver fanden vom 22. August bis zum 10. September im Raume zwischen dem Harz und der Elbe statt, in den fruchtbaren, aber meist waldarmen und flachen Landkreisen im Südteil der Provinz Sachsen. Die Schwadronen fanden gastfreie Quartiergeber in den vielen Bauernhöfen der großen Dörfer dieser Gegend. Den Stäben wurden aus praktischen Gründen die zahlreichen großen Güter als Unterkunft zugewiesen.

Baade ging bei jedem Aufenthalt im Quartier mit Genuß seiner Passion für die Landwirtschaft nach. Sogleich nach dem Einrücken ins Quartier begann er seine Rundgänge durch die Ställe und interessierte sich ebenso für alle vorhandenen landwirtschaftlichen Maschinen. Er führte dabei Gespräche mit den Gespannführern, den Schweizern in den Kuhställen, mit den Schäfern, den Betreuern der Schweineställe, den Treckerführern, den Gärtnern, Rentmeistern und Inspektoren. Mit ihnen diskutierte er, oft in Plattdeutsch, die Fragen der Zucht und der Fütterung, der Bodenverhältnisse, der Fruchtfolgen, der Arbeitseinteilung, der Getreide- und Gemüsepreise. Die Männer und Frauen auf den Höfen beschlich zwar Verwunderung über diesen Herrn in Uniform, der sie so fachmännisch ansprach, aber sie antworteten immer bereitwilligst, weil es ihnen sichtbar Freude bereitete, von den Dingen ihres täglichen Lebens erzählen zu können. Immer drängte sich dann auch um diese Gruppen noch eine neugierige Kinderschar, an die Baade aus den unvorschriftsmäßig großen Taschen seiner Feldbluse vergnügt Bonbons verteilte.

Erst nach diesem landwirtschaftlichen Anschauungsunterricht war Baade dazu bereit, an die nötigen Vorbereitungen für den nächsten Manövertag zu denken. Gewöhnlich beschloß er dann den Tag mit nochmaligem kurzem Überdenken dessen, was bei der Besichtigung des Hofes beachtenswert erschienen war. In Gedanken an Neverstaven war er auf der ständigen Suche nach Hinweisen und Neuerungen, welche der Rationalisierung sowohl im Ackerbau als auch bei der Viehzucht förderlich sein könnten.

Der Morgen eines jeden Manövertages sah einen frischen, vom Tatendrang beseelten Abteilungsführer zu Pferde oder in seinen Kraftwagen steigen. Da er mäßig im Essen war, nur sehr gelegentlich einen oder zwei Schluck Alkohol zu sich nahm, den Manöverbällen seiner Truppe allenfalls einen halbstündigen Anstandsbesuch machte, die Aufsicht aber dort jüngeren Offizieren oder einem Oberwachtmeister überließ, überstand er ohne Ermüdung auch die längsten Tages- und Nachtübungen. Ausnahmen gab es nur, wenn ihn die leidige Migräne überkam, für die er nach wie vor anfällig blieb.

Die Führung der Truppe auf dem Gefechtsfeld des Manövers bedeutete für Baade, wie er einmal sagte, so viel wie „jeden Tag ein Geburtstagsgeschenk". Für die Durchführung des seiner Aufklärungsabteilung erteilten Auftrages legte er sich ein jedes Mal mit angespanntem Eifer die von Feindlage, eigener Stärke und dem Gelände gegebenen Möglichkeiten zurecht. Unablässig suchte er nach taktischen Maßnahmen, auch unkonventioneller oder listenreicher Art, um gute Aufklärungsergebnisse zu erzielen, die Gegenseite zu überraschen und seiner Truppe Erfolgschancen schnell zu verschaffen. Immer wieder entstand der Eindruck, als hätte hier jungenhaftes Räuber und Soldat-Spielen eine fast folgerichtig zu nennende Entwicklung bis in die Berufsjahre hinein gefunden.

Auf dem Manöverfeld schien Baade von einem erstaunlichen, bei ihm sonst nicht zu beobachtenden Selbstvertrauen erfüllt. Und in der Tat bewies er hier in reichlichem Maße, daß er den für die Führer schneller Truppen so wünschenswerten „coup d'œil" besaß, das heißt die Gabe für blitzschnelles, fast instinktives Erfassen einer veränderten Lage und der sich daraus ergebenden Möglichkeiten. Er war Meister im Erteilen der sogenannten „Sattelbefehle". Diese dienten dazu, der Truppe in Eile und darum mit einer Mindestzahl von Worten, die aber gleichzeitig alles Wesentliche enthalten mußten, die benötigten Aufträge zu geben. Noch lange nach den Manövern von 1936 wurde im Regiment mit Schmunzeln ein ausgefallener Sattelbefehl von Baade nacherzählt.

Baade hatte die Führer seiner unterstellten Einheiten an einem Dorfausgang um sich versammelt und gab hastig die Anweisungen zu einem von der Division befohlenen Einsatz. Wie in unübersehbaren Lagen üblich und immer angezeigt, wollte er zum Schluß noch anordnen, was bei Auftreten weit überlegener Feindkräfte und daraus resultierender gefährlicher Lage zu tun sei, insbesondere wo sich dann die Einheiten nach Möglichkeit wieder zusammenfinden sollten. Um dieses schnell. knapp und klar zum Ausdruck zu bringen, formulierte er spontan: „Wenn große Scheiße, alles in den Wald nördlich A-Dorf."

Während desselben Manövers ereignete sich ferner ein durch Baade hervorgerufener Vorgang, der anschließend recht weithin bekannt werden sollte.

An einem der letzten Übungstage marschierte seine Ausklärungsabteilung tiefgestaffelt mit ihren berittenen und motorisierten Teilen und der Radfahrschwadron auf der Vormarschstraße der blauen Infanterie-Division voraus. Es bestand noch keine Berührung mit dem „Feind". Baade ritt mit seinem kleinen Stab dicht vor der Reiterschwadron, als ihm gemeldet wurde, daß in Richtung halbrechts vorwärts über ein paar Felderkuppen hinweg Fahrzeuge und Soldaten zu sehen seien.

Baade stellte durch das Fernglas fest, daß tatsächlich in einer Entfernung von etwa einem Kilometer in einem Wiesengrund Soldaten mit roten Bändern um den Stahlhelm neben ihren Fahrzeugen standen. Zur weiteren Überraschung entdeckte er dabei die Divisionsflagge, das Zeichen also, daß er völlig unerwartet den feindlichen Divisionsstab vor sich hatte. Offensichtlich hatten sich die beiden gegnerischen Divisionen schon mit Teilen aneinander vorbeigeschoben, sei es durch ein Versehen der Manöverleitung, sei es durch rätselhafte Entschlüsse der Divisionsführungen. Als Fehler war zu werten, daß die rote Division nicht für Seitendeckung gesorgt hatte und daher die blaue Aufklärungsabteilung nun in ihrer Flanke stand.

Zwischen Baade und dem roten Divisionsstab, der offenbar die verdeckt marschierenden Teile der Aufklärungsabteilung noch nicht bemerkt hatte, lag leicht welliges Gelände mit Feldern und Wiesen, durchzogen von ein paar schmalen Bächen, im Ganzen etwas abfallend in Richtung „Rot", hier und da versehen mit niedrigen Hecken oder Koppelumzäunungen aus Holzlatten, aber teilweise auch aus Stacheldraht.

Nach Manöverregeln hätte für Baade in dieser Lage, abgesehen von sofortiger Meldung an den eigenen Divisionsstab, folgendes Verhalten nahegelegen: Befehl an die Führer der schweren Waffen (schwere Maschinengewehre und Kavallerie-Geschütze), mit Teilen zu einem Feuerüberfall auf den erkannten Feind oder zumindest zum Feuerschutz für eigenes Vorgehen in Stellung zu gehen; Befehl an die Radfahrschwadron oder an die abgesessene Reiterschwadron, sich unverzüglich zum entfalteten Vorgehen auf den Feind bereitzustellen. Gleichzeitig war bei dem der Aufklärungsabteilung zugeteilten Schiedsrichter zu beantragen, daß als Folge dieser getroffenen Maßnahmen der feindliche Divisionsstab von der Manöverleitung als außer Gefecht gesetzt erklärt würde.

Baade jedoch, dem beim Anblick dieses feindlichen Stabes zu Mute war wie dem Jäger, der einen kapitalen Hirsch vor sich sieht, faßte einen ganz anderen Entschluß. Er ließ den Schiedsrichter außer acht, er strebte an die Wirklichkeit heran, verdrängte Annahmen und Fiktionen. Er gab der Reiterschwadron den ungewöhnlichen Befehl zur sofortigen Attacke. Als einzige Einzelanweisung fügte er hinzu, daß die drei Züge auseinander gezogen und zur besseren Überwindung des Geländes auch in sich aufgelockert in gestrecktem Galopp den Divisionsstab mit gezogenen Säbeln überreiten sollten. Ein paar schweren Maschinengewehren wurden Stellungen für einen notfalls doch erforderlich werdenden Feuerschutz angewiesen.

Natürlich waren auch Baade die strengen Anweisungen zur Vermeidung von Flurschäden während des Manövers wohl bekannt. Die Getreidefelder waren zwar zu dieser Zeit abgeerntet, aber in dem Attacken-Gelände befanden sich noch Rüben- und Kartoffelfelder und nachgesäte Wiesen. Doch die Verlockung des Augenblicks gewann bei Baade die Oberhand über Bedenken oder die Befolgung von Manöveranweisungen. In dieser Situation ließ sich seine Abenteuerlust nicht einmal von dem bei ihm sonst großgeschriebenen Verständnis für die Landwirtschaft und von der Rücksicht auf die wertvollen sächsischen Rübenfelder zügeln.

So brauste eine wilde Jagd wie einst zu Zeiten von Seydlitz, Lützow oder Zieten – Baade mittendrin – auf den verdutzten Divisionsstab zu. Den Schiedsrichtern blieb nichts anderes übrig, als den „roten General", seinen Stab und auch noch eine dicht daneben stehende Artillerie-Einheit als überrannt und gefangen zu erklären. Der weitere Verlauf dieser Übung war damit entscheidend zugunsten der blauen Partei beeinflußt.

Flurschäden und eigene „Verluste" durch die Attacke waren glücklicherweise geringer, als man hätte befürchten können. Die durch Pferdehufe herausgerissenen und zertrampelten Rüben und Kartoffeln und die Schäden auf Wiesen und an Koppelzäunen hielten sich noch in erträglichen Grenzen. Zwar war eine beträchtliche Anzahl von Pferden zu Fall gekommen, dabei aber kein Reiter nennenswert verletzt worden. Bei den Pferden eines Zuges, der auf Stacheldrahtzäune gestoßen war, gab es allerdings manche Rißwunden. Alle Teilnehmer an diesem schwungvollen Attackenritt, der sich so eindrucksvoll von dem sonstigen zahmen Geschehen im Manöver abhob, haben noch lange davon gesprochen. Sie werden in späterer Zeit ganz gewiß davon noch ihren Söhnen erzählt haben.

Im übrigen hatte damals diese schlagartige Überrumpelung des einen Divisionsstabes die Übung früher als vorgesehen beendet. Die Offiziere, bis herunter zum Kompanie- und Schwadronsführer, wurden zur Manöverkritik gerufen. Im Namen der Manöverleitung fiel die erste Ansprache dem Kommandeur des Reiter-Regiments 3, Oberst Feldt, zu. Danach hatten zwei Generäle das Wort.

Feldt war mit dem Verhalten von Baade nicht einverstanden. Sein Ärgernis bezog sich auf die Mißachtung der Anweisungen zur Vermeidung von Flurschäden, auf die Gefährdung von Reitern und Pferden bei diesem Husarenritt und ganz allgemein auch auf die dadurch verursachte Störung des geplanten Übungsverlaufes. Es kam das ohnehin so stark getrübte Einverständnis zwischen ihm und Baade hinzu.

Der Oberst beendete seine Kritik mit der scharfen Bemerkung, er hoffe, der Rittmeister Baade werde sich jetzt Rechenschaft darüber ablegen, welche Folgen im militärischen Leben die Nichtbeachtung von Befehlen und Weisungen haben könnte. Daraufhin hob Baade, zum Erstaunen aller Anwesenden, die rechte Hand an die Mütze, richtete sich hoch auf und erklärte mit lauter Stimme: „Jawohl. Bei Mißlingen des Unternehmens Kriegsgericht, beim Gelingen Pour-le-mérite." Es folgten Sekunden des eisigen Schweigens ob dieser Eigenmächtigkeit eines Offiziers, gegenüber dem Kritik abhaltenden Vorgesetzten das Wort zu ergreifen. Dann aber löste sich die Spannung ebenso schnell, weil alle Zuhörer, einschließlich der Generäle, es nicht verhindern konnten, daß sich ihre Mienen zu einem Lächeln über diesen ungewöhnlichen und so originell zum Ausdruck gebrachten Freimut verzogen. Feldt erblaßte zunächst vor zorniger Erregung, paßte sich dann jedoch geschickt dieser Situation an und beendete den Zwischenfall mit den Worten, er werde hierüber noch hinterher mit Baade zu sprechen haben. Baades kühne Erwiderung „Kriegsgericht oder Pour-le-mérite" machte dann die Runde in fast allen Reiter-Regimentern und wurde mancherorts zu einem geflügelten Wort.

Beim Rückmarsch aus diesem Manöver in Richtung Stendal fand der Stab der Abteilung von Baade eine besonders freundliche und erholsame Aufnahme auf dem Gut Peseckendorf bei Halberstadt. Besitzer war der als vorbildlicher Landwirt bekannte Herr Fritz Schaeper, der ebenfalls zu den Reserveoffizieren des Reiter-Regiments 3 gehörte. Unter den einquartierten Offizieren befand sich auch Herr Tiefenbacher, der die Manöver als Ordonnanzoffizier bei Baade mitgemacht hatte.

In gelockerter Stimmung kamen am späteren Abend wieder einmal politische Fragen ins Gespräch. Die liebenswürdige Hausfrau offenbarte dabei ihren Gästen, daß ihr ein interessantes Buch in die Hände gefallen sei, in dem Adolf Hitler und seine Bewegung in Grund und Boden verdammt würden. Es bedurfte eines längeren Zuredens und der wiederholten Versicherung unerschütterlicher Diskretion, bis Frau Schaeper das Buch von Konrad Heiden „Hitler. Eine Biographie", zuerst verlegt 1936 bei Mackays Ltd. in London, Baade und seinen Begleitern überließ. Sie haben es nacheinander in dieser kurzen Zeit in Peseckendorf unter Zuhilfenahme der Nachtstunden gelesen. Es war auch für Baade die erste Berührung mit einer literarischen Abrechnung mit Hitler. Sie gab ihm viel zu denken. Seine Einstellung zum Nationalsozialismus wurde hellhöriger und kritischer.

Der Winter 1936/1937 verging in den Garnisonen Rathenow und

Stendal mit dem Blick auf eine sehr einschneidende Veränderung, die für 1937 angeordnet war. Die Verlegung des Regiments nach Göttingen als das dem IX. Armeekorps in Kassel zugeteilte Kavallerie-Regiment war endgültig beschlossen. Der Gedanke daran rief Bedauern und einiges Befürchten in zweierlei Beziehung auf den Plan. Es würde schwer fallen, sich von der Altmark und ihrem schätzenswerten Menschenschlag zu trennen, aus dem sich jährlich der Nachwuchs für die Schwadronen rekrutierte. Auch dem Wechsel aus der Landschaft um Rathenow und Stendal in die mehr steinige Umgebung von Göttingen wurde vom reiterlichen Standpunkt aus mit Unbehagen entgegengesehen.

Politische Donnerschläge erbrachte dieser Winter nicht. Immerhin hinterließen zwei neue Ereignisse, nämlich der deutsch-italienische Vertrag vom 25. Oktober 1936, der die „Achse" Berlin-Rom begründete, und der Antikomintern-Pakt zwischen Deutschland und Japan vom 25. November 1936, den Eindruck, daß die außenpolitische Erfolgsserie der Hitler-Regierung sich fortsetze. Es schien ihr vergönnt, zunehmendes Ansehen im Ausland und Bundesgenossen zu finden.

Die vermehrte Annäherung an Italien fand in den Kasinos jedoch auch manche zurückhaltende Kommentare. Die Offiziere, die noch den ersten Weltkrieg erlebt hatten, ließen hier und da vernehmen, es sei wahrscheinlich wünschenswerter, sich an stärkere und möglicherweise standfestere Partner zu halten. Es wurde auch nicht übersehen, daß die Übereinstimmungen im parteipolitischen Programm die Gestaltung der Außenpolitik weit stärker beeinflußten als realpolitische Gesichtspunkte.

Als sich die Stendaler Schwadronen im Frühjahr 1937 allmählich zum Abschied und zur Übersiedlung nach Göttingen rüsteten, waren sie sich bewußt, daß einige typische Erscheinungen ihrer langen Verbundenheit mit dieser Garnison in der Erinnerung noch anklingen würden. Der bejahrte, ehrwürdige Superintendent Alberts hatte es mit seiner Aufgabe als Standortpfarrer in Stendal immer sehr ernst genommen. Er hielt die Schwadronen zum regelmäßigen Kirchgang in dem alten schönen Dom von Stendal an. Zusätzlich hielt er bei nationalen Feiertagen oder militärisch bedeutsamen Erinnerungstagen Feldgottesdienste auf dem Kasernenhof oder bei schlechtem Wetter in einer großen Reitbahn ab. Mit der Kraft seiner Persönlichkeit ließ er von vornherein Einwendungen seitens des Standortältesten wegen Terminschwierigkeiten niemals gelten. So kam es dazu, daß wohl kaum in einer anderen Garnison die Soldaten so oft vor den Altar geführt wurden wie in Stendal. Dem Superintendenten Alberts gebührte aber auch das Verdienst, sich immerwährend um persönliche Kontakte mit den einzelnen Soldaten bemüht zu haben. Er besuchte sie an Krankenlagern und stand ihnen immer, wenn erforderlich, ratgebend zur Seite. Leider hatte er die Angewohnheit, viel zu lange Predigten zu halten. Bei den Militär-Gottesdiensten im Dom war das noch erträglich, da die Mannschaften sitzen konnten. Aber selbst da gab es Schwierigkeiten, weil die Summe der Zeit, die für das Antreten in der Kaserne, den geschlossenen Marsch durch die Stadt zur Kirche und dann den langgezogenen Gottesdienst benötigt wurde, bei jungen und gelegentlich am Sonntag nicht genügend ausgeschlafenen Reitern arg das Bedürfnis strapazierte, einmal abseits zu treten.

Noch empfindlichere Folgen zeitigten manchmal seine Versuche auf dem Kasernenhof oder in den Reitbahnen, mit übertrieben langen Ausführungen das Christentum tief in den Soldaten seiner Gemeinde zu verwurzeln. Das Stehvermögen der Zuhörer wurde dabei oft überfordert. Bei jeder Veranstaltung fielen dann mehrere Soldaten in Ohnmacht. Der Superintendent war aber so kurzsichtig, daß er dieses Hinfallen nicht wahrnahm und immer wacker weiter predigte. Baade versuchte des öfteren, mit Vorsicht und Geduld, den eifrigen Geistlichen zur Berücksichtigung dieser Umstände zu überreden. Der alte Herr gelobte Besserung, verfiel dann aber jedesmal wieder in seine Gewohnheit, Ansprachen von Ohnmachtslänge zu halten.

In jedem Frühjahr, letztmals nun 1937, war für die Schwadronen in Stendal das Thema Flurschaden in einem Ausmaß an der Tagesordnung, das jene Episode von der Attacke im Manöver 1936 vielfach übertraf.

Rund um Schwetzingen, südlich von Mannheim, wachsen, so sagt man, die besten Spargel in Deutschland. Gleich danach rangieren hinsichtlich sowohl der Ausdehnung als auch der Qualität die Spargelfelder von Stendal. Sie waren Genuß für die Verbraucher, aber Alptraum für die Reiter.

Genau zu der Zeit, da die Spargelernte nahte, stand im jährlichen Rhythmus der Ausbildungspläne der Kavallerie die Abhaltung von Übungen mit den Rekrutenabteilungen im Gelände heran. Es läßt sich leicht vorstellen, zu welchen Zwischenfällen es dabei immer wieder, fast täglich, kommen mußte. Ständig wiederholte es sich, daß in der Frühjahrssonne die übermütigen Pferde einen noch nicht genügend sattelfesten jungen Reiter abwarfen und dann im Genuß ihrer Freiheit ausgiebig in großen Volten quer über die Spargelfelder galoppierten. Es kam vor, daß sie dann für lange Zeit keine Anstalten machten, aus diesem Paradies zurückzukehren. Es bestand auch kaum eine Möglichkeit, sie schnell wieder einzufangen, weil das nur bedeutet hätte, den Teufel mit dem Beelzebub auszutreiben. Die Zug- und Gruppenführer gaben sich daher alle erdenkliche Mühe, ihre Einheiten ohne Zwischenfälle an den Spargelfeldern vorbei zu dirigieren. Wenn dann aber doch ein Pferd entlief und in Minutenschnelle Schaden von beträchtlicher Höhe anrichtete, blieb nichts anderes übrig, als beschleunigt weiterzureiten.

Dann war zu hoffen, daß die Ausreißer, dem Herdentrieb gehorchend, wieder Anschluß suchten oder, dem Stalldrang nachgebend, sich in Richtung Kaserne aus den Spargelfeldern entfernten.

Baade meinte, daß er bei allem Bedauern über den entstandenen Schaden sich doch niemals eines Lächelns erwehren könne, wenn er ein harmloses, seines Tuns gänzlich unbewußtes Pferd so herrlich unbekümmert und offensichtlich vergnügt die langen Sandhügelreihen zerwühlen sehe. Es sei eben seiner Ansicht nach schon in vergangenen Zeiten ein Mißgriff gewesen, einer berittenen Truppe einen Standort inmitten dieser Spargelfelder zuzuweisen. Aus den Erfahrungen der 10. Husaren vor dem ersten Weltkrieg hätte man schon lernen müssen, daß zwischen einer so ausgedehnten, erstklassigen Spargelzucht und Reiter-Rekruten kein ewiger Friede zu schließen sei.

So nimmt es nicht wunder, daß bei der in melancholischer Stimmung vollzogenen Verladung der drei Stendaler Schwadronen nach Göttingen ein Wachtmeister auf der Verladerampe am 20. Juli mit Blick in die Zukunft im Leinetal tröstend vermeinte, dort würde es sicher einen Pastor mit kürzeren Predigten und bestimmt keine vermaledeiten Spargelfelder geben.

Eine neue Heimat

Gemessen an der kaum glaubhaften Eile, mit der in jenen Jahren überall in Deutschland Kasernen errichtet wurden, ist es bemerkenswert, wie durchdacht, zweckmäßig und auch haltbar sich ihre Bauweise und Ausstattungen erwiesen. Auch die weiträumige Kasernenanlage für die Stäbe und elf Schwadronen des Kavallerie-Regiments 3 auf dem Lohberg, dicht oberhalb von Göttingen, legten Zeugnis dafür ab. Die der Hanglage angepaßten und terrassenförmig aufgegliederten Unterkunftsgebäude, gedeckten Reitbahnen, offenen Reitplätze, die Ställe, Exerzierplätze, Fahrzeughallen und Gebäude für Waffen und Geräte fanden den Gefallen und die Bewunderung der einziehenden Soldaten. Sie hatten soeben in Rathenow und Stendal altmodische, düster-freudlose und engwinkelige Kasernenblocks verlassen. Sie fühlten sich in Göttingen nun mit Komfort, fast mit Luxus bedacht.

Mit dem Einzug in Göttingen trat das Regiment unter den unmittelbaren Befehl des Generalkommandos des IX. Armeekorps in Kassel. Für den Mobilmachungsfall war damit eine einschneidende Änderung verbunden. Ein geschlossener Einsatz des Regiments war nun endgültig nicht mehr vorgesehen. Vielmehr hatte das Regiment sich darauf vorzubereiten, bei einer Mobilmachung in mehrere Aufklärungsabteilungen aufgeteilt zu werden. Diese hatten dann einzeln in den Verband je einer Infanterie-Division zu treten. Zu diesem Zweck erfuhr das Regiment eine Umgliederung und Verstärkung, die allerdings bei der Verlegung nach Göttingen noch nicht abgeschlossen waren. Erst in den nächsten Jahren erreichte es die sogenannte Soll-Stärke von elf Schwadronen, nämlich fünf Reiter- und drei Radfahrschwadronen, sowie zwei motorisierten Schwadronen mit schweren Waffen und einer Nachrichten-Schwadron. Dabei wurde das Regiment in zwei Abteilungen unterteilt. Die Bezeichnung lautete nunmehr Kavallerie-Regiment 3, nicht mehr Reiter-Regiment.

In Göttingen sahen sich außerdem die Angehörigen des Regiments zum ersten Mal mit anderen Truppenteilen in einer Garnison vereint. Der Regimentsstab, ein Bataillon und drei weitere Kompanien des Infanterie-Regiments 82 waren dort schon seit langer Zeit stationiert. Eine Abteilung des Artillerie-Regiments 31 zog etwa gleichzeitig mit dem Kavallerie-Regiment dort ein. Zudem gab es einen Fliegerhorst mit wechselnder Belegung durch Einheiten der neu entstandenen Luftwaffe. Es blieb nicht aus, daß das Zusammentreffen der Soldaten in den Wirtschaften zu von Waffenstolz und Alkohol animierten Diskussionen führte. Es kam die Konkurrenz in den Tanzsälen um die Gunst der Mädchen hinzu. Gelegentlich waren handgreifliche Auseinandersetzungen die Folge, welche dann die Stäbe, die Stadtverwaltung und die Polizei mit viel gegenseitigem Verständnis für diese nicht verlangte Einsatzbereitschaft der jungen „Landser" zu bereinigen hatten.

Am 1. August 1937, wenige Tage nach dem Eintreffen in Göttingen, wurde Baade zum Major befördert. Er verblieb trotzdem noch lange in seiner Stellung als Schwadronschef, was zwar nicht oft in jenen Jahren vorkam, jedoch nicht ausgesprochen ungewöhnlich war. Immerhin hatte in diesem Fall das Urteil des Regimentskommandeurs hierzu beigetragen, der Baade die uneingeschränkte Zuerkennung der Eignung für die nächsthöhere Dienststellung verweigerte.

Da zwischen dem Regimentsstab und der Schwadron Baades nun keine räumliche Trennung mehr bestand wie in den Zeiten von Rathenow und Stendal, häuften sich die Vorfälle, die zu weiterer Verstimmung führten. Als der Regimentskommandeur sich ein Bild davon verschaffen wollte, wie sich die Einheiten des Regiments in den neuen Unterkünften eingerichtet hatten, erregte die Schreibstube der 1. Schwadron sein Erstaunen und sein Mißfallen. Die Wände waren hier nur zu einem Teil mit Namenslisten, Einteilung der Züge, Alarmvorschriften und Bildern versehen. Reichlich viel Platz nahmen hingegen Felderskizzen und Fruchtfolgepläne für Neverstaven ein. Auch der häufige Kurzurlaub, um den Baade zur Aufsicht über die Bewirtschaftung von Neverstaven einkam, fand garnicht den Beifall des Kommandeurs. Dessen Stimmung wurde bei jeder Begegnung mit Baade auch dadurch belastet, daß mindestens ein, meistens zwei, gelegentlich sogar drei Hunde ihn laut ankläfften, die Baade ständig und überall um sich hatte.

Baade nahm seinerseits Anstoß an der sehr scharfen, meistens auch besonders lautstarken Kritik, mit der der Oberst eine jede Besichtigung abzuschließen pflegte. Als der Kommandeur einmal wieder zu einer Besichtigung in der Reitbahn der 1. Schwadron erschien, prangte ihm daher der in großen Lettern auf die Wand gemalte Spruch entgegen: „Auch hier liebt man das Lob mehr als den Tadel." Die Meinungen zu dieser Frage blieben aber geteilt.

Von Mitte August bis Ende September 1937 nahm das Regiment an ausgedehnten Übungen und Manövern in großen Verbänden teil, die abwechselnd in Thüringen und in Hessen stattfanden. Für die Zeit im unmittelbaren Anschluß an die Manöver erhielt das Regiment abermals einen Sonderauftrag. Die nationalsozialistische Regierung veranstaltete, in jedem Jahr in erweitertem Rahmen, Anfang Oktober auf dem Bückeberg bei Hameln ein großes Erntedankfest als nationale Schau. Dies entsprach ihrem Prinzip, jede Gelegenheit zur Manifestation der wachsenden Stärke und Geschlossenheit des Reiches wahrzunehmen.

Der große Trubel auf dem Bückeberg sollte zudem der Landbevölkerung erweisen, daß die Regierung ihre Rolle und Stellung im Staat gebührend beachtete und sie mit diesem kostspieligen Festakt ehrte. Die Abordnungen der Landwirtschaft aus allen Ecken des Reiches, die Teilnahme von Formationen aller bestehenden Gliederungen und Organisationen, einschließlich starker Abordnungen von Heer, Marine und Luftwaffe, zuzüglich der Zuschauer aus der Umgegend vereinten zum Beispiel am 3. Oktober 1937 anderthalb Millionen Menschen auf dem Bückeberg und seinen anliegenden Hängen und Wiesen.

Das Kavallerie-Regiment 3 hatte seine fünf Reiter-Schwadronen und sein Trompeterkorps zur Teilnahme an den Vorführungen der Wehrmacht bei diesem Erntedankfest zu entsenden. Baade als ältester Schwadronschef, zudem in Erinnerung an die ähnliche Aufgabe beim Reichsparteitag 1935 in Nürnberg, der er sich gut gewachsen gezeigt hatte, wurde mit der Führung dieser starken Abordnung beauftragt. Es war wieder einmal ein Leckerbissen für seine Unternehmungslust und sein Gefallen an nicht alltäglichen Aufgaben. Er fühlte seine Freude angesprochen, selbständig organisieren und improvisieren zu können.

Nachdem die Quartiermacher vorausgeschickt worden waren, wurden die Schwadronen und das Trompeterkorps am 28. September in Göttingen zum Transport in die Gegend von Hameln verladen. Baade selbst fuhr mit dem ihm zugeteilten Adjutanten in seinem neu erworbenen Adler-Sportwagen an der Weser entlang voraus. Er nahm zu seiner Information und für die auf ihn zukommenden Entscheidungen den Bückeberg und die Umgebung in Augenschein. Dann begab er sich in das ihm zugewiesene Quartier bei Herrn Siebke, dem Besitzer eines großen Hofes in Börry, etwa 12 Kilometer südöstlich von Hameln. Das Gastgeber-Ehepaar empfing und umsorgte die einquartierten Offiziere mit der größten Liebenswürdigkeit. Baade fand sogleich Wohlgefallen an diesem musterhaft geleiteten landwirtschaftlichen Betrieb. Es kam in den folgenden Tagen während der Morgen- und Abendstunden im Quartier zu so langen Fachgesprächen, daß Baade oftmals daran erinnert werden mußte, die laufenden Anordnungen an die Truppe nicht zu kurz kommen zu lassen. Zudem lud Herr Siebke auch noch die Ehefrauen seiner beiden Gäste zu sich ein, damit sie die Festtage auf dem Bückeberg miterleben konnten. Und schließlich bot er gastfrei Baade und dem Adjutanten auch noch die Jagd auf Rehböcke in seinem schönen Waldrevier auf einem langgestreckten Rücken des Weserberglandes an. Die Ehefrauen kamen, die Böcke wurden tatsächlich erlegt und die Tage in herzlichem Einvernehmen mit der Familie Siebke verbracht.

Vier Tage lang wurde die Gefechtsvorführung der Wehrmacht geübt, die am 3. Oktober in Anwesenheit von Adolf Hitler darzubieten war. In Anbetracht des beschränkten Raumes und abgestellt auf die Mentalität der Zuschauer wurde daraus ein Schaubild, das mit den Merkmalen eines Gefechts nur noch recht wenig gemeinsam hatte. Zwar hatte ein jeder Truppenteil zumindest anzudeuten, worin die wesentliche Aufgabe seiner Waffengattung lag, aber am Ende glich die gesamte Vorführung mehr einer Parade als einer Kampfhandlung.

Die Reiter-Schwadronen hatten dabei ein schnelles Absitzen von ihren Pferden mit Übergang zum Gefecht zu Fuß zu zeigen; anschließend mußten sie schwungvolle Galopp-Karussells vorführen, die seit der Zeit der römischen Wagenrennen immer effektvolle Bestandteile solcher Veranstaltungen geblieben sind. Wie üblich, begeisterte auch hier die „Musik zu Pferde“, das heißt das in allen Gangarten Reitermärsche blasende Trompeterkorps, die Zuschauer in einem Maße, mit dem sich kaum eine andere Vorführung vergleichen konnte.

Am Vormittag der Generalprobe stand Baade geraume Zeit, bevor der Einsatz seiner Truppe zu erfolgen hatte, an einem höher gelegenen Rande des Vorführungsfeldes, um in Herbstluft und Morgensonne den Anblick dieser landschaftlich so gesegneten Gegend rund um den Bückeberg zu genießen. Jenseits und diesseits der Weser hoben sich in mildem Dunst die Kammlinien der Höhenzüge ab und umstanden die Szenerie wie schützende Kulissen. Leichter Tau lag noch auf Wiesen und Äckern.

Es kam zum Gespräch zwischen Baade und seinen Begleitern darüber, daß die Weser, ihre Ufer und begleitenden Höhen und Wälder von Fulda bis zur Porta Westfalica eine in ganz besonderer Weise typisch deutsche Landschaft darstellte, Meer und Hochgebirge, weite Ebenen, Heide und Seenplatten gebe es auch in anderen Ländern zur Genüge. Für die

Stimmung im Weserland hingegen fänden sich ebenso wenig Vergleiche wie für diejenige im weiten Tal der Loire, dessen heitere und gelassene Atmosphäre wahrscheinlich nur in Frankreich zu finden sei.

In diese Huldigungen an die Landschaft mischten sich dann überraschend, zunächst noch undeutlich und nur wellenartig, die Klänge preußischer Marschmusik. Von einer Geländekuppe noch verdeckt, zog eine Marschkolonne auf Baade und seine wenigen Begleiter zu, offensichtlich im Aufmarsch zur Generalprobe. Dann traten, wie von Theaterregie herbeigezogen, die einzelnen Figuren ins Blickfeld. Man sah zuerst die lebhaften und wirbelnden Bewegungen von zwei Tambourmajoren, die einen verdoppelten Spielmannszug anführten. Danach schoben sich zwei blinkende Schellenbäume als Vortritt von zwei Musikkorps über den nahen Horizont. Ihnen folgten Fahnenspitzen, die Schritt für Schritt unter den Klängen des Hohenfriedberger Marsches zu einem Fahnenwald anwuchsen. Somit stand fest, daß hier das Paradestück der Wehrmacht, die zusammengestellte Fahnenkompanie, ihren Einzug übte.

In einer Entfernung von ungefähr hundert Metern bot dieses Sinnbild des Soldatentums und seiner langen Tradition, diese Verkörperung deutscher Manneszucht und Ordnung, bis ins letzte Detail nach strengem Reglement ausgestattet, einen faszinierenden Anblick. Gewiß wurde hier der Eindruck noch dadurch besonders gesteigert, daß auf dieser grandiosen Naturbühne sonst kein Mensch oder Tier zu sehen war.

Die Fahnenträger und die begleitenden Züge waren durchweg ausgesuchte Unteroffiziere und Mannschaften, insbesondere auch hinsichtlich gleichmäßiger Größe. Die mehr als hundert Fahnentücher flatterten fast waagerecht im Winde über der Truppe. Die Züge marschierten mit hoch angezogenem Gewehr und aufgepflanzten Bajonetten, links und rechts eskortiert von Offizieren und Feldwebeln mit gezogenen Säbeln. Die Sonnenstrahlen funkelten gleichmäßig auf die Musikinstrumente, auf die Fahnenspitzen, die Bajonette, das wogende Meer der Stahlhelme, auf die Säbel und sogar auf die mustergültig geputzten Stiefel.

Baade war verstummt. Mit hochgezogenen Augenbrauen und mit dem für ihn in gespannten Augenblicken charakteristischen leichten Zucken der Gesichtsmuskel starrte er auf das Schauspiel. Als dann, dem schwungvollen Einwinken der Tambourmajore folgend, die Fahnenkompanie halbrechts in strammem Gleichschritt auf ihren Zielort zuschwenkte und gleichzeitig die beiden Musikkorps zu dem kräftigsten aller deutschen Militärmärsche, zu „Preußens Gloria“, übergingen, geriet er leicht in Versuchung, von dem Eindruck dieses Erlebnisses übermannt zu werden. Ihn überkam jenes Gefühl, das man landläufig den nationalen Schauer nennt, der Menschen, die darauf ansprechen, in Situationen mit außergewöhnlich starkem patriotischen Gehalt über „den

Rücken rieseln“ kann. Baade hatte einen feuchten Schimmer in den Augen und flüsterte die Worte vor sich hin: „Das macht uns niemand in der Welt nach. Welches reiche und anständige Soldatenerbe haben wir zu hüten. In dieser Stimmung bin ich 1914 in den Krieg gezogen und ich sehe wieder einmal alle meine Kameraden vor mir, die nicht zurückkehren konnten.“

Am Abend, vor dem Kaminfeuer im Hause des Herrn Siebke, zeigte er sich noch ganz in Gedanken an die Begegnung mit der Fahnenkompanie versunken. Unter anderem äußerte er dabei seine Bewunderung für die deutsche Infanterie. In einer Art von Selbstgespräch mit Zuhörern brandmarkte er als Märchen die Behauptung, die Kavallerie-Offiziere sähen auf die Infanterie herab. In Wirklichkeit seien sie immer bereit, der Infanterie den ihr im militärischen Räderwerk gebührenden Vorrang einzuräumen; niemals würde verkannt, welche schweren Aufgaben auf den Schultern der Infanterie lägen; nicht zu Unrecht würde sie „Königin der Waffen“ genannt.

Es würde aber allzu oft verkannt, daß die Kavalleristen sich ihre Waffengattung nun nicht etwa aus dünkelhaften Motiven wählten. Entweder seien sie eben Pferdeliebhaber von Jugend an oder sie fühlten sich von den militärischen Besonderheiten des Aufklärungsdienstes und der schnellen Truppen angezogen. In ähnlicher und gewißlich nun ständig zunehmender Weise werde die Panzerwaffe Anziehungskraft auf Anwärter mit Interesse für Technik und bewegliche Kampfführung ausüben. Es sei zudem ebenso beklagenswert wie töricht, wenn jemand jetzt noch behaupten wolle, die Lebensführung in den Offizierskorps der Kavallerie-Regimenter sei aufwendiger als bei anderen Waffengattungen und daher die Aufnahme nicht jedermann in gleicher Weise zugängig. Dazu zitierte Baade treffend die Tatsache, daß die einzige Mehrausgabe für einen Offizier berittener Truppenteile die einmalige Anschaffung einer eigenen Reitausrüstung, das hieß von Sattel und Zaumzeug, im Wert von ungefähr 500 Reichsmark war. Bereits seit der Entstehung der Reichswehr nach dem ersten Weltkrieg war es eine Selbstverständlichkeit, daß bei allen Waffengattungen, einschließlich der hohen Zahl von Reiter-Regimentern, für die Offiziere privates Vermögen weder vorausgesetzt noch benötigt wurde.

Ansonsten nahm Baade die Tage auf dem Bückeberg mit Gelassenheit und Ruhe hin. So verblieb ihm persönlich Zeit und Gelegenheit, sich bei anderen Organisationen und deren Vorführungen umzusehen. Besonderes Interesse wandte er den Personen von Rang und Würden zu. Er schlängelte sich auch ohne dazugehörigen Sonderausweis auf die Ehrentribüne, weil er die Gesichter und das Benehmen dieser „neuen Leute“ ganz aus der Nähe beobachten und daraus Rückschlüsse für seine Urteilsbildung gewinnen wollte. Angestrengt prüfend stand er längere Zeit hinter Adolf Hitler. Als dieser sich umdrehte, hielt Baade unbekümmert seinem Blick stand. Hinterher meinte Baade, es sei schwer verständlich, daß so viele Menschen Hitler einen in Bann ziehenden Augenausdruck zusprächen. Er, Baade, könne nichts Außergewöhnliches daran finden. Umso mehr müsse man eigentlich danach fragen und forschen, worauf der Einfluß und die bisherigen Erfolge dieses Mannes gegründet seien. Es sei zu fragen, ob die Zugkraft auf das deutsche Volk womöglich doch zu einem höheren Grade von dem Programm der nationalsozialistischen Bewegung, das hieße von deren propagierten Zielsetzungen, als von der Persönlichkeit des Staatsoberhauptes ausgehe.

Im Vergleich zu den Erinnerungen an den Reichsparteitag in Nürnberg von 1935 zeigte sich Baade nach der Teilnahme am Erntedankfest auf dem Bückeberg 1937 sehr viel zurückhaltender, ja schwankender in der Beurteilung der deutschen Führung. Dabei betonte er vor allem sehr viel stärker als bisher seinen Freunden gegenüber, wie unendlich schwer es doch sei, sich aus dem Blickwinkel einer kleinen Garnison eine verläßliche Meinung über Gegenwart und Zukunftsaussichten des deutschen Standpunktes zurechtzulegen.

Nach Rückkehr der Schwadronen vom Bückeberg begann in Göttingen die Zeit der herbstlichen Reitjagden. Das Gelände im Tal der Leine bot reichliche Abwechslung für die Anlage dieser Jagden. Baade stellte großzügig Gästen und auch den weniger gut berittenen Leutnants des Regiments geeignete Pferde seiner Schwadron zur Verfügung. Frau Baade ritt schwungvoll und elegant bei allen diesen Jagden an der Spitze der starken Felder.

Im Spätherbst dieses Jahres 1937 bahnte sich aus einem gewiß nicht alltäglichen Anlaß eine längere Zeit andauernde Auseinandersetzung zwischen Baade und dem Regimentskommandeur an. Sie zeigte Baades ungewöhnlich individuelle Haltung und auch seine Neigung zur Halsstarrigkeit beim einmal bezogenen Standpunkt.

Die den Kavallerie-Regimentern als Nachwuchs zugewiesenen jungen Pferde erhielten Namen, die jahrgangsweise mit denselben Buchstaben beginnen mußten. Diese zweckmäßige Anordnung ermöglichte es, stets sofort das Alter der Pferde an ihren Namen zu erkennen.

Den Pferden des Geburtsjahrgangs 1930, welche dem Regiment 1936 zugeteilt worden waren, stand der Anfangsbuchstabe O zu. Dabei hatte eines dieser Pferde in Baades Schwadron, ein Fuchs mit heller Mähne, den Namen „Oberst“ erhalten. Der Zufall wollte es, daß dieses junge Pferd allmählich eine überdurchschnittliche Veranlagung zu Schnelligkeit und Springvermögen erkennen ließ. Da nun Baades Differenzen mit dem Regimentskommandeur nicht nur anhielten, sondern zunahmen, erregte es seinen Ärger, daß dessen Dienstgrad mit dem Namen dieses vielversprechenden und jetzt oft genannten Pferdes verbunden war. Er entschloß sich daher zur Namensänderung.

Hätte er sich dabei an den Anfangsbuchstaben O gehalten, so wäre gewiß nichts dagegen einzuwenden gewesen. Dies hätte wahrscheinlich mit einem erneuten Befremden des Kommandeurs sein Bewenden gehabt, sofern dieser überhaupt davon Kenntnis erhalten hätte. Baade ging jedoch einen Schritt weiter und taufte das brave Pferd auf den Namen „Kent". Es waren die Jahre, in denen viel von der schönen Herzogin Marina von Kent nicht nur in England, sondern auch in anderen Ländern gesprochen wurde. Selbst mit dieser kleinen Geste nahm Baade die Gelegenheit wahr, seine freundliche Einstellung zum Lande jenseits des Kanals zu zeigen.

Zunächst ergaben sich aus der Umbenennung weder Folgerungen noch Aufsehen. Einige Monate später entstand jedoch eine leicht kritische Situation. In der Erkenntnis, daß man die möglicherweise erstklassigen Fähigkeiten dieses Pferdes zur Geltung bringen könnte und sie darum einer gründlichen Probe unterziehen mußte, vertraute Baade den Fuchs einem jüngeren, bereits auf Turnieren vielfach erfolgreichen Regimentskameraden an. Nach anfänglichen erheblichen Schwierigkeiten, die das recht heftige und zunächst noch sehr unausgeglichene Temperament von „Oberst", alias „Kent", verursachte, stellten sich auf kleineren und mittleren Turnieren die ersten guten Ergebnisse ein. Zum Griff nach höheren Ehren, das hieß zur nun vertretbaren Teilnahme an großen reitsportlichen Ereignissen auf erstrangigen Turnierplätzen mußte das Pferd offiziell in die Liste des „Hauptverbandes für Zucht und Prüfung deutschen Warmbluts" eingetragen werden. Es erhob sich also die Frage, unter welchem Namen dies zu geschehen hätte. Für das staatseigene Pferd war dafür der Anfangsbuchstabe O vorgeschrieben. Gegen die neue Benennung „Kent" wurde aus diesem Grunde Einspruch erhoben.

Der Regimentskommandeur erhielt nun Kenntnis von diesen Zusammenhängen und stellte Baade scharf zur Rede. Er verlangte Bereinigung dieser Affaire, die er als Unbotmäßigkeit und als Mißachtung seiner Person und Stellung bezeichnete. Baade wollte nicht nachgeben.

Es trat dann das Interesse weiter Reiterkreise daran hinzu, diese Angelegenheit zu regeln, weil Pferd und Reiter mehr und mehr einen beachtlichen Zuwachs für die Spitzengruppe der deutschen Reiterei zu versprechen schienen. Baade wählte als Ausweg einen eigenartigen Kompromiß. Das Pferd wurde von ihm nunmehr als „Oberst Kent", einer an sich ziemlich sinnlosen Bezeichnung, zur Eintragung in die offizielle Liste der deutschen Turnierpferde angemeldet.

Bei einer Vorbereitungsprüfung im Frühjahr 1939 für die Vielseitigkeitsprüfung der Olympischen Spiele, die 1940 in Helsinki stattfinden sollten, errang „Oberst Kent", obwohl in dieser sehr hohe Anforderungen stellenden, dreitägigen Prüfung noch schonend geritten, einen sicheren zweiten Platz. Hätte Adolf Hitler im Herbst 1939 nicht den zweiten Weltkrieg entfesselt und wären deshalb nicht die Olympischen

Spiele 1940 entfallen, so wäre, dem Urteil der Fachleute entsprechend und unerwartete Zwischenfälle ausschließend, damit zu rechnen gewesen, daß Baades „Oberst Kent" zur Teilnahme in Helsinki herangestanden hätte.

Die Ereignisse des 4. Februar 1938, welche für die weitere Vorgeschichte des zweiten Weltkrieges von entscheidender Bedeutung sein sollten, trafen die Truppe wie der viel berufene Blitz aus heiterem Himmel. Der Reichskriegsminister von Blomberg wurde von Hitler entlassen, weil er eine Ehe geschlossen hatte, die als nicht standesgemäß, vielfach auch als unehrenhaft bezeichnet wurde. Gleichzeitig erhielt der Generaloberst von Fritsch den Abschied, weil er der damals noch strafbaren Homosexualität beschuldigt worden war. Zudem nahm Hitler diese Gelegenheit wahr, um auch eine nennenswerte Anzahl ihm mißliebiger Befehlshaber der Wehrmacht abzulösen und auch noch den Reichsaußenminister von Neurath durch den eitlen und dilettantischen Joachim von Ribbentrop zu ersetzen.

Die Tatsachen und Hintergründe dieser Vorgänge sind in vollem Umfang von der Geschichtsforschung geklärt worden. Blomberg war tatsächlich einer Dirne soweit ins Garn gegangen, daß er sie ehelichte und dazu sogar noch Hitler und Göring als Trauzeugen hinzuzog. Die hemmenden Barrieren, welche letztlich die Verantwortung für sein hohes Amt gegen diese alltäglich-menschliche Verlockung hätte aufrichten müssen, gehörten nicht zum Bestandteil seiner Persönlichkeit. Es wäre zumindest seine Pflicht und Schuldigkeit gewesen, aus eigener Initiative seine Entlassung herbeizuführen, bevor er dann still als Privatmann seiner Neigung folgte. So aber war es wohl verständlich und der allgemeinen Reaktion in der Wehrmacht entsprechend, wenn ein junger Offizier in Göttingen hierzu in seinem privaten Tagebuch vermerkte: „Eine üble Schweinerei: ein Kriegsminister verrät die Ehre seines Offizierskorps."

Rückschauend scheint es jedoch immerhin bemerkenswert, daß die nationalsozialistische Führung, die im Interesse einer engeren Volksgemeinschaft die Standes- und Ehrbegriffe einer Überprüfung und verflachenden Modernisierung für bedürftig erachtete, in diesem Falle einen Standpunkt propagierte, der keine Abstriche von der gesellschaftlichen Auffassung aus kaiserlicher Zeit erkennen ließ. Im übrigen ist erwiesen, daß Blombergs unverzeihliches Verhalten von Göring und Himmler dazu benutzt wurde, hartnäckig bei Hitler auf seine Entlassung zu drängen. Göring selbst strebte nach dem Oberbefehl über die Wehrmacht, den ihm Hitler dann aber doch verweigerte. Himmler war jeder Skandal in der Wehrmacht, jede Schwächung der Stellung der Streitkräfte willkommen, weil er sich davon eine Vermehrung seines Einflusses und eine Stärkung der Rolle seiner SS versprach.

Wenn der Fall des Generalfeldmarschall von Blomberg unerwartet diesen Bestrebungen von Göring und Himmler entgegengekommen war, so war im Gegensatz dazu der Sturz von Generaloberst von Fritsch, zu dem das gesamte Heer weiterhin mit größter Achtung und vollem Vertrauen aufgesehen hatte, das Ergebnis einer infamen und von langer Hand gesponnenen Intrige. Trotz aller Verschleppungs- und Verschleierungstaktik der nationalsozialistischen Prominenz von Hitler bis zu den gedungenen Juristen ließ es sich nicht verbergen, daß der Generaloberst vollständig haltlos beschuldigt worden war.

Nach Klarstellung der Vorgänge bis in alle Einzelheiten sind in der Literatur verschiedene und oft gegensätzliche Thesen zu der Frage aufgestellt worden, wie das Offizierskorps auf das Geschehen vom 4. Februar 1938 hätte reagieren sollen. Die extreme Stellungnahme lautet, daß scharfe Gegenmaßnahmen, notfalls mit Waffengewalt, das Erfordernis dieser Stunde gewesen seien, um der weiteren Entmachtung der Streitkräfte vorzubeugen. Insbesondere wird vorgebracht, der Generaloberst von Fritsch selbst hätte eine den Umständen nicht mehr entsprechende und darum viel zu korrekte Haltung bewiesen. Er hätte zur Abwehr der ihm und damit auch der Wehrmacht widerfahrenen ungeheuerlichen Beleidigung ein flammendes Signal setzen müssen.

Fritsch hatte, wie weitgehend unbekannt geblieben ist, unter anderem als einen Schritt zur Verteidigung seiner Ehre in Erwägung gezogen, den Hauptschuldigen für die ihm angetane Verleumdung, den Reichsführer der SS, Heinrich Himmler, zum Duell mit Pistolen zu fordern. Die Forderung wurde auch aufgesetzt und dem als Sekundanten gewählten damaligen General von Rundstedt übergeben. Sie ist dann aber doch nicht bis zu Himmler galangt; der Generaloberst hat sie selbst zurückgezogen. Er und seine Berater waren doch zu der Erkenntnis gekommen, daß eine Forderung zum Zweikampf schon zu sehr zu den Anschauungen vergangener Zeiten gehörte und auch keineswegs zu der Mentalität nationalsozialistischer Emporkömmlinge paßte, diesen daher auch zu viel Achtung bezeugt hätte. Zudem waren nach dem ersten Weltkrieg Duelle für Offiziere generell, wenn auch nicht ganz eindeutig, verboten worden.

Für Offiziere galt, daß zwar die Herausforderung straffrei war, wenn sie unumgänglich erschien. In Fällen von besonders schwerer Beeinträchtigung der Ehre der eigenen Person oder der Familie wurde sogar manchmal erwartet, daß der angegriffene Offizier von der Forderung zum Duell Gebrauch machte. Zur Austragung war aber dann eine Genehmigung höheren Ortes erforderlich; diese Genehmigung wurde grundsätzlich nicht erteilt. Fand der Zweikampf ohne diese Genehmigung oder überhaupt ohne Wissen der Vorgesetzten statt, so wurde der betroffene Offizier mit Festungshaft bestraft. Die Beibehaltung dieser besonderen Strafart ließ erkennen, daß man nach wie vor, das heißt ähnlich wie vor 1914, das Verhalten des Duellanten wegen der anders gearteten Motive nicht den sonstigen Verbotsübertretungen oder Straftaten gleichsetzen wollte.

Gewiß war Fritsch durch die von der staatlichen Macht angezettelte und skrupellos vorangetriebene Intrige in eine sehr bedrängte Lage geraten. Es war sicher sehr schwer, eine zweckmäßige Antwort auf die Frage zu finden, in welcher Weise er reagieren und sich zur Wehr setzen sollte. Selbstmord, wenn er auch erwogen wurde, kam nicht in Betracht, allein schon wegen seiner christlichen Grundeinstellung. Vor allem aber wäre dadurch seinen rücksichtslosen Widersachern nur der sehr willkommene Anlaß geboten worden, lauthals dem politisch noch so unbewanderten und leichtgläubigen Volk ein damit dokumentiertes Schuldeingeständnis des Generaloberst zu verkünden.

Hans Bernd Gisevius, ein besonders aktiver Mitverschworener des deutschen Widerstandes und Verfasser des Buches „Bis zum bitteren Ende" (Zürich, 1946) hat im Jahre 1943 in Rom in vertraulichem Gespräch mit Gesinnungsgenossen sicherlich zu Recht die Ansicht geäußert, daß sich am 4. Februar 1938 der große Wendepunkt zum nunmehr kaum noch aufzuhaltenden Niedergang vollzogen habe. Mit dem Skandal um den Reichskriegsminister von Blomberg und mit der demütigenden Entledigung des Oberbefehlshabers des Heeres sei es Hitler und seinen Trabanten gelungen, die Stellung der Wehrmacht endgültig zu unterhöhlen. Daher sei auch der Generaloberst von Fritsch nicht von dem Vorwurf freizusprechen, in dieser Situation den Umfang der Gefahr für die Wehrmacht und für das ganze Reich nicht erkannt zu haben und viel zu untätig geblieben zu sein.

Auf die Frage, was Fritsch denn hätte tun sollen, zeigte sich selbst der mit allen Problemen des Widerstandes so wohl vertraute Gisevius um eine klare Antwort verlegen. Seine einzige Bemerkung dazu: „Er hätte zumindest um sich schießen müssen" konnte nur unterstreichen, welche Schwierigkeiten sich für Fritsch aufgetürmt hatten, um den für seine aufrechte Sinnesart bis dahin unvorstellbaren Machenschaften entgegenzutreten.

Zu einem anderen Urteil in der Frage, ob Fritsch und die Generäle des Heeres sich nach dem 4. Februar 1938 richtig verhalten hätten, gelangt rückschauend einer der bedeutendsten deutschen Historiker, Gerhard Ritter, in seinem Werk „Carl Goerdeler und die deutsche Widerstandsbewegung" (1954). Ritter zieht den Schluß, daß – abgesehen von der damaligen Einstellung vieler hoher Generäle, man werde noch auf legalem Wege die nationalsozialistische Führung zu vernunftgemäßem Handeln beeinflussen können – eine Demonstration der Generalität nur Schaden angerichtet haben würde. Leider gibt Ritter keine Begründung für diese Aussage und dieses Ergebnis seiner Forschung an. Es ist zu vermuten, daß nach seiner Ansicht den Gegenmaßnahmen dieser Art angesichts der damals schon so starken Stellung von Hitler keine Erfolgsaussichten zuzusprechen gewesen wären, zumal die Widerstandsbewegung noch in ihren ersten Anfängen stand.

Bedeutsam und kennzeichnend ist es, daß Ritter hier zu Recht nur von der Haltung der Generäle spricht. Denn auch bei dieser Gelegenheit muß wieder betont werden, daß das „Offizierskorps schlechthin" zwangsläufig so weit abseits von den Ereignissen stand, daß ihm ausreichende Einsicht und Urteilsbildung rundweg verwehrt worden waren. Das mit Verachtung aufgenommene Verhalten des Generalfeldmarschall von Blomberg blieb für dieses Offizierskorps das Versagen eines einzelnen; es konnte daher niemals die Folgerung auslösen, daß Regimentskommandeure oder Kompaniechefs sich etwa zur Meuterei aufgerufen fühlen könnten.

Baade weilte im Februar 1938 zur Kur in Wiesbaden. Als er zurückkehrte, war in dieser schnellebigen Zeit die Erregung über die Vorgänge vom 4. Februar bereits etwas in den Hintergrund geraten. Neue Ereignisse zeichneten sich schon wieder ab.

Zudem war das Offizierskorps des Göttinger Kavallerie-Regiments in der besonderen Lage, daß gerade in dieser Zeit der älteste Sohn des neuen Chefs des Oberkommandos der Wehrmacht, Karl-Heinz Keitel, in das Regiment versetzt worden war und als seine junge Ehefrau die Tochter des soeben verabschiedeten Feldmarschall von Blomberg nach Göttingen mitbrachte. Gespräche, in denen man sich noch mit den Affairen in Berlin auseinandersetzte, wurden daher etwas gedämpfter geführt, um dem daran unschuldigen jungen Ehepaar nicht zu nahe zu treten.

Zunächst beging der Leutnant Keitel die Unvorsichtigkeit, die soeben seinem Vater zugefallene hohe Stellung etwas herauszukehren. Dagegen ergriff der höheren Kommandostellen gegenüber grundsätzlich unerschrockene Oberst Feldt eine für alle Seiten sehr erfolgreiche Maßnahme. Er teilte den jungen Offizier dem gestrengsten Schwadronschef des Regiments zu und ließ ihn dort so reichlich mit dienstlichen Aufgaben versehen, daß sich daraus, allein schon durch Ermüdungserscheinungen, innerhalb weniger Wochen eine vorzügliche Eingliederung in den Kreis der jungen Offiziere entwickelte. Auch Baade wandte dem intelligenten, kameradschaftlich gesinnten und unternehmungsfreudigen Leutnant Keitel seine Sympathie zu.

Die Zeichen der Zeit warfen allerdings in einer anderen Beziehung einen Schatten in diesen Monaten nach Göttingen. Ein älterer Oberleutnant des Regiments sah sich gezwungen, seine Verlobung und sogar die schon versandten Einladungen zur Hochzeit zu annullieren, weil es sich herausgestellt hatte, daß ein Großelternteil seiner Braut nicht arischer Abstammung war. Zum ersten Mal wurden damit im Jahre 1938 die Auswirkungen der Nürnberger Rassegesetzgebung der nationalsozialistischen Führung den Offizieren des Regiments an einem nahegelegenen praktischen Beispiel verdeutlicht. Sie wurden mit Bedauern und Bedenken registriert.

Der Fall fand diesmal noch ein gutes Ende dank des energischen Eintretens des Oberst Feldt und dank der glücklichen Tatsache, daß gleichzeitig ein junger Mann mit guten Beziehungen zu hohen Stellen in Berlin die Schwester der Braut des Oberleutnants zu ehelichen wünschte. Die Hochzeit des Göttinger Offiziers konnte daher zu einem späteren Zeitpunkt wieder angesetzt werden.

Am 10. März 1938 ging in Göttingen der Befehl ein, daß die Aufklärungs-Abteilung 27 sofort marschbereit zu stellen sei. Das Ziel wurde zunächst nicht angegeben, aber die allgemeine Lage wies zur Genüge auf Österreich hin. Laut Mobilmachungs-Kalender war Major von Scheven als Führer dieser Aufklärungs-Abteilung vorgesehen, die in den Verband der 27. Infanterie-Division zu treten hatte.

Bei den Stäben des Regiments und der Abteilungen in der Göttinger Kaserne erregte es kaum Verwunderung, daß der stets auf Abwechslungen bedachte Major Baade beharrlich anfragte, ob ihm anstelle von Major von Scheven diese Aufgabe übertragen werden könnte. Der guten Ordnung halber mußte er abschlägig beschieden werden. In der grollenden Stimmung des Zurückgelassenen verfolgte er dann alle Ereignisse im Zusammenhang mit dem am 13. März vollzogenen Anschluß von Österreich am Rundfunk.

Da nach außen hin eine etwas ruhigere Periode eingetreten war, sorgte eine Maßnahme von Baade wenigstens innerhalb des Regiments und vor allem zu Lasten des Kommandeurs für eine nicht geringe Aufregung. Als der Oberst zufällig einen Gang durch die Ställe der Schwadronen unternahm, fand er zu seiner Überraschung im Stall der 1. Schwadron keine Pferde an. Er begab sich daraufhin zum Schwadrons-Geschäftszimmer, wo ihm ein etwas vereinsamter Schreiber nur antworten konnte, die Schwadron sei für ein paar Tage „unterwegs".

Die weiteren Feststellungen ergaben folgendes Bild: Baade war auf die originelle Idee verfallen, die Schwadron für vier bis fünf Tage in kleine und kleinste Gruppen aufgeteilt aufs Land zu schicken. Trupps von 2 bis 4 Reitern, alle feldmarschmäßig gesattelt und ausgerüstet, also auch mit ihren Karabinern, sollten und durften Bekannte und Freunde in den Dörfern besuchen. Baade versprach sich davon, daß die Selbständigkeit und das Verantwortungsgefühl der jungen Soldaten für sich selbst, ihre Pferde und Waffen gefördert würde. Sie sollten sich unter dem Zwang, sich dieses Vertrauens würdig zu erweisen, noch intensiver als in der Kaserne mit ihren Pferden beschäftigen, gleichzeitig mit Stolz ihre Eigenständigkeit genießen und außerdem noch freundlichen Kontakt mit der Zivilbevölkerung pflegen. Die einzige spezielle Anweisung, die ihnen mitgegeben wurde, lautete dahin, daß sie einmal am Tage auf Radionachrichten zu achten und bei außergewöhnlichen Ereignissen in Eilmärschen in die Garnison zurückzukehren hätten.

Dieses ungewöhnliche und ein wenig an die alten Zeiten der Bürgerquartiere der Heere erinnernde Unterfangen von Baade erregte natürlich erhebliches Aufsehen. Das „Für und Wider“ dieses aufgeteilten Ausfluges einer Schwadron auf Bauernhöfe wurde zu lebhaftem Gesprächsstoff innerhalb des eigenen Regiments und auch in den Kasinos der anderen Kavallerie-Regimenter, die bald davon erfuhren. Vom Regimentskommandeur wurde Baade in erster Linie dafür getadelt, daß er nicht vorher um die Billigung dieser Maßnahme nachgesucht hatte. Baade antwortete ohne Zögern, daß er diese Genehmigung nicht erwartet und darum eigenverantwortlich hätte handeln müssen. Immerhin war dieses Unternehmen insofern ein Erfolg, als keine unliebsamen Vorkommnisse sich ereigneten; vielmehr zogen die einzelnen Trupps vergnügt, mit gesteigertem, Diensteifer und Selbstgefühl, noch dazu mit wohl genährten Pferden wieder in die Kaserne ein.

In den Sommermonaten des Jahres 1938 wurde Baade mit der Möglichkeit konfrontiert, aus dem aktiven Dienst auf eigenes Ersuchen auszuscheiden oder sogar entlassen zu werden. Der Regimentskommandeur ließ ihn wissen, daß er ihm bei der erneut fälligen Beurteilung wiederum nicht die Qualifikation für die nächsthöhere Dienststellung, also die eines Abteilungskommandeurs, zuerkennen könne. Er kalkulierte ein, daß Baade daraufhin um seinen Abschied einkommen und sich der Bewirtschaftung von Neverstaven widmen würde.

Baade ließ jedoch die weitere Entwicklung auf sich zukommen, ohne eine Stellungnahme zu beziehen. Der Gedanke an eine Entlassung war für ihn kein Schreckgespenst; andererseits hing er zu sehr am Soldatenleben, um sich freiwillig davon zu trennen. Es kam hinzu, daß zum Herbst des Jahres die Versetzung des Regimentskommandeurs in Aussicht stand und daß sich daraus unvorhergesehene Folgen für Baade und seine Verwendung ergeben konnten. In der Tat wurde sein weiteres Schicksal durch diesen Wechsel in der Führung des Regiments entscheidend beeinflußt.

DER FRIEDEN GEHT ZUR NEIGE

Während des mehrwöchigen Aufenthalts des Kavallerie-Regiments 3 auf dem Truppenübungsplatz Ohrdruf am Thüringer Wald im August 1938 war die allgemeine Stimmung von der Spannung gekennzeichnet, welche die Propaganda der Hitler-Regierung gegen die angeblich unerträgliche Behandlung der Deutschen in der Tschechoslowakei erzeugt hatte. Von Tag zu Tag wurde die Sprache Hitlers und seiner Parteigänger schärfer, die Hetze verletzender, die Drohung gefährlicher. Daß die Zuspitzung dieser Krisenlage einem neuen Höhepunkt in der Entwicklung der europäischen Politik zutrieb, war für jedermann erkenntlich. Nur ließ man sich in frischer Erinnerung an die bisher unblutig beendeten außenpolitischen Eskapaden der nationalsozialistischen Regierung von der Hoffnung treiben, daß es auch diesmal wieder zu einer Entladung des Gewitters ohne zündenden Blitzschlag kommen würde. Diese Erwartung wurde ruckartig verstärkt, als der britische Premierminister Chamberlain Mitte September zu Besprechungen mit Hitler nach Berchtesgaden kam.

Beim Regimentsstab in Göttingen ging jedoch am 20. September der Befehl ein, daß die Aufklärungs-Abteilung 9 innerhalb vier Tage aufzustellen und verladebereit zu halten sei. Am 24. September erfolgte dann auch der Abtransport dieser Abteilung in die Gegend von München. Von dort aus wurde sie im Verbande der 9. Infanterie-Division Zug um Zug an die tschechische Grenze im Norden des österreichischen Waldviertels herangeschoben. Baade war wiederum enttäuscht, daß die Aufklärungs-Abteilung, für deren Führung er gemäß Mobilmachungs-Kalender vorgesehen war, auch an dieser Unternehmung nicht beteiligt wurde.

Am 29. September löste sich die Spannung durch das Ergebnis der Konferenz von München, bei der Hitler, Mussolini, Chamberlain und Daladier die Abtretung der deutsch besiedelten Randgebiete von Böhmen, Mähren und Schlesien durch die Tschechoslowakei an Deutschland festlegten. Der Frieden schien gerettet. Mit der größten Aufmerksamkeit hatte man in Europa und ganz gewiß auch überall in Deutschland die eindeutige Erklärung von Hitler zur Kenntnis genommen, daß er nach dieser Regelung der Sudetenfrage nun keine territorialen Ansprüche in Europa mehr vorzubringen habe. Bereits in seiner Rede im Sportpalast in Berlin am 26. September, also ebenfalls im Zusammenhang mit der Sudetenkrise, hatte er feierlich verkündet, daß dies seine letzte Revisionsforderung sei. In diesen vor aller Welt abgegebenen Versicherungen des deutschen Staatsoberhauptes erblickte auch das deutsche Volk, das Offizierskorps der Wehrmacht eingeschlossen, den rechten Gewinn der Beendigung des Streits um das Sudetenland durch die Konferenz von München. Was man im Ausland dachte und nun hoffte, spiegelte sich in Chamberlains Prophezeiung nach seiner Landung in London wider: „peace in our time!"

Im Oktober rückte dann wieder wie alljährlich der neue Jahrgang der Rekruten in die Kasernen ein, der übliche Rhythmus der Ausbildung begann. In Göttingen fand ein zweifacher Wechsel auf den Posten der Regimentskommandeure statt. Zum Kommandeur des Infanterie-Regiments 82 und gleichzeitig zum Standortältesten war mit Wirkung vom 15. September 1938 der Oberst Friedrich Hossbach ernannt worden. Zuvor war er der Chefadjutant der Wehrmacht bei Hitler. Während der Krise um den Generaloberst von Fritsch zu Beginn des Jahres hatte Hossbach sich mannhaft für Fritsch eingesetzt und Hitler zu mehreren Malen scharf widersprochen. Sogar als Hitler dabei einmal in höchster Erregung drohte, er werde ihn erschießen lassen, beharrte Hossbach auf seinem Standpunkt und gab seinen Widerspruch nicht auf. Daraus ergab sich schließlich, daß Hossbach dann in Göttingen die sogenannte Truppenverwendung erhielt.

Als Nachfolger des mit Beförderung zum Generalmajor nach Ostpreußen versetzten Oberst Feldt übernahm am 10. November 1938 der Oberstleutnant F. von Senger und Etterlin die Führung des Kavallerie-Regiments 3. Behutsam und trotzdem geschwind führte Senger Veränderungen in einigen Zuständen und Gewohnheiten herbei, wo sie nach seiner Auffassung erforderlich waren. Freimütig erkannte er aber nach schneller Orientierung an, daß der Ausbildungsstand des Regiments dank der Fähigkeiten der vorangegangenen Kommandeure kaum noch eine Verbesserung zuließ. Er sah es daher als befriedigend an, wenn es gelingen würde, dieses hohe Niveau zu erhalten.

Senger richtete dann sein Augenmerk zunächst auf die Förderung der Selbständigkeit der Unteroffiziere und auf einige wesentliche Gesichtspunkte in der Weiterbildung der Offiziere. Der Offizier solle, so lautete Sengers Devise, es verstehen und lernen, ein stets anregender und überwachender Vorgesetzter zu sein; er dürfe aber nicht durch ständiges Danebenstehen und Hineinreden in alle Einzelheiten die Handlungsfreiheit und die Verantwortung der Unteroffiziere zu stark einengen. Nur auf diese Weise könne das wichtige Ziel erreicht werden, ein selbstbewußtes und von Diensteifer beseeltes Unteroffizierskorps zu schaffen und zu erhalten.

Die Offiziere sollten sich im übrigen planvoll um ihre Weiterbildung bemühen. Dazu gehöre keineswegs nur die Vermehrung des Fachwissens, sondern auch die ständige Erweiterung der Allgemeinbildung. Der glückliche Zufall, eine Universität vor den Toren der Kaserne zu haben, müsse gewinnbringend genutzt werden. Mit detaillierten Hinweisen, mit praktischen Maßnahmen und Vermittlungen unterstützte Senger die Verbindung zur Universität und ihren Instituten. Im Kasino in Göttingen und auf dem Truppenübungsplatz zog er Professoren und jüngere Dozenten, vornehmlich diejenigen, die als Reserveoffiziere im Regiment Übungen absolvierten, zu Vorträgen vor dem Offizierskorps und zu lebahftem Meinungsaustausch heran.

Ferner bemühte sich Senger, die Offiziere vermehrt bei reitsportlicher Betätigung zu unterstützen. Die am Rennreiten oder an der Teilnahme an Turnieren interessierten Offiziere erhielten, soweit die beruflichen Belange es zuließen, die hierfür erforderliche Befreiung vom Dienst. Dafür wurde vorausgesetzt, daß sie für das Training in der Garnison auch ihre Freizeit hergaben.

In seinen eigenen Vorträgen und zahlreichen Aussprachen mit dem Offizierskorps gab er sehr deutlich seine Auffassungen über die moralische Haltung und den Lebensstil kund, die einem jeden Offizier zur Pflicht zu machen seien. Seine Anforderungen waren dabei sehr hoch angesetzt.

Politischen Diskussionen ging er so weit wie möglich aus dem Wege. Dafür hatte er gute Gründe. Wer mit ihm in nähere Berührung kam, entdeckte sehr bald, daß er die aus der nationalsozialistischen Partei hervorgegangenen und jetzt in führenden Stellungen befindlichen Personen verachtete. Das Verhalten der Parteiführung und die Methoden der Regierung hielt er für dem Wohle des Landes abträglich und gefahrbringend. Daraus zog er die Konsequenz, sich gegen diese Personen und das politische Tagesgeschehen abzukapseln.

Als Senger das Regiment übernahm, kam auf ihn auch die Frage zu, die sein Vorgänger angeschnitten, aber nicht abschließend behandelt hatte, ob der Major Baade weiter im Dienst verbleiben sollte. Baade selbst meldete sich dieserhalb zum Vortrag bei Senger. Er leitete die Unterhaltung mit den Worten ein: „Ich bin wohl im ganzen Heer der Offizier mit der schlechtesten Beurteilung.“ Senger nahm sich Bedenkzeit für eine Urteilsbildung, da er Baade nicht näher kannte und ihm bisher nur gelegentlich auf Turnieren begegnet war. Nach kurzer Umschau in der 1. Schwadron, Prüfung des Geistes, der bei den Angehörigen dieser Schwadron herrschte, und unauffälliger Erforschung des Ansehens von Baade im Offizierskorps gab Senger Baade den Rat, auf jeden Fall auf seinem Posten zu bleiben.

Senger verfügte neben allen seinen sonstigen hervorragenden Gaben zweifellos über eine gute Menschenkenntnis. In der Persönlichkeit von Baade entdeckte er sehr schnell die schwachen, aber ebenso die starken Seiten. Den ungleichmäßigen Leistungen in der Ausbildung und überhaupt dem Fehlen gewisser Voraussetzungen für die Routine im Friedensdienst stand nach der Ansicht von Senger die sichere Erwartung entgegen, daß Baade im Ernstfall vorzügliche Eigenschaften als Führer beweglicher Verbände unter Beweis stellen würde. Er sah in ihm einen Offizier, der auf seine Truppe eine mitreißende Wirkung ausüben konnte. Die originellen Einfälle und das unorthodoxe Verhalten von Baade, von dem Senger erfuhr, nahm er mit Gleichmut zur Kenntnis. Er vermutete zu Recht, daß Baades Resonanz bei der Truppe zum Teil auf diese Originalität zurückzuführen war. Als Gesamturteil hielt Senger es daher für angezeigt, Baade dem Heer zu erhalten.

Schon nach relativ kurzer Zeit stellte sich das ebenso erstaunliche wie erfreuliche Ergebnis heraus, daß Senger und Baade gute Freunde wurden. Es entwickelte sich eine Verbundenheit, die von fester Dauer sein und allen Bewährungsproben in schweren Zeiten standhalten sollte. Dabei waren sie beide in fast jeder Hinsicht Menschen von gegensätzlicher Veranlagung.

Senger stammte aus Baden und war vom dort beheimateten Liberalismus geprägt. Er hatte eine stark fundierte, umfassende Bildung. Er hatte studiert, bevor er Soldat wurde. Ihm war das begehrte Cecil Rhodes-Scholarship an der Universität von Oxford zuteil geworden. Er hatte ein außergewöhnliches Sprachtalent. Englisch, Französisch und Italienisch beherrschte er mühelos. Er war in jeder Kunstrichtung bewandert, in der Architektur Spitzenkenner. Zudem war er sehr musikalisch. Beethovens Streichquartette waren für ihn besondere Kostbarkeiten. Daneben galt seine Vorliebe Haydn.

Insgesamt war Senger daher eine Persönlichkeit von einem so hervorragenden geistigen Format, daß man ihn eher in einem gelehrten Beruf als im Kreis der Soldaten vermutet hätte. Und schließlich gehört es zu den Angaben zu seiner Person, daß er ein tief im Glauben verwurzelter Katholik war.

Baade, sehr interessiert an allem, was der Allgemeinbildung zuzurechnen ist, sich aber bewußt, daß Vorbildung und Aufnahmefähigkeit ihm hier relativ enge Grenzen gesetzt hatten, sah bewundernd zu Senger auf. Die Ausstrahlung, die von dieser gelassenen, überlegenen Persönlichkeit ausging, schlug ihn in Bann. Er wurde zu Sengers ergebenem Gefolgsmann. Er bekannte, daß sich seine Lebensfreude verdoppelt hatte, seit Senger das Zepter in der Kaserne auf dem Lohberg in die Hand genommen hatte.

Auch Senger genoß zunehmend innerhalb und außerhalb des Dienstes das Zusammensein mit dem nun immer frohgemuten und weiterhin den Alltag mit vielen Einfällen bereichernden Baade. Zudem war auch Senger ein begeisterter Reiter und fast verzückter Pferdeliebhaber. Daher ergaben sich auch in dieser Hinsicht ein gutes Einverständnis und eine enge Zusammenarbeit.

Senger zeigte Nachsicht gegenüber der absonderlichen und meist regelwidrigen Kleidung von Baade. Ihn störten auch die Hunde nicht, die immer in Baades Gefolge waren. Meist waren es zwei oder drei kleine, recht kurzbeinige und zottelhaarige Dackel von lebhaftem Temperament und mit angeblich vorzüglichem Stammbaum. Baade trug sie oft unter dem Arm oder steckte sie in seine großen Manteltaschen. Zu Pferde hielt er einen davon oft vor sich auf dem Sattelknauf und am Schreibtisch auf seinem Schoß.

Baade gab seinen Hunden immer ausgefallene Namen, zum Beispiel „Püster", „Brummer" oder „Lustig". Seinen letzten Hund am Ende des Krieges hatte er „Urlaub" getauft. Die Rasse der Hunde war nicht immer leicht definierbar. Von „Brummer", einem eigensinnigen, gelbbraunen Knäuel mit Primadonna-Allüren, behauptete Baade, daß er zu der sehr seltenen Rasse der tibetanischen Löwenhunde gehöre. Jemand, der sich auf Hunderassen verstand, äußerte Bedenken und meinte, diese Rasse gebe es nicht. Baade antwortete kurz und bündig: „Mag sein, aber wenn es eine solche gäbe, würden sie wie Brummer aussehen." Als ein junger Offizier Baade seine Verlobung mitteilte, fragte er nur: „Hat sie Hunde gern? "

Dem Oberstleutnant von Senger gelang es, bereits nach wenigen Monaten im Offizierskorps des Regiments eine Stimmung hervorzurufen, die von gesteigertem Interesse an allen Sparten des Dienstes und gleichzeitig von dem vollen Genuß eines denkbar guten Einvernehmens und Zusammenhalts gekennzeichnet war. Es bahnte sich eine Zeit an, welche die Freuden und die Befriedigung an der Berufsausübung des Reiteroffiziers in einer ländlichen Garnison zur bestmöglichen Entfaltung brachte.

Die reitsportlichen Erfolge von Angehörigen des Regiments bei Turnieren und Rennen wurden durch Sengers Initiative schnell gesteigert. In allen Kasinos der Wehrmacht herrschte auch damals traditionsgemäß eine gewisse Zurückhaltung gegenüber den neuesten Erscheinungen der Mode und des Zeitgeistes. Moderne Tänze zum Beispiel, zu denen schwungvolle Verrenkungen mit Beinen und Armen oder tiefe Kniebeugen gehörten, wurden als nicht passend für Tänzer in Uniform erachtet. Im Winter 1938/1939 galt der sogenannte Lambeth Walk als jüngster Modetanz. Obwohl die Bewegungen bei diesem vornehmlich gruppenweise auszuführenden Tanz keineswegs etwa extravaganten Turnübungen glichen, wurde er allgemein noch nicht als salonfähig für die Veranstaltungen in den Kasinos betrachtet. Zudem fiel er, da in London erfunden, nach nationalsozialistischer Propaganda in die Kategorie artfremder Gewohnheiten, gegen deren Übernahme Bedenken zu erheben seien.

Auf dem Winterball des Regiments in Göttingen im Februar 1939 provozierten jüngere Teilnehmer in vorgerückter Stunde die Tanzkapelle zum Spielen der Takte des Lambeth Walk. Gespannt schauten sie danach aus, wie der Hausherr reagieren würde. Ihre Erwartungen wurden übertroffen. Senger beteiligte sich spontan und vergnügt an diesem Tanz. Daraufhin übten sich alle in ausgelassener Stimmung bis zum hellen Morgen nur noch im Lambeth Walk. Nur der gestrenge Standortälteste, Oberst Hossbach, der als Ehrengast geladen war, glaubte unter diesen Umständen, daß er seiner Stellung schuldig sei, den Ball frühzeitig zu verlassen.

Nach der Krise und Aufregung um die Einverleibung des Sudetenlandes im Herbst 1938 schien, jedenfalls zunächst und aus der Sicht von Göttingen, eine Zeitspanne der Beruhigung in der europäischen Politik begonnen zu haben. Im Vertrauen auf Hitlers bedeutsames und in allen Ohren nachklingendes Wort von der letzten nun erfüllten Revisionsforderung war die Hoffnung darauf gerichtet, daß die Aktivität der Regierung sich nun dem Konsolidieren des Erreichten zuwenden würde.

Zwar war im deutschen Volk seit 1919 die Ansicht verwurzelt, daß durch den Vertrag von Versailles nach dem ersten Weltkrieg sehr unzweckmäßige und unnatürliche Verhältnisse an der Ostgrenze des Reiches mit der Abschnürung der Provinz Ostpreußen durch den polnischen Korridor geschaffen worden waren; aber man glaubte, daß Hitler sein Versprechen, keine neuen territorialen Ansprüche mehr zu stellen, in voller Erkenntnis dieser Lage abgegeben hätte.

Das gleiche nahm man von seiner Erklärung an, daß von deutscher Seite niemals wieder Ansprüche auf Elsaß-Lothringen erhoben werden würden. Diese Proklamation hatte er nach der allseits, besonders auch im deutschen Offizierskorps, sehr begrüßten Nichtangriffs-Erklärung zwischen Deutschland und Frankreich vom 6. Dezember 1938 verlauten lassen. Mit Pathos hatte er dabei aller Welt verkündet, daß ihm dieser Verzicht mit dem Blick auf das große Wahrzeichen deutscher Kultur, auf das von Erwin von Steinbach erbaute Münster in Straßburg, nicht leicht gefallen sei; aber im Interesse einer dauerhaften Verständigung mit Frankreich sei er zu diesem unwiderruflichen Opfer bereit. Damit schienen einer allseitigen Ausgleichspolitik die Wege geöffnet.

Innerhalb des Reiches hingegen gab es in diesem Winter, zumal in Berlin, erschütternde Ereignisse: die von Goebbels im November inszenierten Ausschreitungen gegen die Juden.

Es ist rückschauend nicht leicht, sich Rechenschaft darüber abzulegen, aus welchen Gründen das deutsche Volk dieses jedem Humanitätsdenken konträre Verhalten der nationalsozialistischen Führung, der Partei und ihrer Gliederungen, voran der SA, erduldet und hingenommen hat. Die Versuche, dies zu erklären, könnten mit dem Hinweis darauf beginnen, daß die Bewohner des Reiches, zumal die Schichten, die nicht in jeder Beziehung zu vertieftem Nachdenken neigen und von den bisherigen „Erfolgen“ Hitlers sehr beeindruckt waren, durch die jahrelange und systematische Hetze gegen die Juden bereits recht abgestumpft waren. Die immer wieder herausposaunten Behauptungen, die Juden seien für alles bisher dem deutschen Volk widerfahrene Unglück verantwortlich, hatten weite Teile der Bevölkerung so einseitig und unselbständig im Denken werden lassen, daß sie einer Erkenntnis vom objektiven Unrechtsgehalt der Judenverfolgungen kaum noch fähig waren.

Die nationalsozialistischen Propagandaredner haben hartnäckig gegen die Sowjetunion die Behauptung ins Feld geführt, daß durch die kommunistische Demagogie den Russen das Gehirn „herausoperiert" worden sei. Daß die teuflisch geschickt dirigierte Lehre des Nationalsozialismus im deutschen Volk genau das bewirkt hat, ist Millionen von leichtfertig-gutgläubigen Deutschen erst nach der Katastrophe von 1945 klar geworden.

Mehr Gewicht kommt nun allerdings als allgemeine Erklärung für das passive Verhalten gegenüber den Judenverfolgungen dem Ausmaß des Zwanges und Terrors zu. Der lückenlose Aufbau eines Überwachungsapparates bis in die kleinsten Gliederungen der Gemeinschaft hatte die berechtigte Furcht verbreitet und auch genügend Beweise dafür geliefert, daß Kritik, Widerspruch und gar Auflehnung unmittelbare Gefahr für Freiheit und Leben nach sich zogen. Die Folge war, daß man sich vor sich selbst auf Notstand berief, wenn Ereignisse eintraten, die das Gewissen beunruhigten. Es blieb dann bei innerer Empörung und beim Ballen der Faust in der Tasche. Es gab außerdem zweifellos einen Unterschied zwischen denjenigen, die in ihrer Verwandtschaft oder Nachbarschaft sogenannte Nicht-Arier in Bedrängnis sahen, und der großen Mehrheit, die von Vorfällen dieser Art nicht unmittelbar berührt wurde.

Soweit bei aktiven Angehörigen der Wehrmacht aufgrund genauerer Nachrichten ernste Bedenken und Sorgen sich einstellten, blickte man hier wieder auf die oberste Führung; man war sich bewußt, als einzelner keine Möglichkeiten für irgendein sinnvolles und darum wirkungsvolles Reagieren zu haben. Der Gang zum Vorgesetzten zwecks befreiender Aussprache durch Vortrag der Besorgnisse blieb das einzige bescheidene Mittel.

Seit 1933 war von jeder Maßnahme erhofft worden, sie würde das letzte Übel sein und darum offene Auflehnung und Bürgerkrieg nicht rechtfertigen. Doch war immer wieder ein Schritt nach dem anderen getan worden, so daß in den Jahren 1938 und 1939 die gesamte öffentliche Struktur und Ordnung in Deutschland so stark in die nationalsozialistischen Doktrinen und in Hitlers Machtapparat verstrickt waren, daß dieses abschnürende Netz allenfalls noch mit einem Aufstand der Wehrmacht, nicht aber mehr mit einem noch so mutigen Einsatz einzelner hätte zerrissen werden können. Daß viele Generäle sich zu dieser Zeit schon an ernsthaften Plänen für einen gewaltsamen Umsturz beteiligt haben, ist historisch belegt. Widrige Umstände haben es verwehrt, daß ausreichende Voraussetzungen für ein Gelingen geschaffen werden konnten.

Pastor Martin Niemöller hat nach dem Kriege gesagt, die Deutschen hätten diese Behandlung der Juden nicht zulassen dürfen; sie hätten mangels anderer Mittel für die Gegenwehr zumindest auf die Straße gehen und dort „schreien" müssen. Man kann diese Äußerung von Niemöller, dem entschiedenen Verdammer des Nationalsozialismus, in verschiedener Weise interpretieren. Sie beinhaltet die quälende und mit den vorstehend angeführten Gründen nicht hinreichend zu klärende Frage, warum die zynische und unmenschliche Behandlung der Menschen jüdischer oder teilweise jüdischer Herkunft vom deutschen Volk ertragen wurde. Sie zeigt aber auch an, wie unzulänglich die Möglichkeiten des einzelnen waren, soweit man von Personen in hohen, verantwortlichen Stellungen absieht, denen immer noch die Möglichkeit gegeben war, ihre Posten aufzugeben und damit wenigstens Warnungen und Signale zu setzen. Dies hätte gewiß in vielen Fällen entweder mit offenem Bekenntnis oder, um Freiheit und Leben nicht aufs Spiel zu setzen, zumindest mit vorgetäuschten Gründen geschehen können. Indem Niemöller rückschauend kein anderes Verhalten als das Schreien auf der Straße zu empfehlen wußte, gestand er selbst ein, daß effektive Mittel fehlten. Um so leuchtender und höchster Anerkennung wert bleiben die zahlreichen Beispiele mutiger Menschen, die damals unter Mißachtung aller Gefahren einzelnen bedrängten Juden Hilfe, Beistand und Asyl gewährt haben.

Wie immer bei geschichtlichen Rückblicken muß auch hier in erster Linie versucht werden, das Geschehen, die Haltung und die Möglichkeiten der Menschen aus der damaligen Situation zu erfassen. Erst dann kann nach einem Urteil zur Schuldfrage getastet werden, wobei besondere Vorsicht mit der Behauptung einer Kollektivschuld angezeigt ist. Dafür liefern jene letzten Jahre vor dem Kriege in Deutschland ein lehrreiches Beispiel.

Man muß eben genau zu unterscheiden wissen, was der Masse des deutschen Volkes damals tatsächlich bekannt und bewußt war, und was ihr andererseits mangels Einblicks unbekannt geblieben ist. Man darf auch nicht übersehen, daß viele zu mißbilligende Aktionen der Partei zunächst als vereinzelte oder vorübergehende Übergriffe angesehen wurden. Sehr viele Menschen in Deutschland konnten sich in solchen Fällen nicht vorstellen, daß eine absichtsvolle Politik dahinter stehen könnte. Ebenso wurden die Nachrichten über das gewalttätige Vorgehen der SS und der SA vielfach zweifelnd und ungläubig aufgenommen, weil den eigenen Landsleuten ein derart brutales Verhalten nicht zugetraut wurde. Die Hoffnung, ja die einfältige Überzeugung ging dann dahin, daß es sich nur um Zwischenfälle handeln könnte und daß die Regierung bald eingreifen und wieder Ordnung schaffen würde.

Mit Erstaunen war nach dem Kriege festzustellen, welche milden, fast beruhigenden Berichte die amerikanische Botschaft in Berlin über die Behandlung der Juden in Deutschland nach Washington gesandt hatte. Also selbst diesen eifrigen und an der Judenfrage sehr interessierten, ausländischen Beobachtern in der deutschen Hauptstadt war vieles verborgen geblieben, was auch der Mehrzahl der Deutschen erst in späteren Jahren bekannt wurde. Gewiß wurden in diesen Berichten die Maßnahmen gegen die Juden verurteilt; aber bei Prognosen für die weitere Entwicklung wurden aus diesen Vorgängen noch keine alarmierenden Folgerungen gezogen. Auch hier tauchten wieder Erwartungen auf, daß man es nur mit vorübergehenden Erscheinungen, nicht etwa mit von der Regierung selbst grundsätzlich gebilligten Schritten zu tun hätte.

In der Tat hat es in den Jahren 1938 und 1939 in den Vereinigten Staaten keineswegs eine so aufgebrachte Stimmung über die Judenbehandlung in Deutschland gegeben, wie sie bei genauer Kenntnis der Verhältnisse und vor allem bei einer genügenden Voraussicht der weiteren Entwicklung zu erwarten gewesen wäre. Ähnlich ist es dem durchschnittlichen Deutschen in dieser Hinsicht ergangen.

In Göttingen waren Maßnahmen gegen die Juden nur höchst selten und zufällig wahrzunehmen. Sie bezogen sich allenfalls auf Plakatierungen der SA mit der Aufforderung, Einkäufe in den Läden jüdischer Eigentümer zu unterlassen. Handgreiflichkeiten oder gar Grausamkeiten in der Stadt oder Umgebung wurden nicht bekannt.

Im Regiment wurden die Nachrichten aus Berlin von den jüngeren Offizieren mit Kopfschütteln, teilweise aber auch mit Gleichgültigkeit registriert. Die älteren hüllten sich in betroffenes Schweigen.

Senger und Baade haben aber bei späteren Begegnungen im Verlauf des Krieges noch des öfteren sehr nachdenklich miteinander über das Thema Judenverfolgungen gesprochen. Nachdem sich ihr Blick seit Herbst 1939 über die Grenzen von Göttingen hinaus erweitert hatte und ihnen dabei nachträgliche Erkenntnisse über das Ausmaß dieser Verfolgungen zuteil geworden waren, stellten sie sich selbst die Frage, ob sie in den Jahren vor dem Kriegsausbruch nicht genügend hellhörig und wachsam gewesen seien. Obwohl ihnen damals stichhaltige Nachrichten nur sehr spärlich zugegangen waren, beschäftigte sie jetzt doch die Überlegung, ob sie diese Zustände und Entwicklungen hätten durchschauen müssen, wenn sie sich entsprechend darum bemüht und nicht zu sehr auf ihren eigenen engen Lebens- und Pflichtenkreis beschränkt hätten. Damit versuchten sie, ebenso wie ganz gewiß auch unzählige andere Deutsche, eine Antwort auf die Frage zu finden, ob sie der Vorwurf der Fahrlässigkeit treffen könnte, weil sie – mit der Annäherung an eine juristische Formel ausgedrückt – von diesen Dingen zwar positiv nicht sehr viel wußten, aber doch vielleicht mehr hätten wissen müssen.

Am 10. Februar 1939 hatte Adolf Hitler die höchsten Befehlshaber der Wehrmacht und viele Kommandeure bis hinunter zu den Regimentskommandeuren in Berlin um sich versammelt. Er hielt ihnen eine lange Ansprache. Senger nahm daran teil. Er kehrte in niedergedrückter Stimmung zurück. Baade und engsten Freunden vertraute er an, daß Hitler von den großen weiteren Aufgaben gesprochen habe, die der Wehrmacht zugedacht seien. Die Ausführungen Hitlers hätten in dem Kernsatz gegipfelt, daß er die Streitkräfte nicht geschaffen habe, um sie in den Kasernen zu belassen. Von nun an sah Senger düster in die Zukunft. Die Doppelzüngigkeit Hitlers, der vor kurzem noch der Welt erklärt hatte, es gäbe keine Revisionsforderungen mehr, war für ihn nun einwandfrei erwiesen.

Aus vielerlei Gründen ist in diesem Zusammenhang, gerade auch für die Haltung der damaligen Offiziere, bei der Rückschau auf die Jahre 1933 bis 1939 die Frage von erheblichem Interesse, von welchem Zeitpunkt an Hitler wohl einen Krieg in Europa zur Erreichung seiner Ziele einkalkuliert oder gar im Prinzip schon fest geplant hatte.

Hitler hatte bekanntlich in allen seinen vielen Reden und in den Verhandlungen mit fremden Staatsmännern seit 1933 überschwenglich seine Friedensliebe beteuert. Daraus können nun allerdings bei diesem Mann ganz gewiß keine Schlüsse auf seine wahren Gedanken und Absichten gezogen werden. Andererseits aber ist nachträglich oft zu schnellfertig die Behauptung hingeworfen worden, Hitler habe von Anfang an einen großen Revanchekrieg anvisiert oder zumindest einen neuen Krieg in Europa als unvermeidlich angesehen.

Diese Behauptung könnte zwar, wenn man alle erreichbaren Quellen heranzieht, zunächst als zutreffend anmuten, sofern man von den langatmigen Zukunftsvisionen in Hitlers „Mein Kampf" ausgeht. Demgegenüber ist aber abzuwägen, daß jene Darlegungen erstens ein Jahrzehnt zuvor aus einer Position ohne Verantwortung und zweitens zum Zweck der Aufrüttelung nationalistischer Gefühle verfaßt worden sind. Einmal zur Macht gelangt und das Ruder der Regierung in der Hand haltend, mußte es selbst Hitler trotz seines unruhigen Geistes wenig verlockend erscheinen, die Herrlichkeit des nun angebrochenen „Tausendjährigen Reiches" durch einen Krieg, dessen Ausgang niemals mit Sicherheit voraussehbar ist, ohne Zwang aufs Spiel zu setzen. Seinem Ehrgeiz und seiner Eitelkeit fielen so viele Erfolge und Scheinerfolge zu, daß er genügend Befriedigung darin finden konnte, sich im Besitz der Macht zu sonnen. Als gefeierter Volkstribun innerhalb des Landes und nach den ersten geglückten außenpolitischen Schachzügen hatte er immer noch ein weites Betätigungsfeld vor sich, auf dem er die nationalsozialistische Bewegung festigen und seinen eigenen Stern selbstgefällig leuchten lassen konnte. Er war in diesen Jahren noch dem Nabob vergleichbar, der es, solange er noch bei vollem Verstande ist.

nicht unternehmen wird, sein ganzes Vermögen mit einem Schlag auf Schwarz oder Rot beim Roulett zu setzen.

Es mußten erst zwei entscheidende Momente hinzutreten, bis bei Hitler die Wendung zum bewußten und keinen Widerspruch duldenden Hinsteuern auf die Auslösung eines Krieges erfolgte. Es war einmal die Erkenntnis, daß die anfänglich viel gepriesene Ankurbelung der deutschen Wirtschaft durch die nationalsozialistische Regierung ein völlig irreales und allen wirtschaftlichen Erfahrungen hohnsprechendes Unterfangen war. Damit blieb hier, und zwar nicht zum erstenmal in der Geschichte der Völker, einer verantwortungslosen Regierung als Ausweg aus den sich abzeichnenden inneren Schwierigkeiten nur noch die Expansion, die Suche nach Entlastung durch Eroberungen. Zweitens gelangte nun Hitler – ungefähr in der zweiten Hälfte des Jahres 1937 – durch die bis dahin erzielten Erfolge in ein derartiges Stadium der Sättigung, daß bei seiner durch moralische Prinzipien nicht gehemmten Mentalität in ihm der Wunsch heranwuchs, sich nunmehr auch noch mit dem Lorbeer des obersten Kriegsherrn zu schmükken. Daß zu dieser Versuchung der Anblick der inzwischen sprunghaft und tatkräftig verstärkten Wehrmacht beitrug, ist nicht zu leugnen.

Will man versuchen, den Zeitpunkt für Hitlers erhöhte Bereitschaft oder gar Entschlossenheit zum Kriege noch näher zu bestimmen, so bieten sich hierfür die eingehenden Untersuchungen des bereits erwähnten Historikers Gerhard Ritter in seinem Buch über Carl Goerdeler an. Ritter hält es für aktenkundig beweisbar, daß Hitler den Krieg seit Mai 1938, also nach dem Anschluß von Österreich, geplant habe. Die Tatsache, daß der Generaloberst Ludwig Beck nur wenige Monate danach von seinem Posten als Chef des Generalstabs des Heeres zurücktrat, weil er Hitlers Kurs für unverantwortlich hielt, scheint die Berechnungen von Ritter zu bekräftigen.

Hierbei ist jedoch eine sehr aufschlußreiche Besprechung von Hitler mit dem Reichskriegsminister, den Oberbefehlshabern der Wehrmachtsteile und dem Reichsaußenminister von Neurath vom 5. November 1937 wahrscheinlich nicht genügend berücksichtigt worden. Über den Inhalt dieser Besprechung ist von dem damaligen Adjutanten Hitlers, dem Oberst Hossbach, wenige Tage später eine Niederschrift gefertigt worden. Danach hatte Hitler hier zum ersten Mal seinen Entschluß bekannt gegeben, die – wie es dort heißt – deutsche Raumnot in Europa auf dem Wege der Gewalt zu lösen. Es ist erwiesen, daß alle Anwesenden, allerdings mit der Ausnahme von Göring, ernste Bedenken gegen Hitlers Pläne erhoben.

Es ist gewiß nicht von sehr großer Bedeutung, ob Hitlers Wille und Drängen zum Kriege ab Herbst 1937 oder Frühjahr 1938 zu datieren sind; wohl aber ist es in hohem Grade des Wissens und des Beachtens wert, daß die Redensart, Hitler habe bereits seit 1933 sein ganzes

Trachten auf die Entfesselung eines Krieges gerichtet und ein jeder hätte dieses erkennen müssen, auf sehr schwachen Füßen steht.

Hitlers unermeßliche Schuld wird dadurch nicht verringert, daß man seine Entschlüsse und Handlungen zeitlich zutreffend rekonstruiert. Es wird dadurch aber verständlicher, daß jahrelang überall in Deutschland, das Offizierskorps bis hinauf zu den führenden Generälen eingeschlossen, die Erwartung und die Hoffnung verbreitet waren, Hitler würde den Bogen nicht überspannen. So war es auch erklärlich, daß dann ab 1937 und 1938 die Zweifel, die Skrupel und die Gedanken an Widerstand anschwollen. Die Bemühungen in dem allerdings immer noch recht klein gehaltenen Verschwörerkreis wurden intensiviert, nachdem zu der Empörung über alle Rechtsbeugungen und über die Knebelung der Freiheit das deutliche Schreckgespenst eines Eroberungskrieges hinzutrat.

Im Morgengrauen des 15. März 1939 wurde die ganze Welt mit der Nachricht überrascht, daß deutsche Truppen in die Tschechoslowakei eingerückt waren. Prag wurde schnell besetzt und die tschechischen Truppen wurden ohne Widerstand entwaffnet.

Die Hintergründe und Vorbereitungen für diese Aktion blieben sehr lange weitgehend unbekannt. Von den räuberischen Manipulationen und den kriminellen Erpressungen Hitlers gegen die tschechische Regierung, insbesondere gegen den Staatspräsidenten Hacha, ahnte die Öffentlichkeit nichts. Die Tatsache dieses Überfalls auf die Tschechoslowakei genügte aber, um das Ausland endgültig davon zu überzeugen, daß eine Verständigung mit Hitler ausgeschlossen sei, daß dessen Wort wertlos sei, daß seine Macht- und Eroberungsgier keine Grenzen kenne und daß es daher ein dringendes Gebot sei, sich ernsthaft auf den Ausbruch kriegerischer Verwicklungen einzustellen. Schweren Herzens zogen vor allem Großbritannien und Frankreich die Konsequenz, ihre bisher recht vernachlässigte Rüstung einer Revision zu unterziehen.

Die Kavallerie-Regimenter des Heeres waren an dem Einmarsch in die Tschechoslowakei nicht beteiligt. Einige wenige Panzerdivisionen und nachgezogene Infanterie-Einheiten waren dafür das genügende Aufgebot.

Senger konnte in Erinnerung an die Ansprache von Hitler an die Befehlshaber und Kommandeure am 10. Februar 1939 in Berlin ermessen, welche Bedeutung und welche Folgen der Sprung nach Prag haben mußte. Er warnte seine Offiziere, wenn auch in vorsichtiger Weise, vor der in den folgenden Tagen in Deutschland verbreiteten irreführenden Ansicht, daß es hier lediglich um einen neuen unblutigen außenpolitischen Schritt von Hitler, um eine etwa harmlose Fortsetzung der sogenannten „Blumenkriege“ gegangen sei, wie mit Österreich und zur Annektierung des Sudetenlandes.

Hitler konnte aber in der unglaublich kurzen Zeit von nur zwölf

Tagen gleich nach dem Handstreich auf Prag wieder drei spektakuläre außenpolitische Erfolge erzielen. Am 23. März wurde das Memelgebiet kampflos besetzt und dem deutschen Reich einverleibt. Am selben Tage wurde Rumänien durch ein Handelsabkommen in ein von Deutschland dirigiertes mitteleuropäisches Wirtschaftssystem einbezogen. Die rumänischen Ölquellen gaben diesem Abkommen eine große Bedeutung. Am 27. März trat Spanien dem Antikomintern-Pakt bei.

In Deutschland schieden sich die Geister vor allem wegen der Einverleibung der Tschechoslowakei. Die kleine Minderheit der besonnenen, des politischen Kalküls und der Einbeziehung des Auslands in ihre Vorstellungen fähigen Menschen sah darin den Wendepunkt; der Krieg rückte nun in höchst gefährliche Nähe. Die überwiegende Mehrheit hingegen hing immer noch an dem apolitisch-infantilen Glauben, sich auf eine tatkräftige und geschickte Führung verlassen zu dürfen, die Krieg vermeiden und trotzdem des Landes Wohlstand und Stärke mehren würde. Als im Sommer 1939 das Verhältnis zu Polen unter Hinweisen auf Danzig und den polnischen Korridor zu einem akuten Problem in der deutschen Presse und in Verlautbarungen der Regierung erhoben wurde, blieb die Erwartung bestehen, daß sich wiederum alles gütlich regeln lassen könnte.

Ernst-Günther Baade erlebte den Sommer 1939 in gespaltener Stimmung. In seiner Anlehnung an Sengers Auffassungen und Beurteilungen war seine anfängliche Bereitschaft, an dem Nationalsozialismus und der Hitler-Regierung positive Seiten anzuerkennen, viel geringer geworden. Hatte er früher den Eindruck gehabt, daß zum Beispiel das Anstreben eines besseren sozialen Einverständnisses, die Beseitigung der Arbeitslosigkeit, die Einführung des Reichsarbeitsdienstes, die energischere Bekämpfung der Kriminalität, die Gleichberechtigung mit den Nachbarstaaten und manches andere mehr bis hinunter zur Schaffung eines segensreichen Jagdgesetzes Zustimmung verdiene, so sah er sich nun durch zunehmende Bedenken zu Kritik und Distanzierung veranlaßt. Insbesondere entwickelten sich bei ihm Abneigung und sogar Verachtung gegenüber den allgegenwärtigen Parteifunktionären. Im Zusammenhang mit der Bewirtschaftung von Neverstaven kam er jetzt in Berührung mit Kreisleitern, Blockwarten und den von der Partei in die Behörden hineinbeorderten Beauftragten. Das so oft unsachliche und außerdem meistens arrogante Verhalten dieser „Bonzen“ erregte Baades Zorn. Er ließ sich impulsiv auf manchen Streit mit ihnen ein.

Umso bewußter genoß er in diesen letzten Monaten vor dem Kriege das gegenseitige Verstehen und die freundschaftliche Aufgeschlossenheit innerhalb des Offizierskorps in Göttingen. Er veranstaltete gemeinsame Ritte mit Freunden, organisierte interne reiterliche Konkurrenzen und lud noch häufiger als bisher Gäste in sein Haus am Niklausberger Weg ein. An den Sonntagen besuchte er oft die Rennen in Hannover, Hamburg, Bremen oder Berlin, wenn dort seine Vollblutpferde liefen. Er hatte sie einige Jahre nach seiner Abkehr vom aktiven Turniersport angeschafft und ließ sie in Hannover trainieren.

Ende Juni fuhr er wieder zum Deutschen Spring-Derby nach Hamburg, um dort auf dem Turnierplatz von Klein-Flottbek seine „Silbernen Sporen" persönlich zu überreichen. Als dauerhaftes Zeichen seiner Verbundenheit mit dem Springsport hatte er Jahre zuvor ein Paar silberne Sporen für den Reiter beim alljährigen Spring-Derby gestiftet, der unter denjenigen Teilnehmern, die zum erstenmal über diesen schweren Parcours ritten, am besten abschnitt.

Baade begann aber auch, manche Vorbereitungen für den Krieg zu treffen. Dafür legte er seine persönliche Ausrüstung hinsichtlich Kleidung, Gepäck und Waffen bis in die letzten Einzelheiten zurecht. Er ließ sich Feldkoffer nach Maß anfertigen, die, auf Zentimeter ausgerichtet, die mitzuführenden Gegenstände enthielten. Von der Auswahl und Überprüfung aller benötigten Dinge bis zur sicheren Verpackung des kupfernen Teekessels war somit alles darauf angelegt, daß er selbst, falls die Stunde schlagen sollte, sich von Anfang an unbeschwert den Aufgaben widmen konnte, die auf ihn als den vorgesehenen Kommandeur der Aufklärungs-Abteilung der 17. Infanterie-Division zukommen würden.

Auch sein Testament war hinterlegt. Er hatte es bereits im September 1933 als Rittmeister an der Kavallerie-Schule in Hannover verfaßt. Darin brachte er seine Anhänglichkeit an die Heimat Falkenhagen zum Ausdruck und setzte neben seiner Ehefrau sehr bevorzugt seinen jüngeren Bruder Joachim zum Erben ein, um ihn bei der Erhaltung und Förderung des väterlichen Besitzes zu unterstützen. Er wünschte in Falkenhagen in Uniform beerdigt zu werden. Ein Sattel sollte ihm als letztes Kopfkissen dienen. Die Musik hatte beim Begräbnis nur lustige Weisen zu spielen.

Die erste Hälfte des Monats August in diesem letzten Vorkriegssommer verbrachte das Kavallerie-Regiment 3 auf dem Truppenübungsplatz Wildflecken in der Rhön. Oberst von Senger erwies sich hier bei der Anlage und Durchführung von Übungen ebenso wie bei der Belehrung und Unterhaltung seines Offizierskorps noch einmal als vorbildlicher Regimentskommandeur. So sehr ihn das Kriegsgeschrei und Säbelrasseln der Hitler-Regierung in diesen Wochen beunruhigte und anwiderte, verstand er es doch, seine Truppe frei von Sorgen und kameradschaftlich zusammenzuhalten.

Die Abende in dem Kasino wurden mit Vorträgen und Aussprachen ausgefüllt, bei denen jedoch Tagespolitik beiseite gelassen wurde. An einigen Abenden wurden Konzerte veranstaltet. Dies war ein überraschend gutes Ergebnis einer Weisung, die Senger bereits kurz nach der Übernahme des Regiments dem Führer des Trompeterkorps erteilt hatte. In seiner unkonventionellen Art und seiner ständigen Forderung nach Aufgeschlossenheit und Allgemeinbildung entsprechend, hatte er dem Stabsmusikmeister Sillig erklärt, daß sich die Tätigkeit eines ungefähr 35 Soldaten umfassenden Trompeterkorps nicht in dem Herblasen der Militärmärsche erschöpfen dürfe. Die darin vorhandenen musikalischen Talente müßten auch in anderer Richtung gefördert werden. Die wohlgelungenen Symphoniekonzerte auf dem Truppenübungsplatz Wildflecken belohnten diese Initiative.

In später Stunde fand sich, geschart um Senger, an diesen Abenden gelegentlich noch ein kleiner Kreis zusammen. Baade gehörte jedesmal dazu. Es wurden hier die Vorgänge besprochen, welche die großen Schatten warfen. Baade nannte dies „die Lage peilen". Im allgemeinen endete dieser Meinungsaustausch auf dem Schaukelstuhl zwischen der eigenen Machtlosigkeit gegenüber den im Gange befindlichen Entwicklungen einerseits und der schwachen Hoffnung andererseits, daß Befürchtungen und Pessimismus sich als unbegründet erweisen möchten.

Baade hielt sich bei diesen Unterhaltungen zurück. Er blieb damit seiner Selbsteinschätzung getreu, daß es ihm nicht gegeben sei, zu vielschichtigen Problemen in zusammenhängender und straff gegliederter Form Stellung zu nehmen. Ihm war es mehr gelegen, seine Gedanken oder Schlußfolgerungen aus den Beiträgen der anderen in knappen Sätzen, fast aphorismenartig, vorzubringen. Äußerungen von ihm in jenen späten Abendstunden in Wildflecken waren sehr stark intuitiv, enthielten aber oft sehr treffende Ausblicke in die Zukunft. Gewiß, er bewegte sich dabei nicht selten am Rande der Gemeinplätze, doch trat oft eine prägnante eigene Note hinzu, die aufhorchen ließ. Es sei leicht, so sagte er zum Beispiel, Wünsche und Bedürfnisse in den Menschen zu wecken; sie zu befriedigen, sei aber dann unendlich schwer. Beides verhalte sich eben wie das Wort zur Tat.

Ein anderer Ausspruch, ebenfalls auf die damalige Lage gemünzt, lautete: „Eine junge Weltanschauung hat es leicht, eine gläubige Gemeinde zu finden. Erst die dritte Generation muß den Wert beweisen." Ein anderes Mal sagte er: „Das Problem unserer Zeit ist weder weltanschaulicher noch politischer oder wirtschaftlicher Natur, sondern einzig und allein ein soziales. Wer die beste Form dafür findet, bestimmt die Zukunft, mag er sie weltanschaulich oder politisch begründen, wie er will."

Nun wußte man damals in den Garnisonen und auf den Truppenübungsplätzen nicht, daß es an manchen Stellen im Deutschen Reich, vor allem natürlich in Berlin, schon beachtliche oppositionelle Bestrebungen gab. Der Abgang des Generalstabschefs Beck im September 1938, hervorgerufen durch Hitlers Absicht, die Sudetenkrise notfalls mit Gewalt zu lösen, war eigentlich die einzige Tatsache bisher, die im Offizierskorps als oppositioneller Warnruf verstanden werden konnte. Völlig unbekannt blieb es, und mußte es schließlich auch bleiben, daß der Nachfolger von Beck, der General Franz Halder, eifrig Ausschau nach Möglichkeiten hielt, das Hitler-Regime zu stürzen, um die Bedrohung des Friedens zu bannen.

Nach 1945 sind Entstehung und heimliche Tätigkeit der Opposition aus den Vorkriegsjahren genau rekonstruiert worden. Die führende Rolle hatte, zumindest ab 1937, der ehemalige Oberbürgermeister von Leipzig, Carl Goerdeler, übernommen. Er hat sein Streiten für die Menschenrechte und den Versuch zur Rettung seines Vaterlandes aus der Tyrannei nach dem Aufstand vom 20. Juli 1944 mit dem Leben bezahlen müssen.

Goerdeler ist hier zu erwähnen, weil gerade sein Weg in die Opposition geeignet ist, diejenigen Deutschen und Ausländer nachdenklich zu stimmen, die aus Selbstgefälligkeit oder aus Unkenntnis zu der Meinung neigen, man hätte bereits 1933 die Gefährlichkeit des Nationalsozialismus erkennen und den Weg in den Abgrund voraussehen können. Denn auch Goerdeler erblickte zunächst Gemeinsamkeiten und gewichtige Vorteile im Programm dieser Bewegung. Auch er hielt es zunächst für möglich, daß sie die innere Zerrissenheit des deutschen Volkes überwinden könnte. Auch ihm schien zunächst, trotz seiner guten Verbindungen zu den handelnden Personen und trotz seines vorzüglichen Überblicks über die politische und wirtschaftliche Lage, zur damaligen Zeit kein Anlaß zu dramatischen Befürchtungen gegeben.

Seit den ersten Anfängen in der Bildung einer Opposition lag naturgemäß das Schwergewicht der praktischen Vorbereitungen bei der militärischen Gruppe des Verschwörerkreises. Warum kam es nicht oder konnte es nicht zur Ausführung der erdachten und erarbeiteten Pläne kommen? Dafür gibt es drei wesentliche Gründe.

An dem besten Willen der Beteiligten hat es nicht gefehlt. Ihr Kreis war aber zu klein. Die stete Sorge, daß eine neu umworbene Persönlichkeit sich nicht nur versagen, sondern Geheimnisse preisgeben könnte, zwang ebenso zur Vorsicht wie die Furcht, daß infolge eines Versehens die Machthaber oder Dienststellen der SS oder die Gestapo von den Plänen erfahren könnten. Im übrigen war in diesem Zeitabschnitt die Zahl der Personen, sowohl im zivilen als auch im militärischen Sektor, noch relativ gering, die bereit waren, über das Kritisieren und Bemängeln hinaus die harte Konsequenz zur Tat, das heißt zum Anschluß an einen Putsch gegen die Staatsautorität, zu ziehen. Eid und Tradition wirkten immer noch als Hemmnisse.

Es gibt kaum ein Element, das mehr zum Nachdenken und zur Sorgfalt in der Beurteilung anhält als ein Ausspruch, den sogar der Generaloberst Beck, das spätere militärische Haupt der Verschwörung vom 20. Juli 1944, noch 1938 gegenüber seinem damaligen Untergebenen, dem General Halder, getan hat: „Meuterei und Revolution sind Wörter, die es im Lexikon des deutschen Soldaten nicht gibt." Dies sagte Beck zu einer Zeit, da er sich schon schwere Sorgen wegen Hitlers Kriegsgelüste machte.

Demgegenüber ist freilich festzustellen, daß für die Beurteilung der Frage, ob ein militärischer Aufstand gegen Hitler notwendig und zulässig war, das Vorliegen eines ganz krassen Ausnahmefalles in Gestalt eines höchsten Notstandes das entscheidende Kriterium darstellte.

Die Zweifel daran, ob der Weg zum Staatsstreich mit Waffengewalt eingeschlagen werden müßte, wurden bei vielen deutschen Generälen, insbesondere bei den Befehlshabern in den Provinzen, noch verstärkt durch die immer wieder sich selbst gestellte Frage, ob sie sich ein ausreichendes Urteil über die weitere Entwicklung der politischen Lage zutrauen könnten. Viele wurden erst durch den von Hitler dann begonnenen Krieg dieser Zweifel enthoben. Die anderen ließen aus anerzogenem, soldatischem Pflichtbewußtsein und im Banne ihres Eides Gedanken an Widerstand nicht aufkommen. Dabei hatte sich Hitler schon lange vor dem Kriege über die rechtlichen und moralischen Verpflichtungen hinweggesetzt, die, nach allen gültigen Grundsätzen, einer Staatsführung sowohl gegenüber den eigenen Bürgern als auch gegenüber den anderen Mitgliedern der Staatengemeinschaft obliegen. Daher war der Entschuß zum Widerstand und Staatsstreich schon zu diesem Zeitpunkt durchaus gerechtfertigt.

Der zweite Grund dafür, daß die Opposition vor Kriegsausbruch nicht zur Ausführung ihres Vorhabens kam, lag in dem Fehlen der ausreichenden Mittel. Die Aussichten für eine erfolgreiche Überwindung der schon so weitgehend konsolidierten Machtmittel des nationalsozialistischen Regimes blieben auf einer bedrohlich niedrigen Stufe.

Die große Masse des Volkes war der durch die Wahlergebnisse belegten Verblendung verfallen. Die jüngste Generation marschierte fasziniert in den Reihen der Hitlerjugend. Für Aufruf und Handeln gegen die Regierung war, jedenfalls vor dem Kriegsausbruch und in den ersten Kriegsjahren, mit Verständnis und Echo im Volk nicht zu rechnen. Mit dem einen Leutnant und zehn Mann, mit denen der alte Kammerherr von Oldenburg-Januschau einst in der Kaiserzeit den Reichstag zu schließen empfahl, war nichts mehr auszurichten.

Zum Staatsstreich hätte es des unverzüglichen und geschlossenen Einsatzes einer bestimmten Zahl von Truppenteilen bedurft. Angesichts des unerbittlichen Zwanges zur sorgsamen Geheimhaltung der Vorbereitungen konnte hierfür nicht mit der an Gewißheit grenzenden Wahrscheinlichkeit Vorsorge getroffen werden. Zudem stand zu bedenken, daß die Wehrmacht in den Jahren 1938 und 1939 keineswegs mehr ein so homogenes Machtinstrument in der Hand ihrer Führer war wie zuvor. Der Hinzutritt der reaktivierten Offiziere und vor allem die Eingliederung der Reservisten hatte den unpolitischen Charakter fühlbar verwässert.

Unter allen diesen Gesichtspunkten sahen sich die eingeweihten und zum Widerstand entschlossenen Offiziere unablässig mit der bangen Frage befaßt, ob der Wurf trotzdem gewagt werden sollte. Die Verantwortung, die sie damit übernommen hätten, war ungewöhnlich weitreichend. Sie hatten dabei alle im Bereich des Möglichen liegenden Folgen einzukalkulieren. Ein zeitlich und in seinem Ergebnis nicht abzusehender Bürgerkrieg gehörte dazu.

Ein Scheitern des Putsches hätte die Stellung der Wehrmacht vollständig ruiniert. Ihrem nochmaligen Einsatz zum Sturz der Gewaltherrschaft wären dann alle Voraussetzungen entzogen worden. Dieser Schlag konnte nur einmal gewagt werden. Daher erhob sich immer wieder die Frage nach dem günstigsten Zeitpunkt; so entstand die Versuchung, sich diesen von der Zukunft zu versprechen. Es ist bekannt, daß die Verschwörer von einem Monat zum anderen auf irgendeine innenpolitische Mißstimmung oder auf einen außenpolitischen Rückschlag hofften, um dann den Putsch in Erwartung einer besseren Gefolgschaft ausführen zu können.

Der dritte Grund für das Ausbleiben des damals geplanten Staatsstreiches liegt darin, daß sich eben diese Gelegenheit in Gestalt eines Schwächemoments der Regierung nicht bot. Man kann dies auch das verteufelte Glück von Hitler zum Unglück von Deutschland nennen. Mehrmals schien sich zwar eine Konstellation abzuzeichnen, die den Verschwörern wenigstens das ersehnte Minimum an Erfolgschancen zutragen könnte; ein jedes Mal ließ aber die tatsächliche Entwicklung diese Hoffnung zerrinnen.

Das überzeugendste Beispiel hierfür dokumentiert die Münchener Konferenz vom 29. September 1938. Die führenden Persönlichkeiten des Widerstandes hatten kurzfristig die Auslösung des Aufstandes für den Zeitpunkt geplant, in dem Hitler völkerrechtswidrig die Wehrmacht zur Waffengewalt gegen die Tschechoslowakei einsetzen würde. Dann fiel jedoch überraschend in München Hitler eine unblutige Lösung durch die Vermittlung von Mussolini und durch das Nachgeben von Frankreich und Großbritannien in den Schoß. Die dadurch ausgelöste Erleichterung im deutschen Volk, verbunden mit der Bewunderung dafür, daß Hitler schon wieder ein derartiger außenpolitischer Erfolg gelungen war, ließ eine Erhebung gegen ihn zu diesem Zeitpunkt als völlig aussichtslos erscheinen. Die bisherigen Vorbereitungen mußten angehalten werden. Erneut sahen sich die Verschwörer zum Abwarten gezwungen. Aber auch die folgenden Monate bis zum Herbst 1939 verbesserten ihre Aussichten nicht. Das Schicksal nahm seinen Lauf und am 1. September 1939 entflammte der von Hitler gewollte Krieg.

Hierzu ist authentisch ein Ausspruch von ihm überliefert, den er am 22. August 1939 getan hat, zur Zeit der kritischen Verhandlungen mit der polnischen Regierung über seine Forderungen bezüglich Danzig und des polnischen Korridors. Er sagte, er hoffe, daß nun nicht noch irgendein „Schweinehund“ mit einem Vermittlungsvorschlag daherkäme, der den Krieg doch noch in letzter Minute aufhalten könnte. Selbst wenn man hier noch recht vorsichtig mit Hitler ins Gericht gehen wollte, bleibt zumindest erwiesen, daß er sich die blutige Auseinandersetzung mit Polen gewünscht hatte. Daß daraus der Weltkrieg entstehen würde, hätte er sich ausrechnen können. Zudem gibt es genügend Beweise, daß er für einen späteren Zeitpunkt einen Krieg gegen Frankreich ohnehin schon in seine Pläne einbezogen hatte.

Bemerkenswert bleibt für die individuelle Haltung der Offiziere zur Zeit der Hitler-Herrschaft die recht klare Trennung zwischen drei Kategorien. Dabei kann man zunächst von denjenigen sprechen, die aufgrund ihrer dienstlichen Stellung in den höchsten Stäben einen Einblick in die Vorgänge und Entwicklungen hatten oder bei genügender Aufmerksamkeit hätten haben können und daher zu einer zutreffenden Beurteilung befähigt waren. Hieraus sonderte sich jener Kreis ab, der von innerer Auflehnung ergriffen, sich zur Aktion gegen das Regime zur Verfügung stellte. Obwohl es dann in unzählbaren Fällen Zwischenstufen in Form von teilweise besserer Orientierung oder sogar zeitweilig loser Verbindung zum Verschwörerkreis gab, blieb die große dritte Kategorie der Offiziere ebenso oberflächlich oder falsch informiert wie die Masse des Volkes.

Es ist nun eine hinlänglich belegte Tatsache, daß die deutsche Zivilbevölkerung und ebenso die deutsche Wehrmacht im September 1939 ohne Enthusiasmus, ohne Jubel und auch ohne Haß in den Krieg eingetreten sind. Straßen, Plätze und Bahnhöfe boten ein anderes Bild als im August 1914. Die Stimmung von 1939 war untermalt von stummer Ergebenheit. In ihr herrschten die beiden bangen Fragen, ob dieser Krieg wirklich unerläßlich und darum gerechtfertigt sei und ob er nicht eine Wiederholung dessen bringen werde, was die noch lebende Generation von 1914 bis 1918 hatte ertragen müssen. Nach den „Blumenkriegen“ war nun auch die Enttäuschung der Optimisten und eifrigen Nationalsozialisten spürbar, daß jetzt geschossen wurde. Selbst der überraschend am 23. August 1939 abgeschlossene deutsch-sowjetische Nichtangriffs-Pakt konnte wenig an dieser gedrückten Stimmung ändern.

Auch auf dem Lohberg in Göttingen herrschte nicht die Spur von einer Hurra-Stimmung, sondern nur Bedauern über das Auseinandergehen. Soweit Teile des Regiments schon vor dem 1. September auszurücken hatten, war beim Abschied noch die Hoffnung hochgehalten worden, daß auch diese Mobilmachung nicht mit dem scharfen Schuß enden würde. Man hörte davon. daß unter Einschaltung von England noch mit Polen verhandelt würde, an das Hitler nun, allen seinen Versicherungen zuwider, rigoros seine territorialen Forderungen gestellt hatte.

EINE AUFKLÄRUNGS-ABTEILUNG IN POLEN

Der erste Befehl zur Herstellung der Marschbereitschaft einer der vom Kavallerie-Regiment 3 zu bildenden Aufklärungs-Abteilungen ging am 24. August in Göttingen ein. Er betraf die Aufklärungs-Abteilung 17, diesmal also diejenige, als deren Führer Baade vorgesehen war.

Die Aufstellung der Abteilung, zu der in erster Linie die Heranziehung, Einkleidung und Ausrüstung der Reservisten, die Auffüllung und Übernahme alles benötigten Geräts und der scharfen Munition gehörten, vollzog sich schnell und reibungslos. Die peinlich genau geführten und stets überarbeiteten Vorbereitungen des Regimentsstabes für die Mobilmachung hatten alle Voraussetzungen dafür geschaffen.

Als einzige kleine Ungenauigkeit stellte es sich heraus, daß die errechnete Sollstärke der Abteilung um einen Mann überschritten schien und daß daher für diesen Mann die Waffe fehlte. Es handelte sich ausgerechnet um Baades persönlichen Kraftfahrer. Kurzerhand ließ Baade daraufhin in der Stadt eine Pistole für ihn kaufen und damit war dieser Zwischenfall behoben.

Bereits am 26. August morgens, noch vor Hellwerden, rückten die einzelnen Einheiten der Abteilung durch das schlafende Göttingen zur Verladung auf dem Güterbahnhof. Baade hatte veranlaßt, daß sie hierbei vom Trompeterkorps begleitet wurden, das auch während der Verladung noch ein Platzkonzert gab, um nachdenkliche Stimmung zu verscheuchen. Dann rollten die Züge in kurzen Abständen nach Osten.

Durch die vorangegangenen Ereignisse wie die Einmärsche in das westliche Rheinland, in Österreich, ins Sudetenland, in die Tschechoslowakei und ins Memelgebiet waren die deutschen Soldaten bis zu einem gewissen Grade an das Mobilmachen und an das Abschiednehmen gewöhnt. Zunehmend ernster und besorgter verhielten sich ein jedes Mal dabei die älteren Offiziere, und zwar besonders jetzt bei diesem „Auszug" im Herbst 1939, der auf einen nun wirklich bevorstehenden Waffengang hinzusteuern schien.

Es gibt wohl kaum ein Ereignis, das, verglichen mit dem Zwang zum Auszug in einen Krieg, eine ebenso weitreichende wie unterschiedliche Skala der Gefühle in einem Menschen aufrührt. Das gilt für die Soldaten wie für die Zurückbleibenden. Die völlige Umkehr aller Lebensumstände und die plötzlich ganz ungewisse Zukunft, die rücksichtslose Trennung vom Familien- und Freundeskreis, das Bewußtsein, daß die Lebenszeit auf Erden nun nicht mehr den bisher gehegten Erwartungen entsprechen wird, der Befehl zum Töten und das große Risiko, selbst getötet oder verstümmelt zu werden, vor allem aber die Sorge, seinen Angehörigen nicht mehr täglich ein beschützender Mann oder Vater, eine besorgte Ehefrau oder ein aufmerksamer Sohn sein zu können, entfacht eine Turbulenz der Gemütsbewegungen. Ihre Stärke und Pendelschläge zu Schwerpunkten werden von der Wesensart des einzelnen bestimmt sowie von dessen Einstellung und Verhältnis zur Umwelt.

Der mit seinem bisherigen Ergehen, mit seiner Umgebung und seinen Zukunftsaussichten Zufriedene löst sich ungleich schwerer in das große Wagnis hinaus als derjenige, der weniger zu verlieren glaubt. Wer zum Abschied an Kinderbetten treten und den womöglich letzten Gruß mit der ihm glückhaft verbundenen Lebensgefährtin wechseln muß, wird tiefer berührt als die Menschen ohne diese Bindungen.

Zwei nicht leicht zu definierende Aspekte treten allerdings hinzu, wenn man in diese Empfindungen pflichtschuldig den Patriotismus hineinbezieht und auch den ehrgeizigen Blick auf die von einem Krieg gebotenen Chancen für Beförderungen, Ehren und Auszeichnungen. Der Patriotismus, soweit er als Bereitschaft zum Einsatz des eigenen Lebens zum Schutz der Gemeinschaft verstanden wird, gleichgültig, ob es sich dabei um eine nationale Gemeinschaft oder, nach heutigen Begriffen, um eine enge Staatenverbindung handelt, ist natürlich zu allen Zeiten ein berechtigtes Motiv gewesen, die eigenen Belange zurückstehen zu lassen, sich in eine von der eigenen Person her unabänderliche Lage zu fügen und die soldatischen Pflichten zu erfüllen.

Der Gedanke allerdings, daß ein Krieg, der unendliches Leid verursacht, möglicherweise für jemand Befreiung von Sorgen und Unzulänglichkeiten im bisherigen Verlauf seines Lebens und dafür Ruhm, Beförderung und Orden einbringen könnte, muß als verwerflich abgetan werden. Er mag in der Zeit der Landsknechte des Mittelalters als Gepflogenheit gegolten haben, als sogar Bereicherung durch Raub noch eine mitsprechende Triebfeder war; er paßt nimmermehr in das 20. Jahrhundert.

Die Empfindungen von Ernst-Günther Baade beim Kriegsausbruch, soweit man sie erfahren oder erahnen konnte, waren nicht leicht auf einen Nenner zu bringen. Obenan stand die Überzeugung, daß Klagen, Sorgen und Befürchtungen müßig seien. Den Tatsachen wachsam und mutvoll ins Auge zu sehen, schien ihm das nun auferlegte Gebot. Er hatte den Krieg kommen sehen und sich innerlich ausreichend darauf eingestellt. In der Stunde der Mobilmachung befiel ihn weder Überraschung noch sonderlicher Abschiedskummer. Er hatte keine eigenen Kinder; er wußte seine sehr selbständige Frau gut versorgt.

Er fühlte sich frei für die nun ohne sein Zutun auf ihn zukommenden Aufgaben. Der Friedensdienst in der Garnison hatte ihm niemals eine restlose Erfüllung gebracht, so sehr er auch das letzte Jahr unter der Führung des Regiments durch Senger in vieler Hinsicht genossen hatte. So kann man beinahe sagen, daß Baade trotz grundsätzlicher Verdammung dieses Krieges und trotz seiner erworbenen Distanz zum Nationalsozialismus weitgehend unbekümmert, fast lässig, sogar mit einem Anflug von abenteuerlicher Neugier hinauszog. Eines allerdings weiß man genau von ihm, nämlich daß er sich fest vorgenommen hatte, alle seine Kräfte daran zu setzen, seine unterstellte Truppe gut zu führen. „Verluste sind eigentlich immer ein Vorwurf gegen die Führung", pflegte er immer schon bei der Ausbildung und nun erst recht von Anbeginn des Krieges an zu sagen. Er richtete sich auch geflissentlich danach.

Am Abend des 31. August, kurz vor Einbruch der Dunkelheit, unternahm Baade nochmals einen Grenzgang. Von seinem Quartier in dem schlesischen Gutshof Glausche im Landkreis Oels, einen knappen Kilometer von der polnischen Grenze entfernt, hatte er in den letzten drei Tagen mehrfach diesen Weg beschritten. Er suchte die vorgeschobenen Beobachtungsposten in ihren getarnten Ständen auf. Er nahm nochmals persönlich mit dem Fernglas das Gelände jenseits der Grenze in Augenschein, in das hinein der nun endgültig für den nächsten Tag, den 1. September 1939, um 4 Uhr 45 Minuten befohlene Vormarsch erfolgen sollte.

Alle Anordnungen für ein möglichst geschicktes und gedecktes Vordringen der vordersten Teile waren längst getroffen. Polnisches Militär konnte Baade auch bei erhöhter Sicht aus einem Lärchenbaum, den er erkletterte, nicht entdecken. Es hatten sich aber am Tage zuvor zwei polnische Überläufer bei der Abteilung eingefunden, nach deren verschwommenen Aussagen man immerhin damit rechnen mußte, daß versteckte Abwehrstellungen in Grenznähe errichtet waren.

In den wenigen Tagen der Bereitstellung in Glausche und umliegenden Ortschaften hatte Baade alle Fahrzeuge seiner Abteilung mit einem „Totem" versehen lassen. Es gab zu dieser Zeit bereits einige deutsche Divisionen, die auf diese Weise Erkennungszeichen führten, dann aber nur einheitlich für alle dazugehörigen Truppenteile. Baade schuf ein eigenes Zeichen, nur für seine Abteilung. Es war das später weithin bekannt gewordene, von rechts nach links springende Pferd, auf dessen langgestrecktem Rücken ein uniformierter Reiter in vorbildlicher Haltung mit der Bewegung mitging. Es war die Imitation einer gut gelungenen Photographie von Baade auf „Wange". Bereits in Göttingen hatte er die nötigen Vorbereitungen auf die Anbringung der Zeichen getroffen. Er hatte Schablonen anfertigen und einen haltbaren silbernen Farbstoff mitführen lassen.

Am 1. 9. um 4^{45} Uhr wird bei leichtem Morgennebel die Grenze überschritten. Es kommt zu keiner Feindberührung während des ganzen Tages; wohl aber stoßen die Spitzen bald auf Minen- und geladene Baumsperren, die zur Vorsicht zwingen. Am 2. 9. wird der erste Gefangene eingebracht. Noch in den Vormittagsstunden schlägt den Reitern und Radfahrern Maschinengewehr- und leichtes Artilleriefeuer entgegen. Baade reitet immer dicht hinter der Spitze. Es stellt sich heraus, daß die Abteilung polnische Kavallerie vor sich hat, die bei hinhaltendem Zurückgehen den Vormarsch der Deutschen zu verzögern sucht. Die Polen sprengen alle Brücken und Stege, bevor sie sich zurückziehen.

In der Nacht vom 2. zum 3. 9. bezieht die Abteilung Biwak in einzelnen Waldstücken, wird dabei von Artillerie beschossen und hat die ersten Verwundeten.

Am nächsten Tage stößt die Vorhut der Abteilung an die Warthe und stellt teils durch Augenschein, teils durch Aussagen von Gefangenen fest, daß sich am jenseitigen Ufer polnische Infanterie und Artillerie und sogar Panzerkampfwagen in einer gut ausgebauten Stellung befinden. Der Divisionskommandeur führt daraufhin Infanterie heran, die am nächsten Morgen, unterstützt von Artillerie und Pionieren, zum planmäßigen Angriff über den Fluß antritt. Der Gegner hält aber seine Stellung nur für kurze Zeit und zieht sich dann eilig zurück,

Diese Lage ergibt eine typische Aufgabe für die Aufklärungs-Abteilung, die nun schleunigst über die Warthe vorgezogen wird, um dank ihrer Beweglichkeit so schnell wie möglich dem Gegner zu folgen und sein weiteres Verhalten festzustellen. Dabei wird der Abstand zur Division diesmal so groß, daß die Abteilung, als sie auf den Gegner stößt, sich mehrere Stunden recht zäh verteidigen muß, um nicht zurückgeworfen zu werden.

Nachdem die Division aufgeschlossen hat, geht der Vormarsch zügig weiter. Die Reiterschwadron sichtet eine polnische Batterie, die sich gerade zum Rückzug aus ihrer Stellung anschickt. Die seltene Gelegenheit zu einer Attacke ist gegeben und wird genutzt. Baade erinnert sich dabei jenes Vorfalls im Manöver 1936, als er für das Vorexerzieren solchen Verhaltens teils getadelt, teils anerkannt wurde. Er läßt eines der eroberten Geschütze als Trophäe bei der Reiterschwadron mitführen.

In weiterhin eiligem Vormarsch, der insbesondere den Infanteristen in diesen heißen Septembertagen große Anstrengungen abverlangt, erreicht die 17. Division die Gegend ostwärts Lodz. Dort ergibt sich am 12. 9. zum ersten Mal die Situation, daß die Abteilung Baade nicht nur wie bisher zum Aufklären, zum Verbindunghalten oder zum Schließen plötzlich entstandener Lücken, sondern zu einer überholenden Verfolgung des jetzt schneller weichenden Gegners angesetzt werden kann.

Baade glaubt sich auf diese Art der Kampfführung besonders gut zu verstehen. Er weiß, daß der Erfolg einer tatkräftig durchgeführten Verfolgung letzten Endes immer Verluste sparen und zu einem schnelleren Abschluß der Kampfhandlungen wesentlich beitragen kann. Er erteilt die ihm so geläufigen kurzen Sattelbefehle, setzt sich mit seinem kleinen Stab ganz dicht hinter die Spitze der Abteilung, stößt mit ihr seitlich an zurückflutenden Kolonnen des Gegners vorbei und schneidet ihnen dann den Weg ab. Dadurch fällt der nachdrängenden Division eine hohe Zahl von Gefangenen und eine große Menge von Geschützen und Fahrzeugen aller Art in die Hände.

Einen Tag später, am 13. 9., ist das eine große Ziel der deutschen operativen Führung in diesem Mittelabschnitt der Front erreicht, nämlich die Einschließung der wesentlichen Bestandteile der polnischen Armee im Raume von Kutno. Es kommt zu Abwehrkämpfen gegen die tapfer und verzweifelt aus dieser Umklammerung, insbesondere in Richtung nach Osten, gen Warschau, herausdrängenden polnischen Verbände.

Dann aber entschließt sich die deutsche Führung, nicht nur diesen Ring zu halten und die darin eingekesselten gegnerischen Kräfte auszuhungern oder sich bei Ausbruchsversuchen aufreiben zu lassen, sondern sie befiehlt das Hineinstoßen in den Kessel von allen Seiten. Starke andere deutsche Verbände vollenden in diesen Tagen bereits die Einschließung von Warschau.

Nach rein strategischen Maßstäben waren diese Angriffe in den Kessel von Kutno hinein nicht erforderlich. Sie kosteten zusätzliche eigene Verluste. Aber die deutsche Führung erhoffte sich einen politisch verwertbaren Eindruck auf die Engländer und Franzosen, wenn die restlose Niederschlagung der polnischen Armee mit einem überraschenden Minimum an Zeit vollzogen werden könnte.

In der Gegend etwa 25 Kilometer westlich von Warschau und fünf Kilometer südlich der Weichsel befand sich die Aufklärungs-Abteilung Baade am 18. 9. morgens im Vorgehen gegen den eingeschlossenen Gegner. Die Polen hatten in dieser Gegend am Vortage nicht nur die bis dahin immer vergeblichen Ausbruchsversuche eingestellt, sondern sogar starke Absetzbewegungen tiefer in den Kessel hinein erkennen lassen. Die Division befahl daher eiliges und rücksichtsloses Nachdrängen.

Der Vormarsch der Aufklärungs-Abteilung ist gesäumt von polnischen Soldaten, die die Waffen niedergelegt haben. Es entsteht der Eindruck, daß die polnische Kutno-Armee in der Auflösung begriffen ist. Hierdurch und durch die wiederholten Befehle der Division, die Tagesziele so schnell wie möglich zu erreichen, wird das Vorgehen so hastig, daß für die sonst üblichen Sicherungsmaßnahmen keine Zeit mehr verbleibt. Die hierzu vorausgesandten Spähtrupps haben keinen Abstand mehr von den dicht aufschließenden Einheiten der Abteilung.

Die Reiterschwadron, gefolgt von der Radfahrschwadron, nähert sich dem Ort Zaluskow. Daraus strömen ihr schätzungsweise 1 500 polnische Soldaten entgegen, die sich gefangen geben. Sie verstopfen die

Wege, wodurch die Teile der Aufklärungs-Abteilung etwas auseinander gerissen werden. Als dann die letzten Gruppen der Reiterschwadron die Ortschaft Zaluskow erreicht haben, erfolgt ein schlagartiger Überfall mit Gewehr- und Maschinengewehrfeuer aus allen Richtungen, aus dem Park des Gutes, aus den Häusern, vom nahen Waldrand und von umgebenden kleinen Anhöhen. Schon die ersten überraschenden Salven bringen schwere Verluste. Die Reiter können sich auch nach dem schnellen Absitzen und Laufenlassen der Pferde in diesem Feuer kaum noch zur Abwehr formieren.

Der nachfolgenden Radfahrschwadron, die zur Entlastung der bedrängten Reiter sofort zum Angriff antritt, schlägt ebenfalls so heftiges Feuer entgegen, daß sie sich nicht an Zaluskow heranarbeiten kann, zumal auf sie nun auch noch Artillerie-Feuer gerichtet wird. Die unglückselige Reiterschwadron, obwohl von drei Seiten angegriffen, kämpft in Zaluskow tapfer weiter. Erst am späten Nachmittag, nach mehreren Stunden Feuerwechsel, ziehen sich die Polen zurück, weil ihnen Umgehung durch Truppenteile einer deutschen Nachbardivision droht.

Die Verluste der Reiterschwadron, die mit rund 120 Mann in Zaluskow eingeritten war, betrugen an diesem schwarzen Tag 35 Tote, darunter die beiden Offiziere der Schwadron, 8 Vermißte und 41 Verwundete. Groß war die Einbuße an getöteten, verwundeten und davongelaufenen Pferden.

Baade, der sich bei Beginn des Überfalls gerade auf dem Wege von der Radfahrschwadron zur Reiterschwadron befand, hatte persönlich den Entlastungsversuch durch die Radfahrschwadron geleitet. Er war am Abend in einer ganz niedergeschlagenen Stimmung. Auch in den folgenden Kriegsjahren hat ihn die Erinnerung an dieses Unglück von Zaluskow immer begleitet und bedrückt. Er stellte sich selbst wiederholt vor die Frage, ob er trotz allen Drängens der Division auf unbekümmertes Vorwärtsstürmen und trotz aller Anzeichen von dem Zerfall der polnischen Gegenwehr stärkere Sicherungsmaßnahmen vor dem Anreiten von Zaluskow hätte anordnen sollen.

Darunter wäre zu verstehen gewesen, daß den Spähtrupps vielleicht mehr Zeit und Vorsprung zur Aufklärung hätte belassen werden sollen. Vor allem wäre aber in Frage gekommen, den in ungewissen Lagen üblichen, vorsorglichen Feuerschutz durch in Stellung gebrachte schwere Maschinengewehre oder den Kavallerie-Geschützzug sicherzustellen. Hätte Baade diese Sicherungsmaßnahmen ergriffen und wäre Zaluskow feindfrei gewesen, dann hätte die Division ihm Vorwürfe wegen überflüssigen Zeitverlustes und zaghaften Vorgehens zum Nachteil der Erfüllung des Auftrages der Division gemacht. Es war die klassische Alternative für die taktische Führung.

Am selben Tage, fast zur selben Stunde, ereilte nur wenige Kilometer ostwärts von Zaluskow eine andere deutsche Aufklärungs-Abteilung das gleiche Geschick. Die Reiterschwadron der Aufklärungs-Abteilung der 19. Infanterie-Division geriet unter den gleichen Umständen in einen Überfall in der Ortschaft Henrikow. Sie erlitt ebenso hohe Verluste. Auch hier hatte der zu eiligem Nachdrängen angehaltene Kommandeur der Abteilung, der Major von Vultejus vom Kavallerie-Regiment 14 aus Ludwigslust, sich nicht vorstellen können, daß die polnischen Truppen in ihrem zermürbten Zustand noch einen so starken Hinterhalt anlegen würden.

Wie sehr der Eindruck und die Lehre von Zaluskow auf Baade nachwirkten, zeigte sich bei späteren Feldzügen in Frankreich und Rußland. In die ihm eigene Neigung zu entschlossenem, schnellem Zufassen mischte sich nun immer das Verlangen, besonders genau zu prüfen, ob und in welchem Umfang Feuerschutz durch schwere Waffen oder Artillerie erforderlich schien.

Ein weiterer Einsatz der Aufklärungs-Abteilung Baade erfolgte in Polen nicht mehr. Die Kämpfe in diesem Raum waren beendet. Wenige Tage später schwiegen auch die Waffen am Einschließungsring von Warschau.

Die Mehrzahl der deutschen Heeresverbände wurden anschließend recht bald in die Nähe der deutschen Westgrenze verlegt. Zu den Teilen, die jedoch in Polen verblieben, gehörte die 17. Infanterie-Division. Es begann der Winter, in dem die ständige Ungewißheit herrschte, ob und wann es zum Ausbruch offener Feindseligkeiten mit den Westmächten kommen würde. Die Mehrheit des deutschen Volkes gab sich der trügerischen Hoffnung hin, daß Großbritannien und Frankreich die Niederschlagung Polens akzeptieren und Hitler den Gefallen tun würden, ihm die Fortsetzung seiner Macht- und Eroberungspolitik zu ermöglichen.

Baade bot seiner Truppe in Polen nun reichliche Gelegenheit zur Erholung von den vorangegangenen Strapazen. Er fand das richtige Maß zwischen der angeordneten Verbesserung der Ausbildung und dem Bedürfnis nach einer Atempause vor ungewissen weiteren Anforderungen. In den Vordergrund des Dienstes stellte er die Schießübungen, weil er ihnen den entscheidenden Wert für die Bewährung im Felde beimaß. Zudem wußte er nur zu genau, daß seine Soldaten daran mehr Freude hatten als an Marschübungen oder sonstigen Forderungen der Ausbildungspläne. Und wahrhaft großzügig verfuhr er mit der Erteilung von Urlaub in die Heimat.

Für die Lage der polnischen Bevölkerung offenbarte Baade ein teilnehmendes Verständnis. Wehrlosen und Unschuldigen gegenüber hatte er immer ein sehr weiches Herz. Für einige Wochen war ihm Quartier auf dem Gut Taczanow zugewiesen. Mit dem Besitzer, einem polnischen Grafen mit zahlreichen deutschen Vorfahren, trat er recht bald in zwanglosen und freundschaftlichen Kontakt. Der Graf war im ersten Weltkrieg deutscher Offizier gewesen und gab mit wehmütigem Stolz kund, daß er damals mit dem Eisernen Kreuz erster Klasse ausgezeichnet worden sei. Diese Begegnung erschien Baade wie ein Hohn auf das Verbot des Umgangs mit der polnischen Bevölkerung. Die Bewirtschaftung von Taczanow war in bester Ordnung. Sie zeigte Züge deutscher Gründlichkeit.

Im übrigen war Baade froh, daß die in Polen verbrachte Zeit Mitte Dezember 1939 durch Verlegung seines Stabes und einiger Teile seiner Abteilung auf den Truppenübungsplatz Königsbrück bei Dresden beendet wurde. Es hatte ihm bei der verstreuten Dislozierung der Truppen in Polen an Anregungen durch Aussprachen mit Altersgenossen gefehlt. Etwas jagdliche Betätigung und allerdings viele Ritte durch die weite und im Herbst schwermütig anmutende polnische Landschaft hatten die einzigen erfreulichen Abwechslungen ergeben.

Nachrichten über die deutsche Zivilverwaltung in Polen hatten seinen Ärger erregt. Durch Mißgriffe dieser Verwaltung sowie insbesondere durch das Verhalten der SS in Polen hatte er sich mehrfach zum Aufbegehren in lokalen Angelegenheiten hinreißen lassen. Einen SS-Obersturmbannführer, der sich bei einer Bahnfahrt hoffärtig und ungehörig gegen andere Reisende benahm, hatte er in sehr scharfem Ton vor allen Anwesenden, einschließlich polnischer Zivilisten, zurechtgewiesen. Daraufhin wurde ein Gerichtsverfahren gegen Baade beantragt. Mit Hilfe des ihm verwandtschaftlich verbundenen Kriegsgerichtsrat Lüth gelang es, die Durchführung des Verfahrens zu verhindern. In den vom Heerespersonalamt geführten Personalakten von Baade findet sich dazu unter dem Datum vom 13. November 1939 folgende Eintragung: „Strafverfahren wegen Zuwiderhandlung gegen das Heimtückegesetz eingestellt."

Kurz vor dem Verlassen von Polen erfuhr Baade auch zu seinem Bedauern und Verdruß, daß sein Bekannter, der polnische Graf aus Taczanow, von Haus und Hof verjagt worden sei. Er und seine vier Kinder hätten auf Anordnung der deutschen Verwaltung binnen drei Stunden ihre Heimat verlassen müssen. Jeder durfte eine Traglast mitnehmen. Die Familie hatte 600 Jahre auf diesem Besitz gesessen.

In Königsbrück und Umgebung fand Baade einen großen Kreis von guten Freunden und alten Bekannten vor. Hier wurde auf Befehl des Oberkommandos des Heeres in aller Eile eine Reiter-Brigade mit den beiden Reiter-Regimentern 21 und 22 zu je 10 Schwadronen, gegliedert in zwei Abteilungen, mit dazugehörigen Nachrichten-Staffeln, Pionierzug und leichter Kolonne aufgestellt. Baade war zum Kommandeur der 1. Abteilung des Reiter-Regiments 22 ernannt. Die Stämme für die 5 Schwadronen dieser Abteilung wurden zu einem großen Teil aus den Angehörigen des alten Göttinger Kavallerie-Regiments herangeholt. Die Herstellung einer guten Zusammenarbeit innerhalb dieser neuen Einheiten sollte dadurch erleichtert und beschleunigt werden. Zur besonderen Freude von Baade war zum Kommandeur des Reiter-Regiments 22, also zu seinem unmittelbaren Vorgesetzten, Oberst von Senger und Etterlin bestimmt worden. Als Abteilungsadjutanten erhielt Baade den ihm wohlbekannten Oberleutnant Keitel zugewiesen. Auch die fünf Schwadronen wurden mit nur einer Ausnahme von Offizieren des Göttinger Regiments geführt.

Nachdem die Zusammenziehung von Personal, Pferden und Fahrzeugen notdürftig erfolgt war, wurde die Brigade bereits zwischen dem 7. und 9. Januar 1940 im Eisenbahn-Transport an die holländisch-deutsche Grenze in der Gegend ostwärts von Rheine verlegt. Dort trat sie in den Verband der 1. Kavallerie-Division, zu der noch eine weitere Reiter-Brigade, bestehend aus zwei ostpreußischen Reiter-Regimentern, ein reitendes Artillerie-Regiment und eine Radfahr-Abteilung gehörten. Es war die einzige Division dieser Truppengattung im deutschen Heer. Sie nahm an den Feldzügen in Frankreich und Rußland teil. Im Herbst 1941 wurde sie in die 24. Panzer-Division umgewandelt, die dann, durchsetzt mit größtenteils ehemaligen Reitern, in Stalingrad ihren Untergang erlitt.

Kommandeur dieser Kavallerie-Division, von ihrer Zusammenstellung zu Beginn des Jahres 1940 bis zu ihrem Ende, war General Feldt. In Erinnerung an manche Zwistigkeiten aus der Friedenszeit war dies für Baade nicht gerade ein Glücksfall. Da aber, abgesehen von dem Brigade-Kommandeur, noch Senger als Regimentskommandeur zwischengeschaltet war und schützend seine Hand über Baade hielt, kam es kaum noch zu Mißstimmungen. Zudem rückte Senger nach kurzer Zeit zum Brigade-Kommandeur auf. Sein Nachfolger als Kommandeur des Reiter-Regiments 22 wurde Oberst Frhr. von Thüngen, ein später aktiver Teilnehmer an der Widerstandsbewegung und Opfer des 20. Juli 1944.

In den Monaten bis zum Beginn der Kämpfe im Westen herrschte der Zweifel, ob es tatsächlich zu dieser großen und damit unabsehbaren Ausweitung des Krieges kommen würde. Obwohl die Truppe pflichtgemäß und gehorsam ihre Ausbildung und Kampfbereitschaft verbesserte, war die Stimmung doch ganz der Hoffnung zugewandt, daß eine andere Lösung – man nannte sie eine „politische" – gefunden werden möge. Für eine andere Stimmung fehlte es bei den Soldaten ebenso wie in der Zivilbevölkerung an feindlicher Gesinnung gegenüber den westlichen Nachbarvölkern. Die Überzeugung, die – wodurch sie auch immer erzeugt sein mochte – 1914 im deutschen Volke herrschte, daß es sich gegen Einkreisung und Niederschlagung durch die Entente zur Wehr setzen müßte, hatte keine Parallele im Jahre 1939 oder 1940. Auch gab es keine aus sonstigen Gründen etwa erzeugten Gefühle des

Hasses, die normalerweise das ausschlaggebende Element für kriegerische Auseinandersetzungen sind.

Auch im Offizierskorps der Kavallerie-Division wußte man in jenen Wintermonaten nicht, welch ein harter Streit zu dieser Zeit zwischen Hitler und vielen Oberbefehlshabern über die Frage nach der Notwendigkeit und nach den Erfolgsaussichten einer Offensive gegen die Westmächte geführt wurde. Es sei nur an ein Wort von Hitler aus diesem Zeitabschnitt erinnert. Er sagte, er habe sich immer vorgestellt, man müsse Generäle und Generalstabsoffiziere in ihrem kämpferischen Elan bremsen; nun aber habe er dahin umlernen müssen, daß deutsche Generäle und Generalstabsoffiziere diesen Elan nicht besäßen, sondern erst von der Staatsführung gewaltsam und energisch zum Handeln angetrieben werden müßten. Mit diesen Worten dürfte Hitler eigentlich allen denjenigen einen Gefallen getan haben, die sich darum bemühen, die Begriffe Militarismus und Soldatentum gegeneinander abzugrenzen.

Baade widmete sich mit Fleiß und Gewissenhaftigkeit der Ausbildung seiner Abteilung. In einem erkennbaren Unterschied zu seinem Verhalten in Friedenszeiten vertiefte er sich in die Details der Vorbereitungen seiner Schwadronen für die bevorstehenden Kampfhandlungen. Er zeigte sich beseelt von dem Willen, seinen Untergebenen alle Vorteile an die Hand zu geben, die zur Vermeidung von Rückschlägen und Verlusten erdacht und wahrgenommen werden konnten. Einen besonderen Beweis dafür liefert das von ihm selbst verfaßte und auf seine Kosten gedruckte „Merkblatt" vom 20. Februar 1940.

Baade glaubte, daß die zu große Zahl der heeresamtlichen Vorschriften für alle Gebiete der Führung und des militärischen Dienstes den Zug- und Gruppenführern die Übersicht über die vielen Einzelheiten ihrer Aufgaben erschwere. Es lag ihm daran, die wesentlichen Leitsätze für das Verhalten im Kriege in möglichst knapper und leicht verständlicher Form allen Angehörigen seiner Abteilung beizubringen. So verfiel er auf die ungewöhnliche Idee, eine eigene „Fibel" zu schaffen. Der Titel im Wortlaut hieß: „Merkblatt. Als Manuskript gedruckt im Selbstverlag und nur für meine Abteilung bestimmt. Baade."

In Kleinformat für Taschengebrauch, mit widerstandsfähigem Einband versehen, wurde dieses Büchlein zum ständigen Begleiter seiner Soldaten. Auf 97 Seiten war in Schlagzeilen alles Wissenswerte über die einzelnen Arten der Kampfführung (Angriff, Verteidigung, Aufklärung, Sicherung) ebenso verzeichnet wie die wichtigsten Angaben über die Waffen und Kraftfahrzeuge der Abteilung, ihre Bedienung und Instandhaltung, über Sanitätsdienst, Pferdepflege, über Verhalten auf dem Marsch, bei Flußübergängen, im Biwak und in der Unterkunft. Es fehlten auch nicht die Richtlinien für die Geheimhaltung sowie für das Verhalten gegenüber Gefangenen und der Zivilbevölkerung im Kampfgebiet. Es war ein sorgfältig vorbereiteter und sehr geschickt zusammengefaßter Auszug aus dem gesamten Lehrstoff des Soldaten, speziell gemünzt auf die berittene Truppe.

In den Stunden und Tagen, in denen Baade in diesem Winter und Frühling nicht vom Dienst in Anspruch genommen war, bemerkte man an ihm eine gesteigerte Unrast. Seine Bemühungen, gegen diesen Zustand anzugehen, hatten wenig Erfolg. Er griff zu Büchern, und zwar zu den Schriften der Klassiker und sogar der griechischen Philosophen. Es wurde aber fast immer nur eine kurze Lektüre. Dann sprang er in den Kraftwagen oder aufs Pferd und begab sich zu Bekannten in den benachbarten Quartieren. Mit Vorzug suchte er dann den Oberst von Senger auf.

Zu einem Teil ging dieses ruhelose Verhalten auf die Migräne zurück, die ihn wieder in kürzeren Zeitabständen befiel. Hauptsächlich war es aber die ungewisse Lage, die unheimliche Ruhe vor dem Sturm, die an seinen Nerven zehrte. Stoisches Abwarten in Situationen dieser Art lag nicht in seiner Natur. Die Offiziere seines Stabes raunten sich gelegentlich zu, daß er ihnen wie ein nervöser Kandidat kurz vor dem Examen vorkomme.

Verlängerte Wochenenden benutzte Baade zu weiten Fahrten in seinem Privatauto mit seinen Hunden bis nach Neverstaven oder Falkenhagen, zu Freunden in Mecklenburg oder Niedersachsen. Dort blieb er aber jeweils nur für Stunden. Besonders eilig brach er jedesmal wieder auf, wenn ein größerer Personenkreis versammelt war. Etwas länger verweilte er, wenn sich Gelegenheiten zu Aussprachen unter vier Augen oder zwischen nur drei bis vier Personen boten. Er konnte wahre Entspannung und Erholung nur unter Menschen finden, zu denen er Vertrauen hatte. Die tief verankerte Scheu seines Wesens machte ihn unsicher gegenüber Menschen, die nach seinem eigenen, oft gebrauchten Ausspruch „womöglich nicht ungefähr gleichen Sinnes" mit ihm waren. Ablenkung und Vergnügen hingegen bereiteten ihm bei diesen Blitzreisen die immer gesuchten Unterhaltungen mit Bauern, Landarbeitern und Kindern rund um Falkenhagen oder Neverstaven. Man sah ihn dann mit ihnen Obstbäume in ihren Gärten pflanzen, ihre Ställe besuchen, Fohlen begutachten, die geplante Frühjahrsbestellung besprechen, die Rentabilität eines neuen Hühnerstalls diskutieren oder den Spielen der Kinder zuschauen.

Kavallerie in Frankreich

Das Jahr 1940 war ein Schaltjahr. In der Personalakte von Ernst-Günther Baade steht die Eintragung, daß er am 29. Februar zum Oberstleutnant befördert wurde.

In den darauf folgenden Monaten wurden die Einheiten der Kavallerie-Division immer näher an die holländische Grenze verlegt. Dann vermerkt das Kriegstagebuch des Reiter-Regiments 22, daß am frühen Nachmittag des 9. Mai der diesmal endgültige Alarmbefehl zum Einrücken in die Bereitstellungsräume und damit zum Erreichen der sogenannten Ablauflinie einging. Am nächsten Morgen, um 5 Uhr 35 Minuten, wurden die schwachen holländischen Grenzsicherungen überfalartig und glücklicherweise mit nur ganz geringen Verlusten auf beiden Seiten überrannt. Aus allen Richtungen waren Detonationen der von den Holländern vorbereiteten Sprengungen der zahlreichen Brücken zu hören. Die Pioniere der Kavallerie-Division leisteten vorzügliche Arbeit; sie machten die für den Vormarsch wichtigsten Brücken innerhalb kürzester Zeit wieder notdürftig gangbar. Dadurch ermöglichten sie an diesem Tage den in vorderster Linie eingesetzten Teilen der Division die ungewöhnlich hohe Marschleistung von 110 Kilometern.

Alle älteren Offiziere der Kavallerie-Division haben damals und auch später niemals einen Hehl daraus gemacht, daß der befohlene Einbruch in die Niederlande in ihnen nicht nur die oft berufenen „gemischten Gefühle“ verursacht, sondern Betrübnis und Alpdruck, sogar Beschämung erzeugt habe. Die unumgängliche Subordination unter militärischen Befehl und Weisungen der Staatsführung ließ sie in diesem Fall in besonderer Weise das Los erfühlen, nach den in allen Staaten herkömmlichen Begriffen nur Instrument zu sein. Frido von Senger und Etterlin, ein Gelehrter unter den damaligen Offizieren, selbst am Einmarsch in die Niederlande beteiligt, hat in der Rückschau in seinem 1960 veröffentlichten Buch „Krieg in Europa“ in diesem Zusammenhang hilfesuchend Thomas von Aquin zitiert, dessen Lehren er unverändert als Mutterboden der abendländischen Moral betrachtete. Und Thomas von Aquin ist zu dem Schluß gekommen, daß kein Mensch schuld an den Untaten anderer haben kann, soweit er keine Macht über sie hat. Senger, Baade und ihren Gesinnungsgenossen blieb es ein Trost, daß es in den Niederlanden damals zu nur geringen Kampfhandlungen zwischen Heerestruppen gekommen ist und dabei auch nur sehr geringe Verluste zu verzeichnen waren.

Am zweiten Tage des Vormarsches in Holland wurden die Verbände der Kavallerie-Division mit der Absicht der Holländer konfrontiert, durch Schleusensprengungen und Überflutungen aus der Zuidersee weiteren Geländegewinn der Deutschen zu verhindern oder zumindest zu verzögern. Verhandlungen mit dem Bürgermeister der Stadt Lemmer führten aber schnell dazu, daß die Schleusen wieder geschlossen wurden, woran die holländischen Einwohner in eigenem Interesse eifrig mitarbeiteten.

Am 12. Mai ereignete sich ein längeres Artillerie-Duell zwischen einem holländischen Zerstörer auf der Zuidersee und Geschützen der

Kavallerie-Division. Dem Zerstörer gelang ein Volltreffer auf ein Kavallerie-Geschütz, der drei Tote und drei Verwundete kostete. An den beiden nächsten Tagen wurden befehlsgemäß von dem Reiter-Regiment 22 umfassende Vorbereitungen getroffen, um mit in Besitz genommenen holländischen Seefahrzeugen aller Art über die Zuidersee zu setzen, den nordwestlichen Teil von Holland zu erreichen und ihn zu besetzen. Es kam dabei zu mancherlei Schwierigkeiten und auch zu Unfällen, weil die Reiter auf derartige Aufgaben natürlich nicht vorbereitet waren. Selbst die Erfindungsgabe des Oberstleutnant Baade konnte nur in geringem Umfang zu nützlichen Weisungen für seemännische Maßnahmen beitragen.

Am 16. Mai morgens wurden als Folge des vom holländischen Oberkommando angebotenen Waffenstillstandes alle schon eingeleiteten Bewegungen über die Zuidersee angehalten. Die Kavallerie-Division wurde in ihren alten Unterkunftsraum auf deutschem Gebiet um Nordhorn herum zurückgezogen. Am 25. und 26. Mai erfolgte sodann Verlegung in Eisenbahn-Transporten in die Gegend von Aachen. Und von dort wurde die Division in Tagesmärschen von jeweils hoher Kilometerzahl der Front nachgezogen, die sich bereits jenseits des belgischen Raumes in Nordfrankreich befand. Der starke Nachschubverkehr für die Front, unzählige Kolonnen von Flüchtlingen und häufige, wenn auch nicht allzu wirksame Fliegerangriffe erschwerten den Vormarsch.

Für ausfallende Pferde konnte zunächst kein Ersatz beschafft werden; die hiervon betroffenen Reiter wurden auf requirierte Fahrräder gesetzt, um somit die Kampfkraft der Einheiten zu erhalten. Am 2. Juni konnte diese Maßnahme durch die Übernahme der Pferde eines inzwischen aufgelösten belgischen Reiter-Regiments rückgängig gemacht werden.

In der Gegend von Avesnes erreichte die Kavallerie-Division am 4. Juni französischen Boden. Sie erhielt den Befehl, in Eilmärschen der Somme zuzustreben. Dort begann nach dem vorangegangenen deutschen Durchbruch bei Sedan und nach der Einkesselung des englischen Expeditionskorps in Dünkirchen am 5. Juni der zweite Abschnitt des Feldzuges in Frankreich. Die Heeresgruppe des Feldmarschall von Bock trat hier gegen die Abwehrstellung der Franzosen am westlichen Ufer der Somme, die sogenannte Weygand-Linie, auf breiter Front zum Angriff an.

Die Kavallerie-Division sollte, sobald diese Front durchbrochen war, zum schnellen Nachstoßen im Gelände westlich der Somme antreten. Am 7. Juni um die Mittagszeit wurden ihre ersten Teile mit diesem Auftrag hart westlich von Amiens über die Somme gezogen. Bereits wenige Stunden später stieß die Abteilung Baade vor dem Ort Frémontiers auf nachhaltigen Widerstand. Kerntruppen der französischen Armee waren hier eingesetzt, um den Rückzug benachbarter Einheiten zu decken. In der richtigen Einschätzung der beträchtlichen Stärke des Gegners nahm sich Baade die nötige Zeit, um die Teile seiner Abteilung, die den Spähtrupps und ihm hatten folgen können, zu einem planmäßigen Angriff bereitzustellen und ein Mindestmaß an Feuerschutz durch Einsatz schwerer Waffen abzuwarten. Baade ließ die berittenen Teile sich soweit im Galopp Frémontiers nähern, als das Gelände und das Abwehrfeuer der Franzosen es zuließen.

Der Angriff zu Fuß gegen das im Bachgrund liegende Dorf begann um 16 Uhr. Von Stunde zu Stunde trafen weitere Einheiten der Abteilung auf dem Gefechtsfeld ein. Ihr Eingreifen ließ die Krisen überwinden, denen die zuerst eingesetzten Teile wegen der recht gut ausgebauten Stellung des Gegners ausgesetzt waren. Zudem wurde das Vorgehen erheblich durch die französische Artillerie gestört und verzögert, die ihren Ruf aus dem ersten Weltkrieg, besonders geschickt in der Feuerleitung zu sein, im Feldzug von 1940 bestätigte. Den Soldaten der Abteilung Baade und des daneben angreifenden Reiter-Regiments 21 wurde bei Frémontiers ein deutliches Beispiel dafür geliefert.

Das Gefecht hielt bis 22 Uhr an. Es war die Feuertaufe der Abteilung Baade und gleichzeitig der Kavallerie-Division in Frankreich. Es endete mit der Inbesitznahme der Höhen westlich von Frémontiers und brachte rund 400 Gefangene allein im Abschnitt der Abteilung Baade ein. Die eigenen Verluste waren sehr gering.

Am nächsten Tage ging zunächst der Vormarsch in südwestlicher Richtung zu Pferde und zu Rad eilends weiter. In den Abendstunden kam es jedoch in der Ortschaft Marseille zu heftigen Straßenkämpfen. Zum ersten Mal erlebten hier die jungen Reiter und Radfahrer die tückischen Situationen, die solche Kämpfe mit sich bringen. Bei Einbruch der Dunkelheit zogen sich aber hier die französischen Deckungstruppen zurück.

Der 9. Juni begann mit dem Ansatz des Reiter-Regiments 22 zur Verfolgung, die jedoch nur einige Stunden durchgehalten werden konnte. Von der Mittagszeit bis zum Abend tauchten zu wiederholten Malen französische Panzer auf; durch ihre meist von den Flanken her geführten Vorstöße zwangen sie die Schwadronen mehrfach zum Absitzen und Beziehen einer Abwehrstellung. Zudem brachten sie dem Regiment Verluste bei, die höher waren als die im Gefecht von Frémontiers.

In der Nacht zum 10. Juni kamen die Reiter kaum zur Ruhe. Trotzdem mußten sie an diesem Tage ein schweres Gefecht bestehen. Bei der Ortschaft Us, nun schon nordwestlich Paris, war dem Regiment die Aufgabe gestellt, eine recht lange französische Marschkolonne, die sich in Richtung auf die Seine abzusetzen versuchte, durch Überholung von beiden Seiten einzuschließen und dann anzugreifen.

Baade fuhr, wie üblich, zur Erkundung des Kampfgeländes weit und schnell voraus. Diesmal riskierte er dabei zu viel. Er geriet in ein starkes feindliches Feuer, das ihn und seine drei Begleiter zu Boden zwang und ihnen für fast drei Stunden jede Bewegung unmöglich machte. Den ersten Teil des Angriffs der Abteilung auf Us leitete daher der älteste Schwadronschef der Abteilung, Rittmeister Pilgrim. Baade konnte sich erst um 17 Uhr wieder zu seiner Truppe zurückschlagen. Kurz nachdem er den Befehl über die angreifende Abteilung wieder übernommen hatte, erfolgte ein überraschend starker Gegenangriff der Franzosen aus seitlicher Richtung. Es kam zu einer beträchtlichen Krisenlage. Baade mußte über Funk sehr dringend um Verstärkung und Entlastung bitten. Regiment und Division setzten schnell Reserven ein und das Gefecht um Us konnte dann in den Abendstunden mit der Zersprengung des Gegners beendet werden, der hier in der Mehrzahl aus Truppen aus Algerien bestand. Unter den Verlusten dieses Tages innerhalb der Abteilung befand sich zum ersten Mal ein Schwadronschef. Rittmeister von dem Knesebeck, der seit seinem Eintritt als Offiziersanwärter in die Reichswehr dem Reiter-Regiment in Stendal und Göttingen angehört hatte, fiel neben dem vordersten Maschinengewehr seiner Schwadron an einer Brücke dicht vor Us.

Von einem schweren Verlust wurde in diesen Tagen zwischen Somme und Seine auch der Divisionskommandeur betroffen. Der ältere von seinen beiden Söhnen und einzigen Kindern, der dem Brigadestab zugeteilt war, wurde getötet, als sein Kraftwagen bei einer Meldefahrt auf eine französische Mine geriet. Der jüngere Sohn von Generalleutnant Feldt war schon im Jahr zuvor am ersten Tage des Krieges wenige Kilometer jenseits der polnischen Grenze tödlich verwundet worden.

Baade schickte zum erstenmal seit Beginn des Vormarsches durch Belgien und Frankreich Post nach Hause an seine Frau, an die Stieftochter Rosi und an seinen Bruder Joachim in Falkenhagen, den er niemals überging. Der Inhalt dieser Feldpostbriefe war ebenso knapp gehalten wie die Grüße, die er im ersten Weltkrieg den Eltern sandte. Allerdings setzte er diesmal für jeden Empfänger ein paar Worte darüber hinzu, wie fast unglaublich es ihm in diesen Tagen erschienen sei, einen so stürmischen Vormarsch durch die vom ersten Weltkrieg her so wohl bekannte Landschaft im Norden von Frankreich erlebt zu haben. An jedem Tage hätte sich die Erinnerung an das damals monate- und jahrelange schwere Ringen um kleinste Abschnitte und Stellungen bei den Abnutzungsschlachten in der Champagne und an der Marne und an das endlose Verkrampfen in Gräben und Unterständen im Gebiet der Aisne und der Somme aufgedrängt. Damit sprach er auch aus, was alle älteren Soldaten, die schon zwischen 1914 und 1918 an der Westfront gestanden hatten, besonders beeindruckte und bewegte.

Während dieses Feldzuges im Mai und Juni 1940 kamen den Kommandeuren und Führern von Regimentern, Abteilungen und Bataillonen allerdings noch kaum die Folgen zum Bewußtsein, die das Überrennen Frankreichs für die weitere Kriegführung zeitigen sollte. Ihnen war unbekannt geblieben, bis zu welchem Grade die Oberbefehlshaber des Heeres, der Heeresgruppen und der Armeen dem Entschluß von Hitler zum Angriff im Westen Bedenken und Widerstand entgegengesetzt hatten. Als Begründung hatten diese Generäle die Erfahrungen aus dem ersten Weltkrieg angeführt und hinzugefügt, daß die seitdem errichteten Befestigungen der französischen Maginot-Linie die Aussichten auf Erfolg, geschweige denn auf einen schnellen deutschen Sieg noch beträchtlich verringert hätten. Zu einem erheblichen Teil entsprach diese Stellungnahme tatsächlich ihrer Überzeugung und militärischen Lagebeurteilung.

Gleichzeitig hatten sie sich dieses Arguments allerdings auch bedient, um Hitler aus anderen Gründen von dem Entschluß zum Angriff abzubringen. Sie sahen die Fortsetzung des Krieges durch einen Waffengang mit den Westmächten nicht als dem deutschen Interesse dienlich und erst recht nicht als unumgänglich an. Nun aber, da trotz ihres Abratens und ihrer Warnungen der Feldzug durch Frankreich zu einem so blitzartigen und durchschlagenden Erfolg geführt hatte, befanden sie sich Hitler gegenüber in einer schwierigen und sehr geschwächten Lage. Sie sahen mit Besorgnis voraus, daß bei allen zukünftigen Entwicklungen und Entscheidungen Hitler ihnen und dem deutschen Volk gegenüber darauf pochen würde, daß er allein die Lage weit besser beurteilt hätte als die Mehrzahl der militärischen Befehlshaber. Daraus war zu Recht die Befürchtung abzuleiten, daß Hitler sich in Zukunft noch selbstherrlicher als bisher gebärden würde.

So hatte der Feldzug in Frankreich den Grund dafür gelegt, daß Hitler sich nunmehr ein unbegrenztes Feldherrntalent zusprach und sich anmaßte, überheblich und rücksichtslos in alle militärischen Angelegenheiten hineinzureden. Daß darin, wegen der Mentalität dieses Mannes, die Gefahr für unabsehbare Schäden lag, beunruhigte damals schon inmitten der allgemeinen Hochstimmung über den schnellen Fortgang der Kämpfe in Frankreich viele, wenn auch nicht alle Generäle in den führenden Stellungen.

Baade empfand das Bedürfnis, Erlebnisse und Eindrücke niederzuschreiben, eigentlich nur in den längeren Pausen des Krieges. Wenn mit Kampfhandlungen in nächster Zeit zu rechnen war, fehlte es ihm selbst in guten und stillen Quartieren an dem Vermögen, Zeit und Geduld für das Schreiben aufzubringen. Allerdings trug er recht regelmäßig in Taschenkalender kleinsten Formats ganz knappe Angaben über Begegnungen und Aufenthaltsorte ein und fügte nach Gefechten die Namen von gefallenen oder schwer verwundeten Soldaten seiner Umgebung hinzu. In den Pausen zwischen Feldzügen oder bei Wechsel seiner Verwendungen entstanden dann aber zahlreiche Niederschriften aller Art – Aphorismen, Berichte, Betrachtungen, Briefe und sogar Gedichte. So hat er zum Beispiel des Gefechtstages von Us mehrere Wochen danach mit folgender Schilderung gedacht:

Am 10. Juni leistete der Gegner nördlich der Seine erbitterten Widerstand. Wir hatten tapfere algerische Schützen uns gegenüber. Es kam zu hartem, verlustreichem Kampf.
Am Abend dieses schweren Tages fuhr ich das Gelände noch einmal ab und es weidete dort, wo am Nachmittag gekämpft worden war, rund um einen toten Schäfer, bei dem sein kleiner Hund treue Totenwache hielt, weit auseinander gezogen eine Schafherde. Welche Schicksalsfügung, in einem solch friedlichen Beruf von einer Kugel getroffen zu werden!
Wir begruben den Schäfer. Als ich am nächsten Morgen noch einmal dort vorüberfuhr, hing auf dem Kreuz die Schäfermütze. Der kleine Hund saß am Grabe. Die Herde weidete etwas weiter unten im Grund.
Wir brachten dem treuen Hund Futter und Wasser. Dann aber mußten wir weiterziehen, auf die Seine zu.

Bei der Annäherung der Kavallerie-Division an die Seine hatte es einige unerwartete Verzögerungen gegeben, weil sich hier immer noch einzelne französische Verbände zum Kampf stellten. Aber in der Nacht zum 15. Juni konnte das Reiter-Regiment 22 dann zum Übersetzen bereitgestellt werden und im Morgengrauen dieses Tages, einen Tag nach dem kampflosen Einzug deutscher Truppen in Paris, bei Triel zunächst die Spähtrupps über den Fluß gehen lassen. Alle Seine-Brücken waren von den Franzosen gesprengt. Das Regiment mußte also den Übergang mit eigenen Mitteln durchführen. Die Division konnte zusätzlich nur vier große Floßsäcke zur Verfügung stellen. Wie in jedem Jahr im Frieden an der Elbe zwischen Rathenow und Stendal und später von Göttingen aus bei Karlshafen an der Weser geübt, wurden die Pferde teils an Flößen und Booten, teils frei schwimmend an das jenseitige Ufer gebracht. Gepäck und Sattelzeug wurde in Flöße oder kleine requirierte Kähne verladen. Die Fahrzeuge wurden auf einer Floßsack-Fähre übergesetzt, die auf beiden Seiten in der jeweiligen Richtung von Lastkraftwagen gezogen wurde. Am Abend war der Übergang beendet, der durch einen Tiefangriff von französischen Kampfflugzeugen nur unwesentlich gestört wurde.

Jenseits der Seine begann dann sofort eine rastlose Verfolgung in südöstlicher Richtung. Dabei wurden täglich 80 bis 90 Kilometer zurückgelegt. Die vordersten Spitzen der Kavallerie-Division hatten fast ständig Fühlung mit den Nachhuten der weichenden Franzosen, wobei es täglich mehrmals zu Feuerwechseln kam. Dicht vor Chartres, bei Jouy, stieß das Reiter-Regiment 22 auf ein Regiment von Senegal-Negern, das erst nach mehrstündigem Kampf mit Artillerie-Unterstützung aus seiner Stellung geworfen werden konnte.

Bevor dann am 22. Juni der Waffenstillstand in Kraft trat, hatte die Division noch zwei schwere und verlustreiche Gefechte weiter im Westen von Frankreich zu bestehen, an denen die Abteilung Baade ein jedes Mal in vorderster Linie beteiligt war. Am 20. Juni erreichte die Vorhut der Division die Loire in der Gegend von Saumur. Das Südufer des hier recht breiten Flusses war stark vom Gegner besetzt. Es bestätigten sich auch die Aussagen von Gefangenen, daß hier die Fähnriche, das Lehrpersonal und die Lehrtruppe der bekannten französischen Kavallerie-Schule von Saumur zum Kampf bereitgestellt waren. Es gab keinen Zweifel, daß diese Truppe zum äußersten Widerstand entschlossen sein würde.

Für den Angriff der Division wurde der Einbruch der Dunkelheit abgewartet, um die Feuerwirkung der versteckt angelegten und gut ausgebauten französischen Widerstandsnester zu mindern. Nach einem während der ganzen Nachtstunden anhaltenden Gefecht gelang es der Division beim ersten Hellwerden, die noch benutzbare Brücke bei Bourgueil in die Hand zu bekommen. Daraufhin erhielt Baade den Befehl, mit den ersten verfügbaren Teilen seiner Abteilung zur schnellen Ausnutzung dieses Erfolges im Eiltempo auf Chinon vorzustoßen, um die dortige Brücke über die Vienne in Besitz zu nehmen. Da dies nach kurzem nochmaligem Zusammenstoß mit einer Kampfgruppe von Fähnrichen aus Saumur gelang, war die Abwehr der Franzosen auf dem Südufer der Loire in diesem gesamten Abschnitt schneller als erwartet gebrochen. Die Verfolgung weiter nach Süden konnte fortgesetzt werden.

Somit war es ein eigenartiger Zufall, daß der einzige große berittene Verband des damaligen deutschen Heeres, die 1. Kavallerie-Division, ausgerechnet um die Hochburg der französischen Reiterei an der Loire und damit gegen den hier versammelten Offiziersnachwuchs der französischen Kavallerie zu kämpfen hatte.

Leider wollte es ein anderer Zufall, daß die Division auch noch am letzten Tage des Feldzuges, in den Stunden, da der Waffenstillstand in Compiègne am 22. Juni verhandelt und geschlossen wurde, in ihr letztes Gefecht gegen Franzosen verwickelt wurde. Es fand in der Gegend um Airvault statt, rund 60 Kilometer südlich von Saumur. Die Abteilung Baade errang hier einen großen Erfolg, obwohl der Gegner zahlenmäßig überlegen war und sich in günstiger Verteidigungsstellung zäh wehrte. Um 19 Uhr war das Angriffsziel mit nur ganz geringen eigenen Verlusten erreicht und der Gegner zu schleunigem Rückzug gezwungen.

Der ausschlaggebende Anteil an dem siegreichen Bestehen dieses Kampfes fiel dem Spähtrupp des Leutnant Prinz Reuß zu. Dieser junge Offizier, der 1937 in das Kavallerie-Regiment 3 in Göttingen eingetreten war, hatte sich am Vormittag mit seinem kleinen Trupp zu Pferde geschickt durch die französischen Linien hindurchschlängeln und dann hinter der Front einen vorzüglichen Beobachtungsstand in einem Weinberg beziehen können. Von dort aus sandte er ununterbrochen Funkmeldungen über die genauen Positionen und alle Bewegungen des Gegners. Das Feuer der schweren Waffen der Abteilung Baade und auch der ihr für diesen Angriff zugeteilten Artillerie konnte daher in jeder Phase des Gefechts mit außergewöhnlicher Genauigkeit gelenkt werden. Dadurch wurde der Widerstand des Gegners schließlich entscheidend erschüttert.

Der Einsatz von berittenen Spähtrupps hatte im Frieden einen breiten Raum in der Ausbildung bei den Reiter-Regimentern eingenommen. Er symbolisierte sozusagen den Aufgabenbereich der Kavallerie, nämlich die Aufklärung gegen den Feind. Als höchstes Ziel wurde dabei immer erstrebt, Einblick in den Feind von der Flanke her, möglichst sogar von rückwärts zu erhalten, um dadurch der eigenen Truppe die wertvollsten Unterlagen für zweckmäßige Gefechtsführung zu liefern.

In der Rückschau auf die Kampfhandlungen im ersten Weltkrieg, gekennzeichnet durch moderne Waffenwirkung, großen Materialaufwand und durchlaufende Fronten, herrschte nun allerdings bei diesen Übungen mit Spähtrupps im Frieden doch eine erhebliche Skepsis, ob jemals in einem zukünftigen Kriege noch die Gelegenheit gegeben sein würde, diese kavalleristische Spezialität zur Anwendung zu bringen. Man war nicht abgeneigt, diese Möglichkeiten zu den kriegsgeschichtlichen Akten vergangener Zeiten zu schreiben.

Der Feldzug durch Frankreich im Jahre 1940 überraschte daher die Kavalleristen mit der Tatsache, daß sogar in ihrer Generation das Spähtrupp-Reiten jahraus, jahrein im Frieden nicht umsonst geübt worden war. Der erfolgreiche Einsatz des Spähtrupps des Prinzen Reuß bei Airvault war nur ein, allerdings ganz besonders geglücktes Beispiel dafür während des langen Vormarsches der Kavallerie-Division durch Frankreich.

Baade selbst hat daher auch unmittelbar nach Beendigung der Kämpfe in einem summarischen Rechenschaftsbericht über den Einsatz seiner Abteilung an erster Stelle die Tätigkeit der Spähtrupps erwähnt. „Wenn die Abteilung“, so hieß es dort, „bei allen Gefechten ihre Aufgaben mit so geringen Verlusten erfüllen konnte, so ist dies unseren Spähtrupps zu danken, die uns stets mit genauen Meldungen über die Feindlage versorgten.“

Das zweite Lob, das Baade in diesem Bericht aussprach, war an die Adresse der Artillerie gerichtet. Es lautete: „Stieß die Abteilung auf stärkeren Widerstand, war Oberleutnant Holste, erfolgreicher Springreiter in Friedenszeiten und jetzt Artillerie-Kommandeur unserer Kavallerie-Division, zur Stelle und führte uns ohne Bedenken schnell seine Batterien zu; niemals brauchten wir ihn zweimal zu bitten, niemals kamen seine Batterien zu spät.“

Die allgemeine Anerkennung, die Baade für die schwungvolle und zugleich umsichtige Führung seiner Abteilung ernten konnte, erfüllte insbesondere den Oberst von Senger mit Genugtuung und Freude. Unwillkürlich erinnerte er sich daran, daß er sich im Herbst 1938 für das Verbleiben von Baade im Heer eingesetzt hatte. Er sah seine Menschenkenntnis und seine Voraussicht bestätigt, daß dieser Offizier über alle Voraussetzungen für beste Bewährung im Kriege verfügte, wenn auch im Gegensatz dazu seine Eignung für den Dienst im Frieden manche Nachsicht erfordert hatte.

Wenige Tage nach dem Waffenstillstand vom 22. Juni 1940 wurde die Kavallerie-Division zur Besetzung des Küstenabschnitts zwischen La Rochelle und der Gironde-Mündung beordert. Bald danach erfolgte eine erneute Verlegung an die Demarkationslinie zwischen dem besetzten und dem unbesetzten Frankreich in der Gegend 80 Kilometer südostwärts von Bordeaux. Hier verblieben die Einheiten fünf Wochen. Neben der wieder anlaufenden Ausbildung gingen die Erteilung von Heimaturlaub und Fahrten zur Besichtigung von Sehenswürdigkeiten und zum Baden im Atlantik zwischen Arcachon und Mimizan einher. Baade hatte für längere Zeit den Regimentskommandeur zu vertreten.

Für die Stimmung in der Truppe ergab sich nun eine Parallele zu dem Zustand in der Zeit nach dem Feldzug gegen Polen im Herbst und Winter 1939. Auch jetzt war die allgemeine Sehnsucht wieder darauf gerichtet, daß der Krieg nunmehr beendet sein möge. Genährt wurden die Hoffnungen darauf durch die vielfach wiederholten Behauptungen der amtlichen deutschen Propaganda, daß Großbritannien sich nach der Niederlage von Frankreich jetzt in einer aussichtslosen Lage befände und es daher in seinem eigenen Interesse läge, zu Friedensverhandlungen mit der deutschen Regierung bereit zu sein.

Zu diesem Thema hielt Hitler am 19. Juli 1940 eine vorher mehrfach angekündigte Rede vor dem Reichstag, in der er, wie Goebbels damals verlauten ließ, dem britischen Volk und der Regierung in London die Friedenshand hingestreckt habe. In Wirklichkeit ergab eine objektive Prüfung von Hitlers Ausführungen, daß er völlig an der Mentalität des britischen Volkes und seiner Führung vorbeigeredet hatte. Es war unmöglich, in seinen großspurigen, von Drohungen untermalten Phrasen ein ernst gemeintes Angebot zu sehen. Bereits drei Tage später erteilte daher Churchill die zu erwartende abweisende Antwort. Er trat in diesen schwächsten und düstersten Wochen der Geschichte Großbritanniens freimütig vor sein Volk mit der Ankündigung, daß die Zukunft nur „Arbeit, Blut und Tränen“ bringen, daß aber diszipliniertes und tapferes Durchhalten mit der Bewahrung der Freiheit belohnt werden würde.

Das Augenmerk der Welt bis hinunter zu den Reitern der Kavallerie-Division an der Demarkationslinie in Frankreich war im Juli und August

1940 auf die Gerüchte und Verlautbarungen gerichtet, die deutsche Wehrmacht rüste sich zum Übergang über den Kanal, um England den Todesstoß zu versetzen.

Am 2. Juli hatten in der Tat die Oberkommandos der drei Wehrmachtsteile von Hitler die Weisung erhalten, die Planungen für dieses Unternehmen mit dem Decknamen „Seelöwe“ anlaufen zu lassen. Seitens des Heeres wurden zwei Armeen, und eine weitere in Reserve, in Nordfrankreich dafür bereitgestellt. Die vorangegangenen schnellen Siege in Polen und Frankreich hatten die Führung und alle Einheiten dieser Armeen in einen derartigen Rausch von Zuversicht versetzt, daß sie von dem Gelingen einer Invasion gegen die britischen Inseln überzeugt waren. Sie waren in einer Stimmung, in der man nach einem Sprichwort in der Lage sei, „den Teufel aus der Hölle zu holen“. Churchill bemerkte später in seinen Erinnerungen treffend dazu, daß es nichts gegeben hätte, dessen sich diese Truppen des deutschen Heeres damals nicht fähig glaubten. („What was there they could not do? “)

Allerdings muß der Gerechtigkeit halber hinzugefügt werden, daß diese Stimmung in den Verbänden des Heeres stark von der Annahme und dem Wunsch bestimmt war, mit dem Übergang nach England den Krieg nach kurzem Kampf endgültig beenden zu können, sofern auf andere Weise keine Aussicht auf baldigen Frieden ersichtlich war.

Einen deutlichen Gegensatz zu der im Heere vertretenen Ansicht zeigte die Einstellung im Oberkommando der deutschen Marine und in dessen nachgeordneten Dienststellen. Ihr fachmännisches Urteil vermerkte mit starker Besorgnis, fast mit Entsetzen, daß seitens des Heeres eine Operation über den Kanal in leichtsinniger und laienhafter Weise als ein Flußübergang, wenn auch erweiterten Ausmaßes, angesehen wurde. Zu Recht wies die Marineleitung darauf hin, wie sehr damit die Schwierigkeiten verkannt würden, die dem Unternehmen von vornherein den Stempel eines unverantwortlichen Risikos aufdrückten. Die bedeutsamsten Argumente der Marine bezogen sich auf das Unvermögen, ausreichende Transportmittel für das Übersetzen der vom Heere geforderten Mengen an Truppen, Waffen, Fahrzeugen und Nachschub zur Verfügung stellen zu können. Ebenso schwer wog die Tatsache, daß es einen unüberwindlichen Mangel an seemännischem Personal gab, welches der Schiffahrt über den Kanal gewachsen gewesen wäre, deren Bedingungen der Hochsee-Schiffahrt und nicht denen eines Flußüberganges gleichzusetzen sind. Die Marine verdammte die unsachliche Vorstellung, man könnte Binnenschiffern von Elbe, Weser oder Rhein plötzlich das Manövrieren über den Kanal zumuten.

Als wahres Damoklesschwert hing ferner über diesen Plänen die sichere Erwartung, daß die englische Hochsee-Flotte, bereitgehalten in Gewässern an den schottischen Ufern, mit rücksichtslosem Einsatz in das Übersetz-Unternehmen hereinstoßen würde, um das britische Mutterland vor der Eroberung zu retten. Weder Verminungen noch Gegenangriffe deutscher U-Boote würden die Home Fleet von der Erfüllung dieser Aufgabe abhalten können. Deutsche Überwasser-Streitkräfte standen nach den schweren Verlusten bei der Besetzung von Norwegen nicht mehr in erwähnenswertem Umfang zur Verfügung, um die englische Flotte am Eingreifen zu hindern.

Die deutsche Führung war bei der Planung des Unternehmens „Seelöwe" von Anfang an davon ausgegangen, daß vor dem Übersetzen der Heerestruppen, begleitet von dem Einsatz der damals zahlenmäßig noch recht schwachen Fallschirm- und Luftlandetruppen, die deutsche Luftwaffe unbedingt eine einwandfreie Luftherrschaft über dem Kampfraum durch Vernichtung der Royal Air Force erringen müsse. Hermann Göring, der Reichsmarschall und Oberbefehlshaber der Luftwaffe, hatte dazu in Besprechungen mit dem Ausspruch geprahlt, es werde in England „kein Scheißhaus mehr stehen bleiben", wenn seine Luftwaffe den geplanten Großangriff vor der Operation „Seelöwe" führen würde. Bekanntlich endete dann aber diese Luftschlacht im Herbst 1940 über dem Kanal und Südengland, vom Gegner die „Battle of Britain" genannt, mit einem klaren Abwehrerfolg der Royal Air Force. Es gelang der deutschen Luftwaffe trotz des hingebungsvollen Einsatzes ihrer Verbände nicht, die englischen Jäger so entscheidend zu schlagen, daß sie keine Gefahr für das Landeunternehmen mehr bedeutet hätten. Damit war die als unerläßlich vorausgesetzte totale Luftherrschaft nicht erreicht und ein sehr maßgeblicher Grund gegeben, den Plan für die Invasion fallen zu lassen.

Es steht außer Zweifel, daß nach allen nüchternen militärischen Vorausberechnungen die Operation „Seelöwe" mit einem schweren Fehlschlag geendet hätte. Daher ist auch die nach dem Kriege hin und wieder aufgetretene Meinung irrig, die Unterlassung dieser Operation gehöre in den von der Geschichtslehre oft zitierten Bereich der verpaßten Gelegenheiten.

Ernst-Günther Baade im ersten Weltkrieg (1917)

Ungewisse Zukunft: E.-G. Baade bei seinem Vater in Falkenhagen

Neverstaven: Das Gutshaus

Auf einem Truppenübungsplatz: König in seinem kleinen Reich

Die glücklichen Reiterjahre

„Oberst Kent" hier geritten vom Verfasser dieses Buches im Jagdspringen der Olympiade-Vorbereitungsmilitary 1939

IN OST UND SÜD

In der Zeit vom 9. bis 21. August 1940 wurde die Kavallerie-Division aus Südfrankreich herausgezogen und im Bahntransport nach Polen verlegt. Zwischen Warschau und der polnisch-russischen Demarkationslinie bezog sie Unterkunft und damit sozusagen Winterquartiere. Dem Reiter-Regiment 22 war der Raum um die Kleinstädte Lukow und Radzyn zugewiesen.

Den Soldaten lag die Vorstellung noch fern, daß diese Verlegung nach dem Osten etwa den Beginn einer Bereitstellung zum Krieg gegen Rußland bedeuten könnte. Sie sahen zunächst darin nicht mehr als eine Auflockerung der militärischen Besetzung von Frankreich. Sie hielten sich an die Tatsache, daß es zwischen dem Deutschen Reich und der Sowjetunion den Nichtangriffspakt vom 23. August 1939 gab. Sie hörten, daß oft von amtlicher Seite die Aufteilung der Interessensphären zwischen den beiden großen Staaten erwähnt wurde. Auch erfuhren sie davon, daß unablässig Güterzüge aus Rußland durch Polen nach Deutschland rollten, beladen mit den vertraglich festgelegten Lieferungen, vor allem Weizen und Öl.

Aus der Ferne des weiten Ostens vernahmen die Männer der Kavallerie-Division die Ereignisse im Mittelmeer-Raum. Die Italiener waren am 12. September 1940 aus Libyen zum Angriff nach Ägypten hinein angetreten. Sie erzielten allein schon wegen der Schwierigkeiten mit dem Nachschub in der Wüste und auch wegen des Wassermangels nur sehr geringen Geländegewinn. Drei Monate später wurden sie durch einen englischen Gegenangriff wieder tief nach Libyen zurückgeworfen. Die Engländer eroberten dabei Tobruk. Auf dem Balkan hatte Mussolini, sehr zum Verdruß seines deutschen Bundesgenossen, am 28. Oktober 1940 von Albanien aus den Krieg mit Griechenland begonnen. Auch hier gerieten die mangelhaft ausgerüsteten italienischen Divisionen sehr bald in eine bedrohliche Lage. In beiden Fällen wurde schließlich im Interesse der gemeinsamen Kriegführung der beiden Achsenmächte deutsches Eingreifen erforderlich.

In Nordafrika stellte das im Februar und März 1941 entsandte deutsche Afrikakorps unter dem Befehl von General Erwin Rommel die Lage wieder her. Dieser Erfolg war neben dem Verdienst des deutschen Soldaten dem taktischen Geschick des wagemutigen Rommel zuzuschreiben. Oft wird allerdings übersehen, daß ihm bei diesem viel bewunderten Vorstoß im Frühjahr 1941 auch sehr das Glück zur Hilfe kam. Nachdem sein Gegner, der General Wawell, die Italiener zurückgeworfen hatte, mußte er auf Befehl aus London gerade beim Eintreffen des deutschen Afrikakorps wesentliche Teile seiner Truppen auf das griechische Festland und nach Kreta abgeben. Sie wurden dort für das vorauszusehende deutsche Eingreifen benötigt.

Auf dem Balkan begannen dann auch der deutsche Angriff gegen Griechenland zur Entlastung der Italiener und gleichzeitig der deutsch-italienische Feldzug gegen Jugoslawien am 6. April 1941. Am 17. April kapitulierten die Jugoslawen und am 27. April wurde Athen besetzt. Ende Mai erfolgte gegen hartnäckigen englischen Widerstand und unter schweren deutschen Verlusten die Eroberung der Insel Kreta.

Für die Kavallerie-Division in Polen hatte sich im Lauf des Winters und des Frühjahrs nur dadurch eine bemerkenswerte Veränderung ergeben, daß sie Mitte März in den Raum um Miedzyrzec nach Osten vorgeschoben und dort einem Panzerkorps unterstellt wurde, das zur Panzergruppe 2 des Generaloberst Guderian gehörte. Diese Maßnahme konnte nur als Vorbereitung und Neugliederung im Rahmen von Überlegungen für einen bevorstehenden Einsatz verstanden werden.

So mußten sich auch die Reiter allmählich mit dem betrüblichen und vor einiger Zeit noch fernliegenden Gedanken abfinden, daß es zum Krieg mit der Sowjetunion kommen würde. Im deutschen Heer, sowohl bei der Führung als auch in den Divisionen und Regimentern, war nach allen vorangegangenen Ereignissen und Erfolgen überwiegend die Ansicht verbreitet, daß auch dieser Kampf siegreich bestanden werden würde. Die deutschen Soldaten aber bedauerten sehr das Entschwinden der immer wachen Hoffnung auf baldigen Frieden und auf Rückkehr in die Heimat.

Es ist nachweisbar, daß Hitler erstmals im Juli 1940 den Gedanken an einen Angriff gegen Rußland ernsthaft in Erwägung zog. Er sah darin letztlich die einzige Möglichkeit, den Krieg gegen England fortzuführen, falls sich die damals geplante Landung in England selbst als undurchführbar herausstellen sollte. Nachdem die Operation „Seelöwe" abgeschrieben werden mußte, nahm Hitlers Absicht, Rußland anzugreifen, von Monat zu Monat deutlichere Formen an. Durch die Niederschlagung der Sowjetunion wollte er England jede Hoffnung entziehen, daß der deutschen Führung noch irgendwelche Schwierigkeiten auf dem Kontinent erwachsen würden, die England aus der Isolierung retten könnten.

Gleichzeitig fürchtete Hitler, bei längerer Dauer des Schwebezustandes ohne kriegsentscheidende Handlungen von den wirtschaftlichen Lieferungen der Sowjetunion und damit von dem Wohlwollen Stalins allzu abhängig zu werden. Eng damit verbunden war seine Sorge, daß die Sowjetunion eines Tages die für Deutschland kaum entbehrliche Zufuhr von den rumänischen Ölfeldern unterbinden könnte. Nur 150 Kilometer trennten die sowjetischen Truppen von Ploesti, der Landschaft mit der ergiebigsten Ölförderung in Europa.

Die deutsche Luftwaffe hatte England nicht zum Nachgeben zwingen können. Die deutsche Marine hatte keine ausreichenden Überwasser-Streitkräfte für einen aussichtsvollen Kampf. Ihre Unterseeboote fügten zwar den Engländern empfindliche, aber aller Voraussicht nach niemals kriegsentscheidende Verluste zu. Hitler standen aber die vielen Divisionen des deutschen Heeres, siegreich, gut ausgerüstet und gut aufgefrischt, zur Verfügung. Da es räumlich keine andere Möglichkeit mehr gab, um dieses hohe militärische Potential zur Wirkung zu bringen, verstieg sich Hitler zunehmend in den Plan, es gegen die Sowjetunion einzusetzen. England sollte damit sozusagen auf Umwegen getroffen werden.

Während diese Beurteilungen, Kalkulationen und Schlußfolgerungen von Hitler auf die Lage bezogen waren, in die er sich nun so leichtfertig und sich selbst überschätzend hineinmanövriert hatte, so stand der Gedanke an einen Angriff gegen die Sowjetunion schließlich bei ihm doch auf dem Nährboden, den seine von jeher gehegte Vorstellung vom „Drang nach Osten" geschaffen hatte. Diese Zielsetzung hatte er in der Zeit nach dem ersten Weltkrieg, seit er nach seinen eigenen banalen Worten „sich entschloß, Politiker zu werden", zum obersten Gebot für die deutsche Zukunft gestempelt. In seinen Propagandareden zwischen 1920 und 1930, vornehmlich aber in „Mein Kampf" hatte er sie unumwunden verkündet. Obwohl er dann als Regierungschef und als Staatsoberhaupt aus verständlichen Gründen darauf zumindest öffentlich nicht zurückgekommen ist, war doch die jetzt, aus welchen Motiven auch immer, akut gewordene Auseinandersetzung mit dem Problem einer Wendung gegen den Osten in seiner Gedankenwelt kein Neuland. Hemmnisse von prinzipieller Art hatte er nicht zu überwinden; im Gegenteil, er empfand es mit Befriedigung und als Selbstbestätigung, nun zu der Realisierung seiner ureigensten, schon vor 20 Jahren vorgebrachten Zukunftsvisionen von der – wie er sich einbildete – Vorsehung „berufen" zu sein.

Besprechungen, die Mitte November 1940 mit dem sowjetischen Außenminister Molotow in Berlin geführt wurden, hinterließen bei Hitler den Eindruck, daß die Sowjetunion zwar die Abmachungen über wirtschaftliche Lieferungen einzuhalten gedenke, andererseits aber nicht bereit sei, sich in sonstigen, zukünftige Entwicklungen und Entscheidungen betreffenden Fragen so ins Schlepptau nehmen zu lassen, wie Hitler es von anderen verbündeten oder von ihm überrannten Staaten gewohnt war.

Am 18. Dezember 1940 erging Hitlers grundlegende Weisung an die Oberkommandos für die Vorbereitung eines Krieges gegen Rußland. Anfang April 1941 faßte er endgültig den Entschluß zum Angriff. Damit war der Weg zum Zweifrontenkrieg beschritten, obwohl Hitler in allen Jahren zuvor nicht müde geworden war, dem deutschen Volk einzureden, daß es unter seiner Führung niemals zu dieser militärisch gefährlichen Situation kommen würde. Ungezählte Male hatte er die Behauptung aufgestellt, es sei für die unzulängliche Politik zur Zeit des kaiserlichen Deutschland kennzeichnend gewesen, den Zweifrontenkrieg von 1914 nicht vermieden zu haben. Er werde, so hieß es hierzu stets in seinen Prophezeiungen, nicht so töricht sein, sich in eine ähnliche Lage hineinmanövrieren zu lassen.

Und trotzdem verfiel Hitler in den Irrtum von Napoleon und begann am 22. Juni 1941 den gewagten Stoß in die Weite des russischen Raumes. Er tat es, weil seine gesamte Außenpolitik von Anfang an auf Verkennung der Realitäten beruhte, er den Krieg leichtsinnig vom Zaun gebrochen hatte und nun nicht wußte, auf welche andere Weise dieser Krieg weiterzuführen sei.

Am Abend vor dem Beginn des Einbruchs in die Sowjetunion verlas der Kommandeur der 1. Kavallerie-Division, Generalleutnant Feldt, den Regimentsführern, den Führern der anderen selbständigen Einheiten und den Offizieren seines Stabes den Angriffsbefehl. Er beendete die Besprechung mit den Worten: „Meine Herren, wir alle, die wir hier versammelt sind, haben den Krieg nicht gewollt; wir wissen auch nicht, ob er eine zwingende Notwendigkeit ist. Aber als Soldaten sind wir zu Gehorsam erzogen und verpflichtet."

Für die Abteilung des Oberstleutnant Baade begann der Angriff am 22. Juni um 3 Uhr und 15 Minuten mit schnellem Ritt über eine Brücke über den Bug bei Leplowka. Fächerartig wurden dann viele Spähtrupps durch das dichte Waldgelände vorausgeschickt. Baade selbst begleitete den Spähtrupp auf der direkten Vormarschrichtung, dem das Gros der Abteilung folgte.

In den beiden ersten Tagen nach dem Überschreiten des Bug ergab sich zu wiederholten Malen die gleiche Lage: Zeitweise konnten die Spähtrupps, begünstigt durch die von den vielen Wäldern gebotene Deckung, viele Kilometer Boden gewinnen; dann aber stießen sie auf russische Sicherungen, konnten entweder noch umholend ausweichen oder wurden zum Absitzen und Feuerwechsel gezwungen. Gegen feindliche Sicherungen, die Dorfränder, Bachübergänge oder sonstige Geländehindernisse besetzt hielten, mußten Teile der Abteilung zur Öffnung des weiteren Vormarschweges eingesetzt werden. So wechselten zügiges Vorgehen und kleine Gefechte in unübersichtlichem Gelände miteinander in schneller Folge ab. Dabei bewährten sich die Wendigkeit und die Geländegängigkeit der berittenen Truppe, weil sie in den meisten Fällen den Gegner durch schnelles seitliches Umfassen zur Aufgabe seiner Stellungen zwingen konnte.

Schon wenige Tage später stieß die Division auf starke Feldbefestigungen und Bunkerlinien der Russen. Ihre Mittel reichten zum planmäßigen Angriff dagegen nicht aus. Hier begann die Aufgabe der nachgezogenen Panzerdivisionen. Die Kavallerie-Division wurde von nun an zum Flankenschutz vorgeprellter motorisierter Einheiten, zum Schließen entstandener Lücken oder zur Verstärkung bei eingetretenen Krisen verwandt. Dieser Wechsel zwischen unterschiedlichen Aufgaben erforderte oftmals gewaltige Marschleistungen von einer Frontstellung zur anderen, meistens in Nachtmärschen auf tiefen Sandwegen. Allein in den Tagen vom 25. bis 30. Juni mußten rund 500 Kilometer in Zickzack-Bewegungen zurückgelegt werden, um an verschiedenen Brennpunkten Aufträge als Eingreifreserve zu erfüllen.

Der Flankenschutz für die Panzerkräfte vollzog sich nur in seltenen Fällen defensiv. Fast immer war damit auch ein Vorgehen gegen feindlichen Widerstand verbunden, um den erforderlichen Zusammenhalt mit den Panzerkeilen zu wahren. Im Rahmen dieser Kampfhandlungen erreichte die Abteilung Baade als vorderster Teil der Division am 7. Juli und damit als erste deutsche Truppe die Beresina bei Bobruisk. Sie erzwang dort einen Brückenkopf. Kurz darauf wurden motorisierte Verbände durch diesen Brückenkopf geschleust, die an anderer Stelle nicht schnell genug hatten vordringen können. Danach wurde die Kavallerie-Division sofort wieder für einen anderen Auftrag herausgezogen.

Mitte Juli wurde sie zur Abschirmung einer deutschen Angriffsbewegung auf dem Westufer des Dnjepr eingesetzt und mußte dort in hartem Kampf viele russische Angriffe abwehren. Ebenso wie Baade beim Vormarsch und bei Bewegungsgefechten sich stets bei den vordersten Trupps aufhielt, um sich hier, getreu der traditionellen Aufgabe der Reiteroffiziere, das bestmögliche Urteil über Feindlage und erforderliche eigene Maßnahmen bilden zu können, war er auch bei Abwehrkämpfen immer in der vordersten Stellung zu finden. Er sah seine vornehmste Pflicht darin, durch seine eigene Beteiligung am Kampf seinen Soldaten Vorbild zu sein und ihnen Zuversicht zu geben. Er legte seine Stellung als Abteilungs-Kommandeur dahin aus, daß die damit verbundenen taktischen Aufgaben am besten in vorderster Front erledigt werden konnten. Erst bei größeren Verbänden konnte nach seiner Ansicht die Verpflichtung auferlegt sein, etwas abgesetzt von der Frontlinie das Zusammenwirken der einzelnen Einheiten zu leiten. So sah man ihn in Rußland fast immer selbst einen Karabiner oder eine Maschinenpistole tragen. Viele Male hat er dort an den Nahkämpfen, oft mit Handgranaten, teilgenommen. Seine Soldaten hielten ihn für furchtlos und sie glaubten an seinen „guten Stern“. In seiner Nähe, so vermeinten sie, könne auch ihnen kaum etwas zustoßen.

Atempausen oder Ruhestellungen gab es für die Kavallerie-Division in den Sommermonaten während des ununterbrochenen deutschen Vormarsches in Rußland nicht. Die Division erwies sich nur als allzu geeignet, immer schnell dort hineingeworfen zu werden, wo eine Lücke oder eine Krisenlage entstanden war. Als Folge davon hatten sich aber bereits Ende Juli manche Anzeichen einer Überforderung herausgestellt. Die Abteilung Baade hatte in den bisher 40 Tagen dieser Kämpfe rund einhundert Soldaten durch Tod oder Verwundung verloren. Große Sorge begannen auch der Ausfall und die ständige Überanstrengung der Pferde zu bereiten.

Trotz dieser geschwächten Kampfkraft mußte die Division noch im August und September ohne Unterlaß im Einsatz stehen. Bei der Schlacht um Gomel und später bei der Kesselschlacht von Kiew wurden ihr schwere Strapazen und leider wieder hohe Verluste abverlangt. Hierbei waren oftmals durchgebrochene russische Panzer im Nahkampf zu vernichten. Baade selbst beteiligte sich am Sprengen von Feindpanzern durch geballte Ladungen.

Ende September und Anfang Oktober wurde die Division zum nun allerdings letzten Male von einem Einsatz zum anderen gehetzt. Dann erkannte auch die höhere Führung an, daß sie abgekämpft war und ihr weitere Aufgaben nicht mehr übertragen werden konnten. Der Krieg in Rußland hatte zudem jetzt Formen angenommen, die der Reiterwaffe keine Daseinsberechtigung mehr gaben.

Hiervon blieb jedoch die Nützlichkeit der Pferde für die Infanterie, die bespannte Artillerie und die Nachschub-Einheiten unberührt. Bei den russischen Wegeverhältnissen, insbesondere in der Schlammperiode und im Winter, waren und blieben die Pferde tausendfach unersetzlich. Es gab die unzählbaren Situationen, in denen sie sich bewährten, während die Motoren versagten. Aber ein geschlossener berittener Verband wie die Kavallerie-Division glich jetzt in diesem von den Panzer- und motorisierten Schützendivisionen beherrschten Bewegungskrieg im weiten Raum einer ständig überspannten und sich schnell abnutzenden Sehne.

Trotz aller Anhänglichkeit an ihre angestammte Waffengattung sahen daher auch die Offiziere der letzten Kavallerie-Division ein, daß die Stunde für ihre Auflösung geschlagen hatte. Baade, von Kindesbeinen an mit dem Pferd so eng verbunden, wurde jetzt sogar zum Wortführer der Veränderungen. Seine kurzen Briefe in die Heimat waren beherrscht von diesem Thema. Man könne nur hoffen, so schrieb er, daß die furchtbare Pferdeschinderei bald ein Ende fände. Es sei leidvoll, mitansehen zu müssen, wie die erschöpften Tiere zugrunde gingen. Das Regiment habe einmal allein in einer Woche 120 Pferde verloren. Die Zeit sei gekommen, die Kavallerie-Division in eine Panzerdivision umzuwandeln.

Die endgültige Herauslösung der Kavallerie-Division aus der Ostfront erfolgte in den ersten Novembertagen. Dann rollten die Transportzüge mit ihren Einheiten durch Deutschland nach Frankreich. Dort wurde die Umrüstung und Umschulung vorgenommen und es entstand die 24. Panzer-Division.

Baade erhielt jedoch kurz vor der Verlegung die Ernennung zum

Kommandeur der Radfahr-Abteilung 1. Das bedeutete für ihn die Trennung von seiner bisherigen langjährigen militärischen Heimstatt und den Verbleib auf dem russischen Kriegsschauplatz. In der neuen Stellung wurde er nur sechs Wochen belassen und dann zum Kommandeur des Kradschützen-Bataillons 4 ernannt. Damit war sein Übergang zur vollmotorisierten Truppe vollzogen.

Die Umstellung fiel dem mit allen Arten des Bewegungskrieges wohl vertrauten Offizier leicht. Auch diese Truppe führte er mit seinen markanten Sattelbefehlen und immer selbst den Spitzenzug begleitend oder in der vordersten Linie befindlich. Mit Erleichterung nahm er es hin, daß diesem Bataillon im Gegensatz zu allen Erlebnissen bei der Kavallerie-Division von Zeit zu Zeit wenigstens kurze Ruhe- und Erholungspausen während der Kämpfe in den Wintermonaten vergönnt waren.

Nachdem Baade bereits während der Teilnahme an den Feldzügen in Polen und in Frankreich die Spangen zu den beiden Eisernen Kreuzen aus dem ersten Weltkrieg verliehen worden waren, erhielt er in diesem Winter in Rußland das in diesem Kriege neu gestiftete Deutsche Kreuz in Gold. Diesen aufdringlich bunten Orden mit dem großen Hackenkreuz in der Mitte fand er geschmacklos. Er nannte ihn verächtlich „Parteiabzeichen für Kurzsichtige“ und lehnte es ab, ihn zu tragen.

Im März 1942 erfolgte für Baade ein bedeutsamer Szenenwechsel. Aus Schnee und Eis in Rußland rief ihn eine Versetzungsverfügung zum Deutschen Afrika-Korps nach Libyen. Bei kurzem Aufenthalt auf der Durchreise in Deutschland gab er in allen Gesprächen zu verstehen, daß er sich gewiß nicht ungern vom russischen Kriegsschauplatz getrennt habe. Außer vorsichtigen Andeutungen, daß er sich nicht vorstellen könne, wie dort der Kampf zu einem erfolgreichen Abschluß zu bringen sei, zeigte er sich recht beeindruckt davon, welche grausamen Formen der Kampf und als dessen Begleiterscheinung auch das Leiden der Zivilbevölkerung angenommen hatten. Er sagte, er hätte es sich bisher niemals vorstellen können, daß einmal Menschenleben so gräßlich verschleudert werden würde.

Am 23. März 1942 traf Ernst-Günther Baade, nun eingekleidet in die sandfarbene Uniform der Afrikakämpfer, in Rom ein. Er meldete sich, wie alle in Richtung Nordafrika durchreisenden höheren Offiziere es taten, beim deutschen Militär-Attaché, der in seiner zweiten Eigenschaft als „Deutscher General beim Hauptquartier der italienischen Wehrmacht“ die maßgebliche Verbindungsstelle für den Einsatz deutscher Truppen im Mittelmeer-Raum war. In diesem wegen der Vielfalt der Aufgaben recht großen Stabe fand Baade einige gute Freunde und Bekannte aus früheren Zeiten vor. Er wurde gastfrei aufgenommen und erhielt viele nützliche Informationen über den derzeitigen Stand und die Eigenart der Kriegführung im Süden.

Noch vor seinem Abflug nach Tripolis erreichte Baade in Rom die

Nachricht, daß seine Beförderung zum Oberst für den 1. April bevorstand. In Nordafrika meldete sich Baade beim Kommandeur der 15. Panzer-Division, dem ebenfalls aus der Kavallerie hervorgegangenen Generalleutnant von Vaerst. Die Division lag in der Cyrenaika zwischen Benghasi und Tobruk. Diese Gegend war im Monat zuvor nach hin und herwogenden Kämpfen von den deutsch-italienischen Truppen zurückerobert worden. Am 15. April übernahm Oberst Baade hier die Führung des Schützenregiments 115. Die Umstellung auf die hohen Temperaturen in der Wüste bereitete ihm zunächst einige Schwierigkeiten, die Migräne meldete sich etwas häufiger.

Mit allen Einheiten des Regiments, das landsmannschaftlich vornehmlich aus Hessen zusammengesetzt war, erhielt Baade schnell den besten Kontakt. An den Fahrzeugen des Regiments prangte auch hier bald das Emblem des springenden Pferdes. Schon in Rußland hatte Baade außerdem vermehrt davon Gebrauch gemacht, für Verdienste und erwiesene Freundschaft die Anstecknadel mit demselben springenden Pferd zu vergeben. Mehr und mehr wurde dies sein „Privat-Orden". Sein Ruf, ein Offizier mit originellen Ideen zu sein, erfuhr dadurch eine erhebliche Verstärkung.

Den Bedenken, daß hiermit die amtlichen Bestimmungen für Orden und Ehrenzeichen verletzt würden, hielt Baade entgegen, daß diese Anstecknadel als ein Geschenk zu verstehen sei und als ein Zeichen der persönlichen Verbundenheit mit denjenigen Menschen, die „eines Sinnes mit ihm seien". Mit dieser Erläuterung konnte Baade aber natürlich nicht den Vorwurf eines Verstoßes gegen die Vorschriften entkräften. Darum ging er auch nach Abgabe dieser oder ähnlicher Erläuterungen immer möglichst unbefangen, schelmisch und schnell auf ein anderes Thema über. Wichtig blieb für ihn, daß bei den Kämpfen in Afrika und auch später in Italien die Beschenkten stets mit Stolz und Freude diese Abzeichen entgegennahmen und trugen. Bei den Mannschaften wurde dafür sogar gelegentlich die Bezeichnung „E.K.3" geprägt, ein Zeichen dafür, wie sehr sie darin eine Auszeichnung sahen.

Als Baade den Kriegsschauplatz in Libyen betrat, herrschte dort bereits eine nahezu zweimonatige Kampfpause. Seit dem 7. Februar 1942 lagen sich die Gegner in 65 Kilometer langen Stellungen westlich Tobruk von El Gazala bis südlich Bir Hacheim gegenüber. Beide Seiten bemühten sich um Auffrischung der Truppen nach den vorangegangenen, erschöpfenden Bewegungskämpfen. Sie benötigten vor allem Waffen, Fahrzeuge, Treibstoff und Munition.

Da der britische Stützpunkt Malta nach wie vor den lebenswichtigen Nachschub für die deutschen und italienischen Verbände auf das schwerste behinderte, mußte sich die deutsch-italienische Führung nunmehr endlich ernsthaft mit dem Gedanken auseinandersetzen, Malta zu erobern. Damit wäre allerdings der vorläufige Verzicht auf Angriffshandlungen der deutsch-italienischen Truppen in Nordafrika verbunden gewesen. Dies ergab sich allein schon aus dem Erfordernis, für den Kampf um Malta sämtliche im Mittelmeer-Raum verfügbaren Luft- und Seestreitkräfte einzusetzen.

Es begann nun in diesem Frühsommer und in dieser Lage ein dramatisches Tauziehen um die Entscheidung, ob erst gegen Malta oder erst auf dem Festland aus der El Gazala-Stellung angegriffen werden sollte. Das italienische Oberkommando hielt die Wegnahme von Malta für vordringlich. Es sah darin zu Recht die unabdingbare Voraussetzung für jede weitere Kriegführung der Achsenpartner in Nordafrika. Die deutsche Führung erklärte sich, nach einigem Zögern, zunächst einmal mit der Vorbereitung dieser Operation einverstanden.

Bei der Ausarbeitung der Pläne für die Inbesitznahme von Malta schälte sich die Erkenntnis heraus, daß man einem recht gewagten und voraussichtlich auch verlustreichen, aber keineswegs aussichtslosen Unternehmen entgegengehen würde. Rommel hingegen drängte darauf, zunächst mit seiner Panzerarmee gegen die britischen Stellungen und gegen das dahinter liegende Tobruk zum Angriff anzutreten. Bei der entscheidenden Besprechung zwischen Hitler und Mussolini am 29. und 30. April 1942 in Klessheim bei Salzburg kam es zu einem nach italienischer Auffassung unglücklichen Kompromiß. Rommel erhielt freie Hand für seinen Angriff. Er sollte jedoch nach der Einnahme von Tobruk an der ägyptischen Grenze Halt machen. Anschließend sollte dann Malta den Engländern entrissen werden. Die Vorbereitungen dafür sollten nicht unterbrochen, sondern inzwischen fortgesetzt werden.

Nicht zuletzt hatte Feldmarschall Kesselring, der Oberbefehlshaber Süd, zu dieser Änderung der bisherigen Konzeption beigetragen. Vorher hatte er sich dahin ausgesprochen, der Wegnahme von Malta den Vorrang einzuräumen. In Klessheim unterstützte er dann aber die Ansicht von Rommel und fand damit Wohlwollen bei Hitler, der nach den Erfahrungen bei der verlustreichen Eroberung von Kreta Luftlande-Unternehmungen sehr skeptisch gegenüberstand.

Gewiß hatte auch Rommel seine Gründe für eine baldige Wiederaufnahme der Operationen in der Cyrenaika. Er wollte mit dem von ihm bestimmten Angriffstermin die Initiative in der Hand behalten und einem Vorstoß der Briten zuvorkommen. Aber das nachträgliche Urteil der Kriegsgeschichte muß wahrscheinlich dahingehend lauten, daß es trotz gewisser Bedenken zweckdienlicher gewesen wäre, zuerst die Ausschaltung von Malta anzustreben. In der Tatsache, daß dies nicht geschah, lag wiederum der Keim für alle diejenigen Umstände, die dann im Herbst 1942 die Kräfte der deutsch-italienischen Truppen in Nordafrika erlahmen ließen.

Der in beiden Weltkriegen hoch bewährte und hoch dekorierte Heeresoffizier Rommel hatte zweifellos die Schwierigkeiten der Versorgung einer großen Armee über lange und vom Gegner ständig schwer bedrohte Seelinien unterschätzt. Zumindest hatte er, selbst Meister im Erfinden von Aushilfen bei Kampfhandlungen zu Lande, zu sehr in dem Glauben und Vertrauen gelebt, auch bei der Lösung dieses Versorgungsproblems über See könnten unumstößliche Behinderungen, wie allein schon der Mangel an Schiffsraum und an Hafenkapazitäten, durch Sondermaßnahmen oder glückliche Zufälle ausreichend gemindert werden.

Psychologisch ist es zudem nicht uninteressant, daß Rommel damals für den Fall, daß zuerst gegen Malta vorgegangen würde, den Oberbefehl über diese amphibische, von Italien aus zu leitende Operation für sich beanspruchte, obwohl Feldmarschall Kesselring die dafür prädestinierte Persönlichkeit war. Dieses Ansinnen war Beweis für den Tatendrang und die Unruhe von Rommel.

Der Angriff der Panzerarmee Afrika erfolgte am 26. Mai 1942. In schwerem Ringen wurde der britische Widerstand allmählich gebrochen. Ein Teil der Armee des General Auchinleck zog sich nach Tobruk zurück. Baade stand mit seinem Schützenregiment 115 in ununterbrochenem Einsatz. In der Hitze, im Sand und Staub der Wüste wogte der Bewegungskrieg hin und her. Die Linien zwischen Feind und Freund verschoben sich oft täglich mehrmals. Es ergaben sich sehr oft Lagen, die so unsicher waren, daß sie Baade an seine Erlebnisse im Aufklärungsdienst weit vor den Frontlinien erinnerten.

Viele Sorgen bereiteten die teuflischen Minenfelder. Einmal geriet Baade beim Einbruch der Dunkelheit in ein Minenfeld, aus dem weder er noch seine wenigen Begleiter einen Ausweg kannten. Baade hatte einen englischen Major und dessen Adjutanten als Gefangene bei sich. Der Major erbot sich, einen Weg durch das ihm ungefähr bekannte Minenfeld zu suchen. Es gelang ihm, Baade und die drei Begleitfahrzeuge durch eine Gasse zu schleusen. Baade bedankte sich und erklärte den beiden Offizieren, daß sie frei seien und zu ihrer Truppe zurückkehren könnten. Er erfragte nur ihre Namen, notierte diese auf einen Zettel und gab der Hoffnung auf ein Wiedersehen nach dem Kriege Ausdruck.

Zwei Tage später war das Schützenregiment 115 einige Zeit lang durch Feindkräfte vom Hauptverbandplatz abgeschnitten. Baade erhielt Meldung, daß zahlreiche Schwerverwundete dringend der Hilfe bedürften. Er gab Anweisung, daß die Krankenwagen sofort auf ein englisches Feldlazarett zufahren sollten. Der als Kolonnenführer eingesetzte Oberfeldwebel kam bereits nach anderthalb Stunden mit der Meldung zurück, daß man dort die Verwundeten sofort aufgenommen und versorgt habe. Ein englischer Sanitätsoffizier habe geäußert, man sei selbstverständlich bereit, noch weiteren Verwundeten zu helfen. Stunden später fiel das Feldlazarett in deutsche Hand und Baade konnte den Angehörigen seines Regiments Trost zusprechen und den englischen Ärzten mit Handschlag für ihr Verhalten danken.

Während dieses mehrwöchigen Kampfes westlich von Tobruk gab es für Baade einige Male Gelegenheit, dem Generaloberst Rommel zu begegnen. Vorher hatte er den Oberbefehlshaber der Panzerarmee nur kurz bei Besichtigungen des Schützenregiments 115 in den Stellungen vor El Gazala gesehen. Rommel und Baade hatten als Soldaten in mancher Hinsicht verwandte Züge. Beiden war ein überdurchschnittliches Maß an Furchtlosigkeit, an zähem Willen zum Erfolg, an schnellem Erfassen der Besonderheiten jeder Lage und schließlich an Ideenreichtum für Aushilfsmittel zu eigen. Daher ergab sich bei Meldungen von Baade an Rommel über den Stand der Gefechtslage und bei Anweisungen von Rommel an den Oberst Baade für die Weiterführung des Kampfes stets ein schnelles gegenseitiges Verstehen und Einverständnis.

Nachsichtig und sogar amüsiert zeigte sich Rommel über den äußeren Aufzug, in dem er Baade antraf. Er verschloß sich nicht der Einsicht, daß die merkwürdig anmutenden Kombinationen in seiner Montur praktische Vorteile hatten, wenn sie auch allen Bekleidungsvorschriften Hohn sprachen. Dazu gehörten die oft tief ins Gesicht, sogar über die Ohren gezogene Schirmmütze als Schutz gegen Sonnenstrahlen, der recht feine und bunte Seidenschal um den Hals, der mangels anderer sichtbarer Rangabzeichen als Erkennungsmerkmal für seine Truppe galt, die aufgekrempelten Hemdsärmel oder die darüber getragene formlose italienische Windjacke, als ganz besonderes Wahrzeichen aber die zwecks Luftzufuhr über das Knie hochgekrempelten Hosen und schließlich die bequemen zivilen Halbschuhe aus bestem, biegsamem Wildleder. Um den Hals hing der Riemen der Kartentasche; ein bunter Fliegenwedel steckte im Koppelriemen oder wurde in der Hand gehalten.

Baade war beeindruckt von dem hingebenden Einsatz von Rommel, von seiner Wendigkeit in der Befehlsführung und vor allem von der Zuversicht, die er ausstrahlte und bei seinen Untergebenen entfachen konnte.

Im deutschen Afrikakorps und in der daraus dann entstandenen Panzerarmee Afrika war als typisches Beispiel für den mitreißenden Schwung, den Rommel vermitteln konnte, eine Episode aus dem Herbst 1941 bekannt geworden. Bei El Agheila, südwestlich von Benghasi, war gerade ein für die deutschen Verbände siegreiches Gefecht beendet. Die Briten zogen sich zurück; aber auch Rommels Truppen waren abgekämpft und ihre Versorgungsgüter, vor allem der Treibstoff, stark verbraucht. Trotzdem entflammte in Rommel der Wille, unverzüglich auch noch zur Verfolgung anzusetzen. Dazu kam allerdings nur die beschwerliche Strecke mitten durch die Wüste südlich des Djebel-Gebirges der Cyrenaika in Frage.

Rommel wandte sich an den Quartiermeister des Korps, den Major i. G. Otto, mit der knappen Frage, ob genügend Treibstoff für diese Operation vorhanden sei. Otto hatte soeben die Meldungen aller Einheiten über bisherigen Verbrauch und verbliebenen Bestand eingeholt. Er wußte daher, daß jetzt ein Vorstoß in die Wüste, ohne Abwarten des nächsten Nachschubs, das Risiko des Steckenbleibens mangels Treibstoffes in sich barg. Er kalkulierte auch die ernste Krise ein, die entstehen müßte, wenn der Gegner sich noch einmal zum Kampf stellen sollte und Rommels Panzerspähwagen und Panzer dann bewegungslos sein könnten.

Der Major Otto verkannte daher nicht, daß Pflicht und Verantwortung ihm vorgeschrieben hätten, dem General die höchst bedenkliche Treibstofflage vorzutragen. Und dennoch unterließ er ein Veto gegen Rommels Verfolgungsplan. „Als ich seine leuchtenden Augen sah und sein brennendes Begehren spürte", so hat Otto später berichtet, „da konnte ich einfach nicht widersprechen und wurde von seinem Glauben an das Glück des Mutigen mitgerissen."

Während der Schlacht um Tobruk ist Baade einmal zufällig Zeuge einer Unterhaltung geworden, die Rommel mit einigen soeben eingebrachten englischen Gefangenen führte. Die sachliche, aber faire und – wie Baade sich ausdrückte – ritterliche Art, die Rommel dabei den Gefangenen gegenüber an den Tag legte, schien ihm vorbildlich. Sie entsprach in jeder Weise seiner eigenen Einstellung zum Gegner.

Ein anderes Mal wurde Baade des Nachts an Rommels Gefechtsstand befohlen. Hier war er überrascht, mit welcher Bedürfnislosigkeit und Bescheidenheit der Befehlshaber, auf dem Trittbrett seines Wagens sitzend und aus einer angebrochenen Tasse trinkend, kurz vor Mitternacht seine karge Abendmahlzeit einnahm und sich anschließend auf ein ganz primitives Feldbett neben dem Wagen zu kurzer Ruhe niederlegte. Nicht einmal den auf Gefechtsständen vielerorts üblichen „Luxus" eines darüber gespannten Zeltdachs ließ er sich angedeihen.

Rommel hatte seinerseits recht schnell Baade schätzen gelernt und in ihm einen Kommandeur mit Eigenschaften erkannt, die er zu den höchsten soldatischen Tugenden zählte. Daraus ergab sich im Verlaufe dieser Schlacht, daß er Baade rief, als die schwerste Entscheidung heranstand und der härteste feindliche Widerstand zu brechen war. Es ging dabei um das Fort Bir Hacheim.

Dieser südliche Eckpfeiler der seit dem 26. Mai angegriffenen feindlichen Linien wurde von 4 000 Soldaten der 1. Freifranzösischen Brigade verteidigt. Kampfkommandant war General Pierre Koenig. Es befanden sich in dieser Brigade viele französische Soldaten jüdischen Glaubens oder zumindest jüdischer Abstammung. Oftmals ist nach dem Kriege in Berichten und Schriften über die Kämpfe um Bir Hacheim die Behauptung aufgestellt worden, daß sogar ein selbständiges Bataillon von jüdischen Freiwilligen dort eingesetzt worden sei. Der General Koenig hat Wert darauf gelegt, (in einem Privatbrief aus Paris vom 19. November 1969 an Herrn Ernst-Otto Baade) zu bezeugen, daß dies nicht der Fall war. Geschlossene jüdische Einheiten aus Palästina habe es in Nordafrika nur im Gefüge der 8. britischen Armee gegeben.

Der Stützpunkt Bir Hacheim war sorgfältig mit tief eingegrabenen Stellungen ausgebaut. Aus unzähligen Kampfständen aller Art und Größe konnten die Verteidiger das flache Vorgelände fast lückenlos und insbesondere nach allen Richtungen flankierend mit Maschinengewehr- und Artilleriefeuer beherrschen.

Zunächst war versucht worden, den Stützpunkt durch massierten Angriff von Sturzkampfbombern zu zerschlagen. Ein Erfolg blieb aus. Die Bomben konnten gegen die schmalen Kampfgräben und die gut getarnten und gut eingebauten Artillerie-Stellungen nur wenig Schaden anrichten.

Dann wurde eine konzentrierte Feuerwalze von den zusammengefaßten Flak-Verbänden der Panzerarmee auf Bir Hacheim gelegt. Daran anschließend wurden erprobte Heerestruppen zum Sturm angesetzt. Auch hiermit wurde das Ziel nicht erreicht. Zur Überraschung und Enttäuschung der Angreifer stellte sich heraus, daß um die feindlichen Stellungen auch noch dichte Minenfelder gelegt waren. Unter dem Abwehrfeuer aus den vielen Kampfständen gelang es den deutschen Schützen und Pionieren nicht, durch Wegräumen von Minen genügend breite Gassen für das weitere Vorgehen zu öffnen.

Während im Norden weiterhin Bewegungskämpfe zwischen den Panzerverbänden stattfanden, wurde die Lage bei Bir Hacheim zu einer bedrückenden Sorge für Rommel. Das Schicksal der Schlacht, deren Ziel die Einnahme von Tobruk war, um endlich einen frontnahen Hafen in der Hand zu haben, hing von der weiteren Entwicklung bei Bir Hacheim ab.

Ohne die Ausschaltung dieser Wüstenfestung war die notwendige Umgruppierung und Bereitstellung der deutsch-italienischen Truppen zum Angriff gegen Tobruk nicht möglich. Bir Hacheim mußte also unter allen Umständen genommen werden. Die ursprüngliche Hoffnung, diese Aufgabe im Handstreich lösen zu können, war aber zunichte geworden.

Nach den beiden ersten mißglückten Versuchen setzte Rommel am 8. Juni morgens noch einmal einen speziell zusammengestellten Kampfverband, darunter drei Pionier-Bataillone, Panzer-Kampfstaffeln, Flak- und Artillerie-Einheiten, von Norden her gegen die Festung an. Die Führung wurde dem Pionierführer der Panzerarmee, Oberst Hecker, übertragen. Auch einige italienische Einheiten wurden ihm unterstellt.

In zähem, verlustreichen Ringen gelang es den Spitzengruppen dieses gemischten Verbandes, sich bis zum Abend auf 500 Meter an die äußere Befestigungslinie des Gegners heranzuarbeiten. Am nächsten Morgen geriet aber der wieder aufgenommene Angriff bald ins Stocken. General Koenig hatte in der Nacht durch Umgruppierungen die Abwehr in diesem nördlichen Abschnitt noch weiter verstärkt.

Nun wurde selbst Rommel von kurzen Zweifeln ergriffen, ob es vertretbar sei, am Vorgehen gegen Bir Hacheim festzuhalten. Dann rang er sich aber doch zu dem Entschluß durch, den Anfangserfolg des Verbandes Hecker vom 8. Juni auszunutzen und einen letzten Versuch zu wagen. Dazu ergriff er dann eilig drei Vorkehrungen.

Zunächst wurde angeordnet, daß der nunmehr entscheidende Angriff in der kommenden Nacht erfolgen sollte. Sodann befahl er, alle verfügbaren Sturzkampfbomber kurz vor Anbruch der Dunkelheit gegen die nördlichen Befestigungsanlagen einzusetzen, die dadurch sturmreif gemacht werden sollten. Und schließlich kam ihm bei der Ausschau nach noch zuzuführenden Verstärkungen für die Sturmtruppen der Oberst Baade in Erinnerung, dessen klare und entschlossene Gefechtsführung noch vor zwei Tagen bei einem kurzen Aufenthalt bei der 15. Panzer-Division erneut seine Anerkennung gefunden hatte.

So wurde die sofortige Herausziehung des Schützenregiments 115 aus seinem bisherigen Kampfabschnitt und die Bereitstellung zum Nachtangriff am Nordrand von Bir Hacheim angeordnet. Baade erhielt in den Nachmittagsstunden des 9. Juni für seine beiden Bataillone den mittleren Streifen des Angriffsraumes zwischen den Einheiten des Verbandes Hecker zugewiesen. Damit lag bei ihm der Schwerpunkt des bevorstehenden Kampfes.

Die von anderen Stellen der Front herangezogenen 40 Sturzkampfbomber griffen planmäßig beim ausgehenden Tageslicht den nördlichen Teil des Stützpunktes Bir Hacheim in mehreren Wellen an. Dann erhoben sich die Erdtruppen zum Sturm. Sie erreichten schnell die ersten feindlichen Stellungen. Es kam dann in der Dunkelheit zu anhaltenden Nahkämpfen, zu aufgesplitterten Kampfhandlungen in einzelnen Gruppen um Gräben, Betonklötze, MG-Nester, Unterstände und Bunker. Mit Handgranaten und Maschinenpistolen kämpften sich die Angreifer von Abschnitt zu Abschnitt durch das Labyrinth des verschlungenen Stellungsbaus, die jeweiligen Gegner immer nur wenige Meter vor sich.

Baade war sich bei der Vorbereitung dieses Kampfes dessen voll bewußt geworden, daß das Durchstehen dieses Angriffes gegen den gut gedeckten und verzweifelt sich wehrenden Feind seinen Soldaten ein Übermaß an Tapferkeit abverlangen würde. Ebenso wußte er, daß er selbst hierbei den Kampf seiner Bataillone nicht etwa von einem Gefechtsstand aus leiten konnte. In der Dunkelheit hätten ihm alle Möglichkeiten gefehlt, hinreichende Übersicht über den Verlauf des Angriffs zu erhalten, um rechtzeitig zweckmäßige weitere Befehle zu erteilen.

Hier waren alle Unterführer zwangsläufig ganz auf sich allein gestellt und mußten sich selbständig mit ihren Gruppen bis hinunter zu den kleinsten Trupps den Weg in und durch die feindlichen Stellungen erkämpfen.

Daher sah es Baade als seine selbstverständliche Pflicht an, sich zu den vordersten Stoßtrupps zu gesellen und als Regimentskommandeur damit seinen Männern ein leuchtendes Beispiel zu geben. Er hat das hier in der blutigen Nacht vom 9. zum 10. Juni 1942 in der Vollendung getan. Er hat sich persönlich mit Handgranaten am Aufbrechen von Bunkern beteiligt, er hat mit der Pistole beim Aufrollen von Gräben geholfen. Seine starke Stablampe blitzte auf, wenn es galt, bessere Sicht für Schuß oder Handgranatenwurf zu erhalten. Mehrmals wehrte er, mit wenigen Schützen hinter einer Grabenwand verkrallt, die gelegentlichen Gegenstöße der Verteidiger aus den Flanken ab. Es war fast ein Wunder, daß er in dieser Nacht von keiner Kugel oder Handgranate getroffen wurde.

Dieser unerbittliche, grausame Kampf hielt bis zum Morgengrauen an. Den Kampfgruppen und Stoßtrupps von Baade war es dann aber gelungen, eine Bresche durch den äußeren Ring der Festung Bir Hacheim zu schlagen. Nun stießen sie auf ein Minenfeld der Franzosen. Dadurch wurde jedes weitere Vorstoßen zunächst verhindert. Baade ließ die Weisung durchgeben, daß alle Trupps in der Deckung der eroberten Kampfstände verhalten und weitere Befehle abwarten sollten. Er nahm dann Verbindung mit dem inzwischen leicht verwundeten Oberst Hecker auf und organisierte mit ihm einen Feuerschutz durch schwere Maschinengewehre, Artillerie und Flak für den Sturm auf den Kern der feindlichen Stellungen.

Danach kam es zu dem letzten Einsatz für die Eroberung von Bir Hacheim, bei dem nochmals die beiden Bataillone von Baade die Hauptlast des Kampfes zu tragen hatten. Mühevoll wurde der Widerstand der Franzosen durch Angehen der einzelnen Kampfstände, oftmals wiederum in erbitterten Nahkämpfen, allmählich gebrochen. Ungeachtet der Müdigkeit und Erschöpfung ging Baade nochmals seinen Stoßtrupps mit bestem Beispiel voran.

Augenzeugen haben dem Generaloberst Rommel später berichtet, daß Baade bei diesem letzten Sturmangriff am 10. Juni einige Male die fast unglaubliche Verwegenheit besessen hatte, sich inmitten des Feuerhagels aufzurichten und wie ein Offizier auf den Gefechtsfeldern vergangener Jahrhunderte seinen Soldaten den Weg zum Einbruch in die feindlichen Linien zu weisen. Zu anderen Malen faßte er hilfreich zu, wenn es galt, Verwundete schnell in ein Deckungsloch zu bergen.

Am Nachmittag des 10. Juni mehrten sich dann endlich die Zeichen, daß die Besatzung von Bir Hacheim den Kampf verloren gab. Abgefangene Funksprüche des britischen Oberkommandos ließen darauf schließen, daß jetzt mit Ausbruchsversuchen des noch verbliebenen Teils der Besatzung zu rechnen sei. Zur Deckung dieses Rückzuges erfolgten aber am Abend in der Dämmerung noch an einigen Stellen Gegenangriffe der Franzosen. Dadurch wurden auch die Truppen von Baade in der Nacht zum 11. Juni noch einmal in harte Nahkämpfe verwickelt. Doch beim ersten Tageslicht waren die hier angreifenden Franzosen teils vernichtet, teils zurückgeschlagen und im Zentrum des Stützpunktes Bir Hacheim wurden weiße Fahnen gehißt. Als die Schützen des Regiments von Baade dort eintrafen, fanden sie mehr als 500 Verwundete und eine kleine Nachhut vor.

Rommel aber hatte nun endlich freie Hand, sich dem eigentlichen Ziel seiner Offensive, der Eroberung von Tobruk, zuzuwenden. Allerdings leitete er diese Operation, wie so oft, mit einer Täuschung des Gegners über seine Absichten ein. Er ließ zunächst einige Verbände bei hellem Tageslicht weiter nach Osten gegen Bardia und die ägyptische Grenze ziehen, um die Briten in den Glauben zu versetzen, Tobruk würde ausgespart. Erst etwas später wurden dann alle verfügbaren Divisionen und selbständigen Einheiten gegen Tobruk eingedreht, deren Besatzung Rommel dann am 21. Juni zur Kapitulation zwang.

Noch am Tage der Erstürmung von Bir Hacheim hatte Rommel mit bewegten Worten der Anerkennung in einem Funkspruch an das Oberkommando des Heeres die Verleihung des Ritterkreuzes an den Oberst Baade beantragt. Sie erfolgte daraufhin am 27. Juni. In einer späteren Stellungnahme hat Rommel hinzugesetzt, daß er selbst während seiner Teilnahme an so vielen Kämpfen zweier Weltkriege bisher kaum einen solchen Beweis von Tapferkeit auf dem Gefechtsfeld erlebt habe, wie ihn der Oberst Baade bei Bir Hacheim erbracht hatte. Diese Worte aus dem Munde des Mannes, der schon als junger Infanterie-Offizier im ersten Weltkrieg den Pour-le-mérite erhielt und in der deutschen Wehrmacht als ein Symbol der persönlichen Unerschrockenheit angesehen wurde, waren für Baade vielleicht eine noch höhere Auszeichnung als die Ordensverleihung.

Auch an der Eroberung von Tobruk war das Schützenregiment 115 selbstverständlich wieder beteiligt. Alle deutschen Verbände, die Rommel in Nordafrika zur Verfügung standen, mußten eben zu jeder Operation herangezogen werden. Andernfalls wären die deutschen Kräfte zahlenmäßig immer zu schwach gewesen.

Vor Tobruk wurde Baade mit seinem Regiment gegen das Fort Gabr Gazem eingesetzt. An der Spitze seiner Truppen drang er am 20. Juni gegen Abend in diese Befestigung ein und stieß in Anlehnung an benachbarte Einheiten noch in der Nacht bis in den Stadtbezirk von Tobruk vor.

Viele Soldaten der Panzerarmee glaubten nun, nach dem Sieg von Tobruk, an eine Kampfpause. Sie irrten sich. Ihr rastloser Oberbefehlshaber hatte sofort Pläne für die Fortsetzung des Kampfes bereit.

Baade kam zufällig am Tage nach der Eroberung von Tobruk mit Offizieren des Stabes der Panzerarmee ins Gespräch. Er berichtete später davon, wie sehr es ihn interessiert habe, hierbei aus frischer Quelle viele Einzelheiten über den Verlauf der Schlacht seit dem 26. Mai zu erfahren, die ihm, da er an die Gefechte seines Regiments gebunden war, zwangsläufig unbekannt geblieben waren.

Soweit von Rommels Führung und Verhalten die Rede war, wurde stark hervorgehoben, daß er auch bei diesen Kämpfen Tag und Nacht unterwegs gewesen sei. Ohne Unterlaß sei er von Abschnitt zu Abschnitt geeilt, um mit seinen Anordnungen in die örtlich entstandenen Lagen einzugreifen und die Truppen anzuspornen. Seine Verbindung zum Gefechtsstand der Panzerarmee sei dadurch oft für beträchtliche Zeitspannen unterbrochen gewesen. Hier habe man daher oft wichtige und vor allem eilige Entschlüsse aufgrund der eingegangenen Meldungen dann eben ohne Beteiligung des Oberbefehlshabers fassen müssen.

Dabei erinnerten sich die Generalstabsoffiziere, die schon seit längerer Zeit diesem Stabe angehörten, einer ungewöhnlichen Situation, die durch diese Eigenart von Rommel im November 1941 entstanden war. Während weitläufiger Bewegungskämpfe im Ostteil von Libyen hatte Rommel sich auf die Fahrt zu den Divisionen und vordersten Abteilungen begeben. Dazu hatte er sogar seinen Chef des Stabes, den General Gause, mitgenommen. Die Verbindung mit dem Gefechtsstand der Armee südlich von Tobruk riß für volle fünf Tage ab, nämlich vom 24. bis zum 28. November 1941. Auf dem Gefechtsstand wußte man schließlich, als Freund und Feind sich in der Wüste an vielen Stellen durcheinander geschoben hatten, nicht mehr, ob die beiden Generäle noch am Leben oder gefangen waren.

Inzwischen traten aber durch Gegenstöße und Flankenangriffe bedrohliche Lagen für die Armee ein. Unverzüglich mußten von der Armeeführung die für die Gesamtlage entscheidenden Gegenmaßnahmen ergriffen werden. Der Oberbefehlshaber konnte nicht befragt werden. Er traf zu dieser Zeit, wie sich später herausstellte, vorne bei den Aufklärungsabteilungen einzelne Entscheidungen, die nur ungenügend der Gesamtlage Rechnung trugen, deren Kenntnis ihm dort verwehrt war.

Schwere Verantwortung lag in dieser Situation damals auf dem Chef der Führungsabteilung der Panzerarmee, dem Oberstleutnant i. G. Westphal. Er hat sich der Aufgabe, die ihm damit zugefallen war, in bewundernswerter Weise gewachsen gezeigt. Es gelang ihm, mit schnellen Entschlüssen und klarer Befehlsgebung eine Abwehrfront aus eilig herbeigerufenen Einheiten aller Waffengattungen aufzubauen und den Briten die Ausnutzung ihrer örtlichen Erfolge zu verwehren. Leicht hätte diese Krisen einen anderen, und zwar sehr nachteiligen Verlauf und Ausgang nehmen können.

Baade erfuhr auf diese Weise, daß im Stabe der Armee, trotz aller sonstigen Verehrung für Rommel, dessen Neigung zum ständigen Herumschwirren in weiter Ferne vom Gefechtsstand keine ungeteilte Zustimmung fand. Man sprach von den Nachteilen des Verhaltens, eine ganze Armee sozusagen von der Rahmen-Antenne des vordersten Panzerspähwagens aus führen zu wollen.

Man wußte, daß Rommel selbst zu wiederholten Malen auf seine Erfahrungen bei der Führung seiner 7. Panzer-Division im Frankreich-Feldzug hingewiesen hatte. Mit dieser Division, die deshalb auch „Gespenster-Division" genannt wurde, hatte er in bis dahin kaum vorstellbarer Schnelligkeit Vorstöße und Durchbrüche vollbracht. Diese Erfolge schob er fast ausschließlich dem von ihm streng angeordneten Verhalten der Führer aller Einheiten zu, daß sie sich immer an der Spitze ihrer Truppe zu befinden und dort für schnelles Zufassen und Nachstoßen ohne Furcht vor Flankenbedrohung zu sorgen hätten. Er selbst ging mit entsprechendem Beispiel voran und leitete den Siegeszug dieser Division aus einem Spähwagen bei der Vorhut. Auf diese Weise konnte nach Rommels Ansicht der Kommandeur seine Autorität am besten zur Geltung bringen und die Truppe aus Anfällen der Ermüdung reißen, damit dem Gegner keine Zeit gelassen würde, sich zu nachhaltigem Widerstand festzusetzen. Es sei das Merkmal der modernen Panzer-Taktik, daß die Befehlshaber die Angriffe in vorderster Linie mitzufahren hätten.

Die Generalstabsoffiziere, Adjutanten und Stabsoffiziere in Rommels Begleitung in Afrika bezweifelten nicht die allgemeine Stichhaltigkeit dieses Grundsatzes. Sie neigten jedoch dazu, in dieser Frage einen Unterschied zwischen dem wünschenswerten und zweckmäßigen Verhalten eines Kommandeurs bis herauf zum Verband einer Division einerseits und dem Verhalten des Befehlshabers eines Korps oder gar einer Armee andererseits zu sehen. Dem letzteren sei in erster Linie die Pflicht auferlegt, das Zusammenwirken seiner auf breiten Raum verteilten und aus so verschiedenen Waffengattungen zusammengesetzten Verbände ständig zu überwachen und zu lenken. Diese hohe Führungsaufgabe, zu der vor allem auch der so oft kampfentscheidende Einsatz der Reserven gehört, könne im allgemeinen nur aus zentraler Position und ohne eigene Verwicklung in örtliche Gefechtssituationen erfüllt werden. Dies habe nichts mit einem Mangel an persönlicher Einsatzbereitschaft zu tun; es sei vielmehr für die höchsten Truppenführer ein Gebot, dessen Einhaltung für den Erfolg auf dem Schlachtfeld und damit zum Nutzen der Truppe unverzichtbar sei.

Natürlich dürfe auch nicht in das schadhafte Gegenteil verfallen werden, daß die Gefechtsstände der hohen Stäbe zu weit hinter der kämpfenden Truppe zurückblieben. Im übrigen gereiche es selbstverständlich jedem Befehlshaber zur Pflicht und zur Ehre, zeitweise und sogar möglichst oft nach vorne zu eilen, um kritische Lagen durch persönliches Eingreifen und Beispiel zu beheben. Dies sollte tunlichst aber nur dann geschehen, wenn zu der Zeit für andere Abschnitte der Front seine Befehlsführung aus der Übersicht des Gefechtsstandes erläßlich sei, die dann aber wenigstens seinem Stellvertreter übertragen werden müßte. Den mit allen Fasern seiner Wesensart immer nur dem Fronterleben zugewandten Rommel, der keine Generalstabsausbildung durchlaufen hatte, habe es jedoch auch als Oberbefehlshaber einer Armee zu stark in die örtlichen Einzelheiten der Operationen gezogen. Damit habe er den Eindruck erweckt, daß er sich aus dem Aufgabenbereich eines Divisionskommandeurs, in dem er so vorbildliche Leistungen vollbracht hatte, nur schwer lösen könne. Die darüber liegenden strategischen Probleme und auch die vielschichtigen Belange der ausreichenden und rechtzeitigen Versorgung der Truppe mit Nachschub waren ein Betätigungsfeld, für das ihm weniger Gaben zugefallen waren.

Die Kriegslage in Libyen unmittelbar nach dem Fall von Tobruk zwang die Achsenmächte wiederum zu einem grundlegenden strategischen Entschluß. Nach den Ende April getroffenen Abmachungen hätte nun die Panzerarmee Afrika ostwärts von Tobruk an der ägyptischen Grenze zur Auffrischung verhalten und die vorbereitete Offensive zur Wegnahme von Malta unternommen werden müssen. Aber seiner Meldung über die Einnahme von Tobruk ließ Rommel unverzüglich einen Funkspruch folgen, daß er sofort den geschlagenen Gegner nach Ägypten hinein zu verfolgen gedenke. Er bat darum, dieses Vorhaben zu genehmigen. Er verspräche sich davon mit Sicherheit die Liquidierung der britischen Position im Nahen Osten.

Das italienische Oberkommando in Rom widersprach. Das gleiche tat, diesmal auch mit vermehrtem Nachdruck, der Oberbefehlshaber Süd, Feldmarschall Kesselring. Beide hielten es nunmehr für dringend erforderlich, die Nachschubwege nach Nordafrika endlich von der Bedrohung durch Malta zu befreien. Andernfalls würde nach allen ihnen vorliegenden Unterlagen die Versorgung der Panzerarmee für weitere Angriffshandlungen, noch dazu bei stark verlängerten Verbindungslinien in den ägyptischen Raum hinein, undurchführbar werden. Diese Besorgnis könnte auch weder durch die zur Zeit erheblich geschwächte Abwehrkraft der Briten noch durch den Hinzugewinn des Hafens von Tobruk aufgewogen werden. Dieser Hafen hatte zudem infolge starker Beschädigungen vorläufig nur eine beschränkte Leistungsfähigkeit.

Rommel wandte sich jedoch daraufhin unmittelbar an Hitler mit drängenden, bittenden und beschwörenden Anträgen, ihm die Verfolgung bis zum „letzten Hauch von Mann und Roß“ freizugeben. Hitler ersuchte Mussolini um Zustimmung. In seinem theatralischen Telegramm hieß es, daß man den Zipfel des Mantels der Siegesgöttin ergreifen müsse, der nur allzu selten vorüberrausche und nicht ungenutzt entschwinden dürfe. Wider besseres Wissen, wider die Stimme der Vernunft gab Mussolini nach, obwohl der italienische Oberbefehlshaber, Marschall Cavallero, dringend dazu riet, an dem Angriffsplan gegen Malta festzuhalten.

Nur wenige Wochen später sah Cavallero sich wieder einmal in der Lage desjenigen, der recht gehabt, aber nun gewiß keinen Grund hatte, sich nachträglich dieser Tatsache zu freuen.

Ungeachtet der Ermüdung vom Kampf um Tobruk setzten sich die ersten Teile der Panzerarmee schon am 22. Juni nach Osten in Bewegung. Am Tage danach, am 23. Juni, überschritt Rommel selbst mit der Vorhut die ägyptische Grenze. Am 26. und 27. Juni kam es zu heftigen Gefechten um Marsa Matruh.

Das Schützenregiment 115 wurde einige Tage später beim weiteren Vormarsch in blutige Kämpfe mit der 2. Neuseeländischen Division verwickelt. Baade empfand Entsetzen über die grausame Kampfweise der Maoris, die bei Dunkelheit sich heranschlichen oder aus Verstecken hinter Sandhügeln hervorbrachen, um ihre Gegner mit Buschmessern und ihrem einheimischen Kriegsgeschrei anzuspringen.

Nachdem die deutsch-italienischen Truppen alle Versuche der Briten und Neuseeländer, im Westteil der ägyptischen Wüste nachhaltigen Widerstand zu leisten, zunichte gemacht hatten, befahl General Auchinleck seinen so angeschlagenen Divisionen eiligen Rückzug in die Auffang-Stellung bei El Alamein, nur noch 85 Kilometer westlich des Nil-Deltas. Von der Küste nach Süden, in einer Breite von rund 60 Kilometern, über Ruweisat bis zu dem natürlichen Hindernis der ausgedehnten Kattara-Senke waren in dieser Stellung provisorisch Vorbereitungen zur Verteidigung getroffen worden. Südafrikanische und indische Hilfstruppen der Briten bildeten die vorläufige Besatzung. Die Spitzen der Panzerarmee blieben ihrem nach Osten, gen El Alamein fliehenden Gegner hart auf den Fersen. Am 30. Juni wurden sie aber durch rücksichtslosen Einsatz der britischen Luftwaffe und durch die zu ihrer Überraschung bereits angelegten Minenfelder kurz vor der El Alamein-Stellung am weiteren Vorstoßen gehindert. Außerdem war auch, wie von Cavallero befürchtet und vorausgesehen, ihre Versorgung mit Munition und Treibstoff zur gleichen Zeit erschöpft. So mußten sie es geschehen lassen, daß die von ihnen verfolgten beweglichen Truppen des Gegners in die Stellungen von El Alamein hineinschlüpfen konnten.

In den folgenden vier Tagen versuchte Rommel noch mehrmals, die Operation in Fluß zu halten; damit wollte er vor allem den Briten das endgültige Festsetzen zwischen El Alamein und der Kattara-Senke verwehren. Alle diese Versuche blieben erfolglos.

Die nächsten Wochen waren gekennzeichnet von einer Mischung zwischen Stellungskrieg und örtlichen Bewegungsgefechten. Beide Seiten bemühten sich darum, durch begrenzte Angriffe an jeweils wechselnden Punkten der Front ihre Ausgangslage für eine spätere größere Operation zu verbessern. Gleichzeitig arbeiteten beide Seiten fieberhaft daran, die dafür erforderlichen Nachschubgüter heranzuschaffen. Die Briten und ihre Hilfstruppen waren dabei nunmehr in unverkennbarem Vorteil. Ihre Nachschublinien aus Alexandrien und dem Nil-Delta waren kurz geworden, diejenigen der Panzerarmee um nochmals viele hundert Kilometer verlängert. Die empfindliche, ja entscheidende Störung von Malta aus bestand unverändert fort. Die Hoffnung von Rommel auf Zufälle des Glücks war nicht in Erfüllung gegangen.

Die für den gesamten Nachschub über See verantwortlichen Dienststellen, die Schiffsbesatzungen, die Kolonnen, die Belade- und Entlade-Einheiten hatten überall ihr Möglichstes getan. Die Schwierigkeiten, unter denen der Nachschub sich vollzog, waren jedoch größer als der beste Wille und alle nur erdenklichen Anstrengungen. Es war unmöglich, die Bedarfsanforderungen der Panzerarmee zu erfüllen.

Rommel hatte im Juli außerdem noch ein Verlangen gestellt und durchgesetzt, dem höheren Orts nur ungern nachgegeben worden war. Er forderte die Überführung einer weiteren Division, der 164. Division, aus Kreta nach Nordafrika. Das italienische Oberkommando und der deutsche Oberbefehlshaber Süd sahen mit Besorgnis, daß dadurch der Hafen von Tobruk entsprechend weniger für die Zuführung von Nachschubgütern für die in Ägypten im Kampf stehenden Verbände ausgenutzt werden konnte. Sie hielten es für vordringlicher, diese Truppen aufzufrischen und wieder voll einsatzfähig zu machen, als einen neuen, den Nachschub weiterhin belastenden großen Verband jetzt schon hinüberzuschleusen.

Auch das Schützenregiment 115 hatte während des Monats Juli fast ohne Unterbrechung an den begrenzten Angriffen und an den häufigen Abwehrkämpfen gegen feindliche Vorstöße vor und in der El Alamein-Stellung teilgenommen. Baade war zu Anfang des Monats von einer lästigen Darmerkrankung befallen worden. Er verblieb aber bei seiner Truppe, obwohl sich kaum eine Besserung einstellte und die Ärzte zu Behandlung in einem Lazarett rieten. Bei einem heftigen Artillerie-Feuerüberfall am 28. Juli auf die Stellungen seines Regiments wurde Baade durch einen Schlag gegen den Kopf bewußtlos. Es konnte nicht mit Sicherheit geklärt werden, ob ihn ein flacher Geschoß-Splitter getroffen hatte oder ein vom Artillerie-Einschlag hochgewirbelter Stein die Ursache war. Der Sanitätsoffizier konstatierte Gehirnerschütterung und ordnete sofortigen Abtransport zur Behandlung und Erholung an. Die Teilnahme am Krieg in Afrika war damit für Ernst-Günther Baade beendet.

SCHNITTPUNKT ROM

Das Bahnhofs-Hotel in Rom, dicht neben dem Hauptbahnhof Termini, war der deutschen Wehrmacht als Standquartier einer Frontleitstelle zur Verfügung gestellt. Am 30. Juli 1942 wurde von dort beim Stabe des Militär-Attaché in der deutschen Botschaft angerufen und mitgeteilt, daß der Oberst Baade eingetroffen sei und um Besuch bitte. Der erste Gehilfe des Militär-Attaché, ein Freund von Baade aus der Zeit beim Kavallerie-Regiment 3 in Göttingen, fuhr in das Hotel.

Er fand Baade bettlägerig und in einem recht erschöpften Zustand vor. Neben der Gehirnerschütterung, die er sich soeben zugezogen hatte, war ihm eine starke nervliche Überanstrengung anzumerken. Baade gab selbst zu, daß die Strapazen der letzten Wochen über seine Kraft gegangen seien. Er sei schon in den Tagen vor der Verletzung oft in Versuchung gewesen, eine Ruhepause zu erbitten. Er habe gefühlt, daß sein Elan und sein Standvermögen nachgelassen hätten. Er war auch so ehrlich, zuzugeben, daß er zuletzt auch die Gefühle und Anfälle von Furcht, von denen bekanntlich selbst die tapfersten Soldaten niemals ganz verschont bleiben, weit häufiger verspürt hätte als zuvor.

Nach wenigen, ärztlich überwachten Ruhetagen in Rom wurde für Baade ein Schlafwagenabteil zur Fahrt nach Deutschland bereitgestellt. Vor der Abreise drängte es ihn, seinen Besuchern noch einige Mitteilungen über seine Eindrücke von den letzten Kämpfen in Ägypten zu machen. In den Mittelpunkt stellte er dabei das Verhältnis zu dem italienischen Bundesgenossen. Er bewies, daß er weit davon entfernt war, sich leichtfertigen oder oberflächlichen Beurteilungen anzuschließen.

Kampfwert und Verhalten der italienischen Truppen wurden damals von den Deutschen oft in Bausch und Bogen verdammt. Die tatsächlichen Verhältnisse und Gegebenheiten wurden dabei nicht immer genügend berücksichtigt. Baade gehörte offensichtlich zu der Minderheit der Beobachter, die sich die Mühe gaben, eingehend nach den Gründen für die relativ geringen Erfolge der italienischen Divisionen Ausschau zu halten und danach das Urteil auszurichten. Auch hier zeigte sich sein immer gegenwärtiges Verlangen nach Fairness. Zeit seines Lebens geriet er in Harnisch, wenn unverschuldete Schwächen anderer Menschen mit Vorwürfen oder Hohn bedacht wurden.

Nach seiner Ansicht und Erfahrung war es ein bedenkliches Zeichen von Voreingenommenheit und Ungerechtigkeit, verkennen zu wollen, daß die italienischen Truppen infolge völlig unzureichender Ausrüstung von vornherein in diesem Kriege überfordert waren. Unter den Bedingungen, unter denen sie zum Kampf in Nordafrika antreten mußten, hätten die italienischen Soldaten, wie Baade meinte, manches Lob und manche Anerkennung für ihren Einsatz verdient. Schließlich sei er selbst in unzähligen Situationen Zeuge dafür gewesen, daß bei der Zuführung von Versorgung, bei der Auffüllung mit Waffen und Gerät stets die deutschen Divisionen den absoluten Vorrang erhalten hätten. Im Sinne der Kampfführung, deren Schwergewicht auf den Schultern der deutschen Truppen lag, möge dies durchaus das richtige Verfahren gewesen sein. Nur hätte auch dieser Umstand in jedes Urteil über die Leistungen der italienischen Soldaten einbezogen werden müssen. Auch dürfe man doch niemals die großen Opfer übersehen, die diese Soldaten trotz weit unterlegener Bewaffnung und ganz mangelhafter Motorisierung bei den Kämpfen in der erbarmungslosen Wüste dargebracht hätten.

Baade hatte sich daher vorgenommen, übertriebener Kritik an den Italienern entgegenzutreten. Er zögerte nicht, bei jeder Gelegenheit sein Urteil als Frontsoldat, der auf dem Schlachtfeld Schulter an Schulter mit italienischen Truppen gestanden hatte, in die Waagschale zu werfen.

Seine Einstellung zum italienischen Bundesgenossen enthielt außerdem einen Gedankenzug und eine Erkenntnis, die nachweislich der großen Mehrzahl der Deutschen in jenen Kriegsjahren verschlossen blieben. Er vertrat nämlich den Standpunkt, daß man sich selbst keinen Gefallen erweise und letzten Endes nur Nachteile zuziehe, wenn man einen Verbündeten während des gemeinsamen Kampfes andauernd mit Kritik bedenke.

Baade zitierte zutreffend das Beispiel, daß es die Briten immer, vornehmlich in den Glanzzeiten ihres Empire, vorzüglich verstanden hätten, selbst ihren kleinsten und schwächsten Verbündeten das Gefühl ausreichender Selbständigkeit, Gleichberechtigung und des „Geachtet-Seins“ zu vermitteln, mochten auch die reinen Tatsachen noch so sehr ein anderes Bild aufweisen. Zumindest hätten sie es durch dieses Verhalten erreicht, von ihren Verbündeten das Maß an Hilfe und Nutzen zu erhalten, dessen diese fähig waren. Realistisch und zweckentsprechend wären sie dabei nach der Devise verfahren, „to make the best of them“.

Baade übersah natürlich nicht, daß der durchschnittliche Italiener eine geringere Veranlagung zum harten Soldaten hatte als der durchschnittliche Deutsche. Mögen die Gründe dafür in den Unterschieden des Klimas, der Lebensgewohnheiten, der Erziehung, der Tradition und auf noch anderen Gebieten zu suchen sein, so konnte nach Baades Ansicht inmitten des Krieges ein unablässiges Herumnörgeln daran noch keine Korrektur erbringen. Es konnte nur zur Entfremdung des Bundesgenossen und damit zum Schaden der gemeinsamen Sache führen.

In Deutschland folgte für Baade zunächst ein langer Aufenthalt im

Sanatorium „Weißer Hirsch“ in Dresden. Da mit baldiger erneuter Frontverwendung nicht zu rechnen war, wurde er, wie in solchen Fällen üblich, in die Führer-Reserve des Oberkommandos des Heeres versetzt.

Sobald der Zustand sich leidlich gebessert hatte, benutzte Baade die Wochen in dem Sanatorium zu ausgiebiger Lektüre. Sein Nachttisch war überlagert mit Klassikern, Geschichtsbüchern, Biographien und Gedichtbänden. Er las und studierte ohne einen festen Fahrplan; er griff ziemlich systemlos und sprunghaft von einem Thema zum anderen. Was er suchte, war Halt und Trost. In der Pause, die jetzt so plötzlich für ihn entstanden war nach dem jahrelangen Fronterleben, erschreckte ihn die Ahnung von der Unsicherheit des Kriegsausganges. Die Anschauung von den Zuständen in der Heimat und die Gespräche mit Freunden und Bekannten ließen ihn immer deutlicher den Umfang der Last erkennen, die sich das Deutsche Reich mit der Entfesselung dieses Krieges aufgebürdet hatte.

Noch stärker wurde er in dieser Hinsicht in der zweiten Hälfte seines insgesamt drei Monate währenden Krankheits- und Erholungsurlaubs beeindruckt. Immerhin fielen in diese Zeit die Ereignisse und militärischen Rückschläge, die sich als die großen Wendepunkte des Krieges erwiesen.

Am 3. November mußte Rommel sich bei El Alamein geschlagen geben und zum endgültigen Rückzug aus Ägypten und durch ganz Libyen antreten. In der Nacht vom 7. zum 8. November landeten amerikanische und britische Truppen in Nordwest-Afrika, mit Schwerpunkt in Oran. Daß damit die gesamte Position der deutsch-italienischen Streitkräfte in Nordafrika in absehbarer Zeit verloren gehen mußte, konnte weder für Zivilisten noch für Militärs mit objektivem Beurteilungsvermögen zweifelhaft bleiben.

Schließlich zeichnete sich auch an der Ostfront seit dem Spätherbst der große Rückschlag drohend ab. Ende Oktober geriet die Offensive gegen Stalingrad ins Stocken. Am 22. November schloß sich der Ring der russischen Armeen um die 284 000 Mann der deutschen 6. Armee bei Stalingrad. Alle Angriffe von außen, um sie zu befreien, blieben erfolglos. Der totale Verlust dieser Armee war vorauszusehen, weil Hitler ihr Ausharren im Kessel befahl und jeden Ausbruchsversuch untersagte.

Baade verbrachte die Zeit von Mitte Oktober bis Ende November in Neverstaven. Beschäftigung mit Landwirtschaft, Pferdezucht und Jagd brachte ihm etwas Zerstreuung. Aber er erhielt hier gleichzeitig Anschauungsunterricht über das Walten der überall gegenwärtigen Dienststellen und Beauftragten der Partei. Der anmaßende Ton bei ihrem Hereinbefehlen in alle Angelegenheiten der Wirtschaft und sogar weitgehend auch in das private Leben erregte seinen Zorn. Die der Zivilbevölkerung aufgedrängte Belehrung der eingebildeten Leiter aller Dienstgrade bis zu den kleinen Zellen- und Blockwarten über die Gewißheit des Endsieges des deutschen Herrenvolkes fand er abstoßend. Kaum ein Menschentyp war seiner Natur so zuwider wie der Gernegroß und Wichtigtuer, wie der kleine Funktionär, der die Mitmenschen in seinem Kompetenzbereich aus Lust am Herrschen und Befehlen drangsaliert. Das Dritte Reich war aber zwangsläufig die Blütezeit für diese Personen, weil sie als Pfeiler der Herrschaft und des Zwanges allerorts unentbehrlich geworden waren.

In seiner langen Urlaubszeit hatte Baade somit die Gelegenheit, die Unterschiede und Gegensätze zwischen Frontsoldaten und partei-uniformierten Heimatkriegern zu sehen. Er wandte sich angeekelt ab. Einmal entfuhr es ihm: „So haben selbst die Gutgläubigsten 1933 nicht gewettet."

Während der Genesungszeit fuhr Baade mehrfach zu seinem Bruder nach Falkenhagen. Der alte Kutscher, der ihn von der Bahnstation abholte, wußte schon längst, daß er dann die Pferde ein jedes Mal an der Feldergrenze von Falkenhagen aus dem Trab in den Schritt übergehen lassen mußte. Beim ersten Urlaub nach Kriegsbeginn hatte Baade hier gesagt: „Arthur, fahr langsam, damit ich die liebe Heimat recht genießen und Stück für Stück in mich aufnehmen kann." Ernst-Günther war froh, daß sein Bruder Joachim vom Kriegsdienst zurückgestellt war, um in Falkenhagen die Wirtschaft zu leiten. Mit zumindest dem gleichen Interesse wie in Neverstaven sah Ernst-Günther sich in den Häusern, Ställen, Scheunen und Feldern von Falkenhagen um, das für ihn der Inbegriff heimatlicher Geborgenheit, der ruhende Pol, die Stätte seiner Kindheit, das Symbol der Verbundenheit mit den Vorfahren und mit Menschen einfacher, gerader Sinnesart war und blieb.

Kurzfristig erhielt Baade dann die Nachricht, daß er mit Wirkung vom 1. Dezember 1942 zum Stabe des Deutschen Generals beim Hauptquartier der italienischen Wehrmacht in Rom kommandiert sei. Damit trat er unter den unmittelbaren Befehl des General von Rintelen, der gleichzeitig Militär-Attaché bei der deutschen Botschaft in Rom war.

Mit dieser Entsendung von Baade war eine doppelte Absicht verbunden. Zunächst sollte von einer Verwendung an der Front noch abgesehen werden, da er nach ärztlichem Urteil diesen Anforderungen noch nicht wieder voll gewachsen war. Die Erholung von der Verletzung und der Überanstrengung in Afrika war durch das Wiederaufleben der Migräne-Anfälle und die ebenfalls wieder hervortretenden Folgen seiner Halsverwundung aus dem ersten Weltkrieg in die Länge gezogen. Zweitens bedurfte der Stab des Deutschen Generals in Rom einer personellen Verstärkung durch Stabsoffiziere, die je nach Bedarf mit Sonderaufträgen in seinem weitgespannten Bereich versehen werden konnten.

Auf diese Weise erhielt Baade für viele Monate eine Tätigkeit, die ihn in bunter Folge vor stets wechselnde und für einen Frontoffizier oftmals sehr ungewöhnliche Aufgaben stellte. Hier wurden ihm Zeit und als naher Zuschauer Gelegenheit geboten, sich neben militärischen Belangen auch mit politischen Fragen auseinanderzusetzen.

Dabei wurde er mit Eindrücken konfrontiert, die bei Verwendung im Truppenverband niemals zu erhalten waren. Er hatte einen Beobachtungsposten, von dem aus er mit dem ihm eigenen Eifer seine bisher nur mehr oder weniger erfühlten oder erahnten Vorstellungen durch neue Anregungen und Gesichtspunkte zu festen Ansichten formieren konnte. Die Zeit in Rom wurde daher auch die letzte Etappe seiner vollständigen inneren Abkehr von der Obrigkeit, welche das Schicksal seines Landes in ihren Händen hielt. Sie wurde auch der Abschnitt der letzten Steigerung seines Hasses gegen die politischen Repräsentanten dieses Regimes auf allen Ebenen.

Gern nahm Baade in Rom jede Gelegenheit zum Zusammensein mit seinen zahlreichen Bekannten im Stabe des Militär-Attaché wahr. Schnell fand er Anschluß an den Kreis derjenigen, die hier, unter der Decke der zwangsweise gebotenen Vorsicht nach außen, sich untereinander freimütig über die fortschreitende Verschlechterung der Kriegslage und die in jeder Hinsicht düstere Zukunft aussprachen. Die Freunde zogen Baade auch sehr bald zu den vielen Zusammenkünften mit italienischen Familien hinzu.

Damit wurde er Zeuge des zunächst sonderbar anmutenden Zustandes, daß die Angehörigen des Stabes des Militär-Attaché hier inmitten des Krieges einen gesellschaftlichen Umgang mit Italienern pflegten, der in friedensmäßig erscheinenden Formen vonstatten ging. Unschwer ließ sich erkennen, daß hierin nicht etwa nur ein selbstgewähltes Privatvergnügen zu erblicken war. Der Militär-Attaché und seine Gehilfen waren auf einen zwanglosen, nicht etwa nur auf Bürobesuche beschränkten Gedankenaustausch mit ihren italienischen Gesprächspartnern angewiesen. Dies war ein unentbehrliches Mittel, um einerseits über die Ansichten und Stimmungen bei den Bundesgenossen fortlaufend und ausreichend informiert zu sein und andererseits auch eigenen Stellungnahmen vermehrtes Gehör verschaffen zu können.

Aufmerksam nahm Baade die Prognosen der italienischen Kreise in Rom für den weiteren Verlauf des Krieges auf. Er erkannte, daß es abwegig gewesen wäre, die ihm hier zugetragenen Auffassungen als übertriebenen Pessimismus beiseite zu schieben. Er war überrascht, welche ungeschminkten Urteile und folgerichtigen Analysen hier zu hören waren. Sie waren frei von den ideologischen Phrasen und aus der Luft gegriffenen Hoffnungen, mit denen so viele Deutsche unter dem Einfluß der Propaganda von Josef Goebbels glaubten, ihre Siegeszuversicht begründen zu können.

Von dieser amtlichen politischen Irreführung in Deutschland hob sich die unabhängige Gedankenbildung der Italiener deutlich ab. Im Gegensatz zu der nationalsozialistischen Zwangsjacke hatte der in allen seinen Ausdrucksformen weit weniger radikale Faschismus das individuelle Urteilen nicht ersticken können. So war auch zu Mussolinis Zeiten der politische Wirklichkeitssinn der Italiener, vielleicht zum Teil noch eine Erbschaft von ihren römischen Vorfahren, nicht erdrosselt, sondern in weiten Kreisen erhalten geblieben. Trotzdem hatte die Italiener das Mißgeschick ereilt, daß ihre Führung sie mit dem Eintritt in den Krieg an der Seite Deutschlands in ein auswegloses Abenteuer gestürzt hatte. Und ebenso war es ihr Mißgeschick, daß sie nun sehenden Auges dem weiteren Unheil entgegenleben mußten und vor schier unüberwindlichen Schwierigkeiten standen, um ihr besseres Wissen in nutzvolles Handeln umzusetzen.

Bei einer Beschränkung auf seine dienstlichen Aufgaben in Rom hätte Baade die folgenden Monate verhältnismäßig bequem verbringen und sich von sonderlichen Anstrengungen und Aufregungen freihalten können. Seine hinzugewonnenen Erkenntnisse beschäftigten ihn aber unablässig; er begann, sich in die Fragestellung hineinzuleben, ob es Möglichkeiten zu ihrer Verwertung gäbe.

Damit entstand sein starkes politisches Engagement, das sich zu seinem steten Begehren gesellte, sich Angelegenheiten widmen zu können, die ihn zu fesseln vermochten. Er war nun einmal ein Mensch, der in besonderer Weise darauf angewiesen war, immerzu neuen und interessanten Geschehnissen entgegensehen zu können. Er benötigte die Beschäftigung mit Dingen, deren Entwicklung und Ausgang zu verfolgen und möglichst nahe mitzuerleben ihn in Bann und Spannung halten konnte. Muße und Abstandhalten waren ihm fast unerträglich. Seine Umgebung erlebte ohne Unterlaß sein intensives, beinahe fieberhaftes Trachten, jede Stunde seines Lebens mit der Verfolgung eines nicht nur alltäglichen Zieles, einer sich selbst gestellten Aufgabe, von einer Marotte in Friedenszeiten bis zur Heldentat im Kampf, zu verbringen. Er bedurfte der anhaltenden Hochstimmung wie der Fisch des Wassers. Gern bezog er sich auf einen Spruch, der ihm bei der Lektüre der griechischen Philosophen zur Kenntnis gelangt war: „Fackelträger (Mitläufer) gibt es zwar viele, wirklich engagierte Menschen (Bacchanten) aber nur wenige."

Der erste Sonderauftrag führte ihn noch im Dezember 1942 für ein paar Tage nach Neapel, dem Zentralpunkt für den Abtransport des Nachschubs nach Nordafrika. Gleich beim ersten Bericht, den er von dort pflichtgemäß dem Deutschen General in Rom vorlegte, ging er über den dienstlich erforderlichen Rahmen hinaus. Er fügte das Ergebnis seiner Eindrücke über die Stimmung im italienischen Volk und über erwähnenswerte Gesichtspunkte des deutsch-italienischen Verhältnisses hinzu. Ihm sei aufgefallen, so berichtete er, daß deutsche Dienststellen und auch einzelne Offiziere die Italiener oftmals zu sehr „von oben herab“ behandelten. Anstatt sie zur Mitarbeit zu ermuntern und darum ihren Hilfestellungen auch einmal Anerkennung zu zollen, gingen sie zu leichtfertig mit Abwertungen um. Ihr Auftreten provoziere die Vermutung, sie fühlten sich als die Befehlenden, beinahe als Besatzungsmacht, aber nicht als Bundesgenossen. Auffällig sei auch das Verhalten mancher deutscher Soldaten in den Kirchen von Neapel. Dies sei wahrscheinlich weniger auf böse Absicht zurückzuführen als auf die Unkenntnis von der engen Verbundenheit von Kirche und Bevölkerung in Italien. Ebenso wie Baade schon als Schwadronschef seine Soldaten vor Spott in religiösen Fragen gewarnt hatte, regte er hier an, die nach Italien einreisenden deutschen Soldaten über den erforderlichen Respekt gegenüber der Gläubigkeit der Italiener belehren zu lassen.

Mit wenigen knappen Sätzen zeichnete Baade auch ein Bild von der sorgenvollen Stimmung der Italiener im Hinblick auf die Kriegslage. Er glaubte, feststellen zu müssen, daß Enttäuschungen und Befürchtungen den Wunsch nach einem siegreichen Ausgang des Krieges ihnen schon als unerfüllbar erwiesen hätten und daß ihre Sehnsucht sich mehr und mehr einem Frieden um jeden Preis zuwende.

Dem Militär-Attaché und Deutschen General in Rom wurden damit keine Neuigkeiten unterbreitet. Er war über jede Phase und Einzelheit dieser Entwicklungen genau informiert und hatte Jahr für Jahr und Monat für Monat ungeschminkt darüber nach Berlin berichtet. Trotzdem waren ihm die Stellungnahmen von Baade als Bestätigungen von Wert, zumal sie aus der Sicht eines unbestreitbar unvoreingenommenen Beobachters abgegeben waren.

Der Einblick in das Leben der italienischen Bevölkerung brachte Baade auch hier mit sozialen Problemen in Berührung. Er ging nicht achtlos daran vorbei, sondern widmete ihnen volle Aufmerksamkeit. Durch Jugend und Erziehung auf dem Lande, durch den Soldatenberuf und durch Lebenserfahrung war ihm ein ganz natürliches Empfinden für die Sorgen der Mitmenschen zuteil geworden, denen bessere Lebensbedingungen zu wünschen waren. Er verachtete herablassende Leutseligkeit und forderte stattdessen offenherzige Anteilnahme und die ehrliche Verpflichtung, für die Herbeiführung besserer Zustände einzutreten.

Die Hoffnungen, die er 1933 und 1934 in dieser Hinsicht auf die nationalsozialistische Bewegung gesetzt hatte, waren längst zerronnen. Auf die hochtrabenden Versprechungen im Programm der Partei für die Hebung des Lebensstandards der minderbemittelten Bevölkerung und damit für eine Angleichung der sozialen Unterschiede waren nach seiner Ansicht nur anfänglich ein paar bemerkenswerte Taten gefolgt. Dann aber hatten sich diese Versprechungen als ein besonders krasser Mißbrauch des Vertrauens des Volkes erwiesen.

Baade äußerte in Rom dazu, daß der Nationalsozialismus geradezu ein Fanal für die Mahnung gesetzt habe, sozialistische Parolen immer der strengen Prüfung zu unterziehen, ob sie unrealistische und gewissenlose Verheißungen darstellen oder durchführbar seien. Die Arglist und der Leichtsinn, mit denen politische Agitatoren oft den Menschen sozialen Fortschritt zusagten, um letzten Endes damit aber nur Augenpulver zu verstreuen, Stimmenfang zu betreiben und sich selbst eine Aufstiegsleiter als ehrgeizige Funktionäre zu erbauen, würden sehr schwerwiegende Störungen für friedsames Zusammenleben verursachen. Die Monate in Rom übertrugen Baades Abscheu gegenüber dem Nationalsozialismus somit auch auf den großen sozialen Betrug, der hier nach seiner Ansicht begangen worden war.

Es fiel bei Unterhaltungen über soziale Fragen auf, wie sehr Baade sich auf den Standpunkt festgelegt hatte, daß das unerläßliche, weil wirksamste Mittel, einen sozialen Ausgleich herbeizuführen, ein gesundes, zweckdienliches Steuersystem sei. Er gab zu, daß damit ein Ziel gesetzt werde, das nur mit größten Anstrengungen und mit absoluter Rücksichtslosigkeit gegen manche Interessengruppen erreicht werden könnte. Es müsse aber doch, so vermeinte er, Finanzkünstler geben, die endlich einmal den goldenen Schnitt für eine gerechte Verteilung der Lasten und für ein auskömmliches, von größeren Sorgen befreites Leben der Schwachen finden würden. Dieser Schnitt müsse natürlich dort liegen, wo Unternehmergeist und Anreiz zu fleißiger Arbeit immer noch genügend Raum behielten, wo aber überschäumender Geldzufluß, der selbst hochgeschraubte Ansprüche für die Lebenshaltung überschreitet, einem erforderlichen Ausgleich zum Opfer gebracht werden kann. Ohne eine durch geeignete steuerliche Maßnahmen herbeigeführte Mittellinie zwischen Kapitalismus und Sozialismus könne er sich eine Verbesserung der sozialen Zustände und den inneren Frieden der Völker nicht vorstellen. Die Widerstände, die bisher überall eine befriedigende Steuergesetzgebung verhindert hätten, sollten doch nicht dazu führen, die Hoffnung auf Einleitung eines optimalen sozialen Gesundungsprozesses aufzugeben. Er selbst sei bereit, seine Lebenshaltung einzuschränken, wenn dies auch dem vergleichbaren Nachbarn aufgegeben würde.

Die Weihnachtstage 1942 konnte Baade in Neverstaven und Falkenhagen verbringen. Die Rückfahrt nach Rom unterbrach er für einen kurzen Aufenthalt in Göttingen. In der Kaserne auf dem Lohberg besuchte er die Ersatz-Abteilung des alten Kavallerie-Regiments 3. Dort wurden Reservisten und Rekruten als Ersatz für die Aufklärungs-Abteilungen ausgebildet.

Unter den Offizieren fand Baade viele alte Bekannte vor, die hier vorübergehend als Genesende zwischen Verwundung und erneuter Feldverwendung Dienst taten. Im Kasino wurde ihm von dem Ergehen der in alle Himmelsrichtungen verstreuten Offiziere des Friedensregiments berichtet, soweit sie noch am Leben waren. Der Einsatz bei den Aufklärungs-Abteilungen hatte große Opfer, besonders unter den jungen Offizieren, gefordert. Schwere Sorge bereitete nun am Ende dieses Jahres das weitere Schicksal der vielen Offiziere dieses Regiments, die der 1. Kavallerie-Division angehört hatten und dann in die daraus hervorgegangene, jetzt in Stalingrad eingeschlossene 24. Panzer-Division übernommen waren.

Als Baade Anfang Januar 1943 in Rom wieder eintraf, war die Lage in Nordafrika für die Achsenmächte auf einem Tiefstand angelangt. Während die Reste der Panzerarmee Rommel sich weiterhin im Rückzug nach Tunesien befanden, wurden dort die deutsch-italienischen Truppen des Generaloberst von Arnim von Westen her scharf von den Amerikanern bedrängt. Das ergab eine Brückenkopf-Lage, die binnen kurzer Zeit unweigerlich zu einer vollständigen Niederlage führen mußte.

Baade teilte die Verwunderung im Stabe des Deutschen Generals in Rom, daß das Oberkommando der Wehrmacht und auch der Oberbefehlshaber Süd, Feldmarschall Kesselring, nicht nur nichts von einem bevorstehenden Ende der Kampfhandlungen in Tunesien wissen wollten, sondern noch, wie aus der Perspektive eines Wolkenkuckucksheims, von weitgespannten Operationen zur Vernichtung des so vielfach überlegenen und sich laufend verstärkenden Gegners sprachen.

Wenn in einem Kriege die Räder des eigenen Schicksals rückwärts zu laufen beginnen, dann drängen sich dräuend die Fragen nach begangenen Fehlern ebenso auf wie die Überlegungen, ob das herannahende weitere Unglück noch gemildert werden könnte. Der Freundeskreis in Rom scharte sich von nun an immer öfters zusammen, um die Gedanken zu diesen Fragen untereinander abzuklären. Die Zusammensetzung dieses Kreises wechselte oft, obwohl ein fester Kern bestand, zu dem Baade gehörte. Manchmal wurden Offiziere hinzugezogen, die sich auf der Durchreise oder zu kurzem dienstlichen Aufenthalt in Rom befanden und von einem Angehörigen des Freundeskreises als vertrauenswürdig eingeführt wurden.

Die Mitglieder der Botschaft und des Stabes des Militär-Attachés, die dann hier zusammentrafen, waren zur Vorsicht gezwungen. Auch in der Botschaft in Rom saßen Schergen und Spitzel des allmächtigen Beherrschers der SS und Polizei, Heinrich Himmler. Sein aalglatter, sich kollegial gebender höchster Vertreter in Rom, der SS-Obersturmbannführer Eugen Dollmann, hatte lange Ohren. Er suchte lebhaft gesellschaftlichen Kontakt, um seine Informationen anzureichern.

Baade war sehr darauf bedacht, die Gegenwart von Dollmann zu meiden. Er meinte: „Dieser Mensch muß mir doch eigentlich auf den ersten Blick ansehen, daß ich ihn und alle seine Artgenossen zum Teufel wünsche.“ In der Tat gehörte Baade zu den Personen, die ihren Gesichtsausdruck nur recht schwach in der Gewalt haben. Man konnte ihm im Gespräch unschwer am Mienenspiel ablesen, ob er Sympathie oder Abneigung für sein Gegenüber empfand. Im ersten Fall lag dann immer der leichte Ansatz zu einem Lächeln um seinen Mund bereit und waren, bei einem ein wenig nach vorne geneigten Kopf, die Augen sehr intensiv, sehr forschend auf den Gesprächspartner gerichtet. Bei Abneigung oder Verdacht waren die Mundwinkel unwillkürlich gleich ein wenig nach unten gezogen, die Augenbrauen leicht zusammengeschoben und oftmals sogar der Kopf auffällig zurückgelehnt.

Vielleicht war es ein sonderbares Zeichen deutscher Gründlichkeit, daß man hier in diesem Freundeskreis und selbst in dieser Situation bei den Diskussionen sogar noch zurückgriff auf die gewiß nicht neue politisch-philosophische Fragestellung, ob Kriege zu den unvermeidbaren Erscheinungen in der Welt gehörten. Die Meinungen waren etwas geteilt. Immerhin glaubten einige Offiziere, meistens die jüngeren, noch von dem Krieg als dem „Vater aller Dinge" sprechen zu können. Andere wußten Moltke zu zitieren, der vor fast 80 Jahren gesagt hatte: „Glücklichere Verhältnisse können erst eintreten, wenn alle Völker zu der Erkenntnis gelangen, daß jeder Krieg, auch der siegreiche, ein nationales Unglück ist." Daran knüpfte Baade den Zusatz, der erste Weltkrieg hätte dieses Moltke-Wort so kräftig bestätigt, daß es zum zweiten Weltkrieg eigentlich nicht mehr hätte kommen dürfen. Es tauchte auch die Formulierung auf, daß die Behauptung gewagt werden könnte, die westlichen Länder seien wahrscheinlich auf dem Wege gewesen, diese Lehre aus den blutigen Materialschlachten von 1914 bis 1918 zu ziehen. Sie hätten sich vielleicht schon der Stufe der Zivilisation genähert, auf der das Wort Krieg im Vokabular für die Beziehungen der Völker untereinander nur noch einen Platz mit sehr geschwächter Bedeutung einnehmen könnte.

Die Länder weiter östlich, insbesondere das nationalsozialistische Deutschland, wären bei der Weiterentwicklung dieser Grundanschauungen anscheinend noch zurückgeblieben, wenn man von speziellen Verhältnissen absehen und diese Betrachtung nur auf eine generelle Wertung abstellen wollte. Hier sei eben der Gedanke an die Möglichkeit eines erneuten Völkerringens weniger absurd erschienen als in den westlichen Ländern. Natürlich dürfe sich niemand Illusionen darüber hingeben, daß die Verdammung des Krieges und die Herbeiführung des dauerhaften Friedens, von Philosophen und Menschen besten sittlichen Willens schon seit Jahrhunderten erstrebt und durchdacht, nur dann in Reichweite rücken könne, wenn eben alle Staaten jene dazu erforderliche zivilisierte Entwicklungsstufe erreichen würden. Bis dahin müsse es leider bei der Wahrheit des Sprichwortes bleiben, daß der Beste nicht in Frieden leben kann, wenn's dem bösen Nachbarn nicht gefällt.

Aus diesen Unterhaltungen schimmerten schon unverkennbar Ausschau und Sehnsucht nach einem endgültig friedlichen Zusammenschluß der europäischen Völker hervor. Dieser sollte dann das geschichtlich zwar erklärliche, aber nun längst zur völligen Sinnlosigkeit ausgeartete Waffenkreuzen der kulturell so nahe verwandten Völker für alle Zeiten verhindern. Über Selbstzweck und Eigennutz hinaus könnte damit vielleicht endlich wieder einmal eine große europäische Leistung für den Fortschritt rund um den Erdball erbracht werden.

Baade erhielt Ende Januar 1943 den nächsten Sonderauftrag, der seine Teilnahme an diesen römischen Gesprächen wieder einmal unterbrach. Er wurde zu Besprechungen zum V. italienischen Armeekorps nach Kroatien entsandt. Er sollte sich dort ein Bild von der Lage bei der Bekämpfung der Aufständischen verschaffen.

Hitler und das Oberkommando der Wehrmacht hegten den Verdacht, daß die Italiener in dem Teil von Jugoslawien, der ihrer Zuständigkeit zugesprochen war, weder im Sinne der getroffenen Abmachungen noch mit der erforderlichen Entschlossenheit gegen die Partisanen vorgingen. Baade sollte diese Fragen an Ort und Stelle überprüfen. Das italienische Oberkommando in Rom gab großzügig seine Einwilligung zu diesem Kontrollgang.

Am 29. Januar flog Baade, begleitet von Hauptmann Prahst, einem Generalstabsoffizier aus dem Stabe des General von Rintelen, von Rom über die Adria. Es wurde die erste und blieb die einzige typisch militär-politische Mission seines Lebens. Sie war reichlich mit Zündstoff geladen.

Im Hauptquartier des V. italienischen Korps erkannte Baade sehr schnell, daß er hier dank der Offenherzigkeit der italienischen Offiziere recht genaue Auskünfte über die gegenwärtige Lage, über Gliederung und Einsatz der italienischen Verbände, vermutete Stärke der Partisanen und über die Schwierigkeiten erhalten konnte, die das Gelände verursachte. Ebenso erkannte er aber, daß man hier nicht in der Lage war, ihm Wissenswertes über die grundsätzliche Einstellung der Italiener zur Bekämpfung der Aufständischen und über die weiteren Absichten für die Führung der Operationen zu sagen. In der richtigen und weitgespannten Auslegung seines Auftrages sah er aber gerade den zu erstrebenden Nutzen seiner Mission.

Kurz entschlossen übermittelte er dem Oberbefehlshaber der 2. italienischen Armee in Kroatien, dem General Roatta, die Bitte, ihn zu einer Unterredung zu empfangen. Das war ein Wagnis, da in Rom nur der Besuch beim V. Armeekorps abgesprochen war. Baade hatte Glück. Roatta stimmte zu.

Es kam zu einer sehr eingehenden Unterhaltung im Hauptquartier der 2. Armee. Roatta sprach mühelos deutsch. Baade war fasziniert von der Schärfe des Verstandes, der Klarheit der Formulierungen und vor allem von den offenen Bekenntnissen dieses äußerlich so unscheinbaren Generals. Alle Ausführungen, die Baade hier entgegennehmen konnte, wurden zu einer wertvollen, weil aus dem Kampfgebiet abgegebenen Bestätigung der Berichte, die General von Rintelen schon mehrfach über die politische und militärische Haltung der Italiener in Balkan-Fragen seinen vorgesetzten Dienststellen übermittelt hatte.

Roatta ging davon aus, daß die Bekämpfung der kommunistischen Aufständischen unter Tito die italienischen Truppen vor eine zwar nicht unlösbare, aber hinsichtlich der damit verbundenen Schwierigkeiten von den Deutschen weit unterschätzte Aufgabe stelle. Die Regimenter und Bataillone seiner Armee seien mangelhaft bewaffnet und unzureichend ausgerüstet. Das Gelände begünstige die Guerilla-Krieger in jeder Weise gegenüber den weit auseinander gezogenen Verbänden der italienischen Besatzung.

Darum halte er es für recht bedenklich, daß von deutscher Seite nun auch noch zusätzlich das Vorgehen gegen die serbischen Freiheitskämpfer, die sogenannten Cetniks, mit dem Ziel ihrer gänzlichen Entwaffnung gefordert würde. Das übersteige das Vermögen der eigenen Truppe. Das sei zudem ein unkluges Vorhaben, da die Cetniks, wenn auch Gegner der Achsenmächte, zugleich Gegner der kommunistischen Partisanen seien.

Hier müsse man daher, vor allem in Erkenntnis der eigenen unzureichenden Mittel, nach dem Prinzip der Trennung der Feinde, nach dem Motto „divide et impera“ handeln. Er sei wenig geneigt, sein zur Zeit schwebendes Stillhalte-Abkommen mit den Cetniks aufzugeben. Er hoffe, die deutsche Führung werde sich der Einsicht nicht verschließen, daß es ratsam sei, die Cetniks eben nicht mit Waffengewalt anzugehen und sie damit ganz auf die Feindseite zu treiben. Er traue es sich zu, diese ca. 19 000 bewaffneten Cetniks weiterhin hinzuhalten, sie von ihren groß-serbischen Tendenzen träumen zu lassen und sie dabei als Gegner, zumindest als Störenfriede gegenüber den Kommunisten zu verwenden. Die Angewohnheit der deutschen Regierung, einen jeden zum Erzfeind zu erklären und ausrotten zu wollen, der sich nicht rückhaltlos ihrer „Weltanschauung“ anschließe, entspreche doch, wie gerade dieses Beispiel besonders einleuchtend zeige, durchaus nicht immer dem Gebot des Handelns im eigenen Interesse.

Baade hat es verstanden, seinen Bericht über die Mission nach Kroatien so abzufassen, daß er vom Oberkommando der Wehrmacht hinsichtlich der aufgeführten Tatsachen als eine „wirklichkeitsgetreue Schilderung der dortigen Lage“ (so im amtlichen Kriegstagebuch des OKW wörtlich vermerkt) gewertet wurde. Auch der heikle Teil des Berichts, der sich auf die Taktik von Roatta gegenüber den Cetniks bezog und mit leichter Hilfestellung des Militär-Attaché formuliert wurde, fand eine fast unerwartet nachsichtige Aufnahme im Oberkommando der Wehrmacht.

General von Rintelen nahm die Gelegenheit wahr, um im Anschluß an den Augenzeugenbericht von Baade nochmals in seiner eigenen Berichterstattung auf den politischen Hintergrund des Verhaltens der Italiener hinzuweisen. Es entging ihm nicht, daß die Italiener hier schon zukünftige Entwicklungen und Möglichkeiten in Betracht zogen. Sie wollten es vermeiden, sich für die Zeit nach dem Kriege, unabhängig davon, wie dieser im einzelnen auch ausgehen möge, in den ihnen benachbarten Teilen des Balkans nur Feindschaften zuzuziehen. Sie hielten es daher für angezeigt, zumindest die serbischen Volksteile etwas zu schonen und damit Ansatzpunkte für die Unterstützung der italienischen Mitsprache bei späteren politischen Regelungen offenzuhalten. Aber sie wagten es nicht, hierüber mit ihrem deutschen Bundesgenossen offen zu sprechen. Sie wußten nur zu genau, daß dieser für die besetzten Gebiete nur das Prinzip der totalen Vernichtung gelten ließ. So versuchten sie, in einem zwangsweise etwas versteckten Spiel die Voraussetzungen für eine spätere stärkere Hervorkehrung ihrer Balkan-Politik zu sichern.

General von Rintelen richtete nun nicht etwa seine Berichterstattung nur darauf aus, seine Erkenntnisse zu vermelden. Er benutzte sie vielmehr dazu, die deutsche Führung zum Nachdenken über den in vieler Hinsicht sinnvollen und praktischen Gehalt der italienischen Tendenzen anzuregen.

Eine kleine Episode im Verlauf der Fahrt durch Kroatien ist Baade in besonderer Erinnerung geblieben. Auf einer Dorfstraße kam es zur Begegnung mit einem Trupp der Cetniks. Mit Hilfe eines italienischen Dolmetschers führte Baade mit ihnen ein kurzes Gespräch. Ihm fiel auf, daß sie zwar uniformähnliche Kleidung, aber keine Abzeichen trugen. Daher fragte er, woran sie denn ihre Vorgesetzten, ihre Offiziere erkennen könnten. Einer der jungen serbischen Freiwilligen hob den Kopf und antwortete stolz und frei heraus: „Am Gesicht“. Das war eine Auskunft, die nach Baades Geschmack war. Er verstand sofort, daß damit nichts anderes als der Eifer, die Lebhaftigkeit, die Autorität und der Fanatismus gemeint waren, die aus den Gesichtern dieser Führer leuchteten. „So müßte es überall sein“, war sein Kommentar dazu. Er liebte es, diese Geschichte später noch oft zu erzählen und manche Betrachtungen daran anzuhängen.

Durch seine Reise nach Kroatien war Baade zum zweitenmal in direkten Kontakt mit italienischen Truppen gekommen. Daraus ergab sich nach der Rückkehr der Anlaß, in Rom noch einmal mit den Freunden die unterschiedlichen militärischen Tugenden der Bundesgenossen zu diskutieren. Es schien ihnen sehr viel daran zu liegen, Rechenschaft über die deutsche Wirklichkeit als die in aller Welt gefürchtete Nation mit hervorragenden soldatischen Eigenschaften abzulegen. Baade zeigte viel Interesse an diesen Unterhaltungen über den so oft behaupteten und berufenen deutschen Militarismus.

Man war sich sehr schnell einig, daß der Ausgangspunkt des Verständnisses für alle damit in Zusammenhang stehenden Probleme in der geographischen Lage Deutschlands zu suchen sei. Von jeher hatten Preußen und Deutschland unter der schweren Benachteiligung durch die langen, nach drei Seiten offenen, das heißt von der Natur nicht geschützten Grenzen zu leiden. In der Mitte von Europa gelegen, waren sie in Zeiten der Expansionen und Eroberungskriege den Bedrohungen durch ihre Nachbarn in einer extremen Weise ausgesetzt. Das Mittel zur Selbsterhaltung konnte daher nur eine ebenso extreme Bereitschaft zu Kampf und Verteidigung sein. Daraus entwickelte sich auf breiter Basis die disziplinierte Hingabe an das Waffenhandwerk, untermauert von der Überzeugung, daß ein jeder wehrfähige Mann zum Schutze des gefährdeten Vaterlandes unter Einsatz seines Lebens verpflichtet sei. Klima und relativ karge Bodenerzeugnisse trugen zu annähernd spartanischer Lebenshaltung bei, die Nährboden für hartes Soldatentum ist.

Es zeigte sich, daß es kein leichtes Vorhaben ist, den Begriff Militarismus zutreffend zu definieren und damit die Grenzlinien zu ziehen zwischen Soldatentum und erforderlicher Wehrbereitschaft einerseits und Übertreibungen andererseits, aus denen ein verderblicher Einfluß auf die Innen- und Außenpolitik des Landes folgen kann.

Es herrschte Übereinstimmung, daß hierbei von vornherein eine Vermischung des Begriffs vom Militarismus mit dem des Chauvinismus im Sinne eines übersteigerten Nationalbewußtseins zu vermeiden sei, weil sonst eine Verstrickung zwischen politischer und militärischer Gedankenwelt die Klärung erschweren würde.

Militarismus stellte sich auch Baade in erster Linie als die Erscheinung dar, die es militärischen Gewalten in einem Staat erlaubte und ermöglichte, maßgeblichen Einfluß auf die Gestaltung der Politik auszuüben. Dort würde dann der unabdingbare Primat der Politik nicht gewahrt. Dort bliebe die bewaffnete Macht, zum Schaden des Volkes, nicht mehr lediglich ein Mittel in der Hand der Führung des Staates. Die Zügelführung von Bismarck, wie sie überliefert worden ist, schien Baade und seinen Freunden in vorbildlicher Weise das rechte Verhältnis zwischen der allein entscheidenden politischen Spitze und der ausschließlich exekutiven Funktion der Armee demonstriert zu haben. Daneben wurden Bemerkungen laut, daß man von Militarismus vor allem auch dann sprechen müsse, wenn militärische Gepflogenheiten und soldatisches Benehmen in überflüssiger Weise in das zivile Leben übertragen würden.

Baade und seine Gesprächspartner bekannten freimütig, daß der Militarismus sich leicht dort einnisten könne, wo das Ansehen des Offiziersstandes im Volke ungebührlich zu Lasten der zivilen Berufsgruppen anwachse. Andererseits wären Baade und seine Freunde nicht echte

Soldaten gewesen, wenn in ihre Berufsauffassung nicht die Überzeugung von dem erzieherischen Wert des Militärdienstes eingeschlossen gewesen wäre. Für sie war das Wort von der „Armee als Schule der Nation“ keineswegs ohne Inhalt. Aber sie wußten es in die richtige Proportion zu rücken. Bereits die Tatsache, daß von dieser Schule nur ein bestimmter, wenn auch recht hoher Prozentsatz der männlichen Bevölkerung erfaßt wurde, gab Anlaß, sich vor einer Überschätzung zu hüten.

Wesentlich blieb das auf überlieferte und auf persönliche Erfahrung gestützte Urteil, daß der Wehrdienst in Friedenszeiten als höchst begrüßenswerte Nebenerscheinung zu seinem ureigensten Zweck den jungen Soldaten auf vielen Gebieten eine Erziehung angedeihen läßt, für welche der großen Mehrzahl unter ihnen sonst keine so umfassende Gelegenheit geboten wird. Hier reicht eine weite Skala von der Redlichkeit, Kameradschaft, Wahrheitsliebe, Selbstüberwindung, vom disziplinierten Auftreten, von der Fürsorge und dem Verantwortungsbewußtsein bis zur sorgfältigen Behandlung anvertrauter Gegenstände, zur Gesundheitspflege und Reinlichkeit. Die oft hohen Anforderungen des Dienstes, zumal in körperlicher Hinsicht, vermitteln zudem vielen erst die Erkenntnis von dem eigenen Leistungsvermögen, die dann ein für das ganze Leben nützliches Selbstvertrauen zur Folge hat.

Dann aber kreisten schließlich die Diskussionen um das zentrale Problem des Gehorsams, da überall dort, wo von Militarismus die Rede ist, die Worte Drill und Kadaver-Gehorsam sogleich im Raume stehen. Baade glaubte, daß es verhältnismäßig einfach sei, sich hierzu eine jederzeit haltbare und vertretbare Einstellung anzueignen. Die Kriegsgeschichte aus allen Zeiten habe zur Genüge bewiesen, daß strenger Gehorsam und strenger Drill, so lästig sie auch oft empfunden werden mögen, immer Unterpfänder für beste Bewährung einer Armee gewesen seien. Wenn sich ein Staat zur Sicherung seines Territoriums und seiner Lebensinteressen eine Armee halte, dann müsse er auch darauf achten, dieses teure Instrument so effektiv wie möglich zu gestalten, und zwar sowohl in technischer Hinsicht als auch bezüglich der Manneszucht. Mit Recht sei in der preußischen und später deutschen Armee die Verantwortung der Unterführer gelehrt und geübt worden, die blindem Gehorsam vorbeuge und von dem sogenannten Kadaver-Gehorsam wohl zu trennen sei. Letzten Endes aber bleibe im Hinblick auf ihren Verwendungszweck eine Armee nur dann sinnvoll, wenn sie auf die Maxime des eindeutigen Gehorsams gegründet sei.

Das große Dilemma sei dann gegeben, wenn über diesen vorzüglichen Streitkräften eine politische Obrigkeit stehe, die gegen die Versuchung nicht gewappnet sei, sie zu mißbrauchen. „Dann sehen wir“, so entfuhr es Baade zornig, „das Rasiermesser in der Hand eines Affen. Und das kennzeichnet wohl die Lage, in die unser armes Deutschland nun hineingeschlittert ist.“

Die militärische Situation im Mittelmeer-Raum hatte sich Ende Februar 1943 dahin entwickelt, daß Feldmarschall Rommel im Süden von Tunesien, bei Tebessa und am Kasserine-Paß, den Versuch unternommen hatte, die von Westen herangeführten amerikanischen und britischen Streitkräfte zurückzuwerfen. Angesichts der starken Überlegenheit des Gegners war diesem Angriff nur ein bescheidener Anfangserfolg beschieden. Seiner Art getreu, selbst in fast aussichtslosen Lagen nach dem Leitsatz zu handeln, daß Angriff die beste Verteidigung sei, trat er nochmals am 6. März bei Medenine zum Vorstoß an. Die deutschen und italienischen Truppen blieben jedoch hier gleich am ersten Tage mit überraschend hohen Verlusten im Feuer der breit angelegten und durch unverhältnismäßig zahlreiche Artillerie verstärkten Abwehrfront liegen.

Mit diesem Rückschlag begann das Erlöschen der Kampfkraft der Achsentruppen in Tunesien. Sie konnten nunmehr das Ende bis zur Kapitulation am 12. Mai 1943 nur noch durch defensives Verhalten, verbunden mit gelegentlichen örtlichen Vorstößen, hinauszögern. Rommel verließ den afrikanischen Kriegsschauplatz drei Tage nach dem Mißerfolg von Medenine. Dies geschah zunächst allerdings nur in der Absicht, einen dringend notwendigen Erholungsurlaub anzutreten. Hitler untersagte Rommel jedoch die Rückkehr nach Afrika.

Die Atmosphäre zwischen Rommel und den italienischen Kommandobehörden war in den 25 Monaten der Befehlsführung des Feldmarschalls auf afrikanischem Boden manchen Schwankungen unterworfen gewesen. Die Erfolge von Rommel in Libyen und Ägypten ließen oft die Bedenken der Italiener wegen der gewagten Führung der Operationen verstummen. Ebenso wie seine Gegner, die Briten, glaubten auch die Italiener immer wieder, bei Rommel Züge eines genialen und vom Glück gesegneten Befehlshabers zu sehen.

Diese Ansicht änderte sich bei den Italienern im Winter 1942/1943, als Rommel sich aus Libyen geschlagen zurückziehen und in Tunesien offenkundig aussichtslose Kämpfe führen mußte. In diesen letzten Wochen kam es zudem zu Mißverständnissen und harten Auseinandersetzungen zwischen Rommel und dem höchsten örtlichen italienischen Befehlshaber, Generaloberst Messe. Bedeutsamer war jedoch, daß nunmehr in Rom, in Regierungskreisen ebenso wie im Commando Supremo, mehr und mehr die Meinung ausgestrahlt wurde, den totalen Verlust des nordafrikanischen Gebiets, noch dazu unter so hohen Einbußen an Menschenleben und Material, hätten die Italiener auch allein, also ohne die Intervention deutscher Divisionen und ohne Rommels Führung, einstecken können. Ein typischer Fall von retrospektiver, sicherlich nicht fehlerfreier, jedoch nicht widerlegbarer Urteilsbildung!

Es dürfte der Geschichtsforschung noch als eine reizvolle Aufgabe bevorstehen, die Kriegsführung der Achsenmächte in Nordafrika zu durchleuchten. Dabei wäre vornehmlich zu klären, ob Rommel möglicherweise überhaupt schon bei seiner Entsendung nach Tripolis im Februar 1941 vor eine letzten Endes unlösbare Aufgabe gestellt wurde und wieweit dann die unterlassene Ausschaltung von Malta das Schicksal der Achsentruppen bestimmt hatte.

Als Baade erfuhr, daß Feldmarschall Rommel vom afrikanischen Kriegsschauplatz zurückgezogen worden war, erkundigte er sich in Rom in der Dienststelle des Militär-Attaché, ob damit auch der Oberleutnant Berndt in Richtung Deutschland entschwunden sei. Er hatte diesen Mann aus der Umgebung von Rommel seit der Zeit der Kämpfe um Tobruk in wacher und unguter Erinnerung behalten.

Es mag heute schwer zu rekonstruieren sein, ob dem Feldmarschall Rommel der Oberleutnant der Reserve Ingemar Berndt, im Zivilberuf schnell avancierter Abteilungsleiter im Propagandaministerium des Josef Goebbels, als Ordonnanz-Offizier aufgeschwatzt worden war oder wie weit der Feldmarschall selbst diese Zuteilung betrieben und begrüßt hatte. Jedenfalls hatte Rommel dann diesem Mann sein Vertrauen geschenkt und ihm eine Vorzugsstellung in seinem Stabe eingeräumt. Berndt verkörperte den in jeder Hinsicht extremen Typ des nationalsozialistischen, mit allen Mitteln der arglistigen Propaganda wohl vertrauten Funktionärs. Er war Meister in der Verdrehung von Tatsachen und in der schnellfertigen Inszenierung von Intrigen. Er litt an Überheblichkeit und machte sich mit seiner Art, ungefragt Ratschläge zu erteilen und zu kritisieren, weitgehend unbeliebt.

Dies bekam auch Baade bei zwei kurzen Begegnungen zwischen Bir Hacheim und Tobruk im Juni 1942 zu spüren. Als mitten im Kampf stehender Truppenführer verletzte es ihn, von diesem jungen Günstling des Oberbefehlshabers mit naseweisen Bemerkungen zur Gefechtsführung herablassend bedacht zu werden.

Den in militärischen Angelegenheiten reichlich unerfahrenen Berndt benutzte Rommel bedauerlicherweise mehrmals und insbesondere in kritischen Lagen als seinen Sendboten und Verbindungsmann zu Hitler. Berndt hinterbrachte dann auch jedesmal seine Neuigkeiten seinem Chef Goebbels. Damit wurde, fest gefügte militärische Regeln brechend, der vorgeschriebene Dienstweg umgangen. Rommel überließ es diesem politischen Spitzel, Hitler und Goebbels hinter dem Rücken des Oberkommandos der Wehrmacht die Lage darzustellen und Entscheidungen herbeizuführen. Er hoffte, daß auf diese Weise seinen Anforderungen und Wünschen schneller und mit mehr Nachdruck entsprochen würde.

Dieses Verfahren mag Rommel als ein geeigneter Schachzug erschienen sein. Er war sich aber wohl kaum bewußt, daß damit ein gefährlicher Präzedenzfall geschaffen wurde, der in bedrohliche Nähe zu dem deutscherseits so verachteten System der Sowjets geriet, politischen Kommissaren maßgebenden Einfluß im militärischen Bereich zu überlassen.

Diese weitreichende Einschaltung des skrupellosen Berndt hat Rommel letzten Endes nur Nachteile eingebracht. Das Oberkommando der Wehrmacht zeigte sich dadurch ebenso verunsichert und in seinen Dispositionen gestört wie die Regierung und das Commando Supremo in Rom. Auch im eigenen Stabe von Rommel herrschte Verärgerung über die unangemessene Mitsprache und das großspurige Auftreten dieses Propagandisten.

Leider ist Rommel sogar so weit gegangen, Berndt bei den Entsendungen nach Deutschland auch die Erledigung von Personalangelegenheiten für die höchsten Offiziere seiner Armee aufzutragen. Er überließ ihm das Vortragen seiner Beurteilungen über Divisionskommandeure und Generalstabsoffiziere, verbunden mit Anträgen für Ablösungen und Umbesetzungen in diesen Stellen. In geordneten Verhältnissen werden für diese Aufgaben nur der Chef des Stabes, der erste Generalstabsoffizier oder vorzugsweise der Adjutant der Armee herangezogen, sofern die Erledigung nicht auf vertraulich gehaltenem Schriftweg erfolgt. Hier kam es zu einem in der deutschen Heeresgeschichte noch unbekannten Mißbrauch, daß ein ausschließlich parteipolitisch ausgerichteter Zivilist entscheidend, nämlich durch seine Vortragsweise, auf den Einsatz und die Laufbahn von Generälen und älteren Stabsoffizieren einwirken konnte. Es ist erwiesen, daß Berndt bei diesen Gelegenheiten weit über seine Aufträge hinausgegangen ist. Aus Wichtigtuerei hat er zusätzlich eigene Kritiken über zahlreiche andere Personen vorgetragen, über deren Tätigkeit er nicht oder nur oberflächlich Bescheid wußte. Damit hat er oft Mißtrauen, Unfrieden und Unruhe in die Zusammenarbeit zwischen dem Oberkommando der Wehrmacht, den zwischengeschalteten deutschen und italienischen Dienststellen in Italien und der Panzerarmee in Afrika hineingetragen.

Berndt hat außerdem noch in einer anderen Beziehung auf den Feldmarschall einen ungewöhnlichen Einfluß ausgeübt. Als trainiertem Demagogen war ihm die Methode geläufig, bei auftretender Gefahr für Mißerfolge zur eigenen Freizeichnung und Entschuldigung im voraus schon auf andere, dafür nach seinen Angaben verantwortliche Personen und Dienststellen hinzuweisen. Dem soldatischen Sinn von Rommel lag ein derartiges Verfahren gewiß fern. Trotzdem zeitigte die Berndt gewährte Einflußnahme das Ergebnis, daß in den Meldungen und Lagebeurteilungen der Panzerarmee hiervon vielfach Gebrauch gemacht wurde. Dort hieß es dann, daß im Falle des Mißlingens der Operationen einzig und allein die Schuld dafür außerhalb des Bereichs der Panzerarmee zu suchen sei. Abwechselnd wurden im voraus als Sündenböcke das Commando Supremo, der italienische Oberbefehlshaber in Afrika, der Deutsche General in Rom als Absendestelle der Versorgungsgüter oder der Oberbefehlshaber Süd, Feldmarschall Kesselring, in seiner Eigenschaft als Befehlshaber der Luftstreitkräfte zitiert. Baade traf den

Nagel auf den Kopf, als er mit einer seiner immer so knappen Charakterisierungen für Berndt aus dem friederizianischen Sprachgebrauch das Schimpfwort „Hundsfott“ hervorholte und damit alle Kommentare überflüssig machte.

Abschließend zu der so unerfreulichen Rolle, die Berndt bei der Panzerarmee Afrika gespielt hat und über die Baade so ergrimmt war, bleibt zu erwähnen, daß Berndt nach Kriegsschluß von Behörden der Siegermächte emsig gesucht wurde. Ihnen war bekannt geworden, daß Berndt in den letzten Kriegszeiten sich nochmals einer ungewöhnlichen Aufgabe verschrieben hatte. Er hatte mit allen Mitteln die Aufforderung an die deutsche Bevölkerung propagiert, im Rahmen des von seinem Meister Goebbels verkündeten „totalen Krieges“ abgeschossene und notgelandete alliierte Flieger auf der Stelle zu töten. Eine Zeit lang hielt sich nach dem Kriege das Gerücht, Berndt habe in Mecklenburg persönlich eine solche infame Lynchjustiz praktizieren wollen, sei dabei aber von darüber empörten deutschen Bauern selbst erschlagen worden. Der Abschluß der Nachforschungen hat jedoch ergeben, daß er in den letzten Wochen des Krieges an der Ostfront umgekommen ist.

Zu dem Ergehen von Ernst-Günther Baade in dem beginnenden Frühjahr 1943 in Rom ist noch zu erwähnen, daß sich zu dieser Zeit seine Neigung wieder bemerkbar machte, seine Gedanken und Empfindungen in Gedichtform zu fassen. Bereits 1940 hatte er einen kleinen Gedichtband im Selbstverlag drucken lassen. Dieser Band trug den Titel „Gedanken“. Baade hatte ihn an Personen verteilt, die er – wie er auch bei dieser Gelegenheit wieder sagte – eines Sinnes mit ihm glaubte.

Nun erschien ein ähnlicher kleiner Band mit der Überschrift „Ferne von Dir flüstert der Wind noch leise Dein Lied“. Er war in aufwendigem Privatdruck bei Tumminelli in Rom in nur zwanzig numerierten Exemplaren hergestellt. Betonter als in den „Gedanken“ von 1940 wurde hier die Huldigung an eine bestimmte Person dargebracht. Von dichterischem Wert konnte dabei allerdings nur in bescheidenem Umfang die Rede sein. Es blieb der Eindruck von einem starken Bemühen, sich feierlich auszusprechen.

Die ersten Begegnungen, die Anlaß zu diesen Gedichten gaben, gingen bereits zurück in das Jahr 1932. Der Frauen gegenüber von Natur aus schüchterne Baade war tief beeindruckt von der Schönheit und Anmut, die er hier gewahrte. Er schätzte sich glücklich, freundschaftlichen Umgang mit dem Aufblicken zu einer Persönlichkeit verbinden zu können, deren Ausstrahlung in ihm die Wertschätzung fraulicher Wesensart zu erweitern vermochte. Das Erleben des unerbittlichen Krieges steigerte sodann offensichtlich den Hang, der Verehrung Ausdruck zu geben und sie sogar in lyrische Bekenntnisse zu kleiden. Durch wiederholte Berufungen auf Gott, die Seele und das gelenkte Schicksal sowie durch Andeutungen auf das ewige Leben erhielten diese Verse auch einen religiösen Hintergrund.

Über Ernst-Günther Baade wurde geurteilt, daß er in vielen, wenn nicht sogar fast allen Einzelheiten seines Gehabes und seines Verhaltens eben irgendwie anders als die Menschen seiner Umwelt gewesen sei. So kann man sich auch hier fragen, warum er es unternahm, diese Gedichte nun weiterzureichen. In den alltäglichen Fällen werden dichterische Adressen dieser Art von dem Verfasser, abgesehen von den Dichtern, die sich grundsätzlich, also beruflich an die Allgemeinheit wenden, nur der damit bedachten Person in die Hand gelegt. Aus psychologischer Sicht liegt daher der Verdacht nahe, daß ausgerechnet auf diesem Gebiet sich bei Baade ein zwar kleines, aber doch immerhin registrierbares Maß von Geltungsbedürfnis regte.

Es gab viele Beispiele dafür, daß Frauen und junge Mädchen ihm gleich bei der ersten Bekanntschaft eine auffällige Sympathie zuwandten. Daraus entwickelten sich jedoch keine Flirts. Die anregende Wirkung auf seine weiblichen Zuhörer ging hier bestimmend von der immer frischen, lustigen und originellen Art der Unterhaltung aus, die er in Gang brachte.

Auf einem Ball vor dem Kriege hatte er einmal zu einem Freund gesagt: „Siehst Du dort das auffallend schöne junge Mädchen? Und gescheit ist sie auch! Ich habe mich soeben vorzüglich mit ihr unterhalten. Aber sie zum Tanz bitten? Nun, das kann ich nicht. Ein so schönes Gebilde mag ich nicht anfassen."

So war Ernst-Günther Baade, im krassen Gegensatz zu seinem im Kugelregen hundertfach bewährten Mannestum, im Bereich der allermenschlichsten Beziehungen ein eigentümlicher und zart besaiteter Schwärmer, hier mit einem gewissen Mangel an Selbstvertrauen behaftet, das er dann, impulsiven Eingebungen folgend, unter anderem mit dem Herreichen seiner dichterischen Versuche zu übertünchen suchte.

Zwiespalt und Verhängnis

Als Baade zu Anfang April 1943 von einem zehntägigen Urlaub in Deutschland nach Rom zurückkehrte, suchte er eiligst die vertrauten Freunde wieder auf. Lebhaft berichtete er ihnen über die beklommene Stimmung der einsichtsvollen Menschen in der Heimat. Stärker als je zuvor sprudelte aus ihm Auflehnung gegen die politische und militärische Führung hervor. Seiner Gewohnheit entsprechend, keine Zeit mit Vorreden zu vergeuden, entwarf er einen Plan, den man zur Beendigung des Krieges in Betracht ziehen sollte. Dabei bezog er sich auf soeben in Deutschland erhaltene Anregungen.

Im Heimatgebiet läge jetzt, da die Verbände des Heeres ausnahmslos an den Fronten gebunden seien, die Macht der Waffen in den Händen der laufend verstärkten Flak-Einheiten, die um alle großen Städte und um die Produktionszentren zum Schutz gegen die alliierte Luftoffensive postiert seien. Daraus ergäbe sich die verlockende Versuchung, mit diesen vielen tausend Rohren der Fliegerabwehr-Kanonen, möglichst noch im Zusammenwirken mit den Jagdverbänden der Luftwaffe im Heimatkriegsgebiet, einen Aufstand gegen die Regierung zu unternehmen, Hitler zu beseitigen und eine vorübergehende Militärregierung zur Liquidation des Krieges zu berufen.

Die Ereiferung von Baade für diese Überlegungen wurde mit Interesse zur Kenntnis genommen. Was sollte oder konnte aber aus der Entfernung von Rom dazu gesagt oder beigetragen werden? Hier fehlte es bereits an jeder Möglichkeit, zu beurteilen, ob die notwendigsten Voraussetzungen gegeben seien, eine solche Aktion mit Aussicht auf Erfolg in Gang zu setzen. Baade selbst wußte dazu kaum weitere Angaben zu machen. Er hatte eben nur aus dritter Hand in Deutschland von derartigen Überlegungen etwas erfahren können. Da es für ihn die ersten Nachrichten darüber waren, daß überhaupt in irgendwelchen Kreisen Widerstand mit Waffengewalt erwogen oder sogar schon in Umrissen geplant wurde, verschrieb er sich von nun an mit heißem Herzen der Hoffnung, daß Mittel und Wege für einen erfolgreichen Umsturz gefunden werden könnten.

In den Mittelpunkt aller Verbindungsaufnahmen und Gespräche stellte er jetzt daher das Thema Widerstand. Über politische und militärische Prinzipien, über die fatale Lage Deutschlands und deren Ursachen habe man sich, so meinte er, nun zur Genüge ausgesprochen; jetzt seien alle Gedanken auf die Suche nach Möglichkeiten zum Handeln zu richten. In diesen Wochen erschien Baade allen seinen Freunden und Bekannten wie ein beutewütiger Tiger im Käfig. Es drängte ihn zu Taten, aber weder er noch andere wußten realisierbare Vorschläge dafür vorzubringen.

In der letzten Aprilwoche fuhr Baade an einem Nachmittag mit wenigen Begleitern nach Tivoli zu einem Spaziergang in den Gärten der Villa d'Este. Er war in verzweifelter Stimmung. Er litt schwer darunter, daß sich nach seinen eigenen Worten kein Ausweg zeige und daß man dazu verurteilt sei, mitanzusehen, wie das eigene Land der Niederlage und Vernichtung entgegengeführt werde. Sein Haß gegen die unverantwortliche und gewissenlose Regierung hatte den Zenit erreicht. Er war überzeugt, daß Hitler und seine Kumpane längst die Aussichtslosigkeit des Krieges erkannt hatten. Aber das Schicksal Deutschlands war ihnen gleichgültig geworden. Sie betrieben die Fortsetzung des von Tag zu Tag schlimmer und sinnloser werdenden Sterbens und Leidens an den Fronten und in der Heimat, weil die Verlängerung des Krieges identisch geworden war mit der Aufrechterhaltung ihrer Macht und ihres Terrors und schließlich auch mit der Fortdauer ihres eigenen Lebens.

Jetzt sollte man, so meinte Baade, den Blick einmal kurz rückwärts richten auf den November 1918, den er ja als junger Leutnant miterlebt hatte. Vielleicht würden viele sich so klug gebärdende Kritiker die Haltung des Kaisers Wilhelm II. nunmehr in einem anderen Licht sehen, nämlich als eben doch ein Opfer für sein Land. Auch der Prinz Max von Baden, der von den Nationalisten so viel geschmähte letzte Kanzler des Kaiserreiches, habe sicherlich recht gehandelt, indem er fünf Minuten vor zwölf Uhr den Krieg beendete; daran müsse man sich doch heute erinnern, wenn man die Parolen von Hitler höre, daß er dieses „Spiel" nicht wiederholen und bestimmt niemals vor zwölf Uhr die Waffen niederlegen werde. Das Resultat werde ganz gewiß den Beweis nicht schuldig bleiben, welche von diesen beiden Rechnungen und Taktiken im nationalen und allseitigen Interesse liege.

Auf der mittleren Terrasse bei den Wasserspielen der Villa d'Este mit dem Blick in die Campagna Romana blieb Baade stehen und sagte: „Des öfteren, wenn ich nicht schlafen konnte, habe ich in den letzten Nächten meine Gedanken um die Frage kreisen lassen, welche Bestrafung Hitler wohl für seine millionenfache Blutschuld erteilt werden müßte, falls man ihn lebend zur Verantwortung ziehen könnte. Vielleicht sind die Beispiele, die ich mir dabei ausgemalt habe, nicht gerade Paradestücke christlicher Nächstenliebe. Aber in diesem Falle kann man doch einfach keine Schranken anerkennen. Hier muß doch jeder Rache freier Lauf gegeben werden. Man sollte den gefesselten Hitler nach Kriegsende in eine große Käfigglocke setzen und ihn darin auf großen Plätzen im In- und Ausland ausstellen; dabei sollten dann auf Grammophonplatten unablässig seine großen Hetzreden und seine falschen Prophezeiungen mit angemessener Lautstärke abgespielt werden. Aber vielleicht wäre es doch besser, ihn zwischen zwei Eisenplatten so langsam wie möglich, Millimeter um Millimeter, zu zerdrücken."

Viele Menschen haben die Angewohnheit und ein jeder das Recht, gelegentlich ins Unreine zu sprechen. Auch dieses zorngeladene Fabulieren von Ernst-Günther Baade war nicht zum Niederschlag in einem Sitzungsbericht und ebensowenig als Bestandteil einer sachlichen Aussage gedacht. Aber die Aufwallung, in ruheloser Nacht gekeimt und hier entladen, wirft doch ein Schlaglicht auf das Ausmaß der widersprüchlichen Eindrücke und der Schwierigkeiten in der Urteilsbildung, denen Baade und alle ihm vergleichbaren Zeitgenossen von 1933 bis tief in den Krieg hinein ausgesetzt waren.

Unwillkürlich geht von der Episode in der Villa d'Este die Erinnerung zurück nach Nürnberg 1935, als derselbe Baade seine Soldaten aufforderte, beim Paraderitt vor Hitler ihre Augen sprechen zu lassen, daß sie bereit wären, für ihn ihr Leben zu opfern. Dieser Bogen, der sich für

Baade von Nürnberg bis Tivoli spannte, Teilstück um Teilstück geformt nach Möglichkeiten der Einsicht und Erkenntnis, bietet sich als hinreichend zutreffender Bemessungswert für das Verhältnis eines Offiziers zur Zeit des Dritten Reiches zu seinem Beruf und seiner Obrigkeit an. Ausgenommen bleiben, wie immer erneut zu betonen ist, diejenigen Offiziere von relativ geringer Anzahl, denen dank ihrer regierungsnahen Stellung bessere Quellen für die Urteilsbildung zugänglich waren. Nimmt man Baade als Beispiel, so ist damit zum Vorteil einer objektiven Rückschau ein Mann gewählt, der guten Willens und niemals voreingenommen war. Er ließ sich weder leichtfertig in Gerüchte oder voreiligen und unbegründeten Pessimismus verstricken noch verschloß er etwa seine Ohren und Augen gegenüber Nachrichten und Ereignissen, die begründete Bedenken wach riefen. Er gehörte zweifellos zu der Gruppe von Menschen, die ein absolut normales Maß von Verantwortung als Staatsbürger, Staatsdiener und Familienvorstand in sich trugen. Sein Interesse jedoch an allen Vorgängen um ihn herum lag ebenso zweifelsfrei über diesem Mittelmaß; damit erklären sich die starken Pendelschläge in seinen Reaktionen von dem Hosianna von 1935 zu der unüberbietbaren Verdammung von 1943.

Wie schnell Baade seine Einstellungen geändert und seine Folgerungen gezogen hatte, war ausschließlich von dem Ausmaß bestimmt worden, in welchem er Zugang zu Informationen über die Vorgänge und deren Hintergründe erhalten hatte. Die Schilderung des Lebens, das er als Offizier in den fast ländlichen Garnisonen führte, hat bereits erwiesen, daß es in den Jahren vor dem Kriege außerordentlich schwierig, ja fast unmöglich gewesen war, sich ein Urteil zu bilden. In den ersten Abschnitten des Krieges war dann Baade an der vordersten Front. Dort gab es keine Gelegenheiten für einen Kompaniechef oder Bataillonskommandeur, sich ein zutreffendes Bild zurechtzulegen über die große Lage, das politische Zeitgeschehen, die voraussichtliche weitere militärische Entwicklung mitsamt deren Imponderabilien und über nicht einsehbare Maßnahmen und Planungen der eigenen Regierung.

Gewiß hatte Baade nach der Beendigung des Feldzuges in Polen im späten Herbst 1939 mit Widerwillen einiges von dem gewalttätigen und unrechtmäßigen Auftreten der SS und artverwandter deutscher Organisationen gehört. Dies hatte seine Skepsis vermehrt und seine Kritik wachgerufen. Es hatte aber natürlich nicht schon ausgereicht, um ihn von allen Bindungen an seinen Beruf und seine Regierung innerlich ganz loszulösen, zumal er ebenso wie andere Beobachter dieser Vorgänge die Hoffnung hegte, daß das Oberkommando der Wehrmacht Mittel ergreifen würde, um diese am Anfang des Krieges aufgetretenen Übelstände zu beseitigen. Dadurch, daß er in seinem Bereich energisch den Störungen ordnungsgemäßen Verhaltens entgegentrat und in jedem Einzelfall empörte Meldungen an seine vorgesetzte Dienststelle richtete, glaubte er, in diesem Sinne nach Maßgabe seiner Möglichkeiten zu wirken.

Bei seinen Einsätzen im Sommer 1941 in Rußland und später dann in Afrika war Baade ebenfalls wieder ausschließlich Frontsoldat, der weder Zeit noch Kompetenzen hatte, sich um andere Dinge als den Kampf und die Versorgung seiner Einheit zu kümmern. Erst in Rom war, vom Beginn des Jahres 1943 an, den bisherigen Zweifeln beweiskräftige Nahrung zugeflossen. Er erkannte jetzt das skrupellose Vabanque-Spiel und die Mißachtung gültiger Rechtsregeln durch Hitler. Er konnte nicht verstehen, weshalb die militärische Führung gefügiges Werkzeug dieses Abenteurers blieb und dadurch das Vertrauen enttäuschte, an welches das Offizierskorps sich immer und insbesondere seit dem Beginn der nationalsozialistischen Ära geklammert hatte.

Dennoch war auch in Rom, selbst innerhalb der Botschaft und im Stabe des Militär-Attaché, aus dem Baade in erster Linie seine Informationen bezog, der Überblick zu dieser Zeit noch nicht umfassend. Man war auch hier in vieler Hinsicht auf nur zufällig eingehende Nachrichten aus Deutschland, den besetzten Gebieten, dem neutralen Ausland und von den Fronten angewiesen. Kennzeichnend war in dieser Hinsicht, daß zum Beispiel der Mangel an Informationen über die grauenvolle Vernichtung der Juden und sonstige verdammenswerte Aktionen im rückwärtigen Kriegsgebiet in Rußland noch sehr weitgehend, teilweise sogar vollständig war. Auch von der Zahl der Konzentrationslager und von der Behandlung der Häftlinge gab es damals bei dieser Dienststelle im Ausland noch keine zutreffenden Vorstellungen.

Im Dezember 1942 weilte der aus dem Kavallerie-Regiment 3 hervorgegangene Rittmeister Leibl ein paar Tage in Rom. Er war zum Generalstab kommandiert und in den Stab eines Armeekorps in Afrika versetzt. Bei einem abendlichen Zusammensein mit Baade und einigen anderen Bekannten erzählte er von einem Besuch in einem deutschen Konzentrationslager. Der Lehrgang für Generalstabsanwärter, zu dem er gehörte, sei vom Stabe Himmlers zu dieser Besichtigung eingeladen worden. Das Lager, in dem die Besucher einen ganzen Tag verbrachten, habe hinsichtlich der Unterbringungsräume, der Kücheneinrichtungen und der sanitären Anlagen einen leidlich geordneten Eindruck gemacht. Die Insassen hätten zwar nicht frisch, aber auch nicht abgezehrt oder gequält ausgesehen. Als Beschäftigung für die Häftlinge habe an diesem Tage langes Hin- und Hermarschieren auf dem Hof des Lagers auf dem Programm gestanden. Dies sollte der Erprobung von synthetischen Schuhsohlen dienen. Die Besucher hätten ausreichend Gelegenheit für Gespräche mit dem Wachpersonal erhalten.

Wie Leibl hervorhob, seien seine Lehrgangskollegen und er selbst beim Betreten des Konzentrationslagers ganz gewiß zu peinlicher Kritik entschlossen gewesen. Natürlich habe der Verdacht nahegelegen, daß ihnen hier ein nach militärischem Sprachgebrauch sogenannter „Türke“, eine die wahren Zustände verschleiernde Sondervorführung, geboten würde. Bei einer Aussprache der Besucher während der Rückfahrt habe sich auch das Urteil herausgeschält, daß wohl sicher nicht jeder Tag in dem Lager so verhältnismäßig friedlich verlaufen würde; andererseits sei aber auch, zumal im Hinblick auf den physischen Eindruck von den Häftlingen, kein Anlaß erkenntlich geworden, die Einrichtungen und Verhältnisse in diesem Lager als rundweg empörend hinzustellen. Davon unberührt bleibe selbstverständlich die Frage nach der Berechtigung der Inhaftnahme der Insassen, über die den Besuchern keine Auskünfte erteilt worden seien. Die Schilderung von Leibl zeigte ebenfalls, wie schwer es damals für die an der Front eingesetzten oder irgendwo im Ausland stationierten Soldaten war, die Auswüchse der nationalsozialistischen Gewaltherrschaft zu durchschauen.

Für Baades Aufbegehren und Bereitschaft zur Tat blieb es zunächst einmal entscheidend, daß der Stab des Militär-Attaché und Deutschen Generals in Rom, dem er hier zugeteilt war, keinen direkten Kontakt zu dem Kreis des deutschen Widerstandes hatte, der schließlich den 20. Juli 1944 herbeiführte. Die Ursache für diese fehlende Verbindung lag darin, daß die Persönlichkeiten, die den Umsturz so hingebend vorbereiteten, die Zahl der Mitwisser aus den bekannten Gründen sorgfältig beschränken mußten. Deshalb durften sie auch nicht Personen einweihen und heranziehen, die ihnen von ihrem Aufgabenbereich und ihrer Dienststelle her keine praktische Hilfestellung in der entscheidenden Stunde geben konnten. Die Tatsache, daß sie auf General von Rintelen und dessen engere Mitarbeiter hätten zählen können, genügte nicht, diese in die Verschwörung einzubeziehen.

Trotzdem muß man die Haltung und das Handeln von General von Rintelen und seinen Mitarbeitern in vielen Situationen und Phasen der Tätigkeit in Rom doch in einem losen und indirekten Zusammenhang mit dem deutschen Widerstand sehen. Sie ergaben ein Beispiel für den auch an anderen Orten gezeigten „kleinen Widerstand“, der regional oder lokal, diskret und äußerlich sich zwangsweise noch in den Grenzen der Loyalität haltend geübt wurde. Seine Geschichte ist noch nicht geschrieben worden; wahrscheinlich wird dies auch nicht möglich sein, weil er sich aus so vielen isolierten und nachträglich zum Teil sicher schwer belegbaren Einzelhandlungen zusammensetzte.

Rintelen und sein Stab wurden von Hitler und dessen Umgebung, teilweise auch vom Oberkommando der Wehrmacht, der politischen Unzuverlässigkeit verdächtigt, und zwar nicht zu Unrecht. Darin lag ein weiterer Grund dafür, daß die Führer der Bewegung zum Widerstand sich nicht mit einer Verbindung zu diesem schon beargwohnten Personenkreis belasten wollten.

Goebbels hat unter dem Datum des 16. Dezember 1942 in sein Tagebuch geschrieben: „Unser Militärattaché an der Botschaft in Rom, General von Rintelen, ist ganz schwarz eingestellt. Seine Politik ist auch dementsprechend. In seiner Umgebung befinden sich ausschließlich klerikale oder aristokratische Elemente. Anstatt den Nachschub nach Frankreich zu regeln, hat er sich zu viel mit kirchlichen Fragen beschäftigt. Die Besuche deutscher Soldaten und Offiziere beim Papst haben trotz seiner Versicherungen in keiner Weise nachgelassen. Diese Besuche werden von seiner Genehmigung abhängig gemacht. Er erteilt sie natürlich in großem Umfang. Es wäre gut, wenn hier eine Personalveränderung stattfände. Ich sammle die Unterlagen, um den Fall dem Führer vorzutragen."

Der Erfinder und Zuträger dieser Nachrichten war der bereits erwähnte Ingemar Berndt.

Rintelen war katholisch; aber seine Einstellung war überkonfessionell. Katholische Gottesdienste besuchte er nicht. Seine Kinder waren evangelisch erzogen. Einer seiner engsten Mitarbeiter hat Baade berichtet, daß er, selbst evangelisch, erst nach nahezu einem Jahr täglichen Zusammenseins durch Zufall erfahren habe, daß der General dem Taufschein zufolge Katholik war.

Der Vorwurf hinsichtlich der klerikalen Elemente in seinem Stabe war völlig aus der Luft gegriffen, denn unter den 15 Offizieren der näheren Umgebung von Rintelen gab es nur einen Oberleutnant der Reserve, der katholisch war.

Die Behauptung, daß die Besuche deutscher Soldaten beim Papst fallweise der Genehmigung des Militär-Attaché unterlägen, war ebenfalls unwahr. Es ging bei Verhandlungen zwischen Berlin und der Botschaft in Rom lediglich um die Frage, ob für deutsche Soldaten bei ihrer Durchreise durch Rom ein generelles Verbot zu erteilen sei, sich den jedermann freistehenden, öffentlichen Audienzen beim Papst anzuschließen. Die Stellungnahme von Rintelen dazu lautete, daß er aus politischen Gründen ein allgemeines und offen verkündetes Verbot dieser Art für unangebracht hielt.

Unter allen diesen Umständen lebte Baade in Rom in der gleichbleibenden Lage, zwar Gesinnungsgenossen in reichlicher Zahl um sich zu haben, aber nirgends Möglichkeiten zum Ansatz für eine befreiende Tat zu sehen. Er war jedoch weiterhin eifrig bemüht, die Gespräche in Gang zu halten, in denen versucht werden konnte, die jeweilige Lage zu analysieren und sich auf die Zukunft einzustellen. Dabei schwang die Hoffnung mit, daß es eines Tages vielleicht doch noch in Deutschland oder Italien zum Aufruhr von militärischer Seite gegen die Diktatoren kommen würde, um den Krieg zu beenden.

So wurde lebhaft und manchmal geradezu verzweifelt nach den Gründen gefragt, warum sich die Oberbefehlshaber nun immer noch nicht gegen den in den Abgrund rollenden Wagen der deutschen Geschicke gestemmt hätten. Baade wollte, sehr zu Recht, von dieser als Vorwurf verstandenen Frage die an der Front stehende untere Klasse der Generäle ausgenommen wissen. Nur bei gänzlicher Unkenntnis der Verhältnisse könne sich jemand dazu versteigen, von einem Divisionskommandeur zu erwarten oder zu verlangen, daß er eine Rebellion gegen die Staatsführung inmitten des Krieges inszenieren sollte. Auch bei dem Befehlshaber eines Armeekorps könne die Initiative für diese Handlung kaum in Betracht gezogen werden. Erstens sei es undenkbar, daß aus dem Gesamtbereich einer Front ein Verband von dieser Größenordnung durch eine Kehrtwendung nach innen die vollziehende Gewalt in einem großen Reich an sich reißen könnte – ganz abgesehen von der heiklen Frage, ob alle unterstellten Einheiten einem Befehl dazu Folge leisten würden. Zweitens, so meinte Baade, sei es ein Unding, anzunehmen, daß diese an ihre Führungsaufgaben in einem regional begrenzten Abschnitt gebannten Kommandeure zu einem ausreichenden Urteil befähigt seien, ob die Gesamtlage diesen schweren Schritt rechtfertige. Ihnen fehlte, zumindest bis in das Jahr 1942 hinein, im allgemeinen der Überblick über die weiteren Absichten und über die Reserven der Führung, ebenso wie über die politischen Eventualitäten und die Chancen auf dem Gebiet der technischen Entwicklung. Wenn nur Besorgnis über die militärische Lage aus der eigenen Sicht oder innerem Aufruhr gegen das politische System, teilweise gestützt auf positives Wissen, teilweise auf bloße Gerüchte, die Handlungsfreiheit für die Rebellion begründen würde, dann stände diese auch dem Leutnant zu.

Damit war die große Frage angeschnitten, wer denn der unheilbringenden Staatsführung in die Zügel greifen dürfte und sollte. Soweit diese Frage auf die militärische Beteiligung am Widerstand gerichtet war, die ja nur ein Teil davon war, obwohl sicherlich der wichtigste Teil, weil er die ausführenden Mittel zu liefern hatte, wies der Zeigefinger der Antwort immer wieder auf die dank ihrer Stellung über ein Gesamturteil verfügenden und mit hoher Kommandogewalt ausgestatteten Personen. Die Oberbefehlshaber der Heeresgruppen, der Armeegruppen und vielfach auch der Armeen hatten den genügend engen Kontakt mit dem Oberkommando des Heeres und dem Oberkommando der Wehrmacht, um zu wissen, daß der Krieg nicht zu gewinnen war. Sie kannten auch Hitler und dessen Umgebung, im allgemeinen wenigstens, ausreichend, um zu erkennen, daß diese Führung das Reich zugrunde richtete. Ihnen durfte eigentlich nicht verborgen geblieben sein, daß auch alles Gerede von deutschen Wunderwaffen, die dem Kriegsverlauf noch eine günstige Wendung geben sollten, auf tönernen Füßen stand. Dieses alles traf selbstverständlich auch für die obersten Befehlshaber der Luftwaffe und der kleinen Marine zu.

Eine besonders schwere Verantwortung dafür, daß Hitlers Amoklauf sich vollziehen konnte, lag bei den Stelleninhabern der höchsten militärischen Ränge im Oberkommando der Wehrmacht und in den Oberkommandos der drei Wehrmachtsteile; denn auf ihre Haltung waren unentwegt die Blicke aller nachgeordneten Dienststellen und des gesamten Offizierskorps gerichtet. Sofern es ihnen auch teilweise an direkter Kommandogewalt über Truppenverbände fehlte, hätten sie doch durch die unerbittlich notwendige Konspiration mit den zahlreichen dafür aufgeschlossenen Befehlshabern großer Verbände die Wendung des Schicksals betreiben können. Diejenigen hohen Generäle, die sich zum Widerstand entschließen konnten und ihn am 20. Juli 1944 in die Tat umzusetzen versuchten, haben schließlich bewiesen, daß eine solche Absprache mit nachgeordneten Befehlshabern nicht etwa unmöglich war.

Die Schlußfolgerung bei den römischen Gesprächen zu diesem Thema lautete aber vor allem, daß im Prinzip die Anzettelung eines militärischen Aufstandes gegen die Staatsgewalt nicht Angelegenheit einer Einzelperson, noch dazu in etwa relativ untergeordneter Position, sein konnte. Voraussetzung für einen in das Schicksal eines Volkes so außerordentlich einschneidenden Schritt müßte immer die Vorbeugung gegen Irrtümer bei der Abwägung aller mitbestimmenden Faktoren sein. Sie könnte nur erreicht werden durch die Übereinkunft einer Mindestzahl von dank ihrer Stellung urteilsfähigen Personen.

Dazu wären die Generäle zu rechnen gewesen, die durch ihren Rang und ihren Kompetenzbereich oberhalb der Grenzlinie zwischen lediglich militärischer und zusätzlich politischer Verantwortung standen. Obwohl gemeinhin die Ansicht berechtigt sei, daß meuternde Generäle ein der Nachahmung unwertes Symptom überwundener Zeitalter sein sollten, so bleibe doch, insbesondere für ganz ungewöhnliche Zustände, die Feststellung geltend, daß Generäle in den höchsten Positionen nicht von einer Mitverantwortung an der Gestaltung der Geschicke ihres Landes, zumal in Fragen nach Krieg und Frieden, ausgeschlossen werden könnten. Eine echte, sozusagen einklagbare und staatsrechtlich relevante Verantwortung daran trügen sie zugegebenermaßen nicht. Ihre Verantwortung sei vornehmlich im moralischen Bereich zu suchen. Darüber hinaus könnte und müßte man den höchsten Befehlshabern aber auch ein verantwortungsbewußtes Eintreten dafür abverlangen, daß die ihnen anvertrauten Streitkräfte weder zur Verletzung fixierter oder moralischer Gesetze noch zu von vornherein als aussichtslos und sinnlos erkenntlichen Opfergängen mißbraucht würden. Als geringstes Mittel zum Handeln unter dem Gebot dieser ihnen, aber nicht den mittleren und niederen Frontkommandeuren zufallenden Verantwortung stehe ihnen immer der Rücktritt von ihren Posten zur Verfügung.

Natürlich tauchten in diesen Gesprächen, noch dazu im Gedankenaustausch mit dem impulsiven Baade, auch die Ansichten auf, daß ersatzweise, das heißt anstelle des Aufstandes der Befehlshaber, die Einzeltat zur Beseitigung von Hitler in Betracht zu ziehen sei. Ähnlich wie, nach späterem Bekanntwerden, die tapferen Männer des 20. Juli 1944 hierüber geurteilt hatten, wurden auch hier zwei Gesichtspunkte berücksichtigt. Zunächst mußte man eingestehen, daß es angesichts der strengen Bewachung von Hitler ein sehr viel schwierigeres Unternehmen wäre, als der flüchtige Beobachter vermeinen könnte.

Der Oberst i. G. von Waldenburg, Angehöriger des Stabes des General von Rintelen, wußte hierzu Baade im April 1943 ein paar treffende Worte zu sagen. Nach Rückkehr von der Teilnahme an einer dreitägigen Besprechung zwischen Hitler und Mussolini in Klessheim bei Salzburg berichtete er bei der Schilderung der wahrgenommenen Sicherheitsvorkehrungen, daß er eigentlich nur ein einziges Mal eine Gelegenheit entdeckt hätte, bei der jemand, der nicht zur unmittelbaren und ständigen Begleitung von Hitler gehörte, einen Schuß mit einer gewissen Erfolgsaussicht hätte wagen können.

Es kam hinzu, daß Hitler sich ab 1942/1943 aus seinen Hauptquartieren und Bunkeranlagen kaum noch herauswagte. Von dem Mut und der Unerschrockenheit, deren er sich so breitspurig in seinen Reden bei Hinweisen auf seine Tätigkeit als Melder im ersten Weltkrieg und auch bei vielen anderen Gelegenheiten gerühmt hatte, war nichts mehr zu verspüren. Er fürchtete jetzt um sein Leben und machte zunehmend von der anmaßenden Behauptung Gebrauch, er sei für das deutsche Volk unentbehrlich und unersetzlich geworden. Naturgemäß fürchtete er vor allem Attentate; er ließ die Schutz- und Abwehrmaßnahmen dagegen ins Uferlose steigern.

Auf den italienischen König Viktor Emanuel III. wurde einmal ein Attentat in Albanien verübt. Als seine Umgebung daraufhin eine starke Empörung und laute Erregung zeigte, ermahnte er sie zu Ruhe und Gelassenheit, verhielt sich, als ob nichts geschehen wäre, und beschloß seinerseits den Vorfall mit den Worten: „Bitte, meine Herren, betrachten Sie doch Attentate als Betriebsunfälle der Könige und Präsidenten!“

Zu einer solchen Haltung fehlten Adolf Hitler alle Voraussetzungen. Sehr kennzeichnend war es für seinen Charakter und wiederum auch für die Schwierigkeiten eines Attentats gegen ihn, daß er sich davor scheute, die Bombenschäden in den deutschen Städten in Augenschein zu nehmen oder sich gar der leidenden Bevölkerung nach schweren Luftangriffen zu zeigen. Welch ein Unterschied zum Beispiel zu Churchill oder dem englischen König! Ihnen war es eine selbstverständliche Pflicht, so oft wie möglich ihre Landsleute in den Trümmern von London und anderen Städten aufzusuchen.

Ebenso erbärmlich war Hitlers Abneigung gegen Frontbesuche. Sie erfolgten ab 1941 nur noch ganz selten und dann nur bis zu den Hauptquartieren der hohen Stäbe weit hinter den kämpfenden Truppen. Selbst dazu wurden Maßnahmen für Absperrungen und Sicherungen von einem sehr übertriebenen Umfang ergriffen.

Hitlers großer Gegenspieler, Winston Churchill, war an der Front zur Stelle, wenn Krisen ihren Höhepunkt erreichten und Orientierung auf dem Schlachtfeld die Entscheidungen erleichtern konnte. Furchtlos unternahm er zu vielen Malen riskante Flüge über das Kriegsgebiet Mittelmeer. Hitler flog nur weit hinter den Fronten. Churchill stand mit Stahlhelm und Zigarre dicht hinter den vordersten Stellungen bei El Alamein und folgte der Invasion in der Normandie im Feuerbereich der Artillerie. Hitler hingegen lieferte der Geschichte ein geradezu unglaubliches Beispiel von Mangel an persönlichem Mut und Verantwortungsbewußtsein bei dem Vorfall in Margival bei Soissons am 17. Juni 1944.

Am 6. Juni waren die Amerikaner und Briten an der Küste der Normandie erfolgreich gelandet. Die Durchbrüche ihrer weit überlegenen Truppen brachten innerhalb weniger Tage die deutschen Abwehrkräfte in eine bedrohliche Lage. Der Oberbefehlshaber West, Feldmarschall von Rundstedt, und der Befehlshaber der Truppen in der Normandie, Feldmarschall Rommel, berichteten an das Oberkommando der Wehrmacht, daß eine Aussprache zur Herbeiführung unaufschiebbarer und schwerwiegender Entscheidungen dringend erforderlich sei.

Daraufhin flog Hitler nach Margival, 300 Kilometer ostwärts des Kampfgebietes. Dort befand sich ein seit langer Zeit für ihn und den Führungsstab des Oberkommandos der Wehrmacht mit großen Kosten hergestellter, bombensicher ausgebauter und bisher niemals benutzter Befehlsstand, genannt W II. Rundstedt und Rommel erschienen am 17. Juni zur Berichterstattung und Besprechung. Hitler schob ihre wahrheitsgetreue Beurteilung der Lage und das Verlangen nach angemessenen Entschlüssen mit Hinweisen auf den vor 30 Stunden begonnenen und von ihm als kriegsentscheidend bezeichneten Einsatz der neuen V-Waffe gegen England beiseite. Immerhin wurde auf Vorschlag von Rommel noch verabredet, daß Hitler am nächsten Tage in das Hauptquartier des Oberbefehlshabers West, nach La Roche-Guyon bei Paris, kommen und mit einigen dorthin beorderten Frontkommandeuren sprechen sollte.

Umgehend wurden die dazu erforderlichen Vorbereitungen getroffen. Rundstedt und Rommel fuhren nach La Roche-Guyon voraus. Sie und ihre Stäbe erfuhren aber am 18. Juni morgens zu ihrer Überraschung, daß Hitler bereits Margival in Richtung Berchtesgaden wieder verlassen habe. Es war nämlich inzwischen eine der noch nicht genügend erprobten Flügelbomben (V 1), die seit dem 15. Juni gegen England abgefeuert wurden, nach Richtungsänderung infolge eines technischen Versagens in der Nähe von Margival niedergegangen und recht laut explodiert. Die Bunkeranlagen von W II hatten natürlich keine Schäden erlitten, aber Hitler war der Schreck so in die Glieder gefahren, daß er eiligst die Flucht nach Berchtesgaden ergriffen hatte. Es gibt Behauptungen, daß seine Umgebung ihn zu dieser Maßnahme gedrängt habe. Seine persönliche Schuld für dieses feige und den Soldaten gegenüber verantwortungslose Verhalten wird dadurch nicht gemindert.

Alle diese Tatsachen und Vorgänge beweisen, wie sehr Hitler sich seit 1942 hinter den drei Sperrkreisen in seinem Hauptquartier in Ostpreußen oder hinter den Sicherungen in seinem Adlerhorst oberhalb von Berchtesgaden versteckt hielt. Dieses Gebaren fiel ursächlich damit zusammen, daß selbst ihm zu dieser Zeit bewußt geworden war, daß der Krieg nicht zu gewinnen war.

Bei dem Gedanken an das Attentat eines einzelnen gegen Hitler war noch ein weiterer wichtiger Gesichtspunkt zu beachten. Es war einzukalkulieren, daß die physische Beseitigung von Hitler nicht unbedingt zur Verhinderung weiteren Unglücks ausreichen würde. Sie hätte mit einem vorbereiteten und von Einheiten der Streitkräfte getragenen Aufstand verbunden sein müssen. Anderenfalls wäre die Wahrscheinlichkeit zu groß geblieben, daß nach der Ausschaltung von Hitler sofort ein Nachfolge-Diktator, zum Beispiel Göring oder Himmler, gestützt auf die fest verankerte Gewalt des nationalsozialistischen Apparates, die Führung an sich gerissen hätte. Das durch Propaganda blind gemachte und durch Terror eingeschüchterte Volk hätte sich gegen diesen „Führungswechsel" kaum aufgelehnt, wenigstens nicht vor Ende 1943, als die deutschen Städte noch nicht durchweg in Flammen standen.

Trotz dieser mit Bedauern zugegebenen Feststellungen wurde bei den Aussprachen in Rom nicht bestritten, daß ein gelungenes isoliertes Attentat gegen Hitler, abgesehen von der unbestreitbaren moralischen Berechtigung angesichts des von diesem Mann verursachten und weiterhin zu erwartenden Leidens von Millionen, nicht von vornherein etwa als nutzlos zu bewerten gewesen wäre. Dafür sprach zunächst die Voraussicht, daß überall in der Welt außerhalb des nationalsozialistischen Machtbereiches darin ein Aufbegehren deutschen Ehrgefühls gesehen worden wäre. Zudem wäre es als ein deutliches Zeichen und Eingeständnis zunehmender deutscher Schwäche gedeutet worden und hätte daher die Anstrengungen der Alliierten zur baldigen Beendigung des Krieges vermehrt, die wiederum dem deutschen Volk zugute gekommen wäre. Und außerdem hätte die Beseitigung von Hitler durch den Einfluß beherzter Generäle vielleicht doch im deutschen Volk und vor allem bei den Streitkräften dann bewirkt, daß das sinnlose Ausbluten bis zur letzten Minute im Frühjahr 1945 nicht erfolgt, sondern zu einem früheren Zeitpunkt angehalten worden wäre; ein jeder

Monat eher und schon eine Woche früher hätte aber unzählige Menschenleben, Wohn- und Kulturstätten gerettet.

Baade vertrat hier immer den Standpunkt des strengen und gleichzeitig höchst menschlichen Rechners. Mit Inbrunst setzte er sich dafür ein, bei allen Überlegungen die Rettung von Menschenleben als oberstes Gebot walten zu lassen. Die nunmehr voraussehbaren Verluste in der Zivilbevölkerung durch die Bombardierungen aus der Luft dürften, so betonte er, auf keinen Fall weniger ernst genommen werden als die Verluste bei den Streitkräften, nur weil die letzteren das unentbehrliche Mittel zur Verlängerung des Krieges seien. Daher fiel ihm auch das Verständnis dafür nicht schwer, daß die Italiener jetzt nach dem Verlust von Nordafrika und vor dem drohenden Übergriff der Kampfhandlungen auf ihr Mutterland diesen Maßstab in ihre Einstellung zu dem weiteren Verlauf des Krieges einbezogen.

Von April bis Anfang Juli 1943 wurde Baade vom Deutschen General in Rom mit jeweils neuen Aufgaben betraut. So hatte er mehrfach einige der vielen Dienststellen und kleineren Truppeneinheiten der drei Wehrmachtsteile aufzusuchen, die im Lauf der letzten Jahre nach Italien entsandt worden waren. Er hatte zu überprüfen, ob die gegenwärtigen Verhältnisse noch ihren dortigen Aufenthalt rechtfertigten. Mit schnellem Blick fand er heraus, daß sich unter diesen sogenannten „Klecker-Kommandos" der Nachrichten-, Nachschub-, Verwaltungs-, Sanitäts- oder Fahrzeugpark-Dienste mehrere befanden, die aufgelöst oder anderen sinnvolleren Aufgaben zugeführt oder zumindest personell stark reduziert werden konnten.

Seine knappen und mit herzerfrischender Offenheit darüber vorgelegten Berichte waren Beweise für die höchst mangelhafte Koordination der Befehlsführung der drei Wehrmachtsteile Heer, Luftwaffe und Marine. Oft stieß Baade auf Dienststellen von drei verschiedenen Wehrmachtsteilen, die, räumlich benachbart, von ihren Oberkommandos zum gleichen Verwendungszweck entsandt worden waren.

Ferner erhielt Baade den Auftrag, im südlichen Teil der Halbinsel die Vorbereitungen für den Küstenschutz an Ort und Stelle zu kontrollieren. Er konnte dabei nur die schon seit langer Zeit abgegebenen Berichte des Militär-Attaché bestätigen, in welchen die hierfür eingesetzten italienischen Verbände als völlig unzureichend gekennzeichnet waren. Zwar standen auf dem Papier mehrere Küstenschutz-Divisionen bereit. Die Ausdehnung der ihnen zugewiesenen Abschnitte und ihre kümmerliche Ausstattung mit Waffen und Munition verhinderten es aber, ihnen einen auch nur geringen Kampfwert zuzusprechen. Sie wären, wie Baade sich ausdrückte, allenfalls als eine Postenkette zu betrachten, die Alarm schlagen, aber niemals dem anlandenden Gegner erwähnenswerten Widerstand leisten könnte. Daran hätten auch die deutschen Pionierstäbe nichts zu ändern vermocht, die das Oberkommando der Wehrmacht zur Beratung der Italiener beim Ausbau ihres Küstenschutzes entsandt hatte.

Im Mai 1943 wurde Baade dann für einige Wochen das Kommando über die in Sizilien in Neuaufstellung begriffene 15. Panzer-Division übertragen. Aus den Restteilen dieser Division, die aus Nordafrika herübergerettet worden waren, und aus Zuführungen aus Deutschland sollte beschleunigt wieder ein einsatzfähiger Kampfverband gebildet werden. Baade bemühte sich nach Kräften, den Einheiten hierbei behilflich zu sein, und überwachte vor allem, daß die Heranschaffung der benötigten Waffen und Geräte von den übergeordneten Dienststellen mit Nachdruck betrieben wurde.

Ein Oberst aus dem Stabe des für Neuaufstellungen zuständigen Befehlshabers des Ersatzheeres in Berlin sprach bei Baade vor, um nach besonderen Wünschen und eventuellen Mangelerscheinungen zu fragen. Baade hielt es für überflüssig, daß sein Auftrag, die Aufstellung der Division zu überwachen, auch noch von einem Abgesandten aus Berlin überlagert wurde. Er sah darin aus der Perspektive des Frontoffiziers nur den Vorwand für die Dienstreise eines Bürokraten nach Sizilien. Seine Antwort lautete, daß er alle erforderlichen Anträge und Aufstellungen bereits auf dem Dienstwege vorgelegt habe. Dann aber ergriff er doch die Gelegenheit, diesem Oberst eine prekäre Mission aufzutragen.

Baade hatte nämlich erfahren, daß sich die Tendenz ausbreitete, die bisher übliche Zuteilung von einem katholischen und einem evangelischen Geistlichen allmählich einzustellen. Dies geschah auf „kaltem Wege“, indem kein Ersatz für Ausfälle mehr veranlaßt wurde und für Neuaufstellungen keine Zuweisungen mehr erfolgten. Darum war auch in Sizilien für die 15. Panzer-Division keine Besetzung dieser Stellen bisher vorgesehen.

Baade war sich aus den Erfahrungen im ersten Weltkrieg und ebenso aus den bisherigen Jahren dieses Krieges bewußt, welche vorzüglichen Dienste diese immer unermüdlichen Diener der Kirche den Truppen geleistet hatten. Beim Zuspruch an die Verwundeten und an die Sterbenden, bei der Bergung der Toten, der Feststellung und Pflege der Kriegsgräber, der Benachrichtigung der Angehörigen und für die Feldgottesdienste waren sie unentbehrlich. Baade war entsetzt darüber, daß die nationalsozialistische Führung es wagte, mit dieser Tradition zu brechen und im soldatischen Bereich dem Christentum diese Aufkündigung zu erteilen.

Dem Oberst aus Berlin unterbreitete Baade nun den Antrag, so schnell wie möglich der 15. Panzer-Division je einen Feldgeistlichen der beiden Konfessionen zuzuführen. Die Antwort lautete, daß es wohl sehr schwierig sein würde, diese Anforderung jetzt an höherer Stelle zu vertreten. Baade ersuchte jedoch darum, seinen Antrag so ernst zu nehmen, wie er gemeint sei, und ihn auf jeden Fall in Berlin mit Nachdruck vorzubringen. Er habe sich einwandfrei davon überzeugen können, daß die Mannschaften dieser Division zu achtzig Prozent aus gläubigen Christen bestünden. Daher sei es unverantwortlich, sie ohne die dringend benötigten Geistlichen in die vorauszusehenden schweren Kämpfe zu schicken.

Der Oberst aus Berlin zog in zwiespältiger Stimmung von dannen. Ob er den Antrag von Baade weitergeleitet hat, ist nicht bekannt geworden. Baade hatte sich auch keinen Erfolg davon versprochen, weil seine Beteiligung an der Aufstellung dieser Division in Sizilien nur von beschränkter Dauer war und er daher seine Forderung nicht mehr anmahnen konnte. Später, als er ernannter Divisionskommandeur war, hat er es bis zum Schluß energisch durchgesetzt, daß sein Stab ohne Unterbrechung mit Feldgeistlichen versehen war.

Mehrfach nahm Baade in diesen Wochen in Sizilien Verbindung mit dem Oberbefehlshaber der 6. italienischen Armee auf, der das Kommando in Sizilien führte. Dabei gewann er einen guten Einblick in die italienischen Vorstellungen von dem Abwehrkampf zur Verteidigung der Insel. Seine schriftliche und mündliche Berichterstattung darüber war eine nützliche Unterrichtung aller daran interessierten deutschen Kommandostellen. Er fügte auch beachtenswerte eigene Vorschläge für die Kampfführung hinzu.

Darunter fiel besonders der Hinweis auf, daß nach seiner Ansicht die Einsetzung eines „Kommandanten der Messina-Straße" vorgesehen werden sollte. Ihm wäre die Zuständigkeit und die ausschließliche Verantwortung für die einheitliche Regelung des gesamten Übersetzverkehrs für Truppen und Versorgungsgüter über die Enge von Messina zu übertragen. Anderenfalls wäre zu befürchten, daß es an dieser Lebensader für die in Sizilien eingesetzten Divisionen durch Verzettelung der vielen erforderlichen Vorkehrungen zu Reibungen kommen würde. Insbesondere könnte nur ein einheitlicher Oberbefehl an dieser Stelle die bestmögliche Ausnutzung der vorhandenen Transportmittel sicherstellen. Der Zufall hat es dann gewollt, daß einige Wochen später ihm selbst die Übernahme dieses von ihm vorgeschlagenen, schwierigen Postens auferlegt wurde.

Am 4. Juni erschien der zum Kommandeur der 15. Panzer-Division ernannte Generalmajor Rodt in Sizilien. Damit war die dortige Tätigkeit von Baade beendet. Er kehrte nach Rom zurück. Bald danach wurde er zweimal zur Inspektion nach Sardinien entsandt. Dort hatte er sich von den Fortschritten in der Aufstellung einer Division zu überzeugen, die später die Bezeichnung 90. Panzergrenadier-Division erhielt. Sie ging aus Resten der früheren 90. leichten Division hervor, die von Nordafrika nach Sardinien gelangt waren. Baade konnte bei diesen Besuchen nicht ahnen, daß er selbst später Kommandeur dieser Division werden und die Höhepunkte seiner militärischen Laufbahn in dieser Stellung erleben würde.

Am 23. Juni traf General von Senger in Rom ein. Er befand sich auf dem Wege zur Übernahme seines neuen Postens als deutscher Verbindungsoffizier beim italienischen Oberbefehlshaber in Sizilien. Drei Tage hielt er sich zu Informationsgesprächen in Rom auf. Baade wußte es einzurichten, daß er zu dieser Zeit in Rom sein konnte. Ihm und den anderen vertrauten Freunden berichtete Senger bei den abendlichen Zusammenkünften von seinem Befehlsempfang bei Hitler, der am 22. Juni auf dem Obersalzberg stattgefunden hatte. Hitler, Keitel und der General Warlimont hatten ihn dort in seine neuen Aufgaben eingewiesen. Als Fazit hatte sich für Senger daraus ergeben, daß Hitler zwar die Forderung erhob, Sizilien müsse unbedingt erfolgreich verteidigt werden, daß ihm aber dabei Zweifel an der Erfüllbarkeit dieses Verlangens anzumerken waren. Die militärische Umgebung von Hitler hatte Senger gegenüber sogar durchblicken lassen, daß bei dem zu erwartenden Großangriff der Amerikaner und der Briten gegen Sizilien im besten Falle damit gerechnet werden könne, die Mehrzahl der dort befindlichen deutschen und italienischen Truppen noch auf das Festland herüber zu retten. Mit dem Verlust des größten Teils vom Kriegsgerät werde man sich dabei wahrscheinlich abfinden müssen.

In der Schilderung des persönlichen Eindrucks von Hitler bei dieser Begegnung faßte Senger sich diesmal kurz. Er wiederholte, daß ihm auch bei dieser Unterhaltung die oft gehörte Behauptung rätselhaft geblieben sei, von Hitler ginge eine mitreißende Überzeugungskraft aus. Senger räumte allerdings ein, daß wahrscheinlich die Mentalität anderer Personen, einschließlich mancher seiner Generalskollegen, besser ansprechbar sei für die demagogische Redeführung und das zur Schau getragene Vertrauen des Diktators in die eigene Genialität. Er, Senger, sei von vornherein von Hitler schon durch den Schutzwall getrennt, den die grundlegende Divergenz in religiösen und kirchlichen Fragen ziehe. Zudem sei in ihm nun schon lange genug die Ansicht tief verwurzelt, daß Hitler Deutschlands Unglück sei.

Baade und die Freunde bestürmten sodann Senger mit den Fragen, wie er es unter diesen Umständen und bei dieser Beurteilung der Lage über sich bringen könne, weiterhin in den Diensten Hitlers zu bleiben und einen so hohen Posten in der Wehrmacht zu bekleiden. Senger gliederte seine Stellungnahme zu diesem schwerwiegenden Problem in eine prinzipielle Antwort und in detaillierte Ergänzungen.

Er gestand, daß der Vorwurf, trotz Einsicht in das unrechte Verhalten der deutschen Führung und in den unvermeidlichen Niedergang weiterzukämpfen, ihn und andere ganz gewiß bis zum Lebensende belasten werde. Aber die Gegenfrage laute, ob denn Mittel und Wege für den einzelnen gegeben seien, wirkungsvoll dem Unheil entgegenzutreten.

Daneben läge natürlich der Gedanke nahe, sich wenigstens für die eigene Person zurückzuziehen, zum Beispiel aus fingierten Gesundheitsgründen den Abschied zu nehmen von der aktiven Berufsausübung. Bereits in der Zeit als Regimentskommandeur in Göttingen, also noch vor Kriegsbeginn, habe er diese Möglichkeit erwogen. Aber bei diesen Überlegungen hätte schließlich, wie er ehrlich zugeben wolle, auch seine Stellung als Familienvater eine sehr wesentliche Rolle gespielt. Er hätte den Entschluß gescheut, sich in den besten Lebensjahren vom Beruf und Verdienst zu trennen mit den entsprechenden Nachteilen für die Familie, besonders für die wünschenswerte Erziehung und Ausbildung der Kinder.

Die tragische Verstrickung des eigenen Schicksals mit dem des ganzen Volkes hatte sich dann fortgesetzt. Vielleicht hätte er den Absprung kurz vor dem Kriege oder zu Beginn des Kriegs gefunden, wenn er damals in einer höheren Stellung gewesen wäre, aus der heraus er mit seinem Verhalten ein Signal hätte setzen können.

Senger erzählte in diesem Zusammenhang von einer sehr aufschlußreichen Unterhaltung, die er vor einiger Zeit mit einem anderen General gehabt hatte, der Führer eines Armeekorps war. Es habe Übereinstimmung in allen militärischen und politischen Fragen geherrscht. Hitler und seine Trabanten seien in Grund und Boden verdammt worden. Man war sich daher einig geworden, daß man sich eigentlich von dieser Bande distanzieren müßte und den Rock eines deutschen Generals nicht mehr tragen sollte.

Der Gesprächspartner habe aber dann zu bedenken gegeben, daß ihm mit diesem Schritt alles verloren gehen würde, was ihm bisher Lebensinhalt war. Als Ergebnis einer fleißigen und gewissenhaften Berufsausübung und einer sauberen, anfangs auch sehr entbehrungsreichen Lebensführung, die ihn auf die Höhe der Stellung eines Kommandierenden Generals gebracht hatten, würde er sich beim Rücktritt, ganz abgesehen von den Schwierigkeiten, mit denen dieser jetzt mitten im Kriege zu bewerkstelligen sei, mit einem höchst kümmerlichen Dasein abzufinden haben. Es bliebe dann nur das Abgestelltsein in einer bescheidenen Zweizimmer-Wohnung in Leipzig oder Kassel, vom Bombenkrieg bedroht, ohne jede Betätigung und ohne alle Anregungen, aber auch ohne die im Soldatenberuf so anspornenden Gelegenheiten, Vorbild und Fürsorger sein zu können. Milcheinholen und Bleistiftdrehen würden dann an die Stelle all dessen treten, was die herausgehobene und in jeder Minute fesselnde Tätigkeit eines Armeekorpsführers ausmacht.

Senger zitierte diese Ansicht, teilte sie aber nicht. Er neigte mehr zu der damals innerhalb der Generalität recht allgemein verbreiteten Meinung, Rücktritte von Generälen würden nur die unerwünschte Folge haben, daß fanatische Anhänger von Hitler, sei es aus der Wehrmacht, sei es aus der SS, an ihre Stelle gesetzt würden. Beispiele dafür habe es bereits in vielen Fällen gegeben; dieses Argument erschien daher bis zu einem gewissen Grade als berechtigt. Baade hielt jedoch spontan entgegen, daß sich nach seiner Meinung gerade in diesem Punkt eine bedauerliche Lockerung und Deformierung der Tradition und des Korpsgeistes der deutschen Generäle offenbare. Er könne sich nicht von dem Gedanken lösen, daß es doch nur eines ganz bestimmten und gewiß nicht zu hoch angesetzten Maßes an Solidarität unter den von übereinstimmenden Grundauffassungen beseelten Generälen bedürfe, um gemeinsame Schritte zur Beendigung des Krieges zu unternehmen.

Senger verwies in längeren Ausführungen auf den Generationsunterschied innerhalb der deutschen Wehrmacht. Wenn tatsächlich mit einem Schlage die Mehrzahl der Korps- und Divisionskommandeure ihre Posten aus eigener Initiative oder gezwungenermaßen aufgeben würden, dann würden sie selbstverständlich sofort von Hitler durch willfährige, von ihrem Ehrgeiz und der nationalsozialistischen Irrlehre benebelten jüngeren Offizieren ersetzt werden, und das Ausbluten der Nation ginge weiter. Die Zeichen dafür seien längst gesetzt. Im Kampf und in politischer Zuverlässigkeit bewährte junge Offiziere waren schon in höhere Kommandostellen berufen worden. Napoleon hatte seine Kriege mit blutjungen Generälen geführt. Hitler liebte es, darauf hinzuweisen. Daher hätte er beim Abtreten der ihm ohnehin wesensfremden Generäle von herkömmlicher Prägung nicht im geringsten gezögert, seinen Krieg mit Trägern des Eichenlaubs am Kragenspiegel im Alter von dreißig oder fünfundzwanzig Jahren weiterzuführen.

Aus dieser Vorstellung zog Senger die Konsequenz, daß es besser sei oder zumindest als das geringere Übel betrachtet werden müsse, wenn eine derartige umfassende Ablösung auf den hohen militärischen Posten nicht stattfände, vor allem nicht auf den frontnahen Kommandeurstellen. Der Blick von Senger war immer sehr stark auf die Frage gerichtet, wie die Alliierten wohl nach ihrem Siege mit Deutschland verfahren würden. Es erfüllte ihn mit Sorge, daß die Unrechtstaten der Hitler-Regierung auf der anderen Seite das Verlangen nach Vergeltung immer mehr steigern würden. Darum hielt er es für besonders wünschenswert, daß wenigstens in der Wehrmacht darauf geachtet würde, einen fairen Kampf zu führen. Dazu bedürfte es nach seiner Ansicht der Generäle, die von der in fast allen Kulturstaaten ungefähr gleichen soldatischen Gesinnung geprägt waren. Junge Raubritter hingegen, deren Führungsmethoden von nationalsozialistischer Skrupellosigkeit bestimmt würden, könnten in der noch bevorstehenden Zeitspanne des Krieges vor allem durch häufige Verletzungen der anerkannten Regeln des Kriegsrechts den Haß der Gegner und damit die zu befürchtende Sucht nach Vergeltung noch in empfindlicher Weise steigern.

Senger gab als weiteres Argument zu bedenken, daß man aus übergeordneten Gesichtspunkten wahrscheinlich auch den Generälen die

Pflicht zusprechen müsse, trotz politischer und weltanschaulicher Bedenken aus Verantwortungsgefühl gegenüber ihrer Truppe die Führung der Verbände nicht aus der Hand zu geben. Überließen sie ihre Soldaten den jüngeren, in Führungsaufgaben weit weniger erfahrenen Offizieren und gar militärischen Laien aus den Reihen der SS, so würden sich die Verluste der an allen diesen Zuständen unschuldigen Soldaten in erschreckendem Umfang mehren. Die nachgerückten Truppenführer würden noch weniger in der Lage und noch weniger willens sein, sich um Stellungnahmen und Widerspruch gegen besonders unzweckmäßige Einsatzbefehle zu bemühen. Die Zahl überflüssiger Opfergänge ganzer Truppenteile würde zunehmen. Das den Offizieren alter Schule zur Selbstverständlichkeit gewordene Gebot, daß im Rahmen des Möglichen Schonung und Fürsorge für die Truppe die erste Pflicht eines Befehlshabers ist, würde bei den neuen Männern in diesen Stellungen von einem ideologisch verbrämten Kadaver-Gehorsam gegenüber einer Führung verdrängt werden, deren böses Spiel sie nicht zu durchschauen vermöchten.

Die Darlegungen von Senger stimmten seine Zuhörer nachdenklich. konnten sie aber nicht voll überzeugen. Sie klangen ihnen etwas zu weise, zu abgeklärt, ein wenig zu sehr theoretisch zurechtgelegt. Angesichts des tiefen Abgrundes, dessen Nähe auch Senger nicht leugnete, wandten sich die sorgenvollen Gedanken von Baade und den jüngeren Freunden mehr der Suche nach Rettung und Taten als den Erklärungen für die Berechtigung des eigenen abwartenden Verhaltens zu.

Dann aber kam es bei diesen Juni-Gesprächen in Rom zu der gespenstisch-grotesken Kernfrage, wie diese Soldaten sich mit dem Zustand abfinden konnten, daß sie kämpfen sollten und mußten für einen Sieg, den sie nicht nur als unerreichbar, sondern in diesem ihren Kreise nur noch als unerwünscht ansahen. Baade warf dazu die damals oft gehörte spöttische Redensart italienischer Bekannten in die Debatte: „Godiamo in pace la guerra, la pace sera terribile." (Genießt den Krieg, der Frieden wird fürchterlich.) Hier trat die Furcht zutage, daß das Ende des Krieges, wie immer es ausfallen möge, nur Verschlechterung und Mißgeschick bringen könnte. Siegten die Achsenmächte, so würden die nationalsozialistischen und die faschistischen Herrschaftsformen jede individuelle und freiheitliche Lebensgestaltung ersticken. Siegte die Gegenseite, so bliebe nicht nur das übliche Los der Besiegten zu tragen, sondern es wäre dann wahrscheinlich auch mit erheblichen Ausstrahlungen des Bolschewismus in das zertrümmerte Westeuropa zu rechnen.

Der kleine Kreis um Baade und Senger leitete die Gründe, aus denen man sich mit gutem Gewissen einen Sieg der deutschen Waffen nicht wünschen dürfe, aus einer noch anders gearteten Zukunftsvision ab. Sie hielten Hitlers Streben nach der totalen Hegemonie in Europa und sogar nach der Weltherrschaft nicht nur für ein frevelhaftes, sondern auch für ein niemals haltbares Unternehmen. Selbst wenn Hitler, der sich mit Hilfe von Lug und Trug vorübergehend außenpolitische Vorteile zu verschaffen gewußt hatte, nun mit Hilfe der deutschen Wehrmacht den Krieg durchstehen könnte, würde der Deutschland vernichtende Rückschlag nicht auf sich warten lassen. Niemals würden die von Hitler besiegten und unterdrückten Völker sich mit einer nationalsozialistischen Beherrschung Europas oder noch anderer Teile der Welt abfinden.

Dabei, so wurde hinzugefügt, sei allerdings eine sehr wichtige Einschränkung zu machen hinsichtlich des Sinngehaltes und der Berechtigung des Kampfes der deutschen Soldaten an der Ostfront. Ihr Einsatz sei nun mit der allein übriggebliebenen, großen Hoffnung verbunden, daß den Westmächten der entscheidende Anteil an der Niederringung Deutschlands zufallen möge.

Das Dilemma zwischen Wünschen, Wollen und Vermögen blieb bei der Abreise von Senger tiefer erkannt, aber ungelöst. Die offenen Aussprachen hatten den Beteiligten jedoch den Trost und die Stärkung vermittelt, die in Notlagen immer die Bestätigung einer engen Freundschaft und der Übereinstimmung der Gesinnungen hervorrufen kann.

Die in ihren Grundzügen fatalistische Haltung von Senger hatte damals auf Baade dämpfend gewirkt. Es war ihm anzumerken, daß er nun wenigstens stundenweise quälendes Nachdenken zurückstellen konnte. Bei Besuchen in der Botschaft, in der er ohnehin ein immer gern gesehener Gast war, wußte er jetzt oft, fast wie in Friedenszeiten, durch originelle Einfälle und schnurrige Anekdoten das graue Tagesgeschehen aufzuhellen. Es schien, als hätte er sich nunmehr dazu entschlossen, eine undurchsichtige Schutzwand um seine Sorgen zu ziehen. Damit erleichterte er sich die Beschränkung auf die nächstliegenden Dinge. Dessen bedurfte er, als er sich plötzlich wieder in Kampf und Fronterleben hineingestellt sah.

Messina und Cassino

In der Nacht vom 9. zum 10. Juni 1943 begann die Anlandung amerikanischer und englischer Truppen in Sizilien. Alle Vorausberechnungen und Umstände mußten sowohl die Angreifer als auch die Verteiger erkennen lassen, daß diese amphibische Operation von baldigem Erfolg gekrönt sein würde. Neben allen anderen, für die Invasionstruppen günstigen und für die deutsch-italienische Abwehr ungünstigen Voraussetzungen machte sich hier zum erstenmal die gigantische Feuerglocke schwerer Schiffseinheiten bemerkbar, unter deren Schutz die

Ausschiffungen erfolgten. Sie hielt die Verteidiger nieder und verhinderte die Gegenstöße gegen die sich planmäßig an Land festsetzenden Angreifer. So war der Kampf um Sizilien von Beginn an als verloren zu betrachten und seine Beendigung nur noch eine Frage der Zeit.

Die Nabelschnur für die Kampfführung der zahlenmäßig unzureichenden deutschen und italienischen Verbände auf Sizilien bildete die Meerenge von Messina. Über sie rollten der gesamte Nachschub und auch die Zuführung von Verstärkungen. Sie war der gefährdete Engpaß, über den im gegebenen Zeitpunkt die Rückführung der verbliebenen Truppen zu erfolgen haben würde. Um an dieser wichtigen Stelle eine einheitliche Befehlsführung und die Koordinierung aller Maßnahmen für die Verteilung der Transportmittel und den Schutz aller Bewegungen auf See gegen die Behinderung durch gegnerische Luft- und Seestreitkräfte sicherzustellen, schuf der Oberbefehlshaber Süd, Feldmarschall Kesselring, gleich zu Beginn der Kampfhandlungen in Sizilien die Dienststelle des „Deutschen Kommandanten Messina-Straße". Dazu erbat er von General von Rintelen die Freigabe von Oberst Baade, der schon Monate zuvor aufgrund seiner Erkundungen im süditalienischen Raum auf die Bedeutung dieser Vorkehrung hingewiesen hatte.

Kesselring und sein Chef des Stabes, Generalmajor Westphal, glaubten damit, diese sehr schwierige Aufgabe in die rechten Hände gelegt zu haben. Sie hatten die Gewandtheit und die Unerschrockenheit von Baade schon während der Kämpfe in Nordafrika schätzen gelernt.

Baade hat in den dann folgenden schweren Wochen an der Meerenge von Messina dieses Vertrauen nicht nur nicht enttäuscht, sondern in jeder Hinsicht als berechtigt erwiesen. Es war aber auch wieder einmal ein Auftrag, dessen Erfüllung seiner Veranlagung entsprach und ihn zu höchsten Leistungen anspornte. Hier konnte er fast schöpferisch walten, improvisieren, Listen anwenden und alle nur bedingt wichtigen Dinge rücksichtslos zurückstellen hinter Anweisungen, von denen er sich wesentliche Beiträge zur Erfüllung des Auftrages versprach. Er empfand es als reizvoll, gebieterisch und unabhängig schalten und walten zu können und sich einmal mehr mit dem Zwang zur Bewährung konfrontiert zu sehen auf einem Gebiet, für das ihm weder eine allgemeine Vorbildung noch Kenntnisse im Detail zu eigen waren.

Am 14. Juli nahm er diese Tätigkeit auf. Zu dieser Zeit galten alle Anstrengungen dem Hinüberschleusen von Verstärkungen und Nachschubgütern nach Sizilien. Die spätere zweite Phase, Rückführung der Truppen, lag noch außer Betracht.

Zunächst widmete sich Baade in höchster Eile dem planvollen Einsatz der Fliegerabwehr-Batterien. Er war angenehm überrascht, daß sie bereits in beträchtlicher Anzahl zur Verfügung standen und auch dann noch durch weitere Zuführungen so vermehrt wurden, daß am 2. August rund um die Messina-Straße, also auf der Festlands- und auf der Inselseite, insgesamt 28 Flak-Batterien und zusätzlich acht Flak-Vierlingszüge vorhanden waren. Es gelang Baade, nach einem einheitlichen Feuerplan die Wirkung dieser Fliegerabwehrkräfte so aufeinander abzustimmen, daß der gesamte Luftraum über der Messina-Straße lückenlos und an den entscheidenden Stellen auch vielfach überlagernd von diesen Batterien erfaßt wurde. Außerdem glückte es ihm, teils nach der Karte, teils durch rastlose eigene Erkundung des Geländes, für eine größere Anzahl dieser Batterien Stellungen zu finden, aus denen sie gleichzeitig den zu vermutenden Einbruch feindlicher Seestreitkräfte in die Meerenge wirkungsvoll bekämpfen konnten.

Damit hatte Baade mit schnellen Entschlüssen und instinktsicherem Zufassen die Voraussetzungen für die erfolgreiche Verwendung der einzigen Abwehrmittel gegen Feindeinwirkungen auf die Messina-Straße geschaffen, nachdem weder deutsche noch italienische Luft- oder Seestreitkräfte dafür verfügbar waren. Es blieb ein erstaunliches Beispiel in der Kriegsgeschichte, daß der Schutz dieser für Freund und Feind jetzt gleichermaßen so bedeutungsvollen Meerenge allein den Flakverbänden überlassen war. Daß sich dieser Schutz als ausreichend erwies, und zwar selbst in den sehr risikoreichen Lagen bei der späteren Evakuierung der Divisionen von Sizilien, war zu einem guten Teil das Verdienst von Baade, der einen höchst rationellen Einsatz dieser Waffen durchgesetzt hatte. Nur auf diese Weise hatte er den Mangel an Küstenartillerie ausgleichen können, die ihm wegen der schwierigen Eisenbahnlage durch das langgestreckte italienische Festland nur tropfenweise und verspätet zugeführt werden konnte.

Sorgsamer Überlegungen und häufiger Überprüfung bedurfte auch der Einsatz der nur geringen infanteristischen Einheiten, die dem Kommandanten der Messina-Straße zur Verfügung standen. Sie setzten sich aus Pioniertruppen, Teilen eines Fallschirmjäger-Bataillons und eines Baubataillons zusammen. Ihre Gesamtstärke betrug nicht mehr als tausend Mann, spärlich ausgerüstet mit Gewehren und einigen Maschinengewehren. Baade bildete aus ihnen Alarmeinheiten zum örtlichen Schutz von Flakbatterien gegen die zu befürchtenden feindlichen Anlandungen und Fallschirm-Unternehmungen.

Die Verteilung der zu überführenden Truppen und Nachschubgüter auf die vorhandenen Transportmittel, nämlich Fährprähme, Marine-Leichter, Siebelfähren, Landeboote und Schnellboote, überließ Baade weitgehend dem ihm unterstellten „Seetransportführer Messina-Straße“, Fregattenkapitän von Liebenstein. Hier handelte er bewußt und großzügig nach dem bewährten Prinzip, nachgeordneten Befehlsträgern Handlungsfreiheit in allen Details zu überlassen. Trotzdem behielt er die Leitung in der Hand und griff ein, wenn es ihm erforderlich schien.

So setzte er zum Beispiel, sehr zum Erstaunen der Fachleute von der Marine, die Abkehr von dem üblichen Verfahren durch, den Schwerpunkt der Transporte in die Nacht zu verlegen. Innerhalb weniger Tage hatte er sich davon überzeugt, daß die Wirkung der Flak-Batterien bei Tage einen höheren Grad von Sicherheit für die eigenen Bewegungen über die Messina-Straße erbrachte als die Abwehr gegen feindliche Luftangriffe bei Nacht. Den von der Marine hoch geschätzten Schutz der Dunkelheit veranschlagte er demgegenüber als zweitrangig; er erließ daher den Befehl, den Übersetzverkehr grundsätzlich bei Tage, nur vereinzelt und in unregelmäßigen Abständen bei Nacht laufen zu lassen.

Um alle Fäden so gut wie möglich in der Hand zu halten, mußte Baade seinen Gefechtsstand auf der Festlandsseite einrichten. Dies hinderte ihn aber nicht daran, sich, so oft es die Lage zuließ, überall in seinem breiten Abschnitt umzusehen und dabei vor allem sehr oft mit seinem Sturmboot nach Sizilien überzusetzen. Dort nahm er dann mit deutschen und italienischen Stäben Verbindung auf und ließ sich somit aus erster Hand die Wünsche der Truppe für die dringlichsten Zuführungen mitteilen. Danach legte er dann die Prioritäten für die Verladungen und das Übersetzen fest.

Bei diesen Fahrten nach Sizilien suchte er fast ein jedesmal den General von Senger auf. Formell war Senger nur als deutscher Verbindungsoffizier zu General Guzzoni, dem italienischen Oberkommandierenden in Sizilien, eingesetzt. Den Umständen seit Beginn der Landung der Amerikaner und Engländer am 10. Juli entsprechend hatte er dann aber zunächst die direkte Befehlsführung über die deutschen Truppen in Sizilien ausgeübt. Erst als am 17. Juli das Generalkommando des XIV. Panzerkorps unter General Hube nach Sizilien überführt wurde, trat Senger in seine Aufgabe als Verbindungsoffizier zurück.

In seinen Feldpostbriefen bezeichnete Baade diese Begegnungen mit Senger in Sizilien als Feierstunden. Der dritte im Bunde der Freunde war hier der damalige Adjutant von Senger, der Rittmeister der Reserve aus dem Göttinger Kavallerie-Regiment Georg von Rohr. Von Senger hatte Baade den Eindruck, als betrachte er hier, der unmittelbaren Verantwortung für die Führung von Truppen jetzt ledig, das recht trübe Weltgeschehen gleichsam aus einer Loge. Sein vorzügliches Einvernehmen mit General Guzzoni hielt ihn bestens auf dem Laufenden über die sich in diesen Wochen schnell verschlechternde politische Lage in Italien. Die Einsicht darin, daß die Italiener nunmehr, nach dem Fußfassen des Gegners auf europäischem Boden, nicht fortschreitend ihr Land stückweise als Bollwerk für das zeitliche Hinauszögern der Niederlage Deutschlands zertrümmern lassen wollten, ließ bevorstehende einschneidende Ereignisse ahnen. Sie traten am 25. Juli 1943 ein.

Der faschistische Großrat entzog Mussolini das Vertrauen. Der italienische König, bisher trotz vielen Drängens zum Eingreifen streng darauf bedacht, Verfassung und Gesetze zu achten, benutzte nun die legale Handhabe, die das Abstimmungsergebnis im Großrat ihm gegeben hatte, um das Schicksal des Landes in seine Hand zu nehmen. Er entließ Mussolini, verhängte Schutzhaft über ihn und ernannte den Marschall Badoglio zum Regierungschef.*

Natürlich nahm man auch in Sizilien und an der Messina-Straße lebhaften Anteil an diesen sensationellen, wenn auch für viele Personen nicht allzu überraschenden Wendungen in Rom. Die täglichen Anforderungen des weitergehenden Abwehrkampfes in Sizilien setzten aber der Frage nach den weiteren Auswirkungen zunächst Grenzen.

In der letzten Dekade des Monats Juli gab es ein lebhaftes Tauziehen zwischen den deutschen und italienischen Oberkommandos, ob es sich noch verlohne, weitere Truppen nach Sizilien zur Verstärkung des Widerstandes gegen die langsam, aber stetig vordringenden Divisionen der Amerikaner und Engländer zu überführen. Dieses Schaukelspiel ging so weit, daß Baade stundenweise die auf den verschiedenartigen Transportmitteln verladenen Truppen und Waffen zur Überfahrt ablegen ließ, sie kurz darauf aber wieder anzuhalten oder sogar auszuladen hatte.

Erstmalig am 29. Juli wurde bei einer Besprechung des Feldmarschall Kesselring im Hauptquartier in Ostpreußen die Räumung von Sizilien ernsthaft ins Auge gefaßt. Dabei tauchte die Ansicht auf, daß ein Plan auszuarbeiten sei, der die Rückführung der Truppen und auch der wertvollsten Waffen und Geräte in drei oder vier Tagen oder Nächten ermöglichen sollte.

Die Zuführung von neuen Truppenteilen war inzwischen am 26. Juli eingestellt worden; es wurden nur noch die in Sizilien befindlichen deutschen Verbände ergänzt und der für sie benötigte Nachschub über die Messina-Straße befördert. Am 2. August erhielt der Oberbefehlshaber Süd vom Oberkommando der Wehrmacht sodann die Weisung, mit der Zurückziehung der herauslösbaren Truppen und möglichst vieler Fahrzeuge auf das italienische Festland zu beginnen.

Verwirrung trat jedoch erneut durch eine Lagebeurteilung ein, die Kesselring am 4. August abends dem Oberkommando der Wehrmacht fernschriftlich zustellte. Noch zu diesem Zeitpunkt glaubte der als Optimist bekannte Feldmarschall, daß Sizilien noch längere Zeit gehalten werden könnte, wenn die personellen Ausfälle beschleunigt ersetzt, ausreichend Munition zugeführt und die Luftverteidigung über der dortigen Front verstärkt würden. Die Weisung des Oberkommandos der Wehrmacht für die Räumung Siziliens wurde daraufhin zurückgezogen.

Die Unschlüssigkeit über jedes strategische Konzept hinsichtlich der

* Hintergründe, Einzelheiten und Rechtfertigung dieses Regierungswechsels sowie des erzwungenen Abfalls der Regierung Badoglio vom Achsen-Bündnis sind in dem Buch von Friedrich-Karl von Plehwe „Schicksalsstunden in Rom", Propyläen-Verlag, 1967, ausführlich dargelegt.

Weiterführung des Kampfes in Sizilien dokumentierte sich auch bei der Besprechung der deutschen und italienischen Außenminister Ribbentrop und Guariglia und der beiden Chefs der Oberkommandos, Keitel und Ambrosio, am 6. August in Tarvis. Die deutschen Vertreter hatten von Hitler Weisung erhalten, die Absicht, gegebenenfalls Sizilien zu räumen, den Italienern nicht mitzuteilen. Daß unter solchen Voraussetzungen auch nur einigermaßen nützliche Absprachen nicht zustande kommen konnten, liegt auf der Hand. Durch das Verschweigen derartig wichtiger Absichten der einen Seite waren alle Folgerungen für die gemeinsame Kampfführung auf Sand gebaut. Weitere Mißverständnisse und Verärgerungen konnten unter diesen Umständen nicht ausbleiben.

Unabhängig von Befehlen und Gegenbefehlen der höheren Führung hatte inzwischen General Hube, der Befehlshaber der deutschen Truppen in Sizilien, einen Plan für die Rückführung seiner Divisionen ausarbeiten lassen. Nach diesem, mit dem Decknamen „Lehrgang“ versehenen Plan sollten die deutschen Sizilien-Kämpfer und ihre rund 6 000 Fahrzeuge, Panzer und Geschütze in etwa fünf bis sechs Nächten übergesetzt werden.

Baade, der vorsorglich in diese Absichten eingeweiht wurde, wunderte sich, daß hierbei zunächst wieder eine nächtliche Überführung vorgesehen wurde. Obwohl seine Maßnahme, den Übersetzverkehr bei Tage zu bevorzugen, sich als erfolgreich erwiesen hatte, wurden seine Hinweise darauf zunächst nicht verwertet. Er traf aber seinerseits Vorkehrungen, um im gegebenen Zeitpunkt die Rückzugsbewegungen über die Messina-Straße auch durch Übersetzen am Tage intensivieren und beschleunigen zu können.

Am 8. August endete die Tätigkeit des General von Senger als Verbindungsoffizier beim 6. italienischen Armee-Oberkommando, da dieses auf das Festland zurückgezogen wurde. Senger beschrieb seine Rückkehr aus Sizilien wie folgt: „Als alter Frontoffizier wußte ich, daß man in der Stunde des ersten Lichts am sichersten übersetzt. Die Nachtjäger sind fort und die Tagjäger tauchen noch nicht auf. Baade kam pünktlich, um seinen alten Kommandeur überzuholen. Er stand wie ein Admiral auf der Brücke des Schnellbootes. Ohne Zwischenfall überquerten wir die Straße in einer halben Stunde. Auf Baades Gefechtsstand etwas oberhalb auf dem Festland frühstückten wir.“

Auch in den Wochen seiner angespannten Tätigkeit als Kommandant der Messina-Straße lebte Baade noch nach seinen angestammten Gewohnheiten. Seinen Stab beschränkte er auf wenige, aber erprobte und unternehmungsfreudige Begleiter. Wie in allen seinen früheren Stellungen legte er auch hier Wert darauf, in seiner engsten Umgebung nur Offiziere zu haben, die sein Vertrauen offenherzig erwiderten. Duckmäuser und allzu verschlossene Personen konnte er in seiner Nähe nicht ertragen.

Als Adjutanten hatte er damals den Oberleutnant Reitberger bei sich, der später gefallen ist. Ordonnanzoffizier und anschließend Adjutant war der von ihm sehr geschätzte Oberleutnant der Reserve Hans Schwienbacher. Auch auf diesem Gefechtsstand in einem Olivenhain am Berghang gab es einen Hund aus Baades Teckelzucht. Auch hier fiel der Blick eines Besuchers gleich auf den alten, stark zerbeulten gelben Teekessel, der jeden Feldzug mitgemacht hatte. Baade behütete ihn wie eine Reliquie. Bei jeder Rückkehr auf die Gefechtsstände, sei es in einem zerschossenen Haus, in einem Erdloch oder in einer Felsnische, wurde er in Betrieb gesetzt und summte, wie Baade sagte, sein Lied, das so wohltuend die Nerven beruhigte. Schon in seinen Feldpostbriefen aus dem ersten Weltkrieg hatte dieser Teekessel Erwähnung gefunden.

Als Fahrer seines Kraftwagens zog Baade immer Soldaten aus dem Stamm des Göttinger Regiments heran. Bereits an der Messina-Straße hatte der Gefreite Adolf Stützer aus Osterode am Harz diesen Posten inne. Es fügte sich dann, daß er bei Baade bis zu dessen Lebensende blieb.

Baade redete Stützer mit Arthur an. Den Vornamen Adolf wollte er aus leicht zu erratenden Gründen in seiner Umgebung gemieden wissen. Dies hatte schließlich zur Folge, daß Stützer sogar innerhalb seiner eigenen Familie fortan auch nur Arthur genannt wurde, Als einmal ein neuer Wehrpaß für Stützer ausgestellt werden mußte, ließ Baade auch darin als Vornamen Arthur eintragen.

Insgesamt war es ein vorzügliches Beispiel für gegenseitige Kameradschaft zwischen Vorgesetzten und Untergebenen, gehärtet durch gegenseitige Hilfestellungen in vielen oft bedrohlichen Situationen. Es war unvorstellbar, daß Baade und Stützer etwa zu verschiedenen Zeiten in Urlaub gegangen wären und einer den anderen allein im Einsatz gelassen hätte.

Auch an die Küste von Kalabrien hatte Baade die Bücherkiste mit einigen Werken der Römer und Griechen folgen lassen. Schwienbacher erinnerte sich der Lebhaftigkeit, mit der Baade ungeachtet der feindlichen Fliegertätigkeit über dem Gefechtsstand eine gerade in Horaz entdeckte Stelle zu diskutieren begann. Darin waren „Britanniens Horden“ angeklagt und den römischen Legionen Glück für ihren „Waffengang im fernen Westen“ gewünscht. Selbst hier im Kampf auf Sichtweite mit den Engländern des 20. Jahrhunderts sträubte sich Baades anglophiler Sinn gegen diese harte Ausdrucksweise von Horaz, dem er sonst zuzustimmen immer bereit war.

Am 9. August gab der Feldmarschall Kesselring dem Drängen von General Hube nach und befahl, auch ohne ausdrückliche Weisung des Oberkommandos der Wehrmacht, die Räumung von Sizilien. Sie lief nach dem Plan „Lehrgang“ in der Nacht vom 11. zum 12. August an.

Die erstaunlich ordnungsgemäße Durchführung bis zum 17. August wurde durch die geographischen Gegebenheiten in dem nordöstlichen Teil von Sizilien erleichtert. Die deutschen Divisionen konnten den Abwehrring schrittweise verengen und dadurch an jedem Tage Truppen und Geräte für die Einschiffung an den vorgesehenen vier Fahrlinien nördlich der Stadt Messina herauslösen. Störungen traten zu Beginn der Bewegungen jedoch dadurch ein, daß gleich in der ersten Nacht wiederholte schwere Luftangriffe den Fährbetrieb hemmten. Sogleich griff Baade ein und konnte nun beweiskräftig seine Ansichten und seine Anordnungen für eine geschicktere Verteilung der Überfahrten auf die 24 Stunden der Tages- und Nachtzeit durchsetzen. Er sprach von der „Milchmädchenrechnung", die sich doch daraus ergäbe, daß die gegnerischen Luftstreitkräfte sich in der Nacht weniger dem Abwehrfeuer seiner Flak-Verbände ausgesetzt sahen und darum nächtliche Angriffe bevorzugten.

Rastlos war Baade in den Tagen vom 11. bis 17. August überall auf der Inselseite und an der Festlandsküste zur Stelle, wenn es galt, durch Aushilfsmaßnahmen Pannen zu beheben. Mit seinem Sturmboot kreuzte er von Fährlinie zu Fährlinie, um den Ablauf der Überführungen zu überwachen. Mehrfach geriet er in den Bereich der feindlichen Bombenwürfe. Am 13. August wurde sein Gefechtsstand bombardiert; dabei wurden von seinem kleinen Stab ein Gefreiter getötet, ein Unteroffizier und ein Gefreiter verwundet.

Zusätzlich zu dem Schutz der Messina-Straße hatte Baade in diesen Tagen noch den schnellen und störungsfreien Abfluß der übergesetzten Truppen von der Küste in das innere Festland zu organisieren. Angesichts der Dürftigkeit des Straßennetzes in Kalabrien und der regen gegnerischen Fliegertätigkeit war dies eine sehr schwierige Aufgabe; sie erforderte eine sehr genau vorausschauende Planung und ein energisches Durchgreifen gegen verständliche Sonderwünsche von einzelnen Kommandeuren, die ihrer Truppe nach der Rückkehr aus dem Kampfgebiet und nach dem Übersetzen erst einmal eine kurze Rast oder gar Ruhepausen gönnen wollten. Um in jeder Hinsicht gefährliche Stauungen zu vermeiden, mußte aber in allen Fällen schneller Weitermarsch gefordert werden.

Am frühen Morgen des 17. August war die Operation „Lehrgang" genau nach Plan beendet. Guter Soldatentradition gemäß verließ General Hube mit der Nachhut als einer der letzten die Insel. Im Kriegstagebuch des Oberkommandos der Wehrmacht wurde unter dem Datum des 18. August eingetragen, daß somit trotz rollender starker Luftangriffe des Gegners, trotz hoher feindlicher Überlegenheit zu Lande und zur See innerhalb der vorgesehenen und sehr kurz bemessenen Zeitspanne eine erfolgreiche Rückführung von rund 60 000 deutschen Soldaten mit allen Waffen und Fahrzeugen und der noch vorhanden gewesenen italienischen Verbände mit zahlreichen Waffen und Gerät gelungen sei.

Rückzügen wird in der Kriegsgeschichte verständlicherweise kein glorreicher Tribut gezollt. Sie sind keine Siege, sondern augenfällige Eingeständnisse einer Niederlage. Dennoch waren sie, rein militärisch betrachtet, hin und wieder Ausgangspunkte und Voraussetzungen für spätere erfolgreiche Operationen. Dazu gehörte allerdings immer, daß sie geordnet durchgeführt wurden und dadurch Truppen und Waffen für erneute Verwendung erhalten bleiben konnten.

Die Räumungsaktion über die Meerenge von Messina vom August 1943 ist zu einem Beispiel dafür geworden. Sie hatte einen Kampf um Zeitgewinn in Sizilien ermöglicht, ohne diesem Zeitgewinn die dafür eingesetzten eigenen Truppen zu opfern. Der gewonnene Zeitraum von fünfeinhalb Wochen konnte militärisch genutzt werden für die Vorbereitung der Abwehr auf dem Festland gegen spätere amerikanische und englische Landungen. Anschließend bildeten die zwar geschwächten, aber immer noch einsatzfähigen Verbände aus Sizilien dank der geglückten Rückführung eine dem Oberbefehlshaber Süd höchst willkommene Verstärkung für diese bevorstehende Verteidigung des Festlandes.

Baade hat reichliches Lob für seine Tätigkeit an der Messina-Straße geerntet. Kesselring und alle beteiligten höheren Truppenführer waren beeindruckt von seiner Geschicklichkeit und Energie, mit denen er jede unvorhergesehene oder noch so schwierige Lage zu meistern wußte. Feldmarschall Kesselring blieb von nun an sehr darauf bedacht, Baade auch zukünftig als Truppenführer innerhalb seines Befehlsbereiches behalten zu können.

Am 19. August übergab Baade seinen Abschnitt auf der Festlandsseite der Meerenge an den Stab der 29. Panzer-Division. Nach Abmeldung beim XIV. Panzerkorps (General Hube) in Cassino wurde ihm Heimaturlaub gewährt. Bei kurzem Aufenthalt in Rom am 22. August und an den folgenden Tagen kam es Baade nun wieder zum Bewußtsein, wie stark ihn die Erlebnisse der letzten Wochen von der Anteilnahme am sonstigen Geschehen abgelenkt hatten. Er bezeichnete es als bedauerlich, nun die Abgeschlossenheit von der Beschäftigung mit so vielen lästigen und unerfreulichen Gedanken zum Zeitgeschehen wieder aufgeben zu müssen, die ihm da unten im Südzipfel von Italien beschieden war. Nur widerwillig und allmählich ließ er vor sich die Geister wieder auferstehen, die düstere Sorgen brachten und den Schlaf störten.

Von den Freunden im Stab des Militär-Attaché erfuhr er, wie schlecht es jetzt um das Weiterbestehen der deutsch-italienischen Bundesgenossenschaft bestellt war. Es überraschte ihn, zu hören, daß Hitler und seine Gesellen sich nicht mit der Tatsache abfinden wollten, daß der Faschismus in Italien ein schmähliches und unwiderrufliches Ende gefunden hatte. Seine eigenen Erfahrungen bei den Kontakten und in der dienstlichen Zusammenarbeit mit den Italienern in den Wochen nach dem Umsturz vom 25. Juli hatten auch Baade gelehrt, daß das italienische Volk in seiner überwältigenden Mehrheit, voran das Offizierskorps, sich nunmehr von einer unglückseligen Führung, von Korruption und Irrlehre befreit fühlte und niemals wieder bereit war, die dank des Eingreifens des Königs beseitigten Verhältnisse erneut aufleben zu lassen.

Da aber die deutsche Regierung, überwiegend aus parteipolitischen Erwägungen, es ablehnte, mit der Regierung Badoglio nach den unter Verbündeten üblichen und unerläßlichen Regeln zusammenzuarbeiten, war der endgültige Bruch nur noch eine Frage der Zeit. Baade gehörte zu denen, die Verständnis dafür hatten, daß man von den Italienern nicht verlangen konnte, von Hitler mit Fußtritten behandelt zu werden und ihr Land bis zum letzten Mann und zur letzten Stadt als vorgeschobene Bastion zu opfern. Unterschwellig klang bei Baade die Hoffnung mit, daß der Bruch der Achse und eine Niederlegung der Waffen seitens der Italiener das Ende des ganzen Krieges beschleunigen und die sonst noch zu erwartenden Opfer verringen könnten.

Diese Hoffnung erwies sich als trügerisch. Zwar wurde das Ausscheiden Italiens aus dem Bündnis am 8. September 1943 zur Tatsache; der deutschen Führung, unterstützt durch die stumpf-gläubige Gefolgschaft der breiten Massen und leider bedient durch den hingebungsvollen Einsatz der Wehrmacht, deren Oberkommandos sich weiterhin dem Zwange Hitlers beugten, gelang es aber, auch diese Krise noch zu überwinden. Allerdings mußte diesmal dazu recht tief in das Reservoir von Verdrehungen, allergröbsten Lügen und Schmähungen gegriffen werden, um von unbestreitbaren Tatsachen abzulenken. Es konnte nämlich in Wirklichkeit nicht zweifelhaft sein, daß die verständliche italienische Selbsthilfe-Aktion ein weiterer eklatanter Beweis für die Gewißheit der deutschen Niederlage war. Überall in der Welt, im gegnerischen wie im neutralen Lager, sogar bei den noch verbliebenen Verbündeten Deutschlands wurde das Ende der Achse Berlin-Rom in dieser Weise interpretiert.

Baade begegnete jetzt in Rom noch alten Bekannten aus der Reiterzeit vor dem Kriege. Die vormals in Deutschland recht erfolgreiche Springreiterin Erni Jürgens, eine geborene Holländerin, war mit dem italienischen Panzer-Offizier Bocchini verheiratet. Ihre Eltern in den Niederlanden standen unter der Bewachung der Gestapo. Baade erbot sich sofort, bei der Wiederherstellung der unterbrochenen Verbindung behilflich zu sein. Es gelang ihm, durch eine Kette von Freunden Briefe an die Eltern von Frau Bocchini unter Umgehung der Gestapo durchzuschleusen.

Es kam in diesen kurzen Tagen in Rom, angeregt durch alle Nachrichten, die ihm Bocchinis zutrugen, einmal mehr die impulsive Art von Baade zum vollen Durchbruch. Er verfiel, sozusagen im Handumdrehen, weil ohne weitere Absprachen, auf den Gedanken, auf eigene Faust Verbindung mit dem Vatikan aufzunehmen und dem Papst Einzelheiten über das Ausmaß der sich verschlechternden Lage Deutschlands und des zerrissenen Italiens zukommen zu lassen. Er ging von der Annahme aus, daß der Papst hierüber nicht ausreichend orientiert sei, daher möglicherweise noch an einen ungewissen Ausgang des Krieges glaube und infolgedessen zutreffende Unterlagen für eine vielleicht nützliche Initiative benötige. Bocchinis vermittelten Baade eine Verbindung zur Umgebung des Papstes. Seine selbstgewählte Mission scheiterte jedoch recht schnell. Sie wurde zu seiner Überraschung der deutschen Botschaft beim Heiligen Stuhl bekannt, die ihm die Warnung zukommen ließ, sich sofort weiterer Schritte dieser Art zu enthalten. Daraufhin beschleunigte Baade seine Weiterreise nach Deutschland. Die Freundschaft mit dem Ehepaar Bocchini hat sich aber für Baade auch bei allen seinen noch folgenden Aufenthalten in Rom sehr bewährt.

In Deutschland war Baade tief beeindruckt vom Anblick der schweren Zerstörungen in Hamburg, die Ende Juli durch die erstmalig so stark massierten Luftangriffe verursacht waren. Sie wirkten auf ihn wie ein nun für jedermann sichtbares Symbol für die unausweichliche Niederlage. Es berührte ihn wie ein körperlicher Schmerz, wenn er jetzt noch einem Menschen begegnete, der es über sich brachte, das Wort vom „deutschen Endsieg" auszusprechen. Dann hätte er ihm, wie er seinen Freunden sagte, am liebsten ins Gesicht geschrien: „Du tausendfacher Narr!"

Schon in der ersten Septemberhälfte mußte Baade seinen Urlaub abbrechen. Er wurde wieder nach Italien gerufen. Im Süden der Halbinsel hatte er vertretungsweise die Führung der ihm bereits gut bekannten 15. Panzer-Division zu übernehmen, deren Kommandeur, General Rodt, zu einem Lehrgang nach Berlin beordert worden war.

Nachdem die 5. amerikanische Armee am 9. September bei Salerno gelandet war, wurde auch die 15. Panzer-Division in die wochenlangen Kämpfe verwickelt, in denen die deutsche Führung in Italien sich bemühte, das Vordringen der Alliierten so nachhaltig wie möglich zu verzögern. Der Mangel an großen deutschen Verbänden führte dazu, daß die einzelnen Divisionen dabei ständig beschwerliche Verschiebungen in dem schwierigen Gelände vornehmen mußten, um den Spitzen des Gegners nach Art einer Feuerwehr heute hier und morgen dort das weitere Vorgehen wenigstens für einige Zeit zu verwehren. Die 15. Panzer-Division hatte besonders am Volturno mehrere Tage lang ein sehr schweres Gefecht zu bestehen. Im übrigen waren es an der gesamten Front Kämpfe im Zeichen des hinhaltenden Widerstandes, bis sich diese Kämpfe Ende des Jahres 1943 in Mittelitalien, auf der Höhe von Cassino, festliefen.

Am 3. November kehrte General Rodt zurück und übernahm wieder seine Division. Baade mußte seinerseits Ende November nochmals eine Lücke füllen und für zwei Wochen vertretungsweise die 65. Infanterie-Division führen.

Am 12. Dezember 1943 erhielt Baade die Weisung, die Führung der 90. Panzergrenadier-Division auf dem Ostflügel der Italienfront zu übernehmen. Einige Zeit später wurde er auch offiziell zum Kommandeur dieser Division ernannt.

Zu dieser Entscheidung des Heerespersonalamts hatte die wiederholge Bekundung von Feldmarschall Kesselring beigetragen, daß er eine erneute Verwendung des Oberst Baade in Italien sehr begrüßen würde. Infolge einer geänderten Benennung der obersten Befehlsstellen auf den Kriegsschauplätzen hatte Kesselring inzwischen die Bezeichnung „Oberbefehlshaber Südwest" erhalten. In dieser Eigenschaft war er gleichzeitig Oberbefehlshaber der neu formierten Heeresgruppe C in Italien.

Die 90. Panzergrenadier-Division war, wie bereits erwähnt, in der ersten Hälfte des Jahres 1943 in Sardinien aufgestellt worden. Im Zuge der dann folgenden Entwicklung im Mittelmeerraum war sie zunächst nach Korsika und von dort auf das italienische Festland überführt worden. Hier wurde sie anfänglich in Oberitalien, und zwar westlich von Venedig, als Reserve bereitgehalten.

In den Monaten September bis Ende November 1943 hatten die Streitkräfte der Amerikaner und der Briten, zu denen auch kanadische, französische, polnische, neuseeländische, marokkanische, tunesische und algerische Truppen in sehr unterschiedlicher Zahl gehörten, in vielen einzelnen Landungen und Kampfhandlungen gegen die hinhaltend zurückgehenden deutschen Divisionen Süditalien bis zu einer Linie erobert, die von Vasto am Adriatischen Meer bis Minturno am Tyrrhenischen Meer nördlich von Neapel verlief. Damit standen sie der sogenannten Gustav-Stellung gegenüber, die von den Deutschen zu einem nunmehr verstärkten Widerstand ausgebaut worden war. Vorwärts dieser Linie hielten die deutschen Truppen noch einige vorgeschobene Stellungen, um die späteren Angriffe des Gegners gegen die Gustav-Stellung zu verzögern und zu erschweren.

In den letzten Tagen des November traten die Allierten zum Angriff gegen diese Stellungen an. Damit begannen die Kämpfe im Vorfeld von Cassino.

Zu einer ersten Krisenlage kam es an der Adria-Küste, südlich und westlich von Ortona. Das hier eingesetzte LXXVI. Panzerkorps unter General Herr bedurfte der Verstärkung durch Reserven. Ihm wurde daher die 90. Panzergrenadier-Division in den ersten Dezembertagen zugeführt. Im Großkampf bisher ohne Erfahrung, hatte die Division hier einen schweren Stand, zumal eilige Einsätze ohne Vorbereitungen und Bereitstellungen erforderlich wurden. Es kam zu manchen Rückschlägen und schließlich auch zur Ablösung des damaligen Divisionskommandeurs. Als sein Nachfolger traf Baade am 14. Dezember auf dem Divisions-Gefechtsstand bei Arielli südwestlich von Ortona ein. Mit Bedauern mußte er feststellen, daß die Division hier noch keineswegs vollständig zur Stelle war. Wesentliche Teile befanden sich noch weit rückwärts im Antransport.

Die Abwehrkämpfe gegen den Ansturm des Gegners auf Ortona wogten täglich hin und her. Schnelle Entschlüsse für Umgruppierungen, Gegenangriffe, Beziehen neuer Riegelstellungen und für Zurücknahme von Teilen, denen Einschließung drohte, waren ständig zu fassen. Das zerklüftete Gelände an der Küste ließ einen geschlossenen Einsatz stärkerer Einheiten nicht zu. Baade eilte täglich zu den getrennt voneinander kämpfenden Teilen. Es war wieder einmal eine Zeit, da von Stunde zu Stunde neue Aushilfsmaßnahmen erfunden werden mußten. Der Kampf des Korps galt dem Hinhalten des Gegners und dem Zeitgewinn für den weiteren Ausbau der eigenen rückwärtigen Stellungen. Als der Gegner dann am 29. Dezember doch Ortona einem zuletzt dort eingesetzten Fallschirmjäger-Regiment entreißen konnte, war dieser Zweck erfüllt. Die Teile der Division Baade hatten zu dieser Zeit mit letzter Kraft weiteres feindliches Vorgehen westlich von Ortona zum Stehen gebracht.

Die Heeresgruppe sah ein, daß die Division nach diesem überstürzten Einsatz der Auffrischung und vor allem der Verbesserung ihres Ausbildungsstandes bedurfte. Sie zog sie daher aus dieser Front heraus und verlegte ihre Einheiten in zeitlichen Abständen als Reserve in die Gegend westlich von Cassino, nahe der Via Casilina, die von Cassino nach Rom führt.

Damit befand sich Baade mit seiner Truppe hinter dem Abschnitt des XIV. Panzerkorps, ohne ihm jedoch vorläufig unterstellt zu sein. Dieses Korps führte seit dem 28. Oktober 1943 der General von Senger als Nachfolger des General Hube. Schneller, als sie annehmen konnten, waren somit Senger und Baade wieder in eine zunächst wenigstens räumliche Nähe zueinander geraten. Baade suchte sogleich Senger in dessen Korps-Stabsquartier in Roccasecca auf. Bald sollte es für sie für viele Monate zu einer engen Zusammenarbeit während einer langen Reihe von Kämpfen kommen, die zu den härtesten und schwersten des zweiten Weltkrieges gehörten.

Die Herauslösung seiner Division benutzte Baade mit Eifer und Eile für alle Maßnahmen, die ihm erforderlich schienen, um einen möglichst kampfkräftigen Verband zu schaffen, damit bei kommenden Einsätzen allen vermeidbaren Verlusten vorgebeugt werden konnte. Für vordringlich hielt er mehrere Wechsel in der Stellenbesetzung der Kommandeure. Soweit er glaubte, bei den Kämpfen um Ortona erkannt zu haben, daß die Fähigkeiten und die Standfestigkeit einzelner höherer

Offiziere nicht ausreichten, setzte er es bei den zuständigen vorgesetzten Dienststellen durch, daß Ablösungen und Ersatzgestellungen erfolgten. In einigen Fällen, in denen ihm neue Kommandeure nicht so schnell zugewiesen werden konnten, bestand er trotzdem auf die Ablösungen und setzte die Zustimmung der Heeresgruppe für das Aufrücken bewährter jüngerer Offiziere in diese Stellen durch.

Die nächste Maßnahme war dann eine umfassende Anweisung an alle unterstellten Kommandeure und Einheitsführer. In ihr legte er in jeweils stark pointierter Form seine Anforderungen für die Ausbildung und das spätere Verhalten im Kampf fest. Ebenso wie in dem Merkblatt, das er vor dem Beginn des Feldzuges im Westen im Frühjahr 1940 an seine Truppe herausgegeben hatte, ging er hier darauf aus, den Führern aller Dienstgrade dazu zu verhelfen, das Wesentliche zum Durchstehen der Kämpfe vom weniger Wesentlichen streng zu scheiden. Aus diesen Hinweisen und Anordnungen sprachen in jeder Zeile seine nunmehr tief eingewurzelte Kampferfahrung und sein ungewöhnlich klarer Blick für das Nützliche. Dabei bediente er sich wieder, wie bei seinen Sattelbefehlen in den Gefechten, seiner oft recht unorthodoxen, aber auffällig einprägsamen Ausdrucksweise.

Einleitend unterstrich er, daß bei jeder Ausbildung in den Kampfpausen Fleiß und Zähigkeit in der Ausnutzung der oft naturgemäß nur beschränkten örtlichen Möglichkeiten von großer Bedeutung seien. Mit diesen beiden Eigenschaften müsse es stets gelingen, vorhandene Mängel auf ein Minimum ihres Schadenseffektes zu reduzieren. Ein jeder müsse immer an den Grundsatz denken: „Solange eine Sache noch besser gemacht werden kann, ist sie noch nicht in Ordnung."

Sobald etwa Lässigkeit und Mangel an gutem Willen erkennbar würden, müsse streng dagegen angegangen werden, weil ein jeder Soldat auf das „Mitziehen" der anderen angewiesen sei. Selbst wenn sich dabei aus Versehen einmal eine etwas ungerechte Maßregelung ergeben sollte, wäre dies weniger schlimm, als wenn Disziplin und Kameradschaft durch falsch verstandene Nachsicht leiden würden.

Im übrigen gebühre den Schießübungen der absolute Vorrang. Die Sicherheitsbestimmungen seien nur sinngemäß anzuwenden, weil bei der haargenauen Beachtung ihrer sehr weitgespannten Einzelheiten ein erfolgreiches Schießtraining in den Unterbringungsräumen oft nicht möglich sei. Es sei besser, es ereigne sich einmal ein Unfall, als daß 1 000 Mann nicht schießen lernten. Friedensmäßiges Herumkorrigieren an der Haltung des Soldaten beim Anschlag des Gewehrs habe zu unterbleiben. Bedeutsam sei lediglich, daß der Schütze treffe, und zwar schnell.

Die Ausrüstung des Einzelkämpfers sei rücksichtslos zu vereinfachen und wohl überlegt auf die Erfordernisse der bevorstehenden Kampfweise im meist gebirgigen Gelände abzustellen. Das Seitengewehr nannte er ein „Rudiment aus der Ritterzeit“, das nicht einmal zum Holzhacken mehr zu gebrauchen sei. Es gehöre in die Mottenkiste. Dagegen sei es aber unerläßlich, daß jeder Mann einen Spaten bei sich habe, und zwar einen geschärften, damit er sich immer, wenn erforderlich, so schnell wie möglich eingraben könne. An die Stelle des zeitraubend und schwierig zu packenden Sturmgepäcks, das von „Fachleuten“ für Manöver und leichten Bewegungskrieg erfunden sei, müsse ein leerer Rucksack mit Zeltbahn, Decke, Kochgeschirr, Rasierzeug und vor allem viel Platz für Verpflegung treten.

Den Schluß bildeten Anordnungen für die rückwärtigen Dienste und Grundsätze für die Regelung des Urlaubs. Darin hieß es unter anderem: „Mit der Aufsicht über die Trosse ist ein Offizier zu beauftragen. Dies muß aber ein Mann der Front sein, dem diese Tätigkeit ein Greuel ist und der den Mut hat, sich unbeliebt zu machen.“ Zum Thema Urlaub stand geschrieben: „Schon das Wort Urlaubsperre richtet Schaden an. Ich werde mich immer gegen Urlaubsperre wehren. Und wenn auch nur drei Mann je Kompanie auf Urlaub sind, so sind also diese drei glücklich, drei weitere freuen sich, bald fahren zu können, sechs weitere schreiben schon nach Hause und lösen dort Glück und Freude aus. Die Rückkehrer erzählen und stärken die Brücke zur Heimat. Schlimm ist es aber, wenn vierzehntausend Mann nach Hause schreiben, es sei Urlaubsperre. Der Nachteil der Abwesenheit von ein paar Urlaubern steht in garkeinem Verhältnis zu der Minderung der Stimmung und der Einsatzbereitschaft der Gesamtheit durch die törichte Urlaubsperre.“

Die Führung einer Division brachte es nun für Baade mit sich, daß ihm erstmalig auch Generalstabsoffiziere unterstellt waren. Zur damaligen Zeit gehörten laut Stellenplan drei Generalstabsoffiziere zu einem Divisionsstab. Der erste Generalstabsoffizier (Ia) war der Führungsgehilfe des Kommandeurs und der Vermittler der Absichten der Führung an die Truppe. Zugleich war er Leiter des Divisionsstabes. Der zweite Generalstabsoffizier (Ib) trug die Verantwortung für die Versorgung und den Nachschub für die gesamte Division. Dem dritten Generalstabsoffizier (Ic) oblag hauptsächlich das Sammeln und Auswerten aller Nachrichten über die Feindlage.

Wegen des langen Verlaufs des Krieges konnte es nicht ausbleiben, daß ein erheblicher Mangel an Generalstabsoffizieren fühlbar wurde. Der Bedarf stieg durch die erforderlichen Besetzungen bei den Stäben der vielen neu aufgestellten Divisionen, Armeekorps und Armeen. Daher wurden, zumal bei den Divisionsstäben, immer häufiger geeignete Reserveoffiziere auf die Planstellen der dortigen zweiten und dritten Generalstabsoffiziere gesetzt. Die Stelle des Ia blieb jedoch, von ganz wenigen Ausnahmen abgesehen, überall den aktiven Generalstabsoffizieren vorbehalten.

Baade selbst hatte keine Ausbildung für den Generalstabsdienst erhalten. Den Angehörigen des Generalstabes stand er mit einer etwas zwiespältigen Einstellung gegenüber. Es wäre zu weit gegangen, dabei von Ablehnung oder Mißtrauen zu sprechen. Er wagte nicht zu bezweifeln, daß diese Offiziere wohl eine überdurchschnittliche Intelligenz besaßen und eine sicherlich sehr gute Spezialausbildung erhalten hatten. Wie dies in manchen Fällen vorkam, regte sich jedoch auch bei ihm zuweilen ein leichter Argwohn, daß diese Offiziere aus ihrer Zugehörigkeit zum Generalstab eine gewisse Selbstüberschätzung herleiten könnten. Er glaubte, immer damit rechnen zu müssen, daß sie in gegebenen Situationen einen zu stark belehrenden Ton anschlagen würden. Gelegentlich überkam ihn auch die Anwandlung, in ihnen nur Spezialisten für theoretische Führungsfragen zu sehen, die hinsichtlich praktischer Erfahrungen auf dem Gefechtsfeld und hinsichtlich des Verständnisses für die Truppe nicht immer mit den kampferprobten Frontoffizieren Schritt halten konnten. Etwas unüberlegt, wie er später selbst zugab, entfuhr ihm daher sogar einmal der Ausspruch: „Generalstabsoffiziere gehören an die Feldküche." Aus seiner Sprache übersetzt, sollte das heißen, daß er die Führung der Division vorne allein in der Hand behalten wollte, während die Generalstabsoffiziere sich weit hinten mit dem lästigen Schreibkram beschäftigen mochten.

Am 13. Januar 1944 hatte sich bei Baade der Oberstleutnant i. G. Joachim von Metzsch gemeldet. Er war als erster Generalstabsoffizier (Ia) zur 90. Panzergrenadier-Division versetzt worden. Er kam aus dem Stabe einer Panzer-Armee in Rußland. Zwar war Metzsch auch aus der Kavallerie hervorgegangen, nämlich aus dem Reiter-Regiment 12 in Dresden, aber Baade und er hatten sogleich den Eindruck, daß sie doch Menschen mit recht unterschiedlicher Mentalität waren. Daher bestand bei beiden zunächst einmal eine gespannte Erwartung, ob sie sich verstehen und vertragen würden. Metzsch beschrieb das Verhalten von Baade bei der ersten Begegnung als „sachlich, distanziert, doch nicht ohne Herz". Im übrigen ließ die Lage ihnen keine Zeit, sich länger mit der Frage zu beschäftigen, ob hier der Divisionskommandeur und sein wichtigster Mitarbeiter und Berater zueinander passen würden oder nicht.

Am Abend des 17. Januar 1944 begann der Großangriff der Alliierten gegen die Gustav-Linie, und zwar zunächst am westlichen Flügel. Dort hatte die 94. deutsche Infanterie-Division einen schweren Stand, weil ihr die doppelte Aufgabe zugewiesen war, mit einer Hälfte eine Landfront am Fluß Garigliano zu verteidigen und mit der anderen Hälfte die Seefront beiderseits von Gaeta gegen feindliche Landungsversuche zu sichern. Daher zeichnete sich hier auch bereits am 18. Januar die Gefahr eines Durchbruchs des angreifenden X. britischen Armeekorps ab.

General von Senger eilte zu der bedrohten Division und erbat von hier aus bei Feldmarschall Kesselring die sofortige Freigabe der beiden Divisionen, die sich als Reserven der Heeresgruppe zwischen Cassino und Rom befanden, nämlich die 29. Panzer-Division und die 90. Panzergrenadier-Division. Senger wußte, daß diese beiden Divisionen dort bereit gehalten wurden als Eingreif-Verbände gegen feindliche Landungen tief im Rücken der Front, mit denen nach allen Nachrichten über Absichten und Vorbereitungen des Gegners jetzt jederzeit gerechnet werden mußte. Obwohl es daher nicht verwunderlich gewesen wäre, wenn der Oberbefehlshaber Südwest diese Divisionen nicht freigegeben hätte, entsprach er doch dem Antrag von Senger.

In Eilmärschen erreichten noch am 18. Januar abends Teile von beiden Divisionen das Kampffeld der 94. Infanterie-Division. Während die 29. Panzer-Division in einen Abschnitt dirigiert werden konnte, der einen geschlossenen Gegenangriff begünstigte, mußte die Division von Baade auch hier, ähnlich wie im Dezember bei Ortona, bataillonsweise in den Kampf geworfen werden. Ihre Einheiten wurden einzeln, je nach Eintreffen, bedrohten Abschnitten des Gefechtsfeldes zugeführt, um dort den bedrängten Teilen der 94. Division zu helfen.

Baade litt darunter, aus diesen Gründen nicht selbst die Führung in der Hand behalten zu können, sondern die Teile seiner Division anderen Verbänden unterstellt zu sehen. Schließlich wußte er sich aber damit zu trösten, daß das Eingreifen der Reserven die Lage an dieser Front so schnell bereinigte. Damit hatte der Auftakt zu der nun in Gang gebrachten „ersten Cassino-Schlacht“ einen klaren deutschen Abwehrerfolg gezeitigt.

Es folgte nun Schlag auf Schlag; eine Krisenlage jagte die andere. Bereits am 22. Januar erfolgte die groß angelegte Landung der Alliierten bei Anzio und Nettuno, hart südwestlich von Rom. Die 29. Panzer-Division wurde schleunigst dem Korps Senger wieder entzogen und in die Abwehrfront gegen den Brückenkopf bei Nettuno eingeschoben.

Die Division von Baade hingegen wurde erst in den letzten Tagen des Januar nach und nach aus dem Abschnitt der 94. Division herausgezogen und in die Gegend westlich von Cassino verlegt. Sie blieb nun dem Panzerkorps Senger unterstellt.

Gegen die deutsche Front beiderseits von Cassino hatte ebenfalls am 22. Januar, also gleichzeitig mit der Landung bei Anzio und Nettuno, der Großangriff amerikanischer Divisionen begonnen, hier unterstützt von französischen, indischen, neuseeländischen, tunesischen und marokkanischen Truppen. Es gelang ihnen, ab 25. Januar tiefe Einbrüche in die Front nördlich von Cassino zu erzielen, die nur mühsam von den deutschen Verteidigern abgeriegelt werden konnten.

Am 1. Februar 1944 erhielt Baade die Nachricht von seiner Beförderung zum Generalmajor. Gleichzeitig erhielt er aber auch von Senger den Befehl, unverzüglich die Befehlsführung in der jetzt besonders gefährdeten Gegend um Terelle, circa 15 Kilometer nordostwärts von Cassino, zu übernehmen. Es käme darauf an, mit seiner Division und einigen dort schon kämpfenden Einheiten anderer Divisionen das weitere Vordringen der marokkanischen und algerischen Truppen aufzuhalten, die unter dem Kommando des späteren Marschall Juin standen.

Auch diesmal mußte Baade mit der Ungunst und allen Nachteilen der Tatsache fertig werden, daß die Teile seiner Division nur in größeren zeitlichen Abständen in der Kampfzone eintreffen konnten. Wenn Abwehr und Gegenstöße im Rahmen der Gesamtlage einen Erfolg erbringen sollten, dann war alles darauf angewiesen, daß Baade mit jeweils schnellem Blick herausfand, an welcher Stelle der aufgesplitterten und in dem Gebirge schwer übersehbaren Front zuerst eingegriffen werden mußte.

Der Augenzeuge Oberstleutnant von Metzsch hat rückschauend über diese Kampftage bei Terelle niedergeschrieben: „An diesem Brennpunkt der nun voll entflammten ersten Cassino-Schlacht zeigte Baade seine ungewöhnliche Fähigkeit, eine Lage rasch zu erfassen und zu erkennen, wie sie mit den gegebenen Mitteln am wirksamsten zu meistern war. Unglaublich schnell hatte er die Führungsfäden in der Hand und verstand mit nahezu traumwandlerischer Sicherheit und elastischem Verfahren sachlich-taktisch und persönlich-menschlich ganz unkonventionell und unkompliziert, aber ungemein präzise die richtigen Maßnahmen zu treffen. So entstand in kurzer Zeit in diesem ‚Hexenkessel' eine Atmosphäre des Vertrauens und der Sicherheit, die den tapferen Verteidigern dieses umkämpften Raumes immer wieder neuen Mut gab.

Naturgemäß konnte er diese Art der Führung nicht von einem weit rückwärts liegenden Divisions-Gefechtsstand aus wahrnehmen. Sein Platz war stets so nahe am Frontgeschehen wie möglich. Es war dies entweder eine Höhle, ein Bunker unter der Erde oder eine unscheinbare, versteckt liegende Hütte, immer im Bereich auch des mittleren feindlichen Artillerie-Beschusses. Daß die schwere Belastungsprobe der ersten Cassino-Schlacht erfolgreich bestanden wurde, war dem unerschrockenen Einsatz der tapferen Truppen und der beispielhaft mitreißenden Persönlichkeit von Baade zu verdanken."

Vom 2. bis zum 15. Februar standen die Baade unterstellten Truppen ununterbrochen im Mittelpunkt dieser Schlacht. Seine Panzergrenadier-Regimenter 200 (Oberst Baron Behr), 211 (Major Knuth) und 361 (Oberstleutnant Ziegler) vereitelten, im Verein mit oftmals zugeführten Verstärkungen aus anderen Divisionen und aus Korpstruppen, in wechselvollen Kämpfen die hartnäckig vom Gegner unternommenen Versuche, im Abschnitt von Cassino-Stadt bis Terelle durchzubrechen.

Auf diesem Raum erfolgte seitens der Alliierten ein Materialeinsatz, besonders mit Artillerie, der nur den bekannten Schlachten des ersten Weltkrieges an der Somme und an der Marne vergleichbar war. Zudem war es ein Kampf im Gebirge unter den harten winterlichen Bedingungen des unablässigen Wechsels zwischen Frost, Schnee, Regen und Sturm. Die Division war für ein so anhaltendes, unerbittliches Ringen um schneebedeckte Höhen weder ausreichend ausgebildet noch genügend ausgerüstet. Die Versorgung der kämpfenden Einheiten bereitete in dem zerklüfteten Felsgewirr und bei dem ständigen Artillerie-Beschuß Schwierigkeiten, die oft unüberwindlich schienen und die Truppe nur allzu häufig Mangel an Munition und Verpflegung leiden ließen. Die immer wieder bis zum Trommelfeuer gesteigerte Tätigkeit der feindlichen Artillerie verursachte durch den Widerhall an den Gebirgshängen ein Getöse, das die nervliche Belastung empfindlich über das normale Maß hinaus erhöhte.

Erschwerend kam ferner auch hier für die deutschen Soldaten, sowohl unmittelbar an der Front als auch im Einsatz für den Nachschub, die absolute Überlegenheit des Gegners in der Luft hinzu. Die Verbände der deutschen Luftwaffe in Italien wurden seit dem 22. Januar 1944 dringend an der Abriegelungsfront um den feindlichen Brückenkopf Anzio-Nettuno benötigt. Die von dort ausgehende Bedrohung von Rom beanspruchte den Vorrang. Für die Abwehr an der Cassino-Front blieben nur gelegentlich und dann auch nur schwache eigene Luftstreitkräfte verfügbar.

Zwar wurde oft ein verstärkter Einsatz deutscher fliegender Verbände als nahe bevorstehend angekündigt, um den Cassino-Kämpfern wenigstens etwas mehr Schutz gegen die ständigen Bombenwürfe des Feindes zu verschaffen. Die Landser gaben aber den Glauben an diese Versprechungen allmählich auf. Zynisch kommentierten sie alle Nachrichten und Gerüchte über stärkere Unterstützung aus der Luft mit der Bemerkung, daß ihnen Regen oder Schneefall, der die feindliche Fliegertätigkeit wenigstens etwas behinderte, wesentlich willkommener seien als alle Hoffnungen auf Eingreifen der eigenen Luftwaffe.

Für Meldegänger, Ordonnanzoffiziere höherer Stäbe und ebenso für den Korpskommandeur waren die Gänge zu allen Gefechtsständen von Baade jedesmal ein schwieriges und gefahrvolles Unterfangen. Der Weg dahin führte immer durch Zonen, die der Feind einsehen konnte. Feuerüberfälle mußten durchlaufen oder in mäßiger Deckung abgewartet werden. Es war stets ein Weg in den Kugelregen der Front.

General von Senger billigte dieses Verhalten von Baade. Er erkannte an, daß bei der Eigenart der in so viele Abschnitte aufgeteilten Schlacht im Gebirge hier in der vordersten Linie der Divisionskommandeur am besten die Lage übersehen und dann schnell und zweckmäßig die jeweils erforderlichen Anweisungen geben konnte. Zudem erwies sich in dieser Cassino-Schlacht an dem Einsatz von Baade in besonderer Weise, welche weitreichende Wirkung auf den Kampfwillen der Truppe ausgehen kann, wenn die Soldaten ihren General ständig um sie besorgt, ständig ein gutes Beispiel gebend in unmittelbarer Nähe der Frontlinie sehen.

So berichtete Senger davon, daß er bei einem Gang zu dem Gefechtsstand von Baade sich durch heftiges Sperrfeuer hindurchwinden mußte; als er dann endlich vom häufigen Hinwerfen und Kriechen hinter Deckungen reichlich zerzaust in der Hauptkampflinie ankam, hieß es, Baade befinde sich sogar bei den Gefechtsvorposten. Senger folgte ihm auch dorthin.

Ein anderes Mal traf Senger erst nach längerem Irrweg in einer ganz erbärmlichen, halb zerschossenen Hütte ein, in der Baade sich aufhielt. In Richtung feindwärts kniete Baade hinter dem großen Scherenfernrohr, das er als wichtigstes Requisit immer mit sich führte und das er auch hier gut getarnt in die zerfallene Bretterwand eingebaut hatte. Senger war beeindruckt von dem großartigen Überblick, den sich Baade damit auch hier über einen weiten Abschnitt der Front mit Einsicht in viele Einzelheiten verschafft hatte. Gleichzeitig frappierte ihn aber auch die Einsamkeit, die Baade hier umgab. Auf die Frage von Senger, ob er denn gar kein Stabspersonal bei sich hätte, rief Baade aus einer dunklen Ecke der Hütte einen jungen Soldaten herbei: „Das ist Graf Arnim, mein Adjutant hier für den vorgeschobenen Gefechtsstand. Und nebenan, in einem Verschlag, sitzt Stützer und bedient das Telefon. Mehr brauche ich hier nicht."

Arnim war gerade 18 Jahre alt. Baade war mit seinen Eltern befreundet. Er hatte ihn zu sich geholt, ihn im Vertrauen auf seine Zuverlässigkeit und seine Intelligenz zu seinem Begleiter erkoren und ihm damit Aufgaben übertragen, die der militärischen Hierarchie gewiß in keiner Weise entsprachen. Senger quittierte auch dieses sonderbare Verhalten von Baade, einen jungen Mann, der noch nicht einmal Gefreiter war, als Führungsgehilfen eines Divisionskommandeurs fungieren zu lassen, mit Schmunzeln und Nachsicht.

Dem General von Senger war auch bekannt, daß Baade sich hin und wieder einen Spaß daraus machte, mit der Feindseite freundliche Funksprüche zu wechseln. Am Neujahrstage hatte Baade Glückwünsche mit den Kommandeuren von zwei gegenüberliegenden englischen Einheiten ausgetauscht, die ihm vom Afrika-Feldzug her noch bekannt waren. Und vor und während der Cassino-Schlacht kam es vor, daß er auf dem Rückweg von einem Aufenthalt in der vorderen Linie den Funkspruch übersenden ließ: „Stop firing. I am on my way back. Baade." Es wird behauptet, daß er manchmal Erfolg damit hatte.

Als einmal eines seiner Regimenter eine Anzahl von Gefangenen einbrachte, gab Baade einer in der Nähe befindlichen Funkstelle die Weisung, in der kommenden Nacht, bei etwas verminderter Gefechtstätigkeit die Namen dieser unversehrt in die Hände seiner Division gefallenen amerikanischen Soldaten herüberzufunken. „Damit kann man doch den betroffenen Müttern, Frauen und Bräuten einen großen Gefallen tun", bemerkte er dazu.

So zeigten sich auch inmitten des Großkampfes der Cassino-Schlachten oft die zwei Seelen in seiner Brust. Einerseits die harte Einsatzbereitschaft, wenn das Crescendo der Kämpfe tobte, andererseits der Wunsch und Wille, auch in diesem Inferno der Waffenwirkung das „fair play“ nicht nur zu beachten, sondern durch Anregungen und Einfälle zu fördern und weiter zu entwickeln.

Zu den Widersprüchlichkeiten in seiner Natur und seinem Verhalten gehörten auch die kapriziösen Maßnahmen, die er schon Ende Dezember 1943, bei den Kämpfen um Ortona und später bei Minturno ergriffen hatte, um einer Gefangennahme zu entgehen. Er hatte sich eine Mönchskutte beschafft und in seinem Wagen bereit gelegt, mit deren Hilfe er dann in letzter Minute untertauchen wollte. Und für seinen jungen Freund Arnim wurde zum gleichen Zweck ein zufällig aufgefundener roter Rock bereit gehalten, weil er nach Baades Urteil „ohnehin wie ein Mädchen aussah“.

Der Widerspruch, sogar ein gewisses Rätsel, ergibt sich daraus, daß man von Baade nach seiner ganzen Haltung, nach seiner tiefen Abscheu gegenüber dem nationalsozialistischen Regime und letzten Endes auch nach seiner anglophilen Einstellung hätte erwarten können, daß ihm eine unversehrte Gefangennahme nicht gerade ein Schreckgespenst und das letzte Übel bedeutet hätte. Es gibt so viele Beispiele aus dem zweiten Weltkrieg dafür, daß deutsche Soldaten, auch Generäle, in wohl verständlicher und nachzufühlender Weise, die Gefangenschaft bei den Westmächten als Befreiung und Erlösung aus dem Teufelskreis betrachteten, in den anerzogene Pflichtauffassung einerseits und ihr Ehrgefühl andererseits sie versetzt hatten. Darum bleibt es ein etwas sonderbarer Zug bei Baade, daß er trotz aller Voraussetzungen für das Beziehen dieses Standpunktes sich immer, und, wie zu sehen sein wird, bis zu allerletzt, gegen eine Gefangennahme auch durch die westlichen Feindmächte mit allen Mitteln gewehrt hat. Nichts war ihm so zuwider wie die Aufgabe der persönlichen Freiheit. Hinter Verschluß zu sitzen und über sein Tun und Lassen in keiner Weise mehr bestimmen zu können, war ihm ein unerträglicher Gedanke. Dem Schicksal eines Vogels im Käfig zu gleichen, zog er stets und überall vor, sein Leben zu riskieren.

Am 8. Februar 1944 wurden die Erfolge der 90. Panzergrenadier-Division in dem täglich herausgegebenen deutschen Wehrmachtsbericht lobend erwähnt. Baade freute sich für seine schwer ringenden Einheiten über diese Anerkennung.

Am 9. Februar zeichnete sich in dem von Baade befehligten Abschnitt zwischen Cassino-Stadt und Terelle eine bevorstehende größere Operation der Amerikaner ab. Schon einige Tage zuvor war es einigen amerikanischen Kompanien im Schutze von lang anhaltendem Nebel gelungen, den 771 Meter hohen Monte Castellone in Besitz zu nehmen. Nun stellte es sich heraus, daß erhebliche Verstärkungen in diese Gegend zugeführt wurden. Infolgedessen mußte damit gerechnet werden, daß die Amerikaner bald von hier aus zum Durchstoß in südwestlicher Richtung auf die Via Casilina, die große Durchgangsstraße von Cassino nach Rom, ansetzen würden. Damit wäre die gesamte deutsche Stellung entlang der Gustav-Linie, vom Tyrrhenischen bis zum Adriatischen Meer, auf das schwerste vom Rücken her bedroht worden.

Baade entschloß sich, diese Gefahr durch Gegenangriff zu bannen. Er strebte die Rückeroberung des Monte Castellone an. Er gab sich keiner Täuschung über das Ausmaß dieses Wagnisses hin. Er wußte nur zu gut, daß seinen durch die vorangegangenen Kämpfe stark dezimierten Regimentern und Abteilungen damit sehr viel zugemutet wurde. Er war aber überzeugt, daß durch Abriegelung und Verteidigung in den tiefer gelegenen eigenen Stellungen das Vordringen der Amerikaner aus dem Massiv des Monte Castellone nicht verhindert werden konnte. In diesem Falle erschien ihm also nicht Verteidigung, sondern Angriff die stärkere Kampfform, obwohl der Angriff bergauf geführt werden mußte.

Ferner kam die Berechtigung zu der Annahme hinzu, daß der Gegner kaum mit diesem zuvorkommenden deutschen Angriff rechnen würde. Der immer anzustrebende Vorteil der Überraschung konnte daher zumindest in beschränktem Umfang einkalkuliert werden. Auch die noch im Hinaufklettern auf die Höhe befindlichen weiteren Verstärkungen des Gegners konnten durch den Angriff, wenn er bald unternommen wurde, in einem Schwächemoment getroffen werden.

General von Senger stellte Baade in aller Eile für diesen Angriff, der die Tarnbezeichnung „Unternehmen Michael" erhielt, noch Artillerie-Einheiten einer Nachbar-Division, einige wenige 21 cm-Mörser und Teile einer Werfer-Brigade zur Verfügung. Der Angriff begann am 12. Februar morgens um 4 Uhr. Der Schwerpunkt des Kampfes lag bei dem hier nur aus zwei Bataillonen bestehenden Panzergrenadier-Regiment 200 unter Führung des Oberst Baron Behr. Mit äußerster Entschlossenheit stürmten die einzelnen Kampfgruppen dieses Regiments und eines der Division Baade noch unterstellten Hochgebirgs-Bataillons den Hang hinauf. Kurz vor dem Gipfel wurden sie bedauerlicherweise vom eigenen Artilleriefeuer erfaßt, weil die überbeanspruchten, ausgeleierten Rohre eine zu große Streuung verursachten. Trotzdem konnten die Angreifer, voran das I. Bataillon des Regiments 200 unter der geschickten und anspornenden Führung von Hauptmann Bottler, den Gipfel erreichen. Sie konnten ihn dann aber nur für einige Stunden halten, weil der Gegner überraschend zahlreiche Reserven für Gegenstöße bereit hatte. Zudem verursachten Scharfschützen und die hier erstmalig vom Gegner verwendeten Phosphorhandgranaten so hohe Verluste, daß Baade das Absetzen vom Feinde befehlen mußte.

Dennoch hatte das „Unternehmen Michael" im Rahmen der Gesamtlage für die deutsche Front eine fühlbare Entlastung gebracht. Die von der Division Baade am 12. Februar abends gehaltenen Stellungen waren weit besser als die Ausgangsstellungen vor dem Angriff geeignet, die befürchteten gefährlichen Vorstöße der Amerikaner in den Rücken der deutschen Front zu verhindern. Zudem hatte auch der Gegner empfindliche Verluste erlitten, die ihn zwangen, von der beabsichtigten sofortigen Fortsetzung seiner Offensive abzusehen.

Auch in der Kriegsliteratur der Gegenseite ist nach dem Kriege anerkannt worden, daß auf diesem Gefechtsfeld, hier im Abschnitt der verstärkten 90. Panzergrenadier-Division, am 12. Februar 1944 der geplante und bereits eingeleitete Durchbruch durch die Gustav-Stellung durch einen äußerst wirksamen und unerwarteten Vorstoß deutscher Truppen und durch deren fanatische Tapferkeit vereitelt worden ist. Es war Baades und seiner Truppen schwerster, aber gleichzeitig erfolgreichster Kampftag während der ersten Cassino-Schlacht.

Baade ist deswegen von vielen Seiten als der Sieger dieser Cassino-Schlacht bezeichnet worden. Kesselring hat in den Erinnerungen daran nach dem Kriege über ihn geurteilt: „In ihm wurde eine ganz seltene Führernatur sichtbar. Er konnte vor jede Aufgabe gestellt werden."

Dem Kampf vom 12. Februar folgte ein erwähnenswertes Nachspiel. Oberst Baron Behr schickte den Stabsarzt Wauer, dem er einen gut englisch sprechenden Unterarzt als Dolmetscher mitgab, zu den Amerikanern auf den Monte Castellone zur Vereinbarung einer Waffenruhe von drei Stunden zwecks Bergung von Verwundeten und Toten. Die Amerikaner stimmten zu. Die Waffenruhe wurde sogar auf vier Stunden ausgedehnt und voll ausgenutzt. Leider haben die Amerikaner einige Tage danach hinter den deutschen Linien Flugblätter abgeworfen, in denen sie die deutsche Bitte um Waffenruhe propagandistisch zu verwerten suchten. Dadurch erfuhren alle vorgesetzten Dienststellen bis herauf zum Oberkommando der Wehrmacht von der Aktion des Baron Behr. Er hatte es unterlassen, Genehmigung zu erbitten, weil die Sorge um die Verwundeten und die Bergung der Toten sofortiges Handeln erforderte. Das Oberkommando der Wehrmacht verlangte förmliche Meldung über den Vorfall mit Stellungnahmen der zwischengeschalteten Stäbe. Baade, der für Unternehmungen dieser Art immer vollstes Verständnis hatte, zögerte keine Minute, seinen untergebenen Regimentskommandeur zu decken. Er lobte dessen Initiative und wies in seiner Stellungnahme stark auf den eigenen Vorteil hin, den die Rückführung deutscher Verwundeter eingebracht hatte.

Senger war natürlich auch bereit, sich vor den tapferen Regimentskommandeur zu stellen. Armee und Heeresgruppe machten von dem in solchen Fällen ratsamen Verhalten Gebrauch, die Weitergabe der Meldungen und ihre Stellungnahmen zu verzögern. Damit führten allein schon der Zeitablauf und der Eintritt weiterer wichtiger Geschehnisse an den Fronten dazu, daß die Angelegenheit im Oberkommando der Wehrmacht an Interesse verlor und schließlich nicht mehr verfolgt wurde.

Die erste Cassino-Schlacht hatte mit dem 12. Februar ihren Höhepunkt überschritten. Allerdings kam es noch in den folgenden Tagen zu harten Nahkämpfen in den Trümmern der Stadt Cassino. Auch an anderen Stellen der Front gab es noch Gefechtstätigkeit, aber im großen Rahmen zeichnete sich ab, daß der Gegner vor erneutem Großangriff eine Kampfpause würde einlegen müssen.

Am 15. Februar morgens befand sich General von Senger wieder einmal auf dem Gefechtsstand von Baade. Es wurde der Tag der Zerstörung der weltberühmten Abtei Montecassino am Westrand der Stadt Cassino. Senger und Baade wurden aus nächster Nähe gemeinsam Zeugen dieses Vorgangs.

Ab 10 Uhr warfen nahezu 150 „Fliegende Festungen" ihre Bomben auf die mit Flüchtlingen überfüllte Abtei. Bald danach folgte die zweite Welle mit rund 100 Bombenflugzeugen vom Typ B 25 und B 26. Die Gebäude des Klosters wurden total zerstört. Etwa 250 italienische Flüchtlinge fanden dabei den Tod.

Die deutsche Führung hatte streng darauf geachtet, daß die dicht hinter ihrer Frontlinie befindliche Abtei nicht zu militärischen Zwecken benutzt wurde. Deutschen Soldaten war der Zugang zum Kloster untersagt. Außerhalb des Klosters sorgte ständig ein Posten dafür, daß dieses Verbot auch aus Versehen nicht übertreten wurde. Der Gedanke, dort etwa Beobachtungsstellen der Artillerie einzurichten, war von vornherein verworfen worden.

Es ist nachgewiesen, daß in der Zeit vom Beginn der Kampfhandlungen im Raume um Cassino bis zur Zerstörung am 15. Februar nur folgende deutsche Soldaten aus besonderem, keinesfalls militärischen Anlaß die Abtei betreten haben: General von Senger am Weihnachtstage 1943, um den Abt aufzusuchen, sich nach dessen und der Mönche Ergehen zu erkundigen und bei dieser Gelegenheit an der Weihnachtsmesse in der Krypta teilzunehmen; der Stabsarzt Dr. Puppel und zwei Sanitätssoldaten, die von den Mönchen hereingeholt wurden, um zivile Flüchtlinge ärztlich zu versorgen; der Leutnant Deiber von der 90. Panzergrenadier-Division, der kurz vor den Luftangriffen von den Mönchen hineingebeten wurde, um ihm einen Augenschein von ihren zunehmenden Sorgen hinsichtlich der Betreuung der vielen italienischen Flüchtlinge zu geben.

Die deutschen Maßnahmen für die Errichtung der militärischen Bannmeile um die Abtei waren der Gegenseite bekannt. Nach dem Kriege ist viel darüber diskutiert und viel darüber geschrieben worden, welche Gründe trotzdem die Alliierten zur Zerstörung dieses Wahrzeichens des

Christentums veranlaßt hätten, dessen Gründung durch den Mönch Benedikt in das Jahr 530 zurückgeht. Dabei wurde auch wiederholt die Frage laut, wem die Verantwortung für den Befehl zur Bombardierung zuzuschreiben sei. Widersprüchliche Aussagen haben jedoch eine einwandfrei belegbare Antwort verhindert.

Von kriegsgeschichtlichem Interesse bleibt die Tatsache, daß den Alliierten durch die Zerstörung nicht nur kein militärischer Vorteil, sondern sogar ein schwerer Nachteil erwachsen ist. Denn nach der Zerstörung haben die deutschen Truppen die Trümmer auf diesem strategisch wichtigen Berg in ihr Stellungssystem einbeziehen können. Damit hatten sie einen beherrschenden Stützpunkt, der in der folgenden zweiten Cassino-Schlacht ausschlaggebend für ihren erneuten Abwehrerfolg wurde.

Die berühmten Kunstschätze von Montecassino sind glücklicherweise vor der Zerstörung bewahrt worden. Feldmarschall Kesselring hatte geraume Zeit zuvor bereits vorsorglich angeordnet, sie in Sicherheit zu bringen. Dies traf nicht nur für das Kloster Montecassino zu. Auch aus anderen, möglicherweise exponierten Orten, Kirchen, Klöstern und Museen, in denen sich besonders wertvolle Kunstschätze befanden, hatten deutsche Truppen mit ihren eigenen Transportmitteln auf Weisung des Oberbefehlshabers Südwest die Bergung durch Verbringung an sichere Stätten, vornehmlich in den Vatikan, vollzogen. Als sich später die Kämpfe nach Mittel- und Oberitalien verlagerten, haben die deutschen Truppen auch ihr Möglichstes getan, um kulturhistorische Denkmäler aus den Kampfzonen auszusparen und Kunstschätze gegen Beschuß zu schützen.

Senger und Baade haben sich jeweils in ihren Befehlsbereichen mit größtem Eifer für die Durchführung dieser Maßnahmen eingesetzt. Sie taten dies, obwohl der immer knapp bemessene Transportraum bereits für den eigenen Bedarf der Truppe aufs äußerste beansprucht war. In einem späteren Brief des Erzbischofs von Chieti hieß es: „Es ist Feldmarschall Kesselring zu verdanken, daß die Stadt Chieti inmitten der allgemeinen Zerstörung gerettet wurde. Ein besonderes Lob schulde ich den Herren Generalen Günther Baade, Feurstein und Mälzer für all das Gute, das sie unter der Führung von Kesselring dieser ehrwürdigen Stadt angetan haben. Diese Namen und der Name des Feldmarschalls werden hier stets gesegnet sein."

Für seine hervorragende Führung im zentralen und am stärksten umkämpften Abschnitt der Front während der ersten Cassino-Schlacht wurde dem Generalmajor Baade das Eichenlaub zum Ritterkreuz verliehen. Wie es in der Eingabe für diese Verleihung hieß, sollte damit gleichzeitig seiner ungewöhnlichen persönlichen Tapferkeit, die er hier erneut unter Beweis gestellt hatte, die verdiente Anerkennung gezollt werden.

General von Senger erhielt von dem Oberkommando des Heeres die Weisung, dem ihm unterstellten Divisionskommandeur diese Auszeichnung zu überreichen. Baade wurde daher am 22. Februar zur Ordensübergabe auf den Gefechtsstand des XIV. Panzerkorps gerufen. Er erschien, wie immer, in einem recht eigenartigen äußeren Aufzug. Über die Reithosen hatte er eine grüne Decke gewickelt, die seitwärts von einer Agrafe gehalten wurde. An einer langen, um den Hals gelegten Kette baumelte seine große Pistole. Orden und selbst Rangabzeichen waren nirgends erkennbar. Über Genick und Schultern lag ein dicker Winterschal.

Bevor er sich aber bei Senger offiziell meldete, glaubte er wenigstens das Ritterkreuz anlegen zu müssen. Es fand sich in der Hosentasche. Sein junger Begleiter Arnim mußte dann behilflich sein, es ihm mittels eines Schnürsenkels umzuhängen. Das Eichenlaub zum Ritterkreuz trug Baade gelegentlich auch im Knopfloch des Uniformaufschlages, obwohl es nach Vorschrift als zusätzlicher Bestandteil zum Ritterkreuz im Kragenausschnitt am Hals zu tragen war.

Der einzige Orden, der zwar auch nicht immer, aber doch meistens an seiner Uniformjacke zu sehen war, war das Eiserne Kreuz erster Klasse aus dem ersten Weltkrieg. Die darüber zu tragende Spange aus dem zweiten Weltkrieg, versehen mit dem Hakenkreuz, ließ er stets beiseite. Die Erneuerung des Eisernen Kreuzes, das die preußischen Könige gestiftet hatten, bezeichnete er als eine Anmaßung von Adolf Hitler. Seiner Ansicht nach hätte das nationalsozialistische Regime sich seine eigenen Orden erschaffen sollen, damit die Unterschiede gewahrt bleiben konnten.

Ganz einheitlich und fest verankert war die Einstellung von Baade zu Wert und Daseinsberechtigung der Orden nicht. Sicher ist, daß er sich gegen eine zu hohe Einschätzung oder gar einen Ordenskult wehrte; er war jedoch nicht unempfindlich dafür, schließlich selbst 18 Auszeichnungen zu besitzen. Je nach Laune und Lage ließ er wechselnde Aussprüche zu diesem Thema verlauten. Er verglich die Orden mit dem Geld; in beiden Fällen sinke der Wert mit dem Anstieg des Umlaufs. Der höchste Orden sei unsichtbar; er sei das Vertrauen der Untergebenen. Im übrigen gehe es bei den Orden um eine Art von Krankheit und Sucht, von denen selbst ganz vernünftige Menschen manchmal befallen würden.

Auch bei den Kämpfen in Italien im Jahre 1944 setzte Baade es fort, das Abzeichen mit dem springenden Pferd und Reiter als seine persönliche Ehrung für gute Haltung, Tapferkeit und Hilfsbereitschaft zu vergeben. Der Generaloberst von Mackensen, der als Befehlshaber der 14. Armee die gegen den Brückenkopf von Anzio-Nettuno eingesetzten deutschen Truppen führte, weilte einmal kurz im Divisions-Stabsquartier von Baade, als die 90. Panzergrenadier-Division südostwärts von Rom in Reserve lag. Mackensen erblickte am Uniformrock von zwei Stabsangehörigen den silbernen Reiter und fragte Baade, was denn dieses ihm unbekannte Abzeichen zu bedeuten hätte. Baade gab eine Antwort, über die später oft noch viel gesprochen worden ist. Ihr Inhalt reflektierte trefflich manche Züge von Baades Wesen. Sie lautete: „Herr Generaloberst, das ist ein sehr hoher Orden, der vor allem noch niemals an einen Vorgesetzten verliehen worden ist.“

Dem ist allerdings hinzuzufügen, daß es doch eine Ausnahme gegeben hat. Der silberne Reiter wurde, und sogar in diesem Falle mit Eichenlaub, dem General von Senger dargebracht. Der Adjutant von Baade, Oberleutnant der Reserve Schwienbacher, hat berichtet, daß er auf Wunsch von General Baade dieses Abzeichen mit Eichenlaub als Sonderausführung in der Goldschmiedestadt Valenza hat prägen lassen. Bei der laudatio von Baade auf Senger im kleinen Kreise anläßlich dieser ausnahmsweisen und so eigenartigen Weitergabe an einen Vorgesetzten habe es unter anderem geheißen: „Das ist ein Ehrenmann mit Haltung und Religion, der das NS-Regime genauso haßt wie wir.“

Ab 20. Februar, also in der Pause zwischen der ersten und der zweiten Cassino-Schlacht, war die so schwer mitgenommene 90. Panzergrenadier-Division bataillonsweise aus ihren Stellungen zwischen Cassino und Terelle herausgezogen und als Reserve hinter die Front des XIV. Panzerkorps verlegt worden. Ihren bisherigen Frontabschnitt übernahm am 26. Februar die 1. Fallschirmjäger-Division.

Damit begann die Zeit des Abwartens, wann der sich laufend verstärkende Gegner erneut den Durchbruch durch die deutsche Front anstreben würde. Er ließ sich Zeit. Er wartete auch günstigere Wetterbedingungen ab.

Am 15. März 1944 brach dann der Sturm los. Er wurde eingeleitet von einem schweren Luftbombardement auf die Stadt Cassino. 775 Flugzeuge wurden hierzu eingesetzt. Nachdem um die Mittagszeit die letzte Bombe auf diesen kleinen Raum gefallen war, folgte anschließend auf dasselbe Ziel ein stundenlanges Trommelfeuer von der zusammengefaßten Artillerie von drei alliierten Armeekorps. Danach traten die Neuseeländer zu Fuß zur Inbesitznahme der Stadt an, und zwar in dem Glauben, daß hier kein deutscher Soldat mehr am Leben sein könnte. Sie irrten sich. Die Fallschirmjäger hatten zwar schwerste Verluste erlitten, aber die Überlebenden fanden noch die Kraft, an diesem und den folgenden Tagen in harten Nahkämpfen den Angreifern die Eroberung der Stadt zu verwehren. Ihrer großen numerischen Unterlegenheit, ihrem Mangel an Nachschub und ihrem abgekämpften Zustand kam wenigstens insofern ein günstiger Umstand zu Hilfe, als die vorangegangene gewaltige Beschießung aus der Luft und durch die Artillerie die Stadt so umgepflügt und so unwegsam gemacht hatte, daß der Gegner keine Panzer zur Unterstützung seiner Infanterie hineinschicken konnte. Am Widerstand der Fallschirmjäger in der Stadt Cassino, die von den Alliierten als Durchbruchsstelle gewählt war, scheiterte ihre Zielsetzung für diese Schlacht. Dieser Widerstand war allerdings nur möglich, weil deutsche Truppen gleichzeitig den Trümmerberg von Montecassino besetzen und von dort aus eine Umfassung und Abschnürung der Stadt Cassino vereiteln konnten.

Der alliierten Führung blieb nichts anderes übrig, als sich allmählich einzugestehen, daß sie ihren Angriff einstellen mußte. So endete die zweite Cassino-Schlacht bereits nach acht Tagen, am 23. März 1944.

Der große Rückzug

An der anderen Front in Italien, südwestlich von Rom, hatte inzwischen im Februar 1944 die 14. deutsche Armee versucht, mit einem konzentrischen Angriff den feindlichen Brückenkopf bei Anzio und Nettuno einzudrücken und die Anglo-Amerikaner ins Meer zurückzustoßen. Das Unternehmen war gescheitert. Nachdem andererseits die zweite Offensive der Gegner an der Cassino-Front von der 10. deutschen Armee abgeschlagen worden war, trat ab Ende März in Italien für viele Wochen eine Periode ohne Großkampf ein. Beide Seiten mußten ihre Divisionen auffrischen, Ersatz und Verstärkungen heranführen.

Zur Vorbereitung ihres weiteren Vorgehens in Italien, zunächst mit dem Nahziel der Einnahme von Rom, nutzten die Alliierten diese Zeitspanne zu einem starken Einsatz ihrer Luftstreitkräfte gegen alle lohnend erscheinenden Ziele hinter den deutschen Fronten bis hoch hinauf nach Oberitalien. Sie nannten diese Operation „strangle", denn es war ihr Ziel, die Divisionen der Heeresgruppe Kesselring durch Einwirkung auf ihre rückwärtigen Verbindungen zu strangulieren.

Täglich wurden Brücken, empfindliche Stellen des ohnehin ungenügenden Streckennetzes der italienischen Eisenbahnen, Paßstraßen, enge Ortsdurchfahrten, Versorgungslager und auch die Häfen bombardiert. Amerikanische und britische Jagdflugzeuge nahmen ohne Unterlaß fahrende Züge und den militärischen Kraftfahrzeugverkehr auf allen Straßen unter Beschuß. Auf deutscher Seite waren die größten Anstrengungen erforderlich, um die angerichteten Schäden soweit zu beheben, daß der Verkehr nicht erlahmte. Alle größeren Bewegungen mußten in die Nachstunden verlegt werden.

An den Fronten selbst hingegen kam es nur zu örtlichen Kampfhandlungen, mit denen der Gegner bezweckte, die deutschen Verbände in ihren Stellungen zu fesseln. Die 90. Panzergrenadier-Division verblieb im Raum um Frosinone, in der Nähe der Via Casilina. Sie hatte den Auftrag, sich hier zum Einsatz gegen feindliche Luftlandungen bereit zu halten. Die deutsche Führung rechnete nämlich damit, daß die Gegner ihre neue große Offensive mit dem Einsatz von Luftlande- und Fallschirmtruppen in dieser Gegend hinter der deutschen Front einleiten würden. Blieben diese Maßnahmen aus, so stand die Division als Reserve gleichzeitig ebenso für die Südfront als auch für die Front am Brückenkopf von Anzio zur Verfügung. Die Regimenter und Abteilungen widmeten sich unter der Aufsicht von Baade der Verbesserung der Ausbildung, vor allem der Ausbildung der neu eingetroffenen Ersatz-Mannschaften.

Baade nutzte diese Zeit in der Nähe von Rom, um hin und wieder zu kurzen Aufenthalten dorthin zu fahren. Seine alten Freunde aus dem Stab des Militär-Attaché fand er nicht mehr vor. Sie waren im Zuge der Ereignisse vom September 1943, als die Regierung Badoglio den Kampf an der Seite der Deutschen einstellte, abgelöst und anderer Verwendung zugeführt worden. Der General von Rintelen war sogar wegen seines mutigen Versuches, das deutsch-italienische Zerwürfnis hinauszuschieben und zu mildern, des Dienstes in der Wehrmacht enthoben worden.

Baade hatte aber in Rom noch genügend italienische Freunde. Oft weilte er wieder bei dem Ehepaar Bocchini. Wie viele Italiener, die wegen der Lage ihres Landes verzweifelt waren und den Faschismus verdammten, erwogen auch sie, sich nach Süditalien durchzuschlagen, wo der König und Badoglio weilten. Baade bot seine Hilfe an. Er und Senger hatten in ähnlichen Fällen schon einige Male befreundete Italiener an der Front ihrer Abschnitte durch die Linien schleusen lassen, damit sie sich vor Repressalien und Rache faschistischer Elemente retten konnten. Baade benutzte dazu seinen schon erwähnten gelegentlichen „friedlichen" Funkverkehr mit den gegenüberliegenden Verbänden der Engländer, um den Durchlaß zu ermöglichen. Bocchinis änderten allerdings schließlich ihren Entschluß. Sie blieben versteckt bei Freunden in Rom.

Im Frühjahr 1944 geschah es auch, daß Baade in das Hauptquartier des Oberkommandos der Wehrmacht nach Ostpreußen bestellt wurde. Der Grund dafür war die vorangegangene Verleihung des Eichenlaubs zum Ritterkreuz. Einer Gewohnheit gemäß erfolgte, zusammen mit etwa zehn anderen Generälen, die ebenfalls kurz zuvor hohe Auszeichnungen erhalten hatten, Vorstellung und Unterhaltung bei Hitler. Baade als Generalmajor vom 1. Februar 1944 war diesmal der rangniedrigste Teilnehmer.

Wenige Tage danach schrieb Baade als Notiz für gute Freunde nieder: „Er hatte so eine alte Lüsterdienerhose an, dazu ganz falsch geschnürte Stiefel. In der Hand zerknautschte er immer ein so schmutziges Taschentuch, wie wir eines als Schuljungen hatten. Er redete ununterbrochen von der bevorstehenden Landung und wie er die Feinde schlagen würde. Als ich ihm, einem unbewußten Hang folgend, etwas fragend in die Augen sah, da wurde er unsicher, wirbelte sein Taschentuch, trommelte auf der Tischplatte umher und sagte ‚Na, wir wollen mal sehen.' Ein erbärmlicher Kerl."

Die Bemerkungen von Hitler über die bevorstehende Landung galten der sich schon abzeichnenden, dann am 6. Juni 1944 erfolgten Invasion der Alliierten in der Normandie. Noch viel bemerkenswerter als dieser ungeschminkte Bericht von Baade über seinen persönlichen Eindruck von dieser Begegnung waren allerdings zwei sehr ungewöhnliche Vorfälle, die er selbst bei diesem Besuch im Hauptquartier verursachte.

Nach der Beendigung des Empfangs bei Hitler bat der Chefadjutant der Wehrmacht bei Hitler, General Schmundt, die Generäle darum, ihm für einige Minuten Gehör zu schenken. Er sei, wie dies üblich geworden war, beauftragt worden, den Herren im Namen von Hitler die Äußerung eines persönlichen Wunsches anzubieten. Baade fand diese Angewohnheit abstoßend. Nach seiner Ansicht genügte es für deutsche Offiziere, mit Orden oder Beförderungen ausgezeichnet zu werden. Die Befragten wurden auch ein jedes Mal in einige Verlegenheit versetzt. Meistens wußten sie nichts anderes zu äußern, als um ein paar Tage, eine Woche oder gar zwei Wochen Sonderurlaub zu bitten.

Als nun die Reihe an Baade kam, der verwirrt, aufgeregt und empört war und bei dem sich außerdem wieder der Drang einstellte, nicht in den Tenor und in das abgedroschene Verhalten der anderen zu verfallen, traute Schmundt seinen Ohren kaum, als es hieß: „Kann der Führer meine Schulden bezahlen?" Dabei hatte Baade nicht einmal Schulden, jedenfalls nicht Außenstände, die nicht gedeckt gewesen wären. Schmundt reagierte verlegen; dies sei eine Bitte, die bisher noch nicht vorgetragen worden sei. Er werde sich erkundigen, was da geschehen könnte. Zuvor müsse er aber wissen, ungefähr um welche Summe es sich dabei handle. Daraufhin ließ Baade sofort dieses Thema fallen und stellte mit zusammengekniffenen Augenbrauen die Frage, ob er stattdessen einmal auf Kosten des „Führers" mit seiner Frau telefonieren dürfe. Schmundt war entsetzt über dieses Verhalten und sah darin von seinem gefolgstreuen Standpunkt aus eine grobe Mißachtung eines Angebots des „Obersten Kriegsherrn". Er war andererseits froh, die Verhandlung mit dem lästigen Baade auf diese Weise beenden zu können, und erteilte die Genehmigung für diesen merkwürdigen Wunsch.

Nur wenige Minuten später wurde der Ärger des General Schmundt über Baade noch erheblich gesteigert. Es öffnete sich die Tür und der Reichsführer der SS, Heinrich Himmler, betrat den Raum, in dem die Generäle jetzt zwanglos herumstanden. Schmundt verkündete, daß der Reichsführer gekommen sei, um auch seinerseits die Herren Generäle zu den Auszeichnungen zu beglückwünschen.

Die Generäle nahmen Front zu Himmler und meldeten ihm nun nacheinander, militärisch in Haltung und Stimme, unter Angabe ihres Dienstgrades mit welchen Orden sie bedacht worden seien. Als Himmler sich zuletzt zu Baade wandte, sahen und hörten die Anwesenden zu ihrem Erstaunen, daß Baade sich, ganz gelöst und fast leger, leicht verbeugte und nichts weiter als „Baade" sagte. Himmler, grimmig, überrascht und unsicher, beschränkte diese Begegnung mit Baade auf einen kurz gemurmelten Glückwunsch und verließ den Raum. Schmundt aber näherte sich Baade und zischte ihm zornig ins Ohr: „Baade, das war Ihr ärgstes Stück. Unerhört!" Baade antwortete gelassen: „Ja bitte, ich kannte den Reichsführer noch nicht und er mich auch nicht."

Die voraussehbare neue Offensive der Alliierten in Italien begann in der Nacht vom 11. zum 12. Mai 1944, und zwar an der Südfront. Ihre Überlegenheit an Menschenzahl und Material war diesmal noch erdrückender als bei allen vorausgegangenen Schlachten und Gefechten. Der Schwerpunkt lag wieder im Raum um Cassino.

In Darstellungen und Berichten nach dem Kriege ist für diesen Kampfabschnitt oft die Bezeichnung „Dritte Cassino-Schlacht" gewählt worden. Damit kann jedoch nur ein örtlich und zeitlich beschränkter Teilausschnitt aus den nun folgenden, ununterbrochenen Kämpfen gemeint sein, die sich bis zur Beendigung des Rückzuges der beiden deutschen Armeen, der 10. und der 14., nach Oberitalien fortsetzten. Dem Gegner gelang sehr bald ein Durchbruch in der Nähe des Tyrrhenischen Meeres. Dadurch wurde die deutsche Stellung bei Cassino von einer Umfassung bedroht. Die Division von Baade wurde daher aus ihrer Reserve-Stellung bei Frosinone ins Liri-Tal vorgeschoben und verwehrte hier den vorgeprellten Teilen des Feindes das Einschwenken gegen Cassino vom Westen her. Aber am 18. Mai ging Montecassino durch Angriff polnischer Truppen vom Osten her verloren, nachdem die Kampfkraft der sich hier verzweifelt wehrenden Fallschirmjäger erloschen war. Eine Kompanie der 1. Fallschirmjäger-Division bestand an diesem Tage nur noch aus einem Offizier, einem Unteroffizier und einem Gefreiten.

Am 22. Mai erfolgte nach einem genau festgelegten Plan für die Abstimmung mit den Kämpfen an der Südfront der Vorstoß der alliierten Truppen aus dem Brückenkopf von Anzio. Bereits am 25. Mai konnten ihre Angriffsspitzen aus beiden Richtungen miteinander Verbindung aufnehmen. Damit waren die aus ihren Stellungen herausgeworfenen deutschen Divisionen nicht mehr in der Lage, hier in Mittelitalien den weit überlegenen Kräften des Gegners nachhaltigen Widerstand zu leisten. Der Entschluß zum Rückzug wurde unausweichlich. Es war vorauszusehen, daß damit die Aufgabe des gesamten mittelitalienischen Raumes bis zum Apennin in der Höhe von Florenz verbunden sein würde. Hier gab es im Zwischenfeld weder eine vorbereitete Abwehrstellung noch ein genügend starkes Naturhindernis, an dem man eine durchlaufende Verteidigungsfront hätte errichten können.

Vordringliche Sorge für die deutsche Führung war nun aber die Frage, ob es überhaupt gelingen könnte, einen einigermaßen geordneten Rückzug durchzuführen. Dem Gegner waren gute Aussichten dafür zuzurechnen, daß er bei energischem Nachstoßen die beiden Armeen der Heeresgruppe C zersprengen, abschnittsweise einkesseln und vernichten könnte. Die totale Luftüberlegenheit war auch hier wieder das beste Faustpfand für diesen von ihm erhofften Erfolg.

So begann in den letzten Maitagen das Absetzen der deutschen Divisionen nach Norden. Es wurde eine Kombination aus Rückzug und hinhaltendem Widerstand. Während einige Divisionen auf den unzulänglichen, zu einem großen Teil gebirgigen Straßen den ihnen zugewiesenen nächsten Zielen zustrebten, blieben andere Divisionen feindwärts gerichtet, um das Nachdrängen des Gegners zu verzögern und die Bewegungen der zurückgehenden Divisionen zu decken. So hatte gleich zu Beginn, um den eingeleiteten allgemeinen Rückzug zu decken, die 90. Panzergrenadier-Division ein besonders schweres Gefecht gegen die 1. kanadische Infanterie-Division noch in der Gegend von Pontecorvo, westlich von Cassino, zu bestehen. Die umsichtige Führung der Division und der tapfere Einsatz ihrer Soldaten wurden durch abermalige Nennung der Division im Wehrmachtsbericht vom 27. Mai anerkannt.

Dann erhielt die 90. Panzergrenadier-Division den Befehl, sich ihrerseits abzusetzen und nördlich Valmontone erneut zu vorübergehendem Widerstand bereitzustellen. Der Weg dorthin führte Baade über den Gefechtsstand des General von Senger bei Frosinone. Auch hier war man im Aufbruch. Wie es im Bewegungskrieg gewiß nicht selten vorkommt, insbesondere bei Rückzug und Verfolgung, hatten sich jetzt Verbände von Freund und Feind durcheinander geschoben. Es war bereits Gefechtslärm im Rücken dieses Ortes zu hören, in dem Senger während vieler Monate Quartier genommen hatte. Lakonisch bemerkte Senger in seinen Erinnerungen zu dieser Abschiedsstunde: „Ich trank mit Baade und einem eben abgeschossenen englischen Captain noch einmal Tee in dem hübschen Garten."

Am 4. Juni wurde Rom kampflos von amerikanischen Truppen besetzt. Die deutsche Führung hatte schon lange Zeit vorher die Absicht erkennen lassen, Rom vor Kampfhandlungen und Zerstörungen zu bewahren, obwohl sie damit einige taktische Vorteile für den Gegner und entsprechende eigene Nachteile in Kauf nehmen mußte. Es blieb erstaunlich, daß in diesem Falle sogar Hitler derartiges Verhalten billigte.

Nachdem der deutsche Rückzug in Gang gesetzt war, kam es nun vor allem darauf an, daß die Verbindung zwischen den beiden parallel nach Norden ausweichenden Armeen nicht verloren ging, damit die Verfolger nicht einen Keil zwischen sie treiben konnten. Im westlichen

Teil der Halbinsel gingen die 14. Armee, jetzt von General Lemelsen geführt, und im ostwärtigen, gebirgigen Teil die 10. Armee unter dem Befehl des General von Vietinghoff zurück. Der letzteren unterstand das XIV. Panzerkorps, zu dem nach wie vor die 90. Panzergrenadier-Division gehörte.

Nach der Erfüllung des Auftrages bei Valmontone wurde Baade befohlen, mit seiner Division einen großen Sprung bis Orvieto, nahezu 100 Kilometer nördlich von Rom, zu machen. Dabei sollte die Division aber den etwa nachdrängenden Feind selbständig abwehren und sich nicht auf den hinhaltenden Widerstand anderer Divisionen verlassen. Die unübersichtliche Lage und die ungewöhnlichen Schwierigkeiten, die das zerklüftete Gelände bereitete, ließen befürchten, daß jederzeit die Pläne für den überschlagenden Einsatz der Divisionen zunichte gemacht werden könnten. Daher mußte bei jeder Division und in jeder Phase des Rückzuges mit überraschend auftretenden Feindkräften gerechnet werden. Baade erreichte mit seiner Division die Gegend von Orvieto am 9. Juni.

Es ist leicht verständlich, daß bei diesen sprunghaften, vom Gegner immer bedrängten, rückläufigen Bewegungen besondere Anforderungen an das Verbindunghalten der Stäbe untereinander gestellt wurden. Senger erwähnte später im Rückblick, dieses schwierige Zusammenspiel sei dadurch erleichtert worden, daß den meisten der hier betroffenen Kommandeure infolge ihrer Friedensausbildung als Kavalleristen oder Angehörige motorisierter Truppenteile eine für diese Aufgaben unschätzbare Wendigkeit zu eigen gewesen sei.

Baade gab ein gutes Beispiel dafür. Obwohl nicht mehr als Verfolger, sondern als Verfolgter, war er bei diesen schnell wechselnden Lagen wieder in dem Element, in dem seine Fähigkeiten offenbar wurden. Wenn stunden- oder tagelang keine Weisungen vom Korps zu ihm durchdringen konnten, wußte er den Einsatz aller Teile seiner Division doch stets im Sinne des Korps und der Armee zu steuern. Die 90. Panzergrenadier-Division, bei diesem Rückzug auf dem rechten, dem Westen zugewandten Flügel der 10. Armee operierend, hatte durch Baades Führung wesentlichen Anteil daran, daß die stets besorgniserregende Verbindung zur Nachbar-Armee nicht verloren ging und der Gegner sich nicht dazwischen einschieben konnte.

Tag und Nacht suchte Baade unablässig seine Regimenter und selbständigen Einheiten auf, wenn sie sich auf dem Marsch befanden. Wenn Verkehrsstockungen auf Pässen oder an Kreuzungen drohten oder Teile anderer Divisionen quer oder parallel zu diesen Bewegungen gerieten, war er vorausschauend zur Stelle, um helfend und ordnend einzugreifen. Sein besonderes Augenmerk richtete er darauf, daß auch bei diesen oft weit auseinander gezogenen Bewegungen die Versorgung der Truppe gewährleistet blieb, damit sie kampfkräftig in der neuen zugewiesenen Stellung eintreffen konnte. Unentwegt spornte er den Eifer der Führer aller Nachschub-Einheiten an, den Kampfverbänden ohne Unterbrechung, unter Verzicht auf Rast und Schlaf, alles zuzuführen, was sie benötigten. Dabei verlangte er vor allem Vorsorge für kräftige Verpflegung. Er kontrollierte selbst die Feldküchen und forderte, daß „jeder Landser" mindestens einmal am Tage eine gute Fleischportion erhielt. „Suppenessen macht feige", sagte er verächtlich und tadelnd, wenn er Feldküchen antraf, in denen nur Erbsen und Bohnen gekocht wurden.

Mit den Feldküchen beschäftigte er sich in diesen Wochen und Monaten auch unter taktischen Gesichtspunkten. Wenn eine Absetzbewegung in Gefahr geriet, sich zu schnell zu vollziehen und dadurch den allgemeinen Plan für den Rückzug zu stören, befahl er streng den betroffenen Verbänden, die Feldküchen am Ende der Kompanien marschieren zu lassen. Das Tempo verlangsamte sich dann in der gewünschten Weise. Ebenso machte er von besonderen Anordnungen für den „Einsatz" der Feldküchen Gebrauch, wenn es galt, auseinander geratene Einheiten wieder zu sammeln. Dann kam durch Funk, Kradmelder oder Ordonnanzoffizier der knappe Befehl: „Alle Feldküchen sofort voraus nach A-Dorf oder in das Waldgelände ostwärts B-Stadt." Der beabsichtigte Erfolg blieb fast niemals aus.

Größtes Verständnis brachte Baade den Marscherleichterungen seiner Soldaten entgegen. Als eine Kompanie in der schon beginnenden Sommerhitze an ihm in der Gegend von Orvieto vorbeizog, wollte jemand kritisieren, daß auffällig viele Soldaten sich Halstücher unter den geöffneten Uniformkragen geschlungen hatten. Wütend entgegnete Baade: „Laßt doch den Landsern ihre Halstücher! Und wenn sie es wünschen, dann auch je bunter je besser. Sie haben doch diese kleine Erleichterung und diese bescheidene Andeutung von Privatleben gewiß verdient!"

Seine eigene Abweichung von der Kleiderordnung setzte er unbekümmert fort. Davon gab er in diesem Sommer 1944 eine besondere Kostprobe im Stabsquartier eines benachbarten Kommandeurs, des österreichischen Generals Feurstein, zu dem Baade einmal Verbindung aufnehmen mußte. Als Feurstein und zwei Offiziere seines Stabes über die Karten gebeugt saßen, trat ein älterer, wohlbeleibter Obergefreiter der Stabswache ein und meldete im klangvollen Dialekt seiner steiermärkischen Heimat: „Herr General, da draußen steht einer, der möchte Sie sprechen. Er sagt, er wäre ein General, aber er hat einen Rock an. Was soll ich tun? " Als dann Baade hereingeholt wurde, konnten die Anwesenden sich überzeugen, daß der Anblick für den Obergefreiten in der Tat überraschend gewesen sein mußte. Der „Rock" war ein beigefarbener schottischer Kilt. Darüber trug Baade eine ganz leichte italienische Uniformjacke ohne Abzeichen, die zum Schutz gegen den Staub hoch bis zum Hals geschlossen war. Am Koppel hing ein längeres, feststehendes Jagdmesser. In der Hand hielt er einen bunten Fliegenwedel.

Viele störende Aufenthalte und leider auch erhebliche Verluste verursachten bei dem Rückzug die Tiefangriffe der feindlichen Luftwaffe. Da Baade immer unterwegs war, mußte auch er beständig auf der Hut sein, um rechtzeitig Deckung aufsuchen zu können. Seine Begleiter waren allerdings überzeugt, daß er Gefahr im voraus wittern konnte. Sie hatten es sehr oft miterlebt, daß er plötzlich unruhig wurde, Äußerungen wie „Hier riecht es nach Pulver" machte, sich dann schnell zur Weiterfahrt entschloß und kurz darauf dann tatsächlich Beschuß, sei es durch Flieger oder durch Artillerie, auf diese Stelle erfolgte.

Viele Angehörige der Division haben übereinstimmend berichtet, daß Baade an einem Morgen voller Unruhe gesagt habe: „Ich weiß, heute werden wir einen unserer Regimentskommandeure verlieren." Am Abend kam die Meldung, daß der Kommandeur des Regiments 361, Oberstleutnant Ziegler, gefallen war.

So war Baade mit dem Nimbus umgeben, eine innere Warnung zu verspüren. In dieser Hinsicht stand er gewiß nicht allein. Zu allen Zeiten hat es in den Kriegen höhere Führer gegeben, denen nachgesagt wurde, kugelfest zu sein und herannahende Gefahren zu spüren wie ein wetterfühliger Mensch Vorzeichen eines kommenden Gewitters.

In der Zeit von Mitte Juni bis Mitte Juli 1944 ging die 90. Panzergrenadier-Division weiterhin hinhaltend kämpfend im Verband des XIV. Panzerkorps durch die Toscana bis über den Arno zurück. Senger und Baade hielten enge Verbindung. Senger hat beschrieben, daß er wiederum oft Mühe hatte, bis zu Baade vorzudringen, weil er sich immer bei den Teilen seiner Division aufhielt, die noch den geringsten Abstand vom nachdrängenden Feind hatten. Seine Gefechtsstände waren stets zugleich Beobachtungsstellen.

Einmal wurde an Baade vom Stab des Oberbefehlshabers Südwest telefonisch durchgegeben, daß Feldmarschall Kesselring den Divisionsgefechtsstand aufsuchen wollte, um sich über die Lage an Ort und Stelle zu informieren. Baade ließ zurückmelden, er habe Bedenken, diesen Wunsch des Herrn Feldmarschall zu unterstützen, denn das viereckige Haus, in dem sich der Gefechtsstand befinde, sei inzwischen „rund geschossen".

Bei diesem Rückzug, der sich über einen so langen Zeitraum erstreckte und in unterschiedlichen, einzelnen Etappen vollzog, wurden die Divisionen mit Befehlen zum Durchhalten in den jeweiligen Stellungen überhäuft. Immer wieder wurde die besondere Bedeutung eines hartnäckigen Aushaltens gerade in der derzeitigen Stellung hervorgehoben und von der Truppe damit oft Unmögliches verlangt. Baade war allerdings auf eine vorzügliche Idee verfallen, um sich gegen diese Übertreibungen zu wehren. Wenn es zum wiederholten Male hieß, die Division sollte eine bestimmte Stellung bis „zum äußersten“ oder gar bis „zum letzten Mann“ halten, dann gab er die übliche Bestätigung ab, daß er den Auftrag verstanden habe, und fügte nur kurz hinzu, daß er sich persönlich nun gleichzeitig „abmelde“. Auf die erstaunte Frage, was dies zu bedeuten habe, antwortete er, daß an die Durchführung des Auftrages allenfalls dann gedacht werden könnte, wenn jeder verfügbare Mann und darum auch er selbst mit seinem Stabspersonal in der vordersten Front eingesetzt würden. Eine Führung der Division erübrige sich dann und daher melde er sich eben ab. Sofort wurde dann von der Armee oder der Heeresgruppe etwas verlegen erklärt, daß dies nicht der Absicht der Führung entspreche und daß der Befehl zum Halten doch „nicht so gemeint“ sei. Mit diesem kleinen Manöver hatte Baade sich bei diesem Rückzug einige Male vermehrte Freiheit für sein eigenes Handeln verschafft; ihm blieb dann wenigstens noch ein beschränkter Spielraum für die Entscheidungen, ob Widerstand verlängert werden konnte oder erneute Zurücknahme seiner Front unerläßlich wurde.

Siena, Gimignano und viele andere bewundernswerte Stätten der Toscana lagen auf dem Wege des Rückzuges von Baades Division. Südlich Pistoia vernahm Baade am Spätnachmittag des 20. Juli 1944 die Kunde von den Ereignissen im Hauptquartier in Ostpreußen und in Berlin. Er verfiel in tiefe Niedergeschlagenheit, als es deutlich wurde, daß das heldenhafte Aufbegehren der Verschwörer gescheitert war. Seine engste Umgebung wußte zu berichten, daß er verstummte und erst am nächsten Tag eine kurze, allerdings sehr kennzeichnende Bemerkung fallen ließ: „Nach diesen Männern wird man einst in Deutschland Straßen und Plätze benennen.“

Die Offiziere, die am 20. Juli, zusammen mit Gleichgesinnten aus dem zivilen Bereich, den verzweifelten Versuch zur Rettung ihres Vaterlandes und der deutschen Ehre unternahmen, waren Baade im allgemeinen unbekannt. Sie gehörten vorwiegend dem Generalstab an und Baade kannte selbst dem Namen nach nur wenige von ihnen. Als nach einiger Zeit Einzelheiten über die Vorgänge und die Verhaftungen zu hören waren, erfuhr Baade jedoch, daß sein Freund und Kamerad aus fröhlichen Reiterjahren, der Oberst Harald Momm, als Beteiligter in dem berüchtigten Gefängnis der Gestapo in der Prinz Albrecht-Straße festgehalten wurde.

Momm hatte als Leiter der Heeres-Reit- und Fahrschule, die sich jetzt in Krampnitz bei Berlin befand, der Aufforderung der Verschwörer, seine Truppe zur Unterstützung des Aufstandes nach Berlin in Marsch zu setzen, sofort Folge geleistet. Da er gleichzeitig Standortältester in Krampnitz war, befahl er auch der ebenfalls dort stationierten Panzertruppen-Schule, sogleich nach Berlin abzurücken. Bei den darauf folgenden Vernehmungen hat dann ein anderer Oberst aus Krampnitz leider Momm nicht gedeckt, sondern in dem Sinne ausgesagt, daß Momm nicht nur einem unkontrollierbaren Befehl aus der Zentrale des Befehlshabers des Ersatzheeeres in Berlin Folge geleistet, sondern wohl wissend, worum es sich handelte, den Verschwörern die Truppen zur Verfügung gestellt habe.

Momm wurde jedoch drei Monate später aus der Inhaftierung entlassen. Ihm kam das unerwartete Glück zu Hilfe, daß ein angeheirateter Vetter an den Untersuchungen gegen den Verschwörerkreis beteiligt wurde, dem es gelang, belastende Unterlagen verschwinden zu lassen. Dadurch entging Momm der Überstellung an den Volksgerichtshof und dem Todesurteil. Er wurde aber wegen politischer Unzuverlässigkeit vom Oberst zum Rittmeister degradiert und anschließend mit dem Dienstgrad Hauptsturmführer der Straf-Brigade Dirlewanger zugeteilt. In dieser Formation waren politisch Verfolgte und Verbrecher zur Frontbewährung an Brennpunkten des Kampfes im Osten zusammengefaßt. Die Methoden, nach denen hier bei der Behandlung der Untergebenen verfahren wurde, waren Abbild nationalsozialistischer Roheit und Brutalität.

Gleichen Anteil nahm Baade an dem Schicksal des Legationsrats im Auswärtigen Amt Adam von Trott zu Solz. Er war der Schwiegersohn von Baades Freund, dem Rechtsanwalt Tiefenbacher aus Hamburg. Als Baade erfuhr, daß Trott zu Solz hingerichtet worden war, schrieb er Tiefenbacher rückhaltlos sein Beileid und seine Empörung, obwohl er nicht daran zweifelte, daß Tiefenbachers Posteingänge kontrolliert wurden, nachdem auch Frau von Trott zu Solz und ihre kleinen Kinder, von ihr getrennt, in die von den Nationalsozialisten schändlicherweise eingeführte Sippenhaft genommen worden waren.

Baade sah in seinem Stab eine sehr betrübte Miene über den unglücklichen Verlauf des 20. Juli ausgerechnet bei dem sogenannten nationalsozialistischen Führungsoffizier, abgekürzt NSFO, der Division, dem Leutnant der Reserve W. Fischer. Mit einem Erlaß vom 28. November 1943 war jedem Stab, von der Division aufwärts, ein NSFO zugeteilt worden. Sein Aufgabengebiet war die Einwirkung auf die Truppe im Sinne einer bedingungslosen Hingabe an die „Ideale" der nationalsozialistischen Weltanschauung und damit natürlich die Überwachung, weit besser gesagt: Bespitzelung der Soldaten, vor allem des Offizierskorps. Bei der 90. Panzergrenadier-Division war daraufhin im Januar 1944 ein im Dienst der Partei erprobter, aber von Fronterfahrung noch verschonter Reserveoffizier erschienen. Das im Gange befindliche schwere Ringen an der Front beiderseits von Cassino und vor allem die Nähe des Divisionsstabes zur vordersten Linie stellten sich sehr bald als eine Belastung heraus, der dieser Herr nicht gewachsen war. Er mußte, zur Genugtuung von Baade, zurückbeordert werden.

Baade ergriff diese Gelegenheit, unverzüglich die Ernennung des Leutnant Fischer zum NSFO seiner Division genehmigen zu lassen, dessen kritische Einstellung zum Nationalsozialismus ihm bekannt war. Fischer war bis dahin Zugführer in einer Panzerjäger-Kompanie; in Anhänglichkeit an seinen Beruf als Verleger gab er sich die große Mühe, ein kleines Divisions-Mitteilungsblatt zu produzieren. Er hatte eine kleine Druckerei auf einen Lastkraftwagen montiert und gab damit, möglichst täglich, einen Umdruck heraus, den er „Meldereiter" nannte. Darin erschienen der tägliche offizielle Bericht des Oberkommandos der Wehrmacht und Nachrichten aus der Division. Die Verteilung erfolgte bei den Essensausgaben.

Baade war von dieser Initiative sehr angetan. Er benutzte den „Meldereiter" sehr oft als Sprachrohr, wenn er alle Angehörigen seiner Division erreichen wollte. Für sein Bestreben, in einem anhaltenden und engen Kontakt mit möglichst jedem seiner Soldaten zu stehen, fand er hier ein wertvolles Instrument. Mit Ergötzen stellte er auch fest, daß als Mitarbeiter von Herrn Fischer hierbei Werner Finck fungierte, der bekannte Berliner Kabarettist, Komiker und Spötter über alles Zeitgeschehen. Der Gestellungsbefehl hatte Finck zunächst zur 15. Panzer-Division und dann zur 90. Panzergrenadier-Division verschlagen. Nach der Ernennung von Leutnant Fischer zum NSFO sorgte Baade dafür, daß auch Werner Finck dessen Geschäftsstelle zugeteilt wurde. So entstand die groteske Situation, daß die Obliegenheiten des NSFO in dieser Division von entschiedenen Gegnern des Nationalsozialismus wahrgenommen wurden und damit das Unheil, das andere Personen hier anrichten konnten, von vornherein gebannt war. Glückliche Zufälle und die Entschlußfreudigkeit von Baade hatten somit die beiden, den General und den Pseudo-NSFO, zusammengeführt.

Dies war gewiß ein relativ seltener, aber nicht ganz ungewöhnlicher Fall. Auch beim XIV. Panzerkorps gelang es, auf den Posten des NSFO eine Persönlichkeit zu setzen, die jede törichte politische Beeinflussung verhindern konnte. General von Senger schlug mit falscher Lobpreisung als linientreuen Nationalsozialisten den ihm wohl vertrauten Landwirt und Oberleutnant der Reserve aus seinem Göttinger Regiment Burghard von Cramm für die Besetzung dieser Stelle vor und erreichte die Bestätigung. Mit einem Freund und Gesinnungsgenossen als NSFO befreite sich somit auch Senger von der Sorge, daß von dieser Seite Unannehmlichkeiten und vor allem Denunziationen erfolgen könnten.

Herr W. Fischer, Inhaber eines Verlages für Jugendbücher in Göttingen, hat der 90. Panzergrenadier-Division und ihrem Kommandeur die Treue gehalten, und zwar nicht nur bis zur Abberufung von Baade, sondern auch über Kriegsende und Baades Tod hinaus. Er hatte zunächst die Herausgabe des „Meldereiter" unbeirrt zum Vorteil der Division bis zum letzten Kriegstage in Norditalien fortgesetzt. Dann hatte er seine behelfsmäßige Druckerei im Po versenken müssen. Aber nach dem Kriege ließ er von Göttingen aus oft noch einen „Meldereiter" erscheinen als Bindeglied der ehemaligen Angehörigen der 90. Panzergrenadier-Division.

Es gab, insbesondere in der zweiten Hälfte des Krieges, neben der Einsetzung nationalsozialistischer Führungsoffiziere noch andere Neuerungen und Abweichungen von der Tradition, die den Ärger von Baade erregten. Er hatte schon 1943 den sogenannten „Führer-Erlaß" verabscheut, nach dem alle Angehörigen regierender oder ehemals regierender Fürstenhäuser aus der Wehrmacht zu entlassen waren. Baade gönnte zwar den Angehörigen dieses Personenkreises die dadurch erfolgte offizielle Distanzierung von dem, wie er sagte, ordinären nationalsozialistischen Gesindel; aber er bedauerte die Trennung von vielen guten Offizieren aus diesen Häusern, die ihm gerade in den Reiter-Regimentern in Friedens- und Kriegszeiten begegnet waren. In leuchtender Erinnerung standen ihm die wagemutigen und so erfolgreichen Spähtruppritte des Leutnant Prinz Reuß in dem Frankreich-Feldzug.

Anstoß nahm Baade auch an der von Hitler veranlaßten Entscheidung des Chefs des Oberkommandos der Wehrmacht vom 11. Juni 1944, nach der römisch-katholische Geistliche, Diakone, Subdiakone, Priesteramtskandidaten und Ordensleute, die Reserveoffiziere waren, aus dem aktiven Wehrdienst auszuscheiden hatten. Auch Unteroffiziere und Mannschaften aus diesem Personenkreis, die Reserveoffizier-Anwärter waren, mußten aus dem Nachwuchs für Reserveoffiziere gestrichen werden.

Ende Juni 1944 mußte die Heeresgruppe Kesselring, dem Druck des Gegners nachgebend, sich mit ersten Teilen auch vom Nordufer des Arno absetzen. Sie zog sich über den Apennin in Richtung auf die Po-Ebene zurück. Die 90. Panzergrenadier-Division wurde im Zuge dieser Bewegungen im Raume um Prato, nordwestlich Florenz, versammelt und von dort geschlossen in die Gegend von Cuneo verlegt. Nahe der italienisch-französischen Grenze sollte sie dort in Bereitschaft gegen Anlandungen des Gegners an der Küste zwischen Mentone und Genua stehen. Teile der Division wurden daher bis Ventimiglia vorgeschoben.

Baade selbst hatte am 28. Juli wieder einmal das Sanatorium „Weißer Hirsch" in Dresden aufsuchen müssen, das jetzt in ein Reservelazarett umbenannt war. Vier Wochen Behandlung und Erholung waren ihm zudiktiert. Nachdem er sich jedoch einigermaßen ausgeruht hatte und besser fühlte, brach er den Aufenthalt nach zwei Wochen ab und kehrte nach Oberitalien auf seinen Gefechtsstand zurück. Mit Wirkung vom 1. August 1944 war er zum Generalleutnant befördert worden.

Am 15. August erfolgte die Landung der Alliierten in Südfrankreich. Ihre Divisionen setzten zu schnellem Vorgehen in dem breiten Tal der Rhône nach Norden an. Gleichzeitig besetzten französische Freischärler im Grenzgebiet mehrere Ortschaften und schickten sich von dort aus zu Vorstößen in die Po-Ebene an. Daraufhin erhielt die 90. Panzergrenadier-Division am 28. August den Befehl, diesen Franzosen die kleine Alpenstadt Briançon zu entreißen, die im Zentrum ihres Operationsgebiets lag.

Baade bestimmte zwei Bataillone für die Durchführung dieses Auftrages. Die Führung des Unternehmens übertrug er dem Oberstleutnant Stollbrock, einem alten Angehörigen des Kavallerie-Regiments 3. Um den Grenadieren Verluste zu ersparen, ordnete Baade reichliche Unterstützung durch Artillerie an. Der Angriff erfolgte am 30. August. Der Gegner, stärker an Zahl als vermutet, hatte sich auf nachhaltige Verteidigung der Zitadelle am Ostrand der Stadt eingerichtet. Das darauf zusammengefaßte Feuer der zahlreichen deutschen Batterien tat aber seine Wirkung. Zwar mußten die Grenadiere zum Schluß noch die Tore der Zitadelle mit Panzerfäusten sprengen, doch war der Widerstand der Verteidiger schon durch den gut geleiteten Artilleriebeschuß gebrochen. Es gab auf deutscher Seite kaum Verluste. Beim anschließenden Durchkämmen der Stadt wurden noch amerikanische Aufklärungstrupps und ein amerikanisches Verbindungskommando zu den französischen Freischärlern gefangen genommen.

Im deutschen Wehrmachtsbericht vom 30. August wurde die Inbesitznahme von Briançon ausdrücklich hervorgehoben. Die in schwierigen Lagen erprobten Offiziere, Unteroffiziere und Mannschaften der Division nahmen mit Verwunderung Kenntnis von der dabei aufgestellten Behauptung, daß dies „nach hartem Kampf" erfolgt wäre. Trotz aller Genugtuung über ihren Erfolg hielten sie diese Formulierung für eine beträchtliche Übertreibung. Einige von ihnen bildeten sich ihre eigenen, nicht unbesorgten Gedanken darüber, warum wohl das Oberkommando der Wehrmacht sich dazu hergeben mußte, einen so leicht errungenen, im Verhältnis zur gesamten Kriegslage so unbedeutenden Erfolg in dieser Weise herauszustellen. Baade äußerte gegenüber seinen engsten Mitarbeitern, es sei doch armselig, wovon diese kümmerlichen Strategen in den höchsten Instanzen nun schon zehren müßten.

In den ersten Tagen des September erfuhr Baade, daß er mit einem baldigen Herüberziehen seiner Division in den Ostabschnitt der oberitalienischen Front zu rechnen habe. Es hatte sich herausgestellt, daß die Alliierten in Italien ihr weiteres Vordringen und damit den Einbruch in die Po-Ebene mit Schwerpunkt gegen den linken Flügel der deutschen Heeresgruppe, also im Adria-Abschnitt, anstrebten. Als es dann dort der 8. britischen Armee gelang, Geländegewinne zu erzielen, mußten zur Verhinderung eines Durchbruchs deutsche Divisionen aus dem Westteil der Front als Verstärkungen herangezogen werden.

Die Verlegung der 90. Panzergrenadier-Division aus dem Raum um Cuneo lief am 14. September an. Sie erfolgte etappenweise im Eisenbahntransport. Die einzelnen Teile rückten von den Ausladeorten sofort in den Kampfraum westlich von Rimini. Baade war vorausgeeilt, Nach sorgfältiger Erkundung der Lage und der Geländeverhältnisse und nach Verbindungaufnahme und Absprache mit den Stäben der schon im Abwehrkampf stehenden Verbände setzte er die Marschgruppen seiner Division in der Reihenfolge ihres Eintreffens ein. Als diese Gruppen, der heikel gewordenen Lage entsprechend, so eilig ins Gefecht treten mußten, verblieb er, ihre Zuversicht durch seine Anwesenheit und sein Beispiel stärkend, so lange bei ihnen, bis er sich wieder der Einweisung der nächsten Gruppe zuwenden mußte.

Diese Kämpfe erstreckten sich auf den Zeitraum zwischen dem 17. und dem 29. September. Der Angriff der britischen Armee wurde in schwerem Ringen zum Stehen gebracht. Der 90. Panzergrenadier-Division fiel ein maßgeblicher Anteil an diesem Erfolg zu. An dem neuralgischen Punkt der Schlacht, bei Sant' Archangelo, hat sie im Wechsel von Abwehr und Gegenstößen die Lage immer wieder bereinigt, jedes weitere Vordringen des Gegners verhindert und ihm schwere Verluste beigebracht.

Baade, der Kavallerist, legte hier neben allen anderen Merkmalen seiner geschickten Führung einen Beweis für die erstaunlichen Fähigkeiten ab, die er sich im Einsatz der Artillerie erworben hatte. Diese Fähigkeiten wirkten sich hier in besonderem Maße aus, weil seine Division im Verhältnis zur Zahl und Kampfkraft der anderen Truppenteile zufällig mit Artillerie reichlich versehen war. Die insgesamt dreieinhalb Artillerie-Regimenter, die ihm zugeführt und unterstellt werden konnten, bildeten die Trumpfkarte in diesen Kampftagen. Daß Baade es verstand, davon den bestmöglichen Gebrauch zu machen, stellte den Erfolg sicher. Es kam allerdings der glückliche Umstand hinzu, daß Baade schon seit April 1944 in der Person des Oberst H. J. Wunderlich einen artilleristischen Berater zur Seite hatte, mit dem ihn bestes Einvernehmen verband. Auch Wunderlich gehörte zu den Personen, mit denen sich Baade als „eines Sinnes“ bezeichnete, auch in Fragen außerhalb des militärischen Horizontes, und dort wiederum insbesondere in der Einstellung zum Nationalsozialismus.

Auch Feldmarschall Kesselring hat bekundet, daß dem Eingreifen der 90. Panzergrenadier-Division, der 29. Panzer-Division und der 98. Infanterie-Division die Anerkennung gebührte, in diesem Zeitabschnitt den ersten Versuch der Briten, in die Po-Ebene einzubrechen, meisterhaft verhindert zu haben. Nach dem Abflauen der Kämpfe in diesem Raum wurde die Division von Baade in die Gegend um Cesena zurückgezogen. Von dort wurde sie am 18. Oktober zur Verstärkung der Front südostwärts von Bologna gerufen. Die Offensive des Gegners in diesem Raum hatte von dem überragenden Futa-Paß aus schrittweise Boden durch den Apennin in Richtung Bologna gewonnen. Zwar war die deutsche Front hier noch zu beweglichem Widerstand imstande; aber es mußte Vorsorge für den Zeitpunkt getroffen werden, da es dem Gegner an den nördlichen Gebirgsausgängen möglich sein würde, seine Reserven und Verstärkungen in dem offener gewordenen Gelände zur Geltung zu bringen.

In der Atempause nach dem Verlassen des Kampfabschnitts an der Adria und nach dem Eintreffen in der Gegend von Bologna schrieb Baade einen Brief an eine Bekannte, der manches über seine damalige Verfassung aussagt:

Eure Jagd! Ach, wie gern wäre ich dabei gewesen! In Gedanken stelle ich mir vor, wo ich wohl in den einzelnen Treiben gestanden hätte. Nun, und dann der gemütli-Abend nach der Jagd.
Aber wir können uns nicht beklagen, wir sind zur Zeit „heraus".
Wir waren ziemlich zerhauen. Nun ist Bierentümpel, einer der alten Getreuen, auch an seiner Verwundung gestorben. So geht es. Ich wollte ihn besuchen und kam zu spät im Lazarett in Ferrara an. Er war gerade gestorben. Manchen Weg hatte er für mich gemacht und schon im Frieden mich begleitet. [*Der Gefreite Bierentümpel war zunächst Pferdepfleger, dann Kraftfahrer bei Baade und in den letzten Jahren Melder in seinem Stabe. – Anm. d. Verf.*]
Nun sind wir wieder bei Senger und auf dem Wege, restauriert zu werden, damit es wieder losgehen kann, wohl bei B. Glaube mir, daß ich ein schweres Amt zu versehen habe.
Ich fahre eigentlich den ganzen Tag umher und besuche die Kompanien, und wie wenige sind es noch von den Kämpfen bei Ortona, Formia und Cassino, von Pontecorvo und Rimini, die ich antreffe. Und das ist nur das letzte Jahr. Und welche Situationen waren es, wenn wir kamen und alles schon auf des Messers Schneide stand. Und welche Spannung sammelt sich jetzt an, da man um so viele Dinge weiß.
Aber immer gibt es auch Mittel und Wege, wenn man scharf achtet auf alle Möglichkeiten der eigenen Kraft und auf die Schwächen des Gegners.
Dann überstürzen sich die Ereignisse und Meldungen und Schreckensnachrichten, und alles muß fein filtriert und registriert werden; manchmal muß man blitzschnell handeln und manchmal wieder abwarten und eine Sache reifen lassen.
Und wenn man ganz hellhörig ist, dann erfaßt man die große Stunde, in der man trotz aller Not doch noch Reserven und Panzer übrig haben muß.
Dann kommen die ersten kleinen Erfolge und dann wird nachgestoßen. Wie oft kommt dann die Krise; und dann funktioniert irgendwo doch noch ein tapferer Leutnant und ein letztes Maschinengewehr an entscheidender Stelle und im entscheidenden Augenblick.
So wirkt alles zusammen wie ein riesiges Orchester, die Artillerie und die Werfer und die Schützen und die Panzer und aus allem Durcheinander formt sich die Ordnung. Es ist dann so als wenn sich aus allem Krampf alles in Harmonie löst, wie aus mächtigen Zauber.
Aber aus der Perspektive des Mannes, der mit seiner Waffe und seinem Spaten alles auf sich nehmen muß, wie anders und schwer sieht das da alles aus. Die Kälte und

die Nässe und die Nacht und das Schießen und Verluste und alles, was pausenlos die Schrecken der Schlacht ausmacht. Und so zieht er dann gewiß manchmal auf dem Schlachtfeld umher, den Sinn der Dinge nicht mehr verstehend. Aber, so denke ich manchmal insgeheim und vermessen, vielleicht glaubt er: „Baade wird es wohl schaffen". Bitte, sag' dies niemandem weiter.
So passierte bei unserem letzten Einsatz bei Ri. an anderer Stelle viele Kilometer von uns entfernt ein Einbruch und wir mußten ein Regiment dorthin abgeben. Und da ging es den Kompanien unter ihnen unbekannter Führung nicht gut. Hohe Verluste und kein Gelingen. Aber dann kamen wir mit der ganzen Division ein wenig später in diesen Abschnitt und der Regimentskommandeur funkte an seine Kompanien nur die knappen Worte: „Ab 17,00 Uhr führt Baade". Da war trotz aller schweren Not großer Jubel. Kannst Du verstehen, daß es manchmal doch erfreuliche Momente gibt?
Aber wenn dann während des Kampfes die Meldungen kommen, der ist gefallen, der ist verwundet! Und alle kennt man so gut. Das ist niederziehend.
Und die einzige Sorge ist dann, wer der Nachfolger und Vertreter sein muß. Das ist dann mit kaltem Rechnen hart die erste Frage.

In der berechtigten Annahme, daß die Kampfpause für die Division hier bei Bologna nur kurze Zeit dauern würde, bemühte sich Baade wiederum um Verbesserung des Ausbildungsstandes, legte dabei aber einen geringeren Maßstab als sonst an, um der Truppe vor allem einmal Ruhe zu gönnen. Er verlangte nur, daß auf gesteigerte Übung im Schießen geachtet würde. Dazu traf er unter anderem die etwas originelle, aber sehr praktische Anordnung, daß im Bereich jeder Einheit seitlich der Wege zwischen Unterkunft, Ausbildungsstätte, Essensausgabestellen und Postierungen einfache Scheiben aufgestellt seien. Im Vorbeigehen hatte dann ein jeder Mann einen Schuß auf diese Scheiben abzugeben, um seine Schießfertigkeit zu überprüfen und zu verbessern.

Als Folge der angespannten Personallage trafen jetzt zum erstenmal bei der Division mit den Ersatz-Transporten Soldaten ein, die noch nicht das 18. Lebensjahr erreicht hatten. Baade erließ sofort einen Divisionsbefehl, daß diese Jünglinge auf keinen Fall der fechtenden Truppe zuzuteilen, sondern vorläufig noch bei den rückwärtigen Diensten oder den in Reserve befindlichen Einheiten zurückzuhalten seien.

Umgekehrt ordnete er an, daß gesunde und kräftige, wenn auch bereits bejahrte Soldaten, die den Nachschub-Einheiten angehörten, für einige Zeit „nach vorne" beordert und dort zum Postenstehen oder Stellungsbau herangezogen wurden. Auf diese Weise sollten auch die Spezialisten aus Bäckerei-Kolonnen, Werkstattdiensten oder Feldpostämtern von Zeit zu Zeit wenigstens einen gemäßigten Hauch der Front verspüren.

In diese Zeit fiel auch ein kleiner Vorfall, der ein helles Licht auf die unabhängige und selbstbewußte Haltung von Baade warf.

Zwei Soldaten seiner Division waren verwundet in ein Lazarett in Deutschland transportiert worden. Nach Ausheilung erhalten sie Marschbefehl zu einer in Nordfrankreich befindlichen Division. Die beiden Kameraden fahren aber stattdessen zu ihrer alten Division nach Italien und treffen dort ohne wesentliche Verzögerung in der Gegend von Bologna ein. Die Division erhält Anweisung, die beiden streng zu bestrafen, weil sie einen Befehl nicht befolgt hatten. Baade läßt die beiden „Sünder" zu sich rufen, hört sie an, wundert sich darüber, wie sie mit ihren Marschpapieren die Zug- und Bahnhofskontrollen umgehen konnten, und verleiht ihnen das Kriegsverdienstkreuz wegen „Treue zur Truppe". Den vorgesetzten Dienststellen erstattet er Meldung, daß nach seiner Ansicht in diesem Falle eine Auszeichnung angebrachter sei als eine Bestrafung.

Inzwischen hatte Baade auch ein kleines Erholungsheim für Angehörige seiner Division, und zwar in Anlehnung an ein dortiges Feldersatz-Bataillon, in den Alpen einrichten lassen. Nach Ermessen der Führer der Regimenter und Abteilungen konnten, zusätzlich zu den gebilligten Urlaubsraten, jeweils ein paar Soldaten zu kurzen Ruhepausen dorthin geschickt werden. Bei Bedarf und in Alarmfällen war dank der geringen Entfernung ihre schnelle Rückkehr zur Truppe sichergestellt. Zudem hatte Baade Vorsorge dafür getroffen, daß in diesem Erholungsheim auch leicht verwundete Soldaten ärztlich betreut werden konnten. Sie hatten dann, im Gegensatz zu einer Überweisung in ein Lazarett in Deutschland, die Gewißheit, daß sie wieder zu ihrer Einheit zurückkehren konnten und nicht nach Ausheilung anderen Truppenteilen überwiesen wurden.

Am 22. Oktober mußte die Division wieder in den Kampf geworfen werden. Zu dieser Zeit war südwestlich Bologna eine Krise entstanden. Fast einen Monat lang wechselten hier die Kampfhandlungen, bei denen der zahlenmäßig und materiell weit überlegene Gegner immer die Initiative in der Hand hielt, zwischen allmählichem Zurückgehen, gelegentlichem härteren Widerstand und auch kurzen Perioden mit geringerer Gefechtstätigkeit ab.

Am 16. November erhielt Baade überraschend die Nachricht, daß ihm als dem 111. Soldaten der deutschen Wehrmacht die Schwerter zum Ritterkreuz verliehen seien. Die Eingabe dazu war schon einige Zeit zuvor erfolgt. Den Anlaß zu diesem Vorschlag hatte seine tapfere und gewandte Führung der Division bei der Abwehrschlacht um Rimini Ende September gegeben.

Um die Monatswende vom November zum Dezember war die Lage an der italienischen Front wieder einmal dadurch gekennzeichnet, daß die Sorgen der deutschen Führung dem Ostabschnitt gelten mußten. Seit dem 21. November hatte der Gegner dort zunehmend Einbrüche erzielt. Daher befahl die Heeresgruppe nun, daß die Verschiebung der

90. Panzergrenadier-Division in diese Gegend vorzubereiten und eine Regimentsgruppe von ihr sofort in den Kampfraum zwischen Faenza und Forli zu entsenden sei. Alle weiteren Teile der Division griffen dann kurze Zeit später in die dortigen Kämpfe ein. Baade konnte noch die ersten Einsätze leiten und überwachen, dann traf ihn die Abberufung von seinem Posten als Kommandeur der Division, die er genau ein Jahr lang in fast ununterbrochenem Kampf geführt hatte. Sein Divisions-Tagesbefehl vom 9. Dezember 1944 lautete:

Ich bin versetzt worden.
Ihr wißt, wie schwer es mir fällt, die große Familie unserer Division verlassen zu müssen.
Ich kam zu Euch in den harten Kämpfen bei Ortona.
Wir schlugen zusammen die Schlacht um Minturno.
Wir standen im Schneesturm der Cassino-Schlacht, wo wir unseren Ruhm begründeten.
Die Bunkerkämpfe um Pontecorvo und die Bewegungsgefechte vom Liri bis zum Arno bei Florenz schweißten uns zusammen.
In den französischen Alpen erfochten die Grenadiere ihren Sieg.
Im Einsatz bei Rimini kämpfte die Division schlachtentscheidend.
Bei uns weiß jeder, worum es geht.
Die Hauptlast des Kampfes trug der Grenadier.
In Gedanken gehe ich noch einmal durch Eure Reihen und verweile bei diesem und jenem Freund aller Dienstgrade.
In Ehrfurcht gedenken wir der Toten.
Eins wollen wir uns zum Abschied versprechen: Wir tun weiter unsere Pflicht, gleich wo wir stehen.
Stets wird der stolzen Division unsere Liebe gehören, denn wer einmal in ihr gedient hat, denkt immer an sie zurück.

Baade
Generalleutnant und Divisionskommandeur

Selbst wenn man urteilen wollte, daß diese Abschiedsworte keine auffälligen Abweichungen von Aufrufen, Erlassen und Tagesbefehlen aus ähnlichem Anlaß enthielten, so darf nicht übersehen werden, daß hier, im Gegensatz zu sonstigen Gepflogenheiten in damaliger Zeit, kein pathetisches Schlußwort von der Art „Es lebe . . . “ oder von irgendwelcher Versicherung der Treue zu irgendjemand oder, zur Verschleierung dieser Unterlassung, auch nichts von der Liebe zum Vaterland gesagt wurde. Wer sich auskannte, verstand sehr wohl, daß dieses wohl beabsichtigt und wie es zu verstehen war.

Am 10. Dezember 1944 übergab Baade in Bubano den Befehl über die 90. Panzergrenadier-Division an seinen Nachfolger, den Generalleutnant Graf Schwerin. Am folgenden Tage verließ er den Gefechtsstand der Division. Einerseits fiel ihm der Abschied schwer von den vielen Menschen, die an ihm hingen und mit denen ihn ein in allen Lagen bewährtes, gegenseitiges Vertrauen verband. Andererseits war er sich bewußt, daß er wieder einmal an den Rand seiner physischen Kraft gelangt war und daher die Gelegenheit begrüßen mußte, seine schwankende Gesundheit aufzufrischen.

Im „Meldereiter" wurden Baade herzliche Abschiedsworte zugerufen. Obwohl zuzugeben ist, daß in Hunderten von ähnlichen Fällen deutschen Divisionskommandeuren zu Recht die Verehrung ihrer Truppe beim Anschied ungefähr gleichermaßen gefolgt ist, so ist doch der nachstehende kurze Auszug aus dem langen Loblied des „Meldereiter" insofern von Bedeutung, als er den Kern von Baades Persönlichkeit gut getroffen hat:

Der General liebte keine großen Worte. Aber man muß einmal an seiner Seite erlebt haben, wie er sich auch um die kleinsten Sorgen und Nöte seiner Soldaten kümmerte, mit welcher Fürsorge er jeden Angehörigen der Division umgab. Wie er danach fragte, ob der Landser heile Stiefel hatte, ob er gut zu essen bekam, ob er seiner Familie schrieb, ob er Päckchen nach Hause schickte, ob die Verwundeten gut betreut wurden, ob jemand für seine Leistungen eine Auszeichnung bekam, ob jeder auf Urlaub fahren konnte. Seine ganze Liebe galt stets dem am schwersten ringenden Mann im vordersten Graben und wehe denen, die sich nicht in seinem Sinne für ihn einsetzten.

Auch dem Oberstleutnant i. G. von Metzsch, der weiterhin als erster Generalstabsoffizier bei der 90. Panzergrenadier-Division verblieb, ist die Trennung von Baade schwer gefallen. Wie bereits angeführt, hatte es anfänglich der Überwindung einiger Schwierigkeiten bedurft, bis die beiden Offiziere den Weg zu vertrauensvoller Zusammenarbeit fanden. Das Urteil von Metzsch über Baade gipfelte in den Feststellungen:

Baade war frei von Prestige-Denken. Er hatte die innere Freiheit, auf Rat- und Vorschläge seiner Umgebung aufgeschlossen einzugehen. Er zögerte keinen Augenblick, sie anzunehmen, wenn sie ihm zweckmäßig erschienen, mochten sie auch seinen vorweg geäußerten Plänen entgegenstehen. Und trotzdem war er sich in hohem und seltenem Maße seiner selbst bewußt. Er gestand sich auch ein, daß er es seiner näheren Umgebung zuweilen recht schwer machte, ihn zu verstehen und mit ihm auszukommen. Das hatte meist nervliche, oft auch physische Gründe, nämlich seine labile Gesundheit, der er so energisch Herr zu werden sich bemühte. Entsprechende Reaktionen seiner Mitarbeiter nahm er nicht übel. Nur Unaufrichtigkeit war ihm zuwider und veranlaßte ihn oft zu ebenso spontanen wie unbarmherzigen Urteilen.

Dieser gute und edle Mensch war der lebendige Gegenbeweis gegen die oft gehörte

These, daß nur der Erfolg haben könne, der rücksichtslos und egoistisch seine Ellenbogen zu gebrauchen verstehe. Wohl, er gebrauchte sie hin und wieder, aber niemals für sich selbst, niemals aus Ehrgeiz, niemals um eines fragwürdigen Ansehens willen, nur für die ihm gestellte Aufgabe und vor allem für die ihm anvertrauten Soldaten. Es war ihm gleichgültig, was man von ihm dachte.

Es schmerzte ihn, wenn ihn Menschen mißverstanden, die er schätzte und liebte. Und er liebte wahrhaft seine Soldaten, gleich welchen Ranges. Es ging viel Kraft von ihm aus. Eine große Menschenliebe war in diesem nach außen oft so rauhen und anscheinend unzugänglichen Soldatenherzen lebendig. So mußte er sich in krassem und zunehmendem Gegensatz zu einem System sehen, das zwar phrasenreich von Liebe zu Volk und Vaterland tönte, im Grunde aber beherrscht war von einer tiefen Verachtung des Menschen als Individuum.

DAS DOPPELTE ENDE

Als Baade im Dezember 1944 in Neverstaven eintraf, war er zunächst nur in der Kenntnis der Verfügung, daß er wieder zur Führer-Reserve des Oberkommandos des Heeres versetzt und für die Teilnahme an einem Lehrgang für höhere Truppenführer vorgesehen sei. Nach dem Herauslösen aus den Strapazen an der Front kam ihm nun zum Bewußtsein, wie stark seine Gesundheit angegriffen war. Es stellten sich malaria-ähnliche Anfälle ein. Trotzdem konnte er sich jetzt nicht dazu bereit finden, in Ruhe an einem Ort Erholung zu suchen. Die sich ständig verschlechternde Lage an allen Fronten und das damit nahende Ende des Krieges trieben ihn umher zu Besuchen und Aussprachen bei Freunden und Bekannten.

Am 16. Dezember 1944 hatte an der Westfront die sogenannte Ardennen-Offensive der Deutschen begonnen. Wie alle diejenigen, welche die Gesamtlage mit nicht verblendetem Sinn verfolgten und beurteilten, sprach auch Baade dieser militärischen Anstrengung nicht die Aussicht zu, eine ins Gewicht fallende Wende herbeizuführen. Daran änderten die Anfangserfolge, die der gelungenen Überraschung des Gegners zu verdanken waren, ebenso wenig wie die hohen Vorschußlorbeeren, die von der politischen Führung und auch vom Oberkommando der Wehrmacht ausgestreut wurden.

Baade und seine Freunde waren empört und verzweifelt, daß Hitler diese offensichtlich letzte große Kraftanstrengung der deutschen Wehrmacht gegen die Westmächte richtete, anstatt mit einer solchen Operation dem Vordringen der russischen Front gegen das deutsche Land entgegenzutreten. Sie sahen und fühlten die schwerwiegenden Folgen für das Kriegsende voraus. Sie erblickten darin den erneuten Beweis für die dämonische Gesinnung von Hitler, der es vorzog, das geschlagene Deutschland dem Bolschewismus auszuliefern. Sein Haß auf die Westmächte, geboren aus Unkenntnis der Geisteshaltung in der westlichen Welt und gesteigert durch das Erfühlen der eigenen politischen und moralischen Inferiorität, trieb ihn zu dieser Handlungsweise. Hitler hatte nachweislich mehrfach geäußert, das deutsche Volk solle bei verlorenem Kriege mit ihm zusammen untergehen, weil es das Überleben dann nicht verdient habe.

Am Jahresende 1944 war die Stoßkraft der Ardennen-Offensive erlahmt. Die letzten nennenswerten deutschen Reserven waren verbraucht. Am 2. Januar 1945 erhielt Baade die Beorderung zum 3. Lehrgang für höhere Truppenführer nach Hirschberg in Schlesien. Die Teilnehmer waren in der Mehrzahl Anwärter für die Führung eines Armeekorps oder für die Stelle eines Chefs des Generalstabes bei einem Armeekorps oder einer Armee. Der Lehrgang sollte bis zum 30. Januar dauern.

Teilnehmer haben bezeugt, daß Baade den Vorträgen über die moderne Führung großer Verbände und den Vorführungen von Waffen und Geräten motorisierter Einheiten nur ein sehr geringes Interesse entgegenbrachte. Seine Gedanken waren hier nicht bei der Sache. Sie gingen andere Wege. Zudem fühlte er sich nicht wohl und empfand deshalb die Luft in den Hörsälen als drückend. Verärgert notierte er in seinem erhalten gebliebenen und seit dem 1. Januar 1945 geführten Tagebuch: „Lehrgang langweilig bis albern." Nur ganz selten meldete er sich zum Wort während der Dienststunden, beteiligte sich aber bei den Mahlzeiten oder in den Abendstunden in einem kleinen Kreis von ihm bekannten Teilnehmern an Aussprachen über die düstere Zukunft. Er verhehlte dann nicht, daß er den Lehrgang für völlig überflüssig hielt; denn jedermann müßte eigentlich längst erkannt haben, daß es zur Verwertung des Lehrstoffes wohl kaum noch kommen könnte.

Obwohl ihm erst vor wenigen Wochen die hohe Auszeichnung mit den Schwertern zum Ritterkreuz zuteil geworden war, trug Baade auch hier keine Orden, mit Ausnahme wiederum des Eisernen Kreuzes erster Klasse aus dem ersten Weltkrieg. Ein Teilnehmer berichtete: „Er bewahrte Ritterkreuz und Schwerter in der Hosentasche auf; und wenn er sehr gelangweilt war, was oft vorkam, zog er sie heraus und spielte damit in der Hand, wie andere dies mit Bleistiften tun."

Im übrigen legte Baade es darauf an, möglichst oft dem Lehrgang fern zu bleiben und auch über die Wochenenden hinaus nach Berlin, nach Neverstaven oder zu Freunden in Brandenburg, Mecklenburg oder Hannover zu verreisen. Dabei intensivierte er auch die schon vor Jahresfrist eingeleitete Anlage seiner privaten „Depots". Dies entsprach seiner ausgeprägten Neigung, bis in viele Einzelheiten vorauszudenken und Vorsorge für die Selbstbehauptung zu treffen. Von Italien aus hatte er sich an mehreren Stellen in Deutschland seine „Stützpunkte" für Zeiten der Krise und der Verfolgung eingerichtet.

In Villingen im Schwarzwald hatte er ein kleines Haus am Waldesrand gekauft. bei guten Freunden in Hannover und in Göttingen hatte er in Kellerräumen verstecktes Quartier reserviert. Auch bei seinem Kraftfahrer Stützer in Osterode am Harz hatte er ein Refugium vorbereitet und gleiches noch bei einigen Freunden auf dem Lande im Dreieck Berlin-Hamburg-Celle organisiert. An jedem dieser Orte hatte er Zivilkleidung, mindestens eine Waffe, Radiogeräte, Ausweispapiere mit erfundenen Angaben, Landkarten, einen Benzinvorrat, haltbare Lebensmittel und ähnliches deponiert.

Als es nun immer offensichtlicher wurde, daß von der Ost- und Westfront her die Deutschen in der Mitte ihres Landes zusammengedrückt werden würden, widmete Baade seine Vorbereitungen und Überprüfungen nur noch seinen Schlupwinkeln in dieser Gegend.

Am 12. Januar 1945 begann die seit langer Zeit vorausgesehene große Offensive der Russen aus dem über die Weichsel gebildeten Brükkenkopf bei Baranow. Sie war der Auftakt für die letzte Phase des kriegerischen Geschehens an der Ostfront. Ihrem Erfolg schloß sich an allen anderen Abschnitten der Aufbruch der Sowjetarmeen zum Stoß in das Herz von Deutschland an. Das Fehlen der deutschen Kräfte, die strategisch sinnlos in der Ardennen-Schlacht im Westen verbraucht worden waren, beseitigte jeden Zweifel an dem Ausgang dieser Kämpfe in Ostpreußen, Polen und Schlesien und auch in Pommern, Brandenburg und Sachsen.

Als der russische Vormarsch sich Ende Januar in Schlesien der Oder näherte und sie an einigen Stellen sogar schon erreichte, mußte der Lehrgang für höhere Truppenführer in Hirschberg vorzeitig beendet werden. Die Teilnehmer erhielten vorläufig keine Nachrichten für ihre weitere Verwendung.

Baade eilte nach Falkenhagen. Hier erlebte er die Aufstellung des Volkssturms. Sein Bruder Joachim wurde zu diesem letzten Aufgebot eingezogen. Allenfalls für Niederwild-Jagden, aber niemals für einen militärischen Einsatz im Jahre 1945 ausgerüstet, wurden hier alte und fast durchweg für den Kriegsdienst untaugliche Männer zusammen mit den unschuldigen Bleichgesichtern von 16- und auch nur 15-jährigen in ein von vornherein völlig hoffnungsloses Abenteuer geschickt. Auf der Durchfahrt durch Berlin hatte Baade selbst gesehen, wie junge Frauen und junge Mädchen, in Uniform gesteckt, in den Flak-Batterien zum Kampfeinsatz gezwungen wurden.

Für den Monat Februar weist das Tagebuch von Baade nach, daß er zunächst fünf Tage in Neverstaven verbrachte, hier Ankunft und Durchzug vieler Flüchtlinge aus dem Osten erlebte und sich dann wieder auf seine ruhelosen Fahrten nach Bremen, Hannover und vor allem nach Göttingen begab. Als sein Auto einmal eine längere Reparatur benötigte, legte er zweimal die Strecke Hannover-Göttingen mit dem Fahrrad zurück. Da es ihm schließlich nicht mehr regelmäßig gelang, sich bei Wehrmachtsdienststellen mit dem so knapp gewordenen und streng bewirtschafteten Benzin für diese privaten Fahrten zu versorgen, baute er seinen Wagen auf Betrieb mit Holzkohle um.

In Göttingen glaubte er einmal wieder, seinem Tatendrang im Sinne des „Retten, was zu retten ist“ nachgehen zu können. Zusammen mit einem jüngeren, ihm wohl vertrauten Offizier vom alten Kavallerie-Regiment 3, der zu Genesungsurlaub in Göttingen weilte, nahm er Verbindung mit dem Oberbürgermeister Albert Gnade auf. Baade kannte ihn aus den letzten Vorkriegsjahren; allerdings war es damals nur zu gelegentlichen Begegnungen bei offiziellen Anlässen gekommen.

Im Rathaus, vor dem das Denkmal mit dem Gänseliesel als Wahrzeichen der Stadt steht, saßen die beiden Offiziere in Zivilkleidung dem Oberbürgermeister gegenüber. Baade brachte nach kurzer Vorrede seine Absichten und sein Angebot vor. Er nehme an, so sagte er, daß Herr Gnade, der in Göttingen trotz seines Ranges in der SS den Ruf eines besonnenen und nicht den radikalen Parteigenossen zuzurechnenden Mannes genieße, sich keinen Illusionen über den Ausgang des Krieges hingebe. Er gehe davon aus, daß auch Herr Gnade sich in dieser Situation mit der quälenden Überlegung beschäftige, was speziell zum Schutz seiner Stadt und ihrer Bevölkerung getan werden könne. Für das Schicksal des deutschen Volkes und Landes insgesamt könne nichts mehr unternommen und eingesetzt werden. Dieses Schicksal sei besiegelt. Darum bleibe für einen jeden, der ein Amt innehabe und Verantwortung trage, nur noch die Möglichkeit und gleichzeitig die Pflicht, anstelle des sonst angezeigten Handelns im Sinne des Ganzen alle nur erdenklichen Vorkehrungen und Maßnahmen zu ergreifen, um anvertraute Menschen zu retten. Gleiches gelte für das Bestreben, Sachwerte zu schützen, Wohnbauten und Kulturstätten zu erhalten. Ein Bürgermeister in der Uniform eines nationalsozialistischen Hoheitsträgers werde, selbst bei dem besten Willen, sich in diesem Sinne zu betätigen, nicht immer einen leichten Stand haben. Zu jeder Aktion dieser Art sei daher Hilfe von Seiten der Wehrmacht sicherlich unerläßlich.

Er, Baade, sei gekommen, um diese Hilfe anzubieten. Man sollte doch nun gemeinsam beraten, auf welche Weise Göttingen in dieser letzten Phase des Krieges vor Schaden bewahrt werden könnte. Die vielen Lazarette und die wertvollen, meistens sogar unersetzlichen Forschungsinstitute gäben doch genügend Anlaß und Legitimation, sich hierfür einzusetzen. Da offensichtlich die höchsten Führungsstellen des Reiches jedes Augenmaß und Verantwortungsgefühl verloren hätten, müßten eben die örtlichen Instanzen selbständig und nach den Geboten der Vernunft tätig werden.

Jeder Gedanke an Kampf zur Verteidigung der Stadt sei natürlich auszuschließen. Es könne nur darauf ankommen, den amerikanischen Streitkräften, auf deren weiterem Vormarschweg Göttingen liegen werde, ein kampfloses Einrücken zu ermöglichen. Zu diesem Zweck müsse so rechtzeitig mit ihnen Verbindung aufgenommen werden, daß sie bei der Annäherung auch gar nicht erst Luftangriffe oder Artillerie-Beschuß in Betracht ziehen.

Dann gab Baade im einzelnen seine Bereitschaft und Entschlossenheit zu zwei grundlegenden Maßnahmen bekannt. Er werde im gegebenen Zeitpunkt persönlich den Amerikanern mit der Flagge eines Parlamentärs entgegenfahren. Dazu werde man aber erst die Einnahme von Kassel abwarten müssen. Wenn sich danach die amerikanische Vorhut der wichtigen Autobahnbrücke über die Weser bei Hedemünden

Im Manöver 1936. Von rechts nach links: Rittm. Baade, Obltn. d. Res. Tiefenbacher, Obltn. von Plehwe, Ltn. Leibl

Oberst von Senger und Etterlin (links), Major Baade. Winter 1939/40

Bei Feldmarschall Rommel in Afrika

Grabstein in Neverstaven

Generalleutnant E.-G. Baade

nähern werde, müsse die Verbindung hergestellt werden. Er werde sich bemühen, den Amerikanern als Zeichen guten Willens diese große Brükke unversehrt in die Hand fallen zu lassen. Bei diesem Unternehmen werde er von einer kleinen Anzahl von Offizieren, Unteroffizieren und Kraftfahrern der in Göttingen befindlichen Ersatz-Abteilung des Kavallerie-Regiments 3 begleitet sein.

Als zweite Maßnahme stellte Baade in Aussicht, daß diese Ersatz-Abteilung darauf vorbereitet und dafür bereitgehalten werden würde, seine eigenen und auch Herrn Gnades Anordnungen für die Einzelheiten zum Zwecke der Schonung der Stadt durchzuführen. Dies sei insbesondere für den Fall gedacht, daß etwa unbelehrbare Personen, Schreihälse der Parteigliederungen oder Einheitsführer des Volkssturms es noch wagen würden, zum Kampf aufzurufen und den Weisungen zur Unterlassung jeglichen Widerstandes sowie zur sofortigen Auslieferung von Waffen und Kriegsgerät zu widersprechen.

Herr Gnade stimmte dem Generalleutnant Baade in allen Punkten vorbehaltlos zu. Er hinterließ den Eindruck, daß es gar nicht dieser verhältnismäßig vorsichtigen und weitläufig begründeten Art des Vorbringens von Baade bedurft hätte. Er nahm mit Bekundung seiner Dankbarkeit die Angebote an. Anschließend wurden noch einige Einzelheiten besprochen und dabei insbesondere Herrn Gnade Informationen über die personelle Zusammensetzung und die Stärke der Ersatz-Abteilung gegeben.

Am Ende dieser Unterredung wies Baade darauf hin, daß er zwar die Absicht habe, in Göttingen zu bleiben, aber doch die Möglichkeit nicht auszuschließen sei, daß das Oberkommando des Heeres ihn noch zu einer neuen Verwendung rufen würde. Für diesen Fall gab er schon jetzt dem Oberbürgermeister die Namen der maßgeblichen Offiziere der Ersatz-Abteilung bekannt, die in seiner Abwesenheit im verabredeten Sinne zur Verfügung stehen würden. Im übrigen werde er selbst nach Kräften bemüht sein, auch von einem neuen, ihm zugewiesenen Posten aus nach Göttingen zu eilen, um zur Stelle zu sein, wenn die Frage der Verbindungsaufnahme mit den Amerikanern hier reif würde.

Es fand dann wenige Tage später noch ein zweites Treffen statt, bei dem das Einverständnis bekräftigt wurde. Herr Gnade äußerte sich zuversichtlich, daß Widerstände gegen ein kampfloses Hereinlassen der Amerikaner kaum zu befürchten seien. In Göttingen, der alten Universitätsstadt, herrsche überwiegend ein gesunder Menschenverstand und seien die Maximen des Nationalsozialismus wahrscheinlich niemals so tief und so breit verankert gewesen wie in vielen anderen Städten. Jedenfalls glaubte er zu wissen, daß die große Mehrheit der Bürger im Alter von mehr als 25 oder 30 Jahren entweder von jeher skeptisch gewesen sei oder zumindest aber längst ihrem guten Glauben und ihren anfänglichen Illusionen über Hitler und dessen Wunderwirken abgeschworen habe. Quertreibereien seien wohl höchstens noch von Angehörigen der fanatisierten Hitlerjugend zu erwarten. Sie würden aber sicherlich durch das von Baade vorgesehene Auftreten der Ersatz-Abteilung erstickt werden.

In der Nacht vom 28. Februar zum 1. März 1945 wurde Baade über die Ersatz-Abteilung in Göttingen der Erlaß des Oberkommandos des Heeres zugestellt, daß er mit der stellvertretenden Führung des LVIII. Panzerkorps an der Westfront beauftragt sei und sich unverzüglich dorthin zu begeben habe. Am frühen Morgen des 1. März verließ Baade mit seinem Fahrer Stützer das Göttinger Quartier und fuhr zur Meldung im Hauptquartier des Oberbefehlshabers der Heeresgruppe B, Feldmarschall Model, an die Rheinfront. Dort wurde ihm eröffnet, daß er vertretungsweise die Führung des LXXXI. Armeekorps anstelle des LVIII. Panzerkorps zu übernehmen hätte.

Das LXXXI. Armeekorps befand sich zu dieser Zeit auf dem Ostufer des Rheins in einem Abschnitt von dem Südrand von Düsseldorf bis nahezu an den Nordrand von Köln. Innerhalb dieses Abschnitts bestand noch ein Brückenkopf dieses Korps auf der Westseite des Rheins auf der Höhe von Leverkusen. Beim südlichen Nachbar-Korps war Köln noch in deutscher Hand. Auf der Feindseite stellten sich amerikanische Divisionen zum Angriff über den Rhein bereit.

Im Zuge seiner Orientierung bei allen Truppen in dem Korpsbereich fuhr Baade am 4. März nach Leverkusen. In dem dortigen großen Werk von Bayer traf er zu seiner Überraschung auf viele Amtswalter der Partei, die sich als Beauftragte der Gauleitung ausgaben und eifrig mit Vorbereitungen für die Zerstörung der Werksanlagen beschäftigt waren. Er fuhr mit einem wahren Donnerschlag dazwischen. Er erklärte ihnen, daß er als militärischer Befehlshaber in diesem Abschnitt ganz allein die Verantwortung für alles übernehme, was hier in seinem Korpsbereich zu geschehen habe. Alle Vorbereitungen für die Zerstörung seien unverzüglich einzustellen. Zuwiderhandlungen würden mit Verhaftung, notfalls mit Erschießung geahndet werden. Die Amtswalter versuchten, darauf zu verweisen, daß sie nur auf Anordnung der Gauleitung handelten. Baade schlug diese Einwendung kurzerhand in den Wind. Es sei ein Skandal, so herrschte er die Vertreter der Partei an, daß die uniformierten Zivilisten den Kampfeswillen der Wehrmacht sabotierten, indem sie durch die Inangriffnahme der Zerstörung bekundeten, daß die Verteidigung aussichtslos geworden sei. Und selbst wenn Leverkusen verloren gehen sollte, so wäre doch wohl nicht daran zu zweifeln, daß es sich dann nur um ein vorübergehendes Zurückweichen handeln könnte, dem ein deutscher Gegenangriff und Zurückeroberung folgen würden. Es wäre daher eine schwere Versündigung am eigenen Interesse, dieses wertvolle Gut zu zerstören. Im übrigen sei die Anwesenheit der „Herren“ in diesem auf Kampf einzustellenden Gebiet nicht mehr erforderlich. Sie mögen sich an Orte ihrer eigenen Wahl begeben, vor allem aber jeder weiteren Einmischung enthalten.

Natürlich glaubte Baade nicht daran, daß Leverkusen gehalten oder zurückgewonnen werden könnte. Es ging ihm lediglich darum, die Anlagen zu erhalten. Ihre Vernichtung hätte weder örtlich noch im weiteren Sinne irgendeinen Vorteil für irgendjemanden eingebracht. Wohl war aber zu hoffen, daß es auch für Deutschland nach dem baldigen Kriegsende von Nutzen sein würde, wenn die Anlagen bestehen blieben. Ganz abgesehen von diesen Überlegungen spielten bei Baade hier auch der Abscheu und der Zorn gegenüber jedem blindwütigen Zerstören mit, die der lang anhaltende Krieg in ihm, und gewiß nicht in ihm allein, sondern in allen aufrechten Soldaten, angehäuft hatte. Festzuhalten bleibt, daß Baade auf diese Weise zum Retter der Bayer-Werke von Leverkusen wurde.

Schon am 6. März vormittags war für Baade die Führung des LXXXI. Armeekorps beendet. Der Oberbefehlshaber West hatte die Einsetzung eines Kampfkommandanten für die Verteidigung von Köln „bis zur letzten Patrone" und „bis zum letzten Mann" angeordnet. Die Heeresgruppe B bestimmte Baade für diese Aufgabe.

In den wenigen Tagen an der Spitze eines Armeekorps hatte Baade noch eine für ihn wiederum kennzeichnende Maßnahme ergriffen. Er hatte auf dem Korps-Gefechtsstand einen Befehl älteren Datums von der Heeresgruppe gefunden, der sich mit der Abgabe von Truppen von der Westfront an die Ostfront befaßte. Danach sollten die Armeekorps melden, ob und welche Einheiten sie allenfalls zur Verlegung an die gefährdete Ostfront abgeben könnten. Die entsprechenden Meldungen waren inzwischen längst erstattet worden. Baade aber, der nichts sehnlicher wünschte, als daß die Front gegen die Sowjets noch eine Zeitlang gehalten und dafür die Westmächte möglichst schnell nach Deutschland hinein Boden gewinnen könnten, sandte eine Nachmeldung ab, Er bot zwei Artillerie-Abteilungen zur unverzüglichen Herauslösung an, obwohl er genau wußte, daß sein Korps ohnehin nicht mehr die Kampfstärke besaß, die erforderlich war, um seinen eigenen Abschnitt verteidigen zu können.

Es war Baade freilich nicht bekannt, daß auf der Konferenz in Jalta auf der Krim vom 4. bis zum 11. Februar 1945 die Aufteilung von Deutschland in Besatzungszonen von Stalin, Roosevelt und Churchill bereits festgelegt worden war. Stalin hatte zu diesem Zeitpunkt sehr hohe Ansprüche geltend machen können, weil seine Armeen schon tief in deutsches Land eingedrungen waren und Berlin bedrohten. Den Westmächten konnte er vorhalten, daß sie bisher erst das Grenzgebiet erreicht hatten. Hier traten die für Deutschland verheerenden Folgen der Ardennen-Offensive vom Dezember 1944 klar zutage.

Wenige Stunden nach seiner Ernennung zum Kampfkommandanten

traf Baade am 6. März 1945 in Köln ein. Er fand dort eine bereits hoffnungslose Lage vor. Die Spitzen der Amerikaner hatten sich schon bis an die Innenstadt heranschieben können. Für weitere Verteidigung fehlten auf deutscher Seite vor allem Einheiten der Infanterie.

Auch hier gab es für Baade sofort wieder Ärger mit Vertretern der Parteidienststellen, die alles überwachen und sich wichtigtuerisch in die Belange der Kampfführung einmischen wollten. Er wies sie barsch zurück. Einmal riß der Zorn ihn dazu hin, zwei uniformierten Amtswaltern in Gegenwart von mehreren Offizieren mit derben Worten vorzuhalten, daß die politische Führung, nicht aber die Wehrmacht diesen unheilvollen Krieg herbeigeführt hätte. Dessen sollten sie sich bewußt sein und schämen.

In anderen Fällen hatte dann Baade in den beiden letzten Tagen der Verteidigung und Räumung von Köln noch Funktionäre der Partei an der Rheinbrücke abfangen lassen, die dort Ratschläge und Aushalteparolen an die Truppe gaben. In Wirklichkeit bereiteten sie nur ihr eigenes Absetzen über den Rhein vor. Baade ließ sie, allen Protesten und hochklingenden Ausweisen zum Trotz, zum Bau von Straßensperren heranziehen.

Im übrigen hat Baade später berichtet, daß er in dieser Zeit überall am Rhein immer nur Vertreter und Beauftragte, niemals aber einen Dienststellenleiter in Person angetroffen habe. Diese hätten offensichtlich in ihrer Stellung vor allem das Privileg gesehen, sich als erste abzusetzen, wenn die Front in die Nähe rückte.

Am 7. März gelang es den Amerikanern, an einigen Stellen im Stadtgebiet von Köln das Ufer des Rheins zu erreichen. Nur einige deutsche Stützpunkte hielten sich noch in der Stadt. Baade hatte in der vorangegangenen Nacht mehrmals den Rhein in einem Sturmboot überquert, um abwechselnd noch bei den Truppen auf dem Westufer zu weilen, ihren Rückweg festzulegen und außerdem auf dem Ostufer Anordnungen für die dort befindlichen Kampfgruppen zu erteilen.

Am 8. März erlosch der letzte deutsche Widerstand in Köln. Inzwischen war den Amerikanern die Brücke über den Rhein bei Remagen unversehrt in die Hand gefallen. Damit erhielten sie eine unerwartet günstige Voraussetzung für das Aufrollen der deutschen Abwehrstellungen am Ostufer des Rheins und für ihr weiteres Vordringen in die Tiefe des deutschen Raumes.

Vom 9. bis zum 13. März führte Baade wieder das LXXXI. Armeekorps. Der Korps-Gefechtsstand befand sich in Leichlingen. Baade vermerkte in seinem Tagebuch, es sei unbegreiflich gewesen, daß die Amerikaner nach der Einnahme von Köln nicht sofort den deutschen Truppen über den Rhein nachgestoßen seien. Er bedauerte diese Verzögerung der westlichen Alliierten bei dem Wettlauf nach Berlin, tröstete sich aber mit der Nachricht über den Erfolg der Amerikaner bei Remagen.

Am 13. März abends erhielt Baade von der Heeresgruppe B die Mitteilung, daß der Feldmarschall Model ihn umgehend zu sprechen wünsche. Bei der telefonischen Durchgabe dieser Weisung fiel das Wort von verlangter Rechtfertigung. Baade war schon seit einigen Tagen darauf gefaßt, daß er mit den Folgen eines Vorfalls konfrontiert werden würde, der sich kurz vor dem Zusammenbruch der Verteidigung von Köln ereignet hatte.

Als Baade gerade in einer besonders kritischen Situation seine Anordnungen für die Kampfgruppen in den noch gehaltenen Stadtteilen westlich des Rheins und gleichzeitig für die Herauslösung entbehrlicher Einheiten auf das Ostufer gegeben hatte, wurde ihm gemeldet, daß die „Gauleitung" entgegengesetzte Anweisungen gegeben hätte. Emissäre ihrer Dienststellen hätten den Truppen in der Stadt Weisungen des „Führers" vorgehalten, daß kein einziger Soldat aus seiner Stellung weichen dürfe. Die Gauleitung hatte außerdem Posten an den Rhein gestellt, die das Entweichen von Zivilpersonen auf das Ostufer unter Anwendung von Gewalt verhindern sollten.

Baade fuhr daraufhin ohne weitere Begleitung, nur mit seinem Fahrer Stützer, in die „Befehlsstelle" der Gauleitung. In dem Kellergeschoß durchschritt er schnell einen Raum, der als Vorzimmer bezeichnet war. Dann sah er sich einem SS-Oberführer in bunter Uniform gegenüber, der sich als Stellvertreter des Gauleiters ausgab. Baade verlangte von ihm die sofortige Aufhebung seiner Maßnahmen. Er forderte umgehende Zurückziehung der Posten, welche der Zivilbevölkerung die Fluchtwege abschnitten. Er verbat sich jede weitere Verbindung von Angehörigen der Partei mit der Truppe, die ausschließlich nach seinen Weisungen zu handeln hätte.

Der SS-Oberführer widersprach und drohte mit Meldung bis zum Führerhauptquartier. Baade geriet in höchste Erregung. Seine Erfahrung in Krisenlagen ließ ihn genau voraussehen, in welche Verwirrung und Gefahr die bedrängten Truppen bei dem Kampf im Stadtgebiet jetzt geraten müßten, wenn sie widersprüchlichen Anordnungen ausgesetzt würden. Er war ebenso entsetzt über die Roheit, mit der die schwer geprüfte Zivilbevölkerung hier behandelt werden sollte. Er erklärte daher mit fester Stimme, daß er wegen seiner jede Minute beanspruchenden, verantwortungsvollen Tätigkeit keine Zeit mit weiteren Diskussionen verschwenden könne und darum nun zum zweiten und damit letzten Male danach frage, ob seine Forderungen unverzüglich und ohne Einschränkungen angenommen würden. Als daraufhin erneut Widerspruch und Androhung von Gegenmaßnahmen erfolgten, zog Baade seine große Pistole, schoß den Mann nieder und verließ den Befehlsstand der Gauleitung.

Die Weisung vom 13. März, sich bei Model zu melden, befolgte Baade nicht. Er gab an die 15. Armee, der das LXXXI. Armeekorps zu diesem Zeitpunkt unterstand, seine Krankmeldung durch. Sodann übergab er in Eile die Führung des Korps an den dienstältesten Vertreter und ließ auch eine Meldung über diese erfolgte Übergabe an die 15. Armee erstatten. Danach setzte er sich in seinen Kraftwagen und begann am 13. März abends, begleitet von Stützer, lange Kreuz- und Querfahrten durch das dem Kriegsende entgegentaumelnde Deutschland.

Als erste Station besuchte er am 14. März Freunde bei Hannover. Am Tage danach hielt er sich für wenige Stunden in Neverstaven auf. Dort erfuhr er, daß sein jüngerer Bruder Joachim am 14. März als Angehöriger des Volkssturms gefallen war. Die Nachricht traf Ernst-Günther Baade schwer. Von Jugend an hatten Zuneigung und bestes Einvernehmen die Brüder eng verbunden. Baade fuhr schnell nach Falkenhagen, um seiner Schwägerin Trost zuzusprechen. Dann besuchte er Freunde bei Pritzwalk und in Hamburg, tauchte auch zwischendrein immer wieder kurz in Neverstaven auf.

Am 21. und 22. März suchte er Ruhe und Versteck in Göttingen. Es kam zu Aussprachen mit zwei bewährten Freunden, einem Kampfgefährten aus Italien und einem Offizier vom alten Kavallerie-Regiment 3. Baade zweifelte nicht daran, daß er bei dem Vorfall am Rhein richtig gehandelt hatte. Allein schon im Interesse der Kampfführung und zum Schutz der anvertrauten Soldaten lag ein Notstand vor, der nur mit entschlossenem und sofortigem Brechen des aufgetretenen, bedrohlichen Widerstandes zu beheben war. Wenn man bedenke, so sprach er vor sich hin, wie hemmungslos und leichtfertig jahrelang die nationalsozialistische Führung angeordnet habe, daß bei der Durchsetzung von Weisungen und Befehlen auch vor dem Gebrauch der Schußwaffe nicht zurückzuschrecken sei, dann habe er schließlich in Köln nichts anderes getan, als diese Anordnungen in einem wirklich erforderlichen Falle befolgt. Im Gegensatz zu Menschen mit geringerer Selbstkritik verursachte seine Empfindsamkeit die häufige Rückwendung seiner Gedanken an dieses eigenhändige Auslöschen eines Menschenlebens. Darum tat ihm die Stellungnahme der Freunde wohl, die sein Verhalten billigten und ihm alle Schuldausschließungsgründe zusprachen.

Nur aus dem allgemeinen Wirrwarr in diesen letzten Kriegswochen war es erklärlich, daß das Heerespersonalamt zunächst nicht mehr Baades Spur mit Weisungen für eine neue Verwendung verfolgte. Auch Feldmarschall Model sah sich bei der zunehmenden Einkreisung seiner Heeresgruppe im Ruhrgebiet anderen Sorgen gegenüber, als nach dem Verbleib des Generalleutnant Baade zu forschen.

Baade setzte sein einsames, unruhiges Umherfahren fort. Bremen, Stendal, Hameln, Pyrmont, Bad Driburg, Hannover, Falkenhagen und Neverstaven waren seine wechselnden Ziele, immer nur für einen Tag oder wenige Stunden. Im Kofferraum seines Autos lagen neben Gepäck und Waffen mehrere Nummernschilder, die er zur Tarnung tageweise auswechselte. Einerseits hatte er das Gefühl, gehetztes Wild zu sein; andererseits trieben ihn die Überlegungen, ob er sich noch irgendwo und in irgendeiner Weise nützlich machen könnte, um Unheil und Schäden zu mindern.

Am 29. März führte dieses unstete Herumschwirren zu einer kleinen Nervenkrise. Unweit von Hildesheim besuchte er einen Freund und unterbreitete ihm den Vorschlag, mit ihm in die Lüneburger Heide zu fahren. Dort hielten sich dem Vernehmen nach jetzt viele hohe Führer der Partei einschließlich einiger Gauleiter auf. Sie zu verhaften, eventuell sogar zu erschießen, schien Baade eine in Betracht zu ziehende Aufgabe deutscher Selbstreinigung. Der Freund wußte, unter aller Würdigung von Baades fanatischer Aufwallung und Empörung über nationalsozialistisches Unrecht, diese sehr spontane Eingebung zu dämpfen. Baade verließ ihn teils enttäuscht, teils nachdenklich.

Schon vierundzwanzig Stunden später brachte Baade bei seinem vertrauten Bekannten und Berater, dem Rechtsanwalt Tiefenbacher in Reinbek bei Hamburg, diesen Gedanken nochmals zur Sprache. Auch hier wurde ihm in sanfter, aber bestimmter Weise die Zustimmung verweigert. Die weiteren Unternehmungen von Baade erwiesen sich daraufhin mehr den Realitäten angepaßt.

Am 31. März tauchte er wieder in Göttingen auf. Sein erster Gang führte ihn zum Oberbürgermeister Gnade. Es schien nun die Zeit gekommen, im verabredeten Sinne den amerikanischen Truppen in westlicher Richtung entgegenzufahren, um die Schonung der Stadt Göttingen zu erreichen. Durch ein unerwartetes Ereignis erschien Baade diese Aufgabe nun aber als wesentlich erschwert. Begleitung und Hilfe von der Ersatz-Abteilung des Kavallerie-Regiments 3 war nicht mehr zu erhalten. Die Abteilung hatte inzwischen die Kaserne auf dem Lohberg verlassen müssen. Sie hatte Marschbefehl in die Tschechoslowakei erhalten. Baade wollte aber sein Vorhaben und Versprechen nicht aufgeben. So machte er sich allein mit Fahrer Stützer auf den Weg in den Raum von Kassel.

Die Front befand sich am 1. und 2. April noch ein gutes Stück westlich von Kassel. Baade geriet in die teils zurückgehenden, teils noch hinhaltend kämpfenden deutschen Truppen. Er hatte oft Schwierigkeiten, sein Erscheinen zu begründen, insbesondere bei den Kontrollen durch Wachposten und Feldjäger-Kommandos. Einmal stieß er auf einen amerikanischen Spähtrupp, zeigte die weiße Flagge, wurde aber mit Gewehrfeuer abgewiesen. Er beschloß daher, erst nach der Einnahme von Kassel nochmals die Verbindung mit den Amerikanern anzustreben.

Dazu kam es dann nicht mehr. Der Oberbürgermeister in Göttingen unterrichtete Baade davon, daß die Gestapo in verdächtiger Tonart nach ihm gefragt hätte. Es sei daher sowohl für die Stadtverwaltung als auch für Baade selbst ratsam, die weitere Zusammenarbeit zu unterlassen. In dieser Lage und angesichts der herrschenden Torschlußpanik müsse immerhin mit üblen Rachehandlungen der Gestapo gegen einzelne Personen gerechnet werden.

Zudem gebe es bereits Anzeichen, daß die Amerikaner Göttingen schonen würden, sofern hier kein planmäßiger Widerstand geleistet würde. Dafür sei, soweit möglich, Vorsorge getroffen. Der in Göttingen befindliche General der Infanterie Hossbach, der vor wenigen Wochen bei Hitler in Ungnade gefallen und seines Postens als Armeeführer brüsk enthoben worden war, hatte sich zur Verfügung gestellt, um sowohl auf deutsche Truppen in diesem Sinne einzuwirken als auch den Oberbürgermeister in allen sonstigen Fragen zu beraten. Herr Gnade dankte Baade in bewegten Worten für seine bisherige Bereitschaft und Beratung und bot ihm ein sicheres Versteck in Göttingen an.

Baade war zwar ein wenig enttäuscht, daß seine guten Dienste nun nicht mehr zum Zuge kommen konnten, stimmte aber den Ausführungen von Gnade zu; er sah ein, daß der dankenswerten Einschaltung von General Hossbach der Vorrang gebührte. Nur das Anerbieten, sich in Göttingen versteckt zu halten, wies er dankend zurück. Hätte er es angenommen, so wäre ihm der risikolose Übergang in die Gefangenschaft und damit das Überleben so gut wie sicher gewesen. Doch jetzt noch, in einer Situation, in der er auf jeden Fall innerhalb kurzer Frist, innerhalb weniger Wochen, möglicherweise weniger Tage mit Gefangenschaft rechnen mußte, bäumte sich wieder sein Freiheitsdrang auf.

Nachdem Baade Göttingen verlassen hatte, unternahm er einen ganz ungewöhnlichen Schritt. Er fuhr am 6. April in das Hauptquartier des Oberbefehlshabers West, Feldmarschall Kesselring, bei Blankenburg im Harz. Kesselring befehligte, seit er am 10. März den Feldmarschall von Rundstedt abgelöst hatte, die gesamte Westfront von der Nordsee bis in die Alpen. Baade wagte den Weg zu ihm in Erinnerung an die vielen Bezeigungen des Lobes und der Anerkennung, die der Feldmarschall ihm während der langen Kämpfe in Italien erwiesen hatte.

Bevor Baade das Hauptquartier betrat, hatte er sich einen konkreten Vorschlag zurecht gelegt. Er trug ihn zunächst dem Chef des Stabes des Oberbefehlshabers West, dem General der Kavallerie Westphal, vor. Er bat um die Unterstellung einer motorisierten Aufklärungs-Abteilung, mit der er schleunigst nach Berlin fahren und dort Hitler festsetzen, notfalls umbringen wollte.

Baade unterrichtete den General Westphal auch darüber, daß er am Rhein einen „hohen Parteibonzen" habe niederschießen müssen, um Belange der kämpfenden Truppe zu wahren. Er sei bereit, sich vor jedem Vorgesetzten dafür zu verantworten; aber in der hektischen Atmosphäre bei der Heeresgruppe Model habe er angesichts der rabiaten

Einmischung von Gauleitung und Gestapo keine sachliche Beurteilung erwarten können. Daher habe er sich abgesetzt und so sei es dazu gekommen, daß er nun als „stellungsloser Einzelgänger in Generalsuniform" hier auftauche. Durch stumme Hinnahme dieses freimütigen Berichts bewies General Westphal Verständnis für Baades Lage und Verhalten.

Anschließend kam es dann zu einer erstaunlich langen Vorsprache bei dem Feldmarschall. Baade erhielt dabei, obwohl er doch garnicht angesagt war, die Gelegenheit, seine Argumente für die völlige Aussichtslosigkeit weiteren Kämpfens vorzubringen und den Oberbefehlshaber um schnellste Einstellung des zerbröckelnden Widerstandes gegen die Westmächte zu bitten.

Die Zuteilung einer Aufklärungs-Abteilung für den Husarenstreich nach Berlin wurde abgelehnt. Es wurde Baade bedeutet, daß „Vernunftgründe" dagegen sprächen. Nun, Baade mußte sich beugen, war aber nicht überzeugt. Er glaubte, daß für das Gelingen des Unternehmens gute Aussichten bestanden. Er hielt ein unverdächtiges und unbehindertes Durchschleusen dieser kleinen Einheit nach Berlin für durchaus möglich. Dafür sprachen nach seiner Ansicht die jetzt im mitteldeutschen Raum bei den Truppenteilen schon herrschenden Unklarheiten über Aufträge und Marschrichtungen der benachbarten oder vorbeiziehenden Verbände.

In Berlin selbst getraute er es sich zu, mit dieser Stoßtruppe ziemlich ungeschoren bis an den Bunker von Hitler vorzudringen. Den dortigen örtlichen Widerstand glaubte er dann auch mit energischem Zufassen überwinden und somit an sein Ziel gelangen zu können.

Baade war bei diesem Plan gewiß nicht frei von Rachegelüsten; übergeordnet waren jedoch die beiden immer wiederkehrenden Motive: deutsche Selbstreinigung und Abkürzung der letzten deutschen Leidenszeit. Damit identifizierte sich Baade nach wie vor mit den Gedankengängen der glücklosen Männer vom 20. Juli 1944. Er hielt an der Ansicht fest, daß ein deutsches Strafgericht an Adolf Hitler, selbst wenn es zu einer viel zu späten Stunde vollzogen würde, in der Folgezeit überall in der Welt immer noch dazu beitragen könnte, die Anklage wegen Kollektivschuld und auch die summarischen Vorwürfe gegen die Wehrmacht zu mindern. Diese Auffassung vertrat er bis in die letzte Konsequenz, indem er äußerte, daß es rundweg für jedermann ein Gebot der Pflicht und der Vaterlandsliebe sei, die Beseitigung des Tyrannen herbeizuwünschen, und für diejenigen, die sich die Mittel dazu verschaffen könnten, auch zur Tat zu schreiten.

Nachdem er dieses Mittel vom Oberbefehlshaber West nun nicht erhalten konnte, versuchte er, den Feldmarschall Kesselring lebhaft und beschwörend zu schnellster Einleitung eines Waffenstillstandes mit den Westmächten zu überreden. Obwohl Kesselring anderweitig stark in

Anspruch genommen war, nahm er sich die Zeit, recht ausführlich zu antworten. Man hätte meinen können, er übte hier schon eine Apologie, die ihm später öffentlich abverlangt werden würde.

Kesselring zeichnete einen Querschnitt durch die Motive, die ihn veranlaßten, auf seinem Posten zu verbleiben und den Kampf fortzusetzen. Die einzelnen Gründe führte er an, ohne sie jedoch bis zu jenen Punkten zu vertiefen, da ihre Stichhaltigkeit vermehrt fragwürdig werden konnte.

Zunächst sprach er von der soldatischen Grundauffassung, die ein Paktieren mit dem Feinde hinter dem Rücken der politischen Führung verbiete. Nur die politische Führung könne die Lage bis in alle Details hinein zusammenhängend beurteilen. Baade erhob den Einwand, daß diese politische Führung selbst seit langer Zeit von der totalen Niederlage überzeugt sei und nur noch daran denke, sich eine letzte Frist zu verschaffen.

Als Entgegnung hierauf verwies der Feldmarschall auf angeblich noch bestehende Aussichten, die Gegner an allen Fronten so zu schwächen, daß sich daraus für Deutschland bei der Beendigung der Kampfhandlungen eine bessere Lage ergeben könnte als im jetzigen Zeitpunkt. Er ließ erkennen, daß er dabei die ständigen Behauptungen von Hitler im Sinn hatte, es werde sich bald ein großer Abwehrerfolg im Osten einstellen. Er erwähnte die ihm zugegangene Versicherung, daß zahlreiche, neu aufgestellte Verbände mit höchst moderner Bewaffnung in Kürze den einzelnen Heeresgruppen zugeführt werden sollten.

Außerdem stehe der Einsatz der neuartigen „Volksjäger" und möglicherweise noch anderer, bisher geheim gehaltener Waffen bevor. Die deutsche Marine werde sehr bald neue U-Boote an den Feind bringen, woraus sich eine wesentliche Erleichterung der Gesamtlage ergeben könne. Auch gingen beim Oberbefehlshaber West jetzt laufend Nachrichten über die Formierung der 12. Armee in Mitteldeutschland unter dem Befehl des General Wenck ein, von deren Eingreifen auch eine ins Gewicht fallende Änderung der Lage erhofft werden könne.

Hinter diesen Hinweisen des Feldmarschalls auf angeblich noch vorhandene militärische Mittel und Möglichkeiten stand nach dem Eindruck von Baade jedoch nicht mehr die Überzeugung, daß sich allein aus diesem Grunde das weitere Durchhalten verlohnen würde. Wohl darum stellte Kesselring auch in den Mittelpunkt seiner Darlegung seine Aufgabe, durch möglichst zähen Widerstand im Westen der deutschen Front im Osten Entlastung und Hilfe angedeihen zu lassen. Auch seien die Anstrengungen der Westfront, das Vorgehen der Alliierten zu verzögern, eng mit der Hoffnung verbunden, daß nach dem von Hitler prophezeiten Abwehrerfolg im Osten von dort dann freiwerdende Kräfte wieder der Westfront zugeführt werden könnten. Sollte das weitere Vordringen der Russen jedoch nicht zu verhindern sein, dann sei es an allen Fronten, vornehmlich hier im Westen, ein kategorisches Gebot der soldatischen Pflicht und Kameradschaft, sich bis zum letzten zu schlagen, um den deutschen Truppen im Osten Zeit zu einem einigermaßen geordneten Rückzug und damit zur Bewahrung vor Gefangenschaft in den Händen der Sowjets zu geben.

Der brave deutsche Soldat fürchte zu recht nichts mehr als das bittere Schicksal, in russische Gefangenschaft zu geraten. Bei Einstellung des Kampfes im Westen würde die Front gegen die Russen zwangsläufig zusammenfallen. Dann würden weit mehr deutsche Menschen und Gebietsteile in russische Gewalt geraten, als dies bei einheitlicher Fortsetzung des Kampfes an allen Fronten und damit errungenem Zeitgewinn für nur schrittweise Rückführung der Truppen aus dem Osten zu erwarten wäre. Damit bediente sich Kesselring einer These, die auch vom Oberkommando der Wehrmacht, insbesondere von Generaloberst Jodl, ständig als Begründung für die Fortführung des Krieges vorgebracht wurde.

Feldmarschall Kesselring erwähnte zum Schluß, daß selbst bei ehrlich und gut gemeinten Vorschlägen zur Einstellung des Kampfes übersehen werde, daß die Feindmächte sich auf der Konferenz von Casablanca im Januar 1943 auf die bedingungslose Kapitulation Deutschlands festgelegt hätten. Vorzeitiges Niederlegen der Waffen würde daher für das deutsche Volk und Land nicht die geringsten Erleichterungen in der dann folgenden Behandlung oder für die Friedensbedingungen einbringen.

Außerdem könne er nicht wissen, ob auf der für diese Fragen allein zuständigen politischen Ebene etwa schon Fühler ausgestreckt oder schon erste Vorverhandlungen für einen allgemeinen Waffenstillstand eingeleitet seien. Eine selbständige Teilkapitulation würde in diesem Fall störend und nachteilig wirken, ganz abgesehen davon, daß sie aus militärischen Gesichtspunkten immer verurteilt werden müßte, weil sie benachbarte Frontabschnitte in schwere Gefahren bringen könnte.

Baade hatte nicht erwartet, daß seine Meldung bei Kesselring diesen Verlauf nehmen würde. Er hatte eine begrenzte Hoffnung gehegt, daß sein Vorschlag, Hitler in Berlin mit einer Kampfgruppe auszuheben, angenommen würde. Er hatte sich aber auch darauf eingestellt, daß sein kühnes und unangemeldetes Vordringen zu Kesselring ein fatales Ergebnis zeitigen könnte. Um sich gegen alle Eventualitäten zu wappnen, hatte er sich vor dem Betreten des Hauptquartiers in jede Hosentasche eine Pistole gesteckt. Seinem Fahrer Stützer hatte er Weisung erteilt, sich für eilige Abfahrt vor dem Eingang startbereit zu halten.

Baade war überrascht, daß es zu keiner extremen Entscheidung, sondern zu diesem von Kesselring vertrauensvoll und offenherzig geführten Gespräch kam. Schon nach den ersten Ausführungen des Feldmarschalls war ihm bewußt geworden, daß er mit seinem Anraten, die Kampfhandlungen einzustellen, keinen Erfolg haben würde. Mit Bedauern sah er ein, daß er auch mit weiteren Begründungen seiner Ansichten nicht durchdringen würde. Kesselrings Argumente ließen ihn ein derartiges Ausmaß an gegensätzlicher Beurteilung erkennen, daß auch jede Verlängerung der Aussprache zwecklos schien.

Baade bedankte sich für die gewährte Unterhaltung und bat darum, zum Schluß nur noch einen ihm besonders bedeutsamen Gesichtspunkt vortragen zu dürfen.

Es sei ihm unverständlich, sagte Baade, daß bei allen Überlegungen zur Lage und bei allen Entschlüssen nicht dem Schicksal der deutschen Bevölkerung, der deutschen Städte und Dörfer Rechnung getragen würde. Hitler, Goebbels und Konsorten hätten den totalen Krieg herbeigeführt. Der totale Krieg aber verlange gebieterisch, nicht nur auf die Opfer oder die Rettung der Soldaten Rücksicht zu nehmen. Denn jeder Tag, jede Stunde, um die der Krieg verlängert werde, bringe schwere Verluste für die Zivilbevölkerung. Soldatischer Einsatz verliere doch seinen Sinn, wenn er nicht mehr Schutz und Schirm für Volk und Land bewirke, sondern nur noch um seiner selbst willen fortgeführt werde. So bedrohlich und bemitleidenswert die Lage der deutschen Soldaten an der Ostfront auch sei, darüber dürfe man doch nicht den Feuersturm und die Qualen vergessen, denen die Zivilbevölkerung ausgesetzt sei. Wenn es überhaupt noch eines Beweises für die Richtigkeit dieser Auffassung bedürfe, müsse doch die Vernichtung von Dresden im Februar die letzten Zweifel beseitigt haben. Die Entscheidung, ob ein Krieg zu beenden sei, könne doch nicht mehr wie bei früheren Kriegen allein von dem Schicksal der Soldaten an den Fronten abhängen.

Kesselring entließ Baade mit dem Bemerken, daß diese Probleme und die daraus zu ziehenden Folgerungen ausschließlich in die Zuständigkeit der politischen Führung gehörten.

Die nun folgenden Tage verbrachte Baade wieder im Umherziehen. Oft wurde er von Kontrollposten angehalten und dabei am 7. April in der Nähe von Hannover sogar einmal beschossen. Mehrfach kam es in diesen Tagen auch zu plötzlichen Begegnungen zwischen Baade und Soldaten, die einzeln oder in kleinen Trupps, oft schon ohne Waffen, durch Wälder und Felder, abseits der großen Straßen, aufs Geratewohl ostwärts wanderten. Versprengt oder hier und da auch freiwillig von ihrer Truppe getrennt, machten sie oft einen erschreckten Eindruck, wenn sie einen General vor sich sahen. Baade hatte sich schon an diesen Anblick der Beweise für eine geschlagene und in Auflösung begriffene Armee gewöhnt. Er sah in ihnen Leidensgenossen, sprach sie ein jedes Mal freundlich an und wünschte ihnen glückliche Heimkehr.

Überall dort, wo Baade Freunde und Bekannte traf, strebte er einen Meinungsaustausch zur nachträglichen Abklärung der von Feldmarschall Kesselring bezogenen Stellungnahme an. Es kam vor, daß er sich dabei in Selbstvorwürfe steigerte, die einzelnen Begründungen von Kesselring ohne genügenden Widerspruch hingenommen zu haben. Es verdroß ihn, nicht die Geistesgegenwart gehabt zu haben, um unter anderem auf einen eklatanten Widerspruch hinzuweisen.

Einerseits hatte Kesselring, gleichlautend mit Ansichten und Verlautbarungen des Oberkommandos der Wehrmacht, davon gesprochen, daß die Forderung der Alliierten nach der bedingungslosen Kapitulation Deutschlands jede Aussicht darauf verschlösse, von frühzeitiger Einstellung des Kampfes noch irgendeinen Nutzen in Gestalt von Milderung der Friedensbedingungen oder ähnlichem erwarten zu können. Fast in gleichem Atemzuge hatte er auf die Notwendigkeit weiteren Durchhaltens verwiesen, weil möglicherweise Fühlungnahmen oder Absprachen auf politischen Kanälen eingeleitet sein oder bevorstehen könnten, denen ein günstigerer Verlauf dann beschieden sein würde, wenn der deutsche Widerstand noch nicht erloschen sei. Damit wurde also die alliierte Forderung nach „unconditional surrender" einmal als vollkommen unabänderlich aufgefaßt und zum anderen Mal, für eine angeblich stichhaltige Begründung des eigenen Verhaltens, als möglicherweise abwandelbar hingestellt.

Auch konnte Baade sich nicht mit dem Argument abfinden, daß das Niederlegen der Waffen an der Westfront mit Sicherheit die Lage der deutschen Truppen an der Ostfront erschweren würde. Er gab zu, daß es nicht leicht sei, die weitere Entwicklung im Osten in diesem Falle vorauszusehen. Er ging aber davon aus, daß sie dann, zumindest nicht zwangsläufig, unheilvoller für die dortigen deutschen Truppen sich gestalten würde als bei weiterem Kampf bis zum letzten Atemzug an allen Fronten.

Er hielt an der Ansicht fest, daß schnelles Hereinlassen der Streitkräfte der Westmächte bis Berlin in jedem Falle Erleichterung für die deutsche Gesamtlage, vor allem für die Zivilbevölkerung, und schließlich auch in mancher Hinsicht für die Folgen des Krieges verspräche. Gefühlsmäßig und aus seinem Blickfeld heraus war er überzeugt, daß nur ein Narr noch Vorteile in weiterem Widerstand gegen die Westmächte erblicken könnte. Aufgebracht und mit Verachtung sprach er jetzt viel von der Entschlußlosigkeit, Resignation, Bequemlichkeit, dem „Sich-Treiben-Lassen" der höchsten militärischen Befehlshaber, die in Unterwürfigkeit und Abhängigkeit von der politischen Führung erstarrten und sich Ausreden zurechtlegten, an deren Berechtigung sie sicherlich selbst nicht glaubten.

Als eines von vielen Beispielen hierfür erschien ihm nachträglich insbesondere der Hinweis von Kesselring auf zu erwartende neue deutsche Waffen zu einer Zeit, da die Rohre weittragender russischer Artillerie bereits allmählich auf Berlin gerichtet wurden. Dazu gehörte für ihn ferner auch das Gerede von der 12. Armee des General Wenck, die aus dem engen, noch unbesetzten Raum in Mitteldeutschland vorgehen und nach allen Seiten entscheidende Entlastung bringen sollte. Auch wer nicht wußte, daß es sich hierbei um schnell zusammengeraffte und teilweise auch nur beschränkt einsatzfähige Verbände handelte, mußte sich unschwer vorstellen können, daß hier Vorgaukelung eines unwahren Tatbestandes stattfand.

Woher sollte noch zu dieser späten Stunde plötzlich diese angeblich starke Armee kommen? Wenn wirklich noch genügend erprobte Truppen und ausreichende Bewaffnung für ihre Aufstellung vorhanden gewesen wären, hätte man diese nach jedem militärischen Fachverstand längst zur Abriegelung feindlicher Einbrüche weiter entfernt von der Mitte des Reiches eingesetzt; man hätte sie aber nicht aufgespart, bis der Ring der Feindkräfte fast geschlossen war und kaum noch Bewegungsfreiheit zuließ. Baade sagte, es sei für ihn unfaßbar, wie nicht nur reine Zivilisten, sondern offensichtlich auch deutsche Generäle nach so vielen großartigen militärischen Leistungen während der langen Kriegsjahre nun auf das Märchen von der versprochenen Rettung durch die 12. Armee hereinfallen oder es zumindest als Vorwand für ihr eigenes Verhalten nehmen könnten.

Sehr scharf formulierte Baade einmal im Rückblick auf seine Vorsprache bei Kesselring, daß der Feldmarschall eigentlich den ihm angetragenen Oberbefehl über die Westfront am 10. März 1945 nicht mehr hätte übernehmen dürfen. Hier habe der Fall vorgelegen, daß eine dilettantische und als solche längst erkennbare Staatsführung einem Feldmarschall eine nach militärischen Gesichtspunkten unlösbare Aufgabe gestellt habe. Die Annahme des Auftrages habe zur Folge haben müssen, daß Hitler den falschen Schluß zog, die Westfront wäre trotz der von Kesselring geäußerten Bedenken vielleicht doch noch zu halten. Daher müsse man hier von Irreführung der Staatsführung sprechen. Hier hätte der befragte Oberbefehlshaber einen unzweideutigen Standpunkt beziehen müssen.

Hätte Baade noch erleben können, wie mannhaft sich der Feldmarschall Kesselring nach dem Kriege vor einem Gerichtshof der Alliierten verhalten hat, dann hätte ihn diese scharfe Stellungnahme, abgegeben in der Stimmung beim Zusammenbruch, vielleicht ein wenig gereut. Schließlich hatte er dem Feldmarschall in den Jahren der Kämpfe in Afrika und in Italien Verehrung bezeugt, vornehmlich weil er ihn für einen sehr tapferen Soldaten und gleichzeitig warmherzigen Menschen hielt. Ob er ihm allerdings sogar verziehen hätte, daß er sich nicht aus dem Gewissenskonflikt der obersten Befehlshaber mit einem Zivilcourage erfordernden Entschluß hatte lösen können, bleibt fraglich.

Am 17. April stieß Baade durch Zufall in der Nähe von Bremen auf den Gefechtsstand der 15. Panzergrenadier-Division. Er freute sich, den Generalleutnant Rodt wiederzusehen, der immer noch, seit nunmehr zwei Jahren, diese Division führte, mit der Baade oft so engen Kontakt in Italien gehabt hatte.

Baade schilderte Rodt seine Lage. Er berichtete von der Erschießung des SS-Oberführers in Köln und ebenso von seiner Vorsprache bei Kesselring. Es wurde dann überlegt, ob Baade jetzt hier bei dieser Division „untertauchen“ und das Überrollen durch die gegenüberstehenden Engländer abwarten sollte. General Rodt riet zu. Baade aber überkam wieder die Abneigung gegen eine frühzeitige Aufgabe der Freiheit. Er verabschiedete sich von Rodt mit Dank für die angebotene Hilfe und mit den Worten, er wolle doch lieber versuchen, im Harz sich als Holzfäller zu verdingen und damit vielleicht der Gefangenschaft zu entgehen.

Dann erfuhr Baade, daß das Heerespersonalamt sich doch noch seiner erinnerte. Über seine Heimatadresse Neverstaven wurde ihm die Mitteilung zugestellt, daß er mit Wirkung vom 18. April zum Stab des Oberbefehlshabers Nordwest kommandiert sei, der den jeweiligen Einsatz dem Personalamt zu melden habe. Daraufhin fuhr Baade zum Tropen-Institut in Hamburg und setzte sich von dort aus mit der Stadtkommandantur Hamburg in Verbindung. Er bat darum, an den Oberbefehlshaber Nordwest die Meldung durchzugeben, daß er sich in dem Tropen-Institut einer gründlichen Untersuchung unterziehen müsse und danach wieder von sich hören lassen werde.

Unter dem Schutz dieses Alibis setzte er dann das Umherfahren fort. In dem kleinen Dorf Witzhave, ostwärts der Elbe am Rande des Sachsenwaldes, traf er noch einmal mit Freunden zusammen, die auf dem Treck vom Osten her dort Station machten. Die Spitzen der Engländer hatten gerade das Westufer der Elbe bei Lauenburg erreicht.

Als Baade sich auf der Dorfstraße von Witzhave, in Uniform neben seinem Auto stehend, von den Freunden verabschiedete, hielt plötzlich eine kleine Kraftwagenkolonne neben ihm an. Ein älterer Stabsoffizier, offensichtlich Angehöriger des Reservestandes, stieg aus und bat Baade, in völliger Unkenntnis von dem Grunde für dessen Anwesenheit an diesem Ort, um Rat, auf welchem Wege er am besten die Harburger Elbbrücken erreichen könnte. Baade fragte nach dem Zweck der Fahrt zu diesem Ziel. Die Antwort lautete kurz und harmlos, daß er den Auftrag habe, diese Brücken sofort zu sprengen. Baade erbat nun zunächst recht höflich den Namen des Stabsoffiziers. Dann aber sah er ihn durchdringend an und sagte: „Ich gebe Ihnen hiermit den ausdrücklichen Befehl, der alle vorangegangenen Befehle außer Kraft setzt, daß Sie sofort zu Ihrem Einsatzort zurückzukehren haben. Der Auftrag, die Harburger Brücken zu sprengen, ist aufgehoben. Wenn Sie dieser Anordnung nicht Folge leisten, muß ich leider dafür sorgen, daß Sie nach dem Kriege gehängt werden.“ Dieser Vorfall ist von Baades Freunden, die Augenzeugen waren, zuverlässig bestätigt. Die Harburger Brücken sind nicht gesprengt worden.

Bald danach wurde der Bewegungsraum für Baade immer kleiner. Den Versuch, noch einmal nach Falkenhagen zu gelangen, mußte er aufgeben. Die Flüchtlingskolonnen verstopften die Straßen und Wege; mit dem Auftreten russischer Panzerspitzen in der Gegend um Falkenhagen mußte schon gerechnet werden.

Einmal fuhr Baade noch nach Rothen in Mecklenburg, dem Gut seines Schwagers Oertzen. Er wollte den Verwandten bei der Flucht behilflich sein. Sie hatten ihre Heimat aber schon verlassen.

Baade zog nun seine Kreise enger um Neverstaven. Er fuhr in das benachbarte Heeresgestüt Grabau. Dessen Leiter, Clemens von Nagel, war sein alter Bekannter aus der Zeit der Reitturniere vor dem Kriege.

Hier in Grabau hatte Baade schon in den vergangenen Jahren bei jedem Urlaub vorgesprochen und sich daran erfreut, daß ihm ein aus polnischen Gestütswärtern gebildetes Blas-Orchester regelmäßig ein Ständchen brachte. In der Unterhaltung mit diesen Polen erwähnte Baade dann das tapfere Verhalten der polnischen Truppen, gegen die er bei Cassino gekämpft hatte.

Diese kurzen Fahrten im ostwärtigen Hinterland von Hamburg waren aber zu einem Risiko geworden. Englische Tiefflieger nahmen hier alle Kolonnen, aber oft auch einzelne Fahrzeuge unter Beschuß.

Da geschah es am 24. April, daß Baade dicht bei Neverstaven in das Feuer von zwei englischen Tieffliegern geriet. Der Fahrer, der an Stelle des mit einem Sonderauftrag nach Meldorf entsandten Stützer den Wagen lenkte, wurde durch die schräg stehende Nachmittagssonne geblendet. Er konnte deshalb beim Erscheinen der Flugzeuge nicht schnell genug die Fahrt verringern und an den Straßenrand fahren.

Baade erhielt einen Streifschuß am Nacken und einen Durchschuß durch den Unterschenkel. Er wurde in das Lazarett in Bad Segeberg eingeliefert.

Sein Zustand schien zufriedenstellend. Besuchern zeigte er seinen Stiefel mit dem ganz kleinen Einschußloch. Er hegte keine Zweifel an seiner Heilung und versuchte, sich mit dem Gedanken abzufinden, daß er bettlägerig den Engländern in die Hand fallen würde.

Dann aber stellte sich Fieber ein, das den Ärzten Sorge bereitete. Baade nahm in den Tagen bis zum 30. April keine Eintragungen in sein Tagebuch mehr vor. Aber unter dem Datum des 1. Mai findet sich ein Vermerk von nur zwei Worten und einem Ausrufungszeichen: „Schickelhuber tot!“ Hitler hatte am Nachmittag des vorangegangenen Tages im Bunker der Reichskanzlei in Berlin Selbstmord verübt. Viele Deutsche, die Hitler haßten und verachteten, sprachen schon seit langer Zeit von ihm als „Schickelhuber“. Es wurde behauptet, genauere Nachforschung in den etwas verworrenen Verhältnissen seiner Abstammung habe zu dem Ergebnis geführt, daß ihm eigentlich nicht der Name Hitler, sondern eben Schickelhuber zustehe.

Am 2. Mai trug Ernst-Günther Baade nochmals kommentarlos wenige, aber inhaltsschwere Worte in sein Tagebuch: „Engländer, endlich Befreiung!“ Ihm war in sein Krankenzimmer die Nachricht getragen worden, daß englische Panzer-Spähwagen in die Stadt Segeberg eingefahren waren, während zur selben Zeit eine englische Vorausabteilung Lübeck erreicht hatte.

Es läßt sich leicht vorstellen, mit welchen Gefühlen Baade hier das Wort „Befreiung“ mit seinen gewohnten großen Druckbuchstaben in das Tagebuch gemalt hat. Es enthält, niedergeschrieben von einem deutschen General, der rund 30 Jahre lang den Soldatenrock getragen hat, und gerichtet, sogar mit Dankbarkeit, an die Adresse des Gegners, einen Aufriß in die ganze Breite des deutschen Schicksals, das der Nationalsozialismus verursacht hatte. Alle Werte und Wertungen hatten sich verlagert, die Begriffe verschoben und vieles, was nach fast geheiligter Tradition festgelegt war, mußte um des wahren Rechts und der Menschenwürde willen umgedacht und in andere Proportionen gerückt werden. Darum konnte und mußte auch ein deutscher General, ohne Rücksichtnahme auf die ihn persönlich treffenden Folgen, dieses Ende des Krieges und gleichzeitig der Diktatur und des Terrors, herbeigeführt von außen, weil der innere Widerstand es nicht vermocht hatte, als Befreiung begrüßen. Allerdings hätte sich der Leutnant Baade auf den Schlachtfeldern des ersten Weltkrieges niemals vorstellen können, daß er am Ende seines Lebens den Sieg eines Gegners mit Befriedigung und mit Gefühlen der Erlösung vom Übel aufnehmen würde und daß für ihn aus dem „vae victis“ einmal ein „salve“ werden könnte.

Am 3. Mai verschlechterte sich der Zustand von Baade. Es war erkenntlich geworden, daß Sepsis hinzugetreten war. Penizillin stand nicht zur Verfügung. Er nahm an diesem Tage nur noch mit geminderter Aufmerksamkeit die Nachricht entgegen, daß auf dem ihm so wohl bekannten italienischen Kriegsschauplatz die dortige deutsche Führung den Mut zum Abschluß eines isolierten Waffenstillstandes aufgebracht hatte. Es fiel der Name des Generaloberst von Vietinghoff, der dafür verantwortlich zeichnete. Baade kannte nicht die Entwicklung, die dazu geführt hatte. Er konnte auch nicht wissen, daß dieser Waffenstillstand schon am 28. April unterzeichnet, jedoch erst jetzt bekanntgegeben worden war. Er quittierte aber diese Nachricht, wohl in Erinnerung an seine Vorsprache bei Kesselring, noch schwach mit dem Bemerken: „Endlich einer, der sich auf Tauroggen besonnen hat.“

Baade hatte in Gesprächen und bei Überredungsversuchen oft auf die ihm aus dem Geschichtsunterricht in Eberswalde haften gebliebene Tat des General von Yorck am 30. Dezember 1812 hingewiesen, der ohne Befragen seines Königs in Tauroggen einen Neutralitätsvertrag mit dem russischen Gegner geschlossen hatte und damit zum Sinnbild von gerechtfertigter Auflehnung gegen Subordination geworden war.

In seiner letzten Eintragung in das Tagebuch am 4. Mai beklagte sich der Patient nur noch über die harten Maßnahmen, die der Stabsarzt Dr. Matthias als Versuch zur Rettung des Beines und des Lebens unternahm. Das Abbinden des Beines nannte Baade hier „gemeine Strangulation". In den folgenden Tagen wurde er zusehends schwächer und am 8. Mai 1945 um die Mittagsstunde, ausgerechnet am Tage der endgültigen und allseitigen Beendigung des großen Krieges, erlosch sein Lebenslicht.

So spannte sich der Bogen seines Soldatenlebens von dem 1. August 1914, da er sich umgehend als blutjunger Kriegsfreiwilliger meldete, bis zu diesem historisch gewordenen Tag des 8. Mai, da in Deutschland keine Glocken läuteten, aber die Überlebenden trotz banger Fragen an ihre weitere Zukunft erleichtert aufatmeten.

In dem kleinen Park von Neverstaven wurde sein Grab geschaufelt. Der Blick geht von dort auf das nicht große, aber stilvolle Gutshaus. Zur rechten Seite liegen die Weiden, auf denen die Fohlen jahraus, jahrein im Übermut herumgaloppieren.

Das Blas-Orchester der polnischen Gestütswärter aus Grabau hatte, als sein Tod bekannt wurde, darum gebeten, ihm bei der Beerdigung das Halali übers Grab blasen zu dürfen. Die englischen Besatzungsbehörden konnten sich dieses Ansinnen von polnischen Staatsangehörigen als Verehrung gegenüber einem deutschen General zu einem Zeitpunkt unmittelbar nach dem Waffenstillstand nicht erklären. Sie verweigerten die Genehmigung, stellten aber selbst einen Kraftwagen zur Überführung des toten Generals von Segeberg nach Neverstaven zur Verfügung.

Bei der Beerdigung wurde „Wange", nach alter Reitersitte gesattelt und mit hochgezogenen Steigbügeln, dem Zug zum Grabe nachgeführt. Als sie zwei Jahre später in einem für Pferde beträchtlich hohen Alter einging, wurde sie, das treue Pferd, dem Ernst-Günther Baade seinen reiterlichen Ruhm verdankte, auch auf dieser Parkwiese in seiner Nähe begraben.

Die Bettung von Hans-Günther Baade auf dem heimatlichen Boden von Neverstaven mutet an wie ein letzter Hinweis auf die so ungewöhnlich stark ausgeprägten eigenständigen Züge seiner Persönlichkeit. Oft hatte er im Leben, nicht allzu ernst, eher belustigt, beschwingt und unternehmungsfreudig so daher gesagt, man müsse den Mut dazu, aber auch Vergnügen daran haben, immer wieder einmal „anders als andere" zu sein. Nun war auch seine letzte Ruhestätte außerhalb der konventionellen Friedhöfe von dieser anderen Art.

NACHWORT

Vor zehn Jahren geschah es in Göttingen, daß ein Taxifahrer zufällig meinen Namen auf einem Ausweis entdeckte. Lebhaft erkundigte er sich, ob eine verwandtschaftliche Beziehung zu seinem alten Divisionskommandeur, meinem Onkel Ernst-Günther Baade, bestehe. Es folgte ein langes Gespräch und auch eine spontane Einladung zum Imbiß in der Wohnung des ehemaligen Stabsgefreiten. Zwei weitere ehemalige Angehörige der 90. Panzergrenadier-Division, die in der Nachbarschaft lebten, wurden noch herbeigeholt. Seit dieser Begegnung durfte ich Gast bei den alljährlichen Divisionstreffen sein, die abwechselnd in Koblenz, Wiesbaden oder Munsterlager stattfanden.

Ein jedesmal kam dort deutlich die sehr enge Verbundenheit dieser alten Soldaten und ihrer Familien zum Vorschein, und es war mit Erstaunen festzustellen, wieviel zu diesem Grad der Verbundenheit die Erinnerungen an den toten Divisionskommandeur beitrugen. Die Zahl der Teilnehmer hat im Laufe der Jahre etwas abgenommen, verursacht durch – wie es im soldatischen Sprachgebrauch heißt – „Abberufungen zur großen Armee".

Aus den zwanglosen, oft bis in die späte Nacht geführten Unterhaltungen bei diesen Treffen ging immer wieder hervor, daß E. G. Baade das Idol seiner Soldaten geblieben ist. Ohne Zahl sind die Geschichten, die hier erzählt wurden, von und über den General, den Reiter, Menschenfreund und Tierliebhaber, der Soldat mit jeder Faser seines Wesens war, ohne jemals „Militarist" gewesen zu sein.

Alle Veteranen aus den Zeiten in Italien wußten Beispiele von der unermüdlichen Fürsorge des Kommandeurs zu berichten. Oft kam auch zur Sprache, in welch seltsamer Weise er sich bei allen sich bietenden Gelegenheiten in den Kampfpausen für die privaten Lebensumstände und Zivilberufe seiner Soldaten interessierte. Bei einem Sattler erkundigte er sich nach der Technik des Lederschneidens, von einem Stahlgießer ließ er sich über die Schutzmaßnahmen gegen Betriebsunfälle unterrichten, einen Volksschullehrer befragte er nach dessen Ansicht, wie begabte Schüler herausgefunden und gefördert werden könnten.

Der Wert des Erbes, das General Baade hinterlassen konnte, hat sich in segensreicher Weise bei vielen seiner alten Soldaten gezeigt, die in den schweren Jahren nach dem Kriege gezwungen waren, sich unter oft fast erdrückenden Schwierigkeiten eine neue Existenz aufzubauen. Diese Männer gaben bei den Divisionstreffen unumwunden zu, wie oft sie sich in solchen Lagen ihres tatkräftigen, nie verzagenden Kommandeurs erinnert und daraus dann stets wieder Mut zu neuen Anstrengungen, zur Beharrlichkeit und zum Durchhalten geschöpft hätten. Der Rückblick auf diese rastlose Persönlichkeit, die niemals zum Kapitulieren bereit war, ohne Unterlaß auf Auswege und Gegenmaßnahmen sann, hat ihnen das Rückgrat gestärkt im harten Kampf für die notwendigen Bedürfnisse ihrer Familien.

Die Dankbarkeit dieser Männer, die sich an dieser Erinnerung aufgerichtet haben, ist eine rührende Nachwirkung eines deutschen Generals über sein Grab hinaus.

Und mit Stolz tragen viele dieser ehemaligen Angehörigen von Baades Division noch heute bei diesen Wiedersehen die kleine silberne Anstecknadel mit dem springenden Pferd, dem privaten Orden von E. G. Baade, am Rockaufschlag.

Herrn Friedrich-Karl von Plehwe, der die umfangreichen und lebensnahen Erinnerungen an das reich erfüllte Leben von Ernst-Günther Baade nun niedergeschrieben hat, gilt der Dank der überlebenden Familienangehörigen, insbesondere aber der Dank der ehemaligen Soldaten aller Dienstgrade, die im Frieden oder im Kriege Ernst-Günther Baade begegnet sind.

Ernst-Otto Baade